दूसरे नाट्यशास्त्र की खोज

देवेन्द्र राज अंकुर

वाणी प्रकाशन

वाणी प्रकाशन
4695, 21-ए, दरियागंज, नयी दिल्ली 110 002
फ़ोन : +91 11 23273167 फ़ैक्स : +91 11 23275710
शाखाएँ
अशोक राजपथ, पटना 800 004, बिहार
कॉफ़ी हाउस कैम्पस, महात्मा गांधी मार्ग, इलाहाबाद 211 001, उत्तर प्रदेश
महात्मा गांधी अन्तरराष्ट्रीय हिन्दी विश्वविद्यालय, वर्धा 442 001, महाराष्ट्र
सुल्तानिया रोड, मोतिया पार्क, भोपाल 462 001, मध्य प्रदेश
www.vaniprakashan.com
marketing@vaniprakashan.in
sales@vaniprakashan.in

DOOSARE NATYASHASTRA KI KHOJ
by Devendra Raj Ankur

ISBN : 978-93-5000-430-2
Criticism

संस्करण 2010, 2017
तृतीय संस्करण 2021

मूल्य : ₹ 595

सिटी प्रेस, दिल्ली-110 095 में मुद्रित

वाणी प्रकाशन का लोगो मक़बूल फ़िदा हुसेन की कूची से

माता पिता की स्मृति को

अनुक्रम

नान्दीपाठ

नाट्यशास्त्र से मेरा पहला परिचय दिल्ली विश्वविद्यालय में हिन्दी ऑनर्स की पढ़ाई के दौरान नाटकों के अध्ययन के साथ शुरू हुआ। इसके बाद वहीं हिन्दी साहित्य में एम.ए. करते हुए जब एक वैकल्पिक विषय के रूप में नाटक को चुना तो इस ग्रन्थ में और विस्तार से जाने का मौका मिला। इसके तुरन्त बाद राष्ट्रीय नाट्य विद्यालय में तीन वर्ष के प्रशिक्षण के दौरान जब सारा अध्ययन-प्रशिक्षण नाटकों पर ही केन्द्रित होता चला गया तो *नाट्यशास्त्र* को नाटकों के अध्ययन और उनके व्यावहारिक प्रस्तुतीकरण के माध्यम से बहुत ही गहराई से समझने के अनुभव से गुज़रा। इस दिशा में पहला मार्गदर्शन आदरणीय शांता गांधी और गोवर्धन पांचाल जी से प्राप्त हुआ जिसका नतीजा यह हुआ कि मैं स्वयं भी *नाट्यशास्त्र* के अध्यापन की तरफ़ प्रवृत्त हुआ। इसकी परिणति 1978 से 1981 के बीच पहले एक साल भारतेन्दु नाट्य अकादमी, लखनऊ और अगले दो साल राष्ट्रीय नाट्य विद्यालय, दिल्ली के छात्रों को

पढ़ाने के रूप में हुई। मैंने तब इस बात को महसूस किया था कि हिन्दी माध्यम से *नाट्यशास्त्र* को पढ़ाने के लिए कोई भी सहज और सरल अनुवाद उपलब्ध नहीं था, जो थे भी वे निहायत ही शाब्दिक थे जिन्हें पढ़कर *नाट्यशास्त्र* और भी ज़्यादा दुरूह लगने लगता था। खुशी की बात है कि इधर कम से कम दो अनुवाद ऐसे ज़रूर आए हैं जो इस अभाव को काफ़ी हद तक दूर करेंगे। एक है पण्डित रेवा प्रसाद द्विवेदी द्वारा रचित *भरतमुनिप्रणीत स्वयाम्भुव नाट्यशास्त्र* का पहला भाग और दूसरा डॉ. राधाबल्लभ त्रिपाठी द्वारा लिखित *संक्षिप्तनाट्यशास्त्रम्*।

इसी के साथ जुड़ी दूसरी समस्या थी कि *नाट्यशास्त्र* को मात्र एक सैद्धान्तिक ग्रन्थ के रूप में मान्यता दी जाती रही और उसके व्यावहारिक पक्ष पर कभी भी गम्भीरता से विचार-विमर्श नहीं किया गया जो कि उसका केन्द्रीय बिन्दु है। यदि थोड़ा बहुत हुआ भी तो भरत द्वारा निरूपित प्रेक्षागृह निर्माण के स्वरूप और आकार तक सीमित होकर रह गया।

जब मैंने लगातार तीन सालों तक अपने छात्रों को संस्कृत नाटक और *नाट्यशास्त्र* पढ़ाना शुरू किया तो मेरा आग्रह शुरू से ही इस बात पर रहा कि छात्रों को व्यावहारिकता के रास्ते से गुज़ारकर ही उसके सैद्धान्तिक एवं दार्शनिक पक्ष को भी जानने, समझने तथा बूझने की कोशिश की जाए। तभी से नाट्यशास्त्र पर एक ऐसी किताब लिखने की इच्छा थी जो मेरे अपने समय के लिए, समकालीन रंगकर्मियों के लिए और आने वाले रंगकर्मियों को भी नाट्य के इस आदि ग्रन्थ को एक नए परिप्रेक्ष्य में देखने के लिए प्रेरित कर सके। मुझे सन्तुष्टि है कि एक लम्बे अन्तराल के बाद मेरी यह पुस्तक आपके सामने आ रही है। सबसे पहले मैं इसके शीर्षक *दूसरे नाट्यशास्त्र की खोज* के लिए अपने अग्रज एवं गुरु समान डॉ. नामवर सिंह की पुस्तक दूसरी *परम्परा की खोज* से प्रेरित होकर उसी से मिलते-जुलते शीर्षक की अनुमति देने के लिए नामवर जी का हृदय से आभारी हूँ। पुस्तक समय के अलग-अलग टुकड़ों में, अलग-अलग लोगों के साथ कभी डिक्टेशन के रूप में और कभी स्वयं अपनी तरफ़ से रची जाती रही है। इस प्रक्रिया में मेरे युवा सहयोगी प्रकाश चन्द्र झा और उत्पल झा ने जितना सहयोग दिया, उसका आभार शब्दों में व्यक्त नहीं किया जा सकता। मैं अपने कार्यालय सहयोगी कुलभूषण शर्मा का भी बहुत-बहुत आभारी हूँ जिन्होंने जब भी समय मिला, अत्यन्त गम्भीरता से पुस्तक को टंकित रूप में अन्तिम आकार दिया। उनके साथ-साथ अस्मत मुशीर और भूपाल सिंह ने भी काफ़ी सहयोग दिया। अपनें युवा दोस्त आर. चेतन क्रान्ति के आभार के बिना यह पूरा प्रसंग अधूरा रह जाएगा जिन्होंने पुस्तक के पहले पृष्ठ से अन्तिम पृष्ठ का संयोजन, संपादन, संशोधन और अन्तिम प्रेस कॉपी तैयार करने में अथक परिश्रम

किया। अध्यायों का क्रम *नाट्यशास्त्र* के अनुसार रखने की कोशिश की गई है। कहीं-कहीं विषयानुसार उसमें परिवर्तन भी किया गया है। पुस्तक के सात अध्याय पहले से मेरी अलग-अलग पुस्तकों में प्रकाशित हो चुके हैं और शेष अठारह अध्याय पहली बार इस पुस्तक के रूप में सामने आ रहे हैं। पहले से प्रकाशित अध्यायों को पुनः यहाँ रखने के पीछे यही उद्देश्य था कि उनकी विषय वस्तु भी *नाट्यशास्त्र* से सम्बन्धित है और अब यहाँ एक साथ संकलित होकर पुस्तक को एक सम्पूर्ण रूप प्रदान करने में मदद करें। दोहराव का खतरा उठाते हुए भी इन आलेखों को यहाँ प्रस्तुत करने का लोभ संवरण नहीं कर सका। आवश्यकतानुसार डॉ. राधाबल्लभ त्रिपाठी के *संक्षिप्तनाट्यशास्त्र* से काफी मदद ली गई है। उनका हार्दिक आभार।

और अन्त में मैं पुस्तक के प्रकाशक अरुण माहेश्वरी को आभार देना चाहूँगा जिन्होंने सालों-साल बहुत धैर्यपूर्वक इस पुस्तक के लिखे जाने का इन्तज़ार किया और कभी भी मुझ पर अतिरिक्त रूप से कोई भी मानसिक दबाव नहीं बनाया। उनके साथ शायद प्रकाशक से अधिक एक ऐसा रिश्ता भी बनता चला गया है, जिसमें देश के अलग-अलग हिस्सों में की जाने वाली यात्राओं के दौरान मेल-मुलाक़ातों ने और भी ज़्यादा सहयोग किया।

पुस्तक अपने प्रकाशित रूप में आपके सामने है। हमेशा की तरह अपने पाठकों, दोस्तों, आलोचकों की जो भी प्रतिक्रियाएँ मिलेंगी, उनसे भविष्य में और भी अच्छा लिखने की प्रेरणा प्राप्त होगी।

9. 3. 2010 **—देवेन्द्र राज अंकुर**

प्रस्तावना

भरत का *नाट्यशास्त्र* इतनी शताब्दियों के बाद भी आज तक यदि वाद-विवाद और संवाद का विषय बना हुआ है तो यह तथ्य भारतीय रंग परम्परा और रंगमंच के सन्दर्भ में कम महत्त्वपूर्ण नहीं है। लेकिन आज तक का सम्पूर्ण विचार और विश्लेषण उसकी विषयवस्तु को लेकर नहीं वरन् दूसरी गुत्थियों में उलझा रहा है। उदाहरणार्थ भरत कौन थे, कब पैदा हुए थे, भरत एक व्यक्ति का नाम है अथवा यह एक उपाधि रही है। *नाट्यशास्त्र* की रचना किसी एक व्यक्ति ने की अथवा भरत के सौ पुत्रों, शिष्यों, समकालीन, पूर्ववर्ती और परवर्ती आचार्यों ने की? *नाट्यशास्त्र* की भाषा, छन्द और व्याकरण के प्रयोगों के आधार पर उसके रचनाकाल को निश्चित करने के प्रयत्न होते रहे हैं। विद्वानों को इतने से सन्तुष्टि नहीं हुई तो उन्होंने *नाट्यशास्त्र* में प्रयुक्त कुछ विशिष्ट शब्दों की विभिन्न व्याख्याएँ कर डालीं—द्वि भूमि, षड्दारुक, मत्तवारिणी, वृत्ति, प्रवृत्ति और यहाँ तक कि बहुत ही चिर-परिचित नाट्य सिद्धान्त रस भी इसका

अपवाद नहीं है। ऐसा नहीं है कि यह सारा विवेचन मात्र बीसवीं शताब्दी में ही हुआ हो वरन् लगभग हज़ार-बारह सौ वर्षों से यह अध्ययन अनवरत रूप से चला आ रहा है, जिसमें अभिनवगुप्त, धनिक, धनंजय, नंदिकेश्वर, विश्वनाथ, रामचन्द्र गुणचन्द्र सदृश मध्यकालीन आचार्य तो हैं ही, इसी शताब्दी में डॉ. राघवन, सुश्री कपिला वात्स्यायन, कुमारस्वामी जैसे विद्वानों के योगदान को भी नकारा नहीं जा सकता। इसी के समान्तर मात्र भरत के रस सिद्धान्त को लेकर ही शंकुक, भट्टनायक, भट्ट लोल्टट से होती हुई डॉ. नगेन्द्र तक की एक अलग शृंखला मौजूद है।

लेकिन विचार-विमर्श के इस लम्बे अन्तराल में *नाट्यशास्त्र* अपनी निजी प्रकृति एवं पहचान खोते हुए मात्र एक काव्यशास्त्र के ग्रन्थ में परिणत होता चला गया। इसमें कोई सन्देह नहीं कि भाषा, छन्द, अलंकार, दशरूपक, शब्द-शक्तियों एवं रस सिद्धान्त के रूप में विवेचित यह काव्यशास्त्रीय अध्ययन भी कम महत्त्वपूर्ण नहीं है, लेकिन साथ ही साथ इस तथ्य को रेखांकित किया जाना भी बेहद ज़रूरी है कि इससे नाटक के साहित्यिक पक्ष का तो अवश्य उद्घाटन हुआ लेकिन जिस दृष्टि से *नाट्यशास्त्र* की रचना हुई थी, वह दृष्टि पीछे छूटती चली गई। यहाँ तक कि परवर्ती काल में नाटक से भी ज़्यादा *नाट्यशास्त्र* का अध्ययन-विश्लेषण काव्य के परिप्रेक्ष्य में हुआ। इतना ही नहीं, संगीत, नृत्य, स्थापत्य, गायन आदि कलाओं के लिए *नाट्यशास्त्र* की उपयोगिता किसी सीमा तक बनी रही लेकिन जिस मुख्य विषय को आधार बनाकर नाट्यशास्त्र की रचना हुई थी, उसका व्यावहारिक एवं प्रायोगिक पक्ष गौण होता चला गया और वह भी साहित्य की दूसरी विधाओं की भाँति मात्र सैद्धान्तिक विश्लेषण में ही समाहित हो गया।

आखिर ऐसा क्यों हुआ? *नाट्यशास्त्र* को हिन्दू धर्म, दर्शन और शास्त्र के परिप्रेक्ष्य में विश्लेषित किए जाने के कारण? हमें ज्ञात होना चाहिए कि कोई भी विद्या, कला अथवा परम्परा पहले सहज और स्वाभाविक रूप से जन्म लेती और विकसित होती है और फिर न जाने कितनी शताब्दियों के बाद उसके शास्त्र और सौन्दर्यशास्त्र का निर्माण होता है। क्या पश्चिम में यूनानी नाट्य परम्परा के कम से कम तीन सौ वर्षों के बाद अरस्तू ने अपनी *काव्यशास्त्र की कला* नामक रचना प्रस्तुत नहीं की? यदि हमारे यहाँ भी *नाट्यशास्त्र* को उसी कसौटी पर परखा गया होता तो इस शास्त्र का पूरे जनमानस, नहीं तो कम से कम पूरे रंगजगत से एक अन्तरंग सम्बन्ध अवश्य बना रहता। ऐसा नहीं हुआ और *नाट्यशास्त्र* सम्पूर्ण रूप से विद्वानों के बीच की सम्पत्ति होकर रह गया और रंगमंच से उसका सम्पर्क बिलकुल समाप्तप्राय होता चला गया।

दूसरे नाट्यशास्त्र की खोज वास्तव में उसी दृष्टि से *नाट्यशास्त्र* के एक नए,

समकालीन एवं आधुनिक अध्ययन की एक कोशिश है। मेरे मन में आज भी जिज्ञासा है कि अन्ततः *नाट्यशास्त्र* के पहले अध्याय से लेकर सैंतीसवें अध्याय तक की विषय वस्तु को मैं अपने आज के रंगकर्म, अपने समकालीन रंगकर्मियों की गतिविधियों और अन्ततः आधुनिक रंगमंच के साथ किस रूप में जोड़ूँ और उसकी ऐसी व्याख्या प्रस्तुत करूँ, जो आज के रंगकर्मी के लिए ग्राह्य हो सके।

इस आलेख के माध्यम से मैं *नाट्यशास्त्र* और आधुनिक रंगमंच के सन्दर्भ में एक भूमिका के रूप में कुछ ऐसे विचार-बिन्दुओं को उठाना चाहता हूँ, जो सीधे-सीधे रंगमंच के व्यावहारिक और प्रायोगिक पक्ष से जुड़ते हैं। सबसे पहले हम *नाट्यशास्त्र* के पहले अध्याय में ही उल्लिखित *नाट्यशास्त्र* के जन्म की कहानी पर ग़ौर करें। यदि भरत को साक्षी माना जाए तो नाटक और उसके शास्त्र—दोनों की उत्पत्ति को ही मिथकीय मानना पड़ेगा। लेकिन आज का रंगकर्मी इस मिथकीय उत्पत्ति को क़िस रूप में स्वीकार करे? यदि इसे शुद्ध मिथक के रूप में लिया जाए तो बात गले नहीं उतरती और यदि इसे एक प्रतीक कथा माना जाए तो यह कहानी क्या व्यंजित करती है? इसमें कोई सन्देह नहीं कि रचनाकार अपनी मौलिक खोज को स्थापित करने के लिए उसे किसी दैवी शक्ति या मिथकीय तत्त्व से जोड़ना चाहता है ताकि उसे अपने समय में इस कार्य के लिए एक सहज स्वीकृति मिल सके, फिर भी यदि इस मिथक कथा के पीछे झाँकने की चेष्टा की जाए तो भरत द्वारा प्रस्तुत ब्रह्मा ऋषियों, मुनियों, देवताओं और दानवों की कथा की एक समकालीन व्याख्या प्रस्तुत की जा सकती है—क्या यह नितान्त सम्भव नहीं है कि भरत के *नाट्यशास्त्र* के पहले हमारे देश में रंगमंच शिखर पर पहुँचकर पतन की ओर अग्रसर होने लगा हो और ऐसे समय में उसे शास्त्र के बहाने संस्कार देने और परिमार्जित करने की आवश्यकता अनुभव हुई हो? क्या हम लोगों ने ठीक अपने समय में यथार्थवाद के अतिवादी स्वरूप के विरोध में स्तानिस्लाव्स्की द्वारा प्रतिपादित आन्तरिक यथार्थवाद के उदय को नहीं देखा है? स्वयं अपने देश में पश्चिम से आयातित यथार्थवाद के समानान्तर भारतीय लोकधर्मिता की खोज को नहीं देखा है? बहुत ही अनगढ़ रूप में, दिल्ली जैसे महानगर में पंजाबी रंगमंच के नाम पर होनेवाले द्विअर्थी संवादबहुल अश्लील रंगमंच का आज नामोनिशान भी नहीं है। भरत के *नाट्यशास्त्र* में ही उल्लिखित उपरूपक-विवेचन में इस पूर्ववर्ती रंग परम्परा के सूत्र खोजे जा सकते हैं, जिनका परिष्कार करके भरत ने दशरूपक जैसा नया नाट्यविधान दिया। इतिहास से एक और उदाहरण को प्रस्तुत करना हो तो चाणक्य का *अर्थशास्त्र* उपस्थित है जिसमें कलाकारों, रंगकर्मियों के भ्रष्ट आचरण को देखते हुए उन्हें नगर से बाहर आवास सुविधाएँ देने का प्रावधान किया गया है। यह मात्र संयोग नहीं है

कि इस तरह की घोषणा चाणक्य चौथी शताब्दी ई.पू. करते हैं और भरत के समय के दो छोरों में एक लगभग उसी समय के आसपास ठहरता है। एक और दृष्टि से भी यह समय बहुत रोचक जान पड़ता है और वह यह कि लगभग इसी समय अरस्तू भी अपना शास्त्र लेकर उपस्थित होते हैं। इससे एक और निष्कर्ष भी सहज ही निकाला जा सकता है कि भले ही संसार में सभ्यताओं का विकास अलग-अलग भौगोलिक स्थितियों और समय पर हुआ हो, कम से कम कलाओं, विशेषतः नाट्यकला का विकास लगभग एक जैसे ही हुआ है।

इस समानता को एक और स्तर पर भी जाँचा-परखा जा सकता है, और वह है नाट्यकला की अवधारणा। अरस्तू का बहुश्रुत वाक्य है—'कला जीवन की अनुकृति है' तो भरत के अनुसार 'नाटक लोकानुकीर्तन है'। अनुकृति और अनुकीर्तन अपने अर्थों में भले ही एक दूसरे के एकदम विपरीत हों और दो अलग-अलग जीवन दृष्टियों का संकेत देते हों, लेकिन अहम बात यह है कि एक ही समय में दो अलग-अलग आचार्य और वह भी पूर्व और पश्चिम की दो भिन्न रंग परम्पराओं से सम्बद्ध नाटक का शास्त्र रचते हैं, कला की अवधारणा प्रस्तुत करते हैं और उसके प्रयोजन की भी पुष्टि करते हैं।

आज के रंगकर्मी और रंगमंच को भरत की सबसे बड़ी देन है विकृष्ट मध्यम नाट्यमण्डप। विश्व में पहली बार छत से आच्छादित प्रेक्षागृह की परिकल्पना का श्रेय भरत को दिया जाना चाहिए। यद्यपि भरत ने भी अपने पहले प्रदर्शन खुले में ही मंचित किए थे किन्तु वह तुरन्त समझ गए कि खुले में प्रदर्शन अनायास ही कई बाधाओं को जन्म दे देता है। मसलन मौसम की बाधा, एक बड़े जनसमूह को नियन्त्रित करने की व्यवस्था, पात्रों द्वारा अनावश्यक चीख पुकार—ये सारे तत्त्व कहीं न कहीं भरत के उस सहृदय दर्शक के सौन्दर्यबोध को खंडित करते हैं, जिसकी उन्हें अपनी प्रस्तुतियों के लिए अपेक्षा है। यही नहीं, विकृष्ट मध्यम नाट्यमण्डप की नाप इतनी आदर्श है कि दर्शक को अभिनेता के चेहरे के हाव-भाव और आवाज़ बहुत ही स्पष्टता से दिखाई और सुनाई देती है।

हम लोगों ने सदैव आमने-सामने बैठकर नाटक देखने की पद्धति को रंगद्वारी मंच से जोड़कर उसे पश्चिम का उत्स मान लिया है जबकि नाटक देखने की यह पद्धति पूरी तरह से हमारी अपनी रंग परम्परा का हिस्सा है। इसका आरम्भ हमारे यहाँ प्रचलित कथा गायन शैलियों व परम्पराओं से जोड़ा जा सकता है—कथा गायन सदा से सुनाने और सुननेवाले के बीच आमने-सामने बैठने या खड़े रहने की स्थिति में होता था और आज भी ठीक वैसे ही होता है। कथा गायन में गायक या वाचक के साथ एक वर्तुलाकार स्थिति में कभी संवाद नहीं हो सकता। कालान्तर में जब

इसी कथा गायन ने एक या दो गायकों के स्थान पर एक पूरी नट मण्डली के रूप में अपना विकास कर लिया, तब भी इस सीधे सम्प्रेषण की व्यवस्था में कोई अन्तर नहीं पड़ा। भरत के 'अभिनय' शब्द में भी अभि उपसर्ग में उसी सामने बैठे दर्शक का संकेत मिलता है। यों भी नाटक के प्रदर्शन में अधिक से अधिक नाटकीयता कब पैदा होती है? एक आयताकार मंच पर वर्तुलाकार गतिविधान से अथवा वर्तुलाकार मंच पर वर्तुलाकार गतियों से? इसीलिए हमारी कलाओं में वर्ग और घेरे की बात बार-बार की जाती है। मन्दिरों का स्थापत्य भी इसी धारणा की पुष्टि करता है, जहाँ परिक्रमा का प्रावधान रहता है। इस प्रकार दर्शकों से यह सीधे-सीधे संवाद भारतीय रंगमंच की अपनी निजी पहचान है। आज भी केरल में प्रचलित कूडियाट्टम नाट्य परम्परा में इस सम्प्रेषण के अवशेष दिखाई पड़ते हैं। इसीलिए मात्र आकार के आधार पर पश्चिम के रंगद्वारी मंच को ही अधिकृत मान लेना किसी भी दृष्टि से उचित नहीं जान पड़ता। पश्चिम में यूनान की नाट्य परम्परा में जिन बड़े-बड़े प्रेक्षागृहों का विधान मिलता है, वहाँ मुखौटों की उपस्थिति के कारण अभिनेता और दर्शक के बीच अन्तरंग सम्बन्ध की आवश्यकता ही नहीं रहती। क्या यह तथ्य अपने आप में काफ़ी दिलचस्प नहीं जान पड़ता कि भारत में एक आध अपवाद को छोड़कर शास्त्रीय अथवा लोक, किसी भी रंग-परम्परा में मुखौटों का प्रयोग नहीं मिलता। इसीलिए यहाँ अभिनेता और दर्शक के आपसी सम्बन्ध की निकटता अपरिहार्य है ताकि दर्शक अभिनेता के चेहरे के सूक्ष्म से सूक्ष्म भावों का रसास्वादन कर सकें।

सात्विक अभिनय की अवधारणा के पीछे भी तो इसी सूक्ष्म अभिनय की अपेक्षा नहीं थी? विकृष्ट मध्यम नाट्य मण्डप से जुड़ी दूसरी जानकारियों की गहराई में जाने की ज़रूरत नहीं है। मैं यहाँ भरत की मात्र उस वैज्ञानिक, व्यावहारिक और रंगमंचीय सूझ-बूझ की ओर ध्यान दिलाना चाहता हूँ। एक तो बाहर से गुफा के आकार का अर्थात् छत एक अर्ध गोल में हो ताकि ध्वनिता सुरक्षित रहे। मंच पर अनेक स्तम्भों के विधान के साथ-साथ सदैव यह चेतावनी भी कि कोई भी स्तम्भ किसी भी प्रवेश द्वार के ठीक सामने न हो क्योंकि इससे मंच पर आनेवाले पात्र के प्रवेश में व्याघात उत्पन्न होगा। अभिनय क्षेत्र पूर्व दिशा के सामने ताकि दिन के प्रदर्शन में सूर्य की किरणें ठीक मंच पर सामने से अभिनेता को आलोकित करें। क्या आज भी हम सामने से ही मंच को आलोकित नहीं करते? संध्या या रात्रि के प्रदर्शनों में तो दीया-बत्ती का प्रकाश उपलब्ध रहता ही था।

मंच के रूप विधान में रंगपीठ के दोनों छोरों पर चार-चार स्तम्भों से निर्मित विशेष क्षेत्र, जिन्हें मत्तवारिणी नाम दिया गया है, पुनः भरत की मौलिक अभिकल्पक दृष्टि का सूचक है। विद्वानों ने इन क्षेत्रों की जितनी भी व्याख्याएँ प्रस्तुत की हैं, आज

का रंगकर्मी मन उन्हें स्वीकार करने को तैयार नहीं है। रंगपीठ जैसे मुख्य अभिनय क्षेत्र पर यदि भरत मंच के दोनों छोरों पर दो क्षेत्र मात्र अभिनेताओं के विश्राम या पार्श्व मंच की तरह से छोड़ेगें तो शेष बचेगा ही क्या? यों भी यदि हम देखने के वैज्ञानिक पहलू पर ग़ौर करें तो हमारी दृष्टि बाएँ से दाएँ जाती है अर्थात् दर्शकों के बाएँ वाला क्षेत्र सबसे ज़्यादा महत्त्वपूर्ण, फिर मध्य और अन्त में दाएँ वाला। आज भी कल्पनाशील निर्देशक अपने प्रभावशाली दृश्यों को मंच के इन्हीं भागों में संयोजित करता है। किसी सभा सेमिनार में मुख्य वक्ता का स्थान इसी बाईं ओर रहता है। ध्यान दिया जाना चाहिए कि चार-चार स्तम्भों की परिकल्पना क्यों? इसलिए कि ये अभिनय क्षेत्र देखने में तो आकर्षित करें ही, साथ ही लताओं से घिरे कुंज में परिवर्तित हो जाएँ, नायक-नायिका के लिए उद्यान में बदल जाएँ अथवा समुद्र गृह में—कहने का तात्पर्य यह है कि वे अपने उपयोग प्रयोग में बेहद निस्संग और लचीले हो सकते थे। यों भी मंच सज्जा की दृष्टि से बिलकुल खाली मंच पर इन्हीं नाटकीय युक्तियों से अद्भुत दृश्यरचना की सृष्टि की जा सकती थी। यहीं पर हम भरत द्वारा निर्दिष्ट कक्ष विभाग का भी उल्लेख कर सकते हैं। मंच के ऊपर बिना किसी साज-सज्जा के मात्र पात्रों के प्रवेश और प्रस्थान से अलग-अलग अभिनय क्षेत्रों, वातावरण और परिवेश की सृष्टि करना भरत की नितान्त अधुनातन दृष्टि का परिचायक है। क्या आज के मंच को भी इसी से मिलते-जुलते छह अथवा नौ भागों में अदृश्य रूप से विभाजित नहीं किया जाता ताकि निर्देशक को नाट्य प्रस्तुति के विभिन्न दृश्यों को अलग-अलग भागों में परिकल्पित करने की सुविधा मिले। इतना ही नहीं, यह पद्धति एक दूसरे रूप में आधुनिक रंगमंच में प्रयुक्त आलोक सज्जा के मूल उत्स की तरह से देखी जा सकती है। आज तो हमारे पास प्रकाश के रूप में यह बड़ी सुविधा है कि हम जब चाहें जितने अभिनय क्षेत्र में दर्शक की दृष्टि को एकाग्र कर सकते हैं। तत्कालीन रंगमंच में लगभग यही प्रक्रिया कक्ष विभाग की अवधारणा से फलीभूत हो जाया करती थी। उदाहरणार्थ, कभी एक अभिनय क्षेत्र बिलकुल स्थिर और दूसरा गतिशील, नहीं तो अलग-अलग अभिनय क्षेत्रों में एक साथ घटित होता हुआ कार्य व्यापार और अन्ततः एक कक्ष रंगपटी से ढका हुआ ताकि उसके पीछे पात्रों को इस तरह की निश्चित स्थितियों में अवस्थित किया जा सके जैसे कि संस्कृत नाटकों में प्रायः ऐसे निर्देश मिलते हैं कि शकुन्तला शिलाखंड पर लेटी या बैठी हुई दिखाई पड़ती है, चारुदत्त पूजा अभ्यर्थना की मुद्रा में बैठा दिखाई पड़ता है, इत्यादि।

इस प्रकार कक्ष विभाग जैसी सीधी-सादी युक्ति एक लगभग खाली मंच पर दृश्यों का अद्भुत कोलाज प्रस्तुत कर सकती थी। यह परिकल्पना आज के रंगमंच

के लिए अनायास ही कितनी उपयोगी और व्यावहारिक साबित हुई है, इसके विषय में अलग से टिप्पणी करने की ज़रूरत नहीं है। आज जिस फ्रीज़ तकनीक को हम पश्चिम से आयातित समझते हैं, उसके संकेत भरत ने कक्ष विभाग जैसी पद्धति में आज से कितने सौ बरस पहले प्रस्तुत कर दिए थे।

जो व्यावहारिक एवं वैज्ञानिक दृष्टि मंच के विधान में है, ठीक वही उनके अभिनय सिद्धान्त में भी है। पहले तो अभिनय जैसा सटीक शब्द जिसमें अभिनय की सम्पूर्ण व्याख्या तो समाहित है ही, रंगमंच के दूसरे तत्त्व भी अनायास इसमें सम्मिलित हो जाते हैं यथा आलेख, अभिनेता, प्रदर्शन स्थल और दर्शक। फिर अभिनय के चार प्रकार—वाचिक, आंगिक, आहार्य और सात्विक। इन्हें आज हम किस रूप में लें? यदि अलग-अलग तो वाचिक प्रधान, आंगिक प्रधान, आहार्य प्रधान—ऐसी प्रस्तुतियों की कल्पना की जा सकती है। यदि मंच के लिए एक भूमिका की तैयारी के रूप में देखा जाए तो आज भी हम पहले वाचिक, फिर आंगिक, उसके बाद आहार्य और अन्ततः सात्विक की अवस्था तक पहुँचते हैं। सात्विक को आज भी अलग से व्याख्यायित करने की आवश्यकता नहीं। अच्छे अभिनय को सात्विक तो होना ही है। यदि उसका एक अर्थ सामान्य अभिनय लिया जाए, तो भी सटीक बैठता है अर्थात् वाचिक भी सात्विक, आंगिक भी सात्विक और आहार्य भी सात्विक। कुल मिलाकर ये सभी आपस में उस सामान्यावस्था तक पहुँचते हैं, जिसे सात्विक अभिनय कहा जाता है। क्या आज का अभिनेता इसी रचना प्रक्रिया से नहीं गुज़रता? भरत के अभिनय सिद्धान्त की सार्थकता और समसामयिकता इसीलिए आज भी उतनी बनी हुई है। यह अकारण नहीं कि *नाट्यशास्त्र* को आज के अभिनेता की नोट बुक कहा जाता है।

वास्तव में भरत का अभिनय सिद्धान्त पूर्व और पश्चिम में प्रचलित सभी अभिनय सिद्धान्तों के बीच एक पुल का काम करता है। यदि पश्चिम में प्रचलित कम से कम दो अभिनय सिद्धान्तों के सन्दर्भ में चर्चा की जाए तो बात स्पष्ट हो जाएगी। पहला है स्तानिस्लाव्स्की द्वारा प्रतिपादित अभिनय सिद्धान्त जिसमें एक अभिनेता अपने व्यक्तित्व के ऊपर बाहर से किसी दूसरे चरित्र को आरोपित करता है अर्थात् वह अपनी चाल-ढाल, वेशभूषा, रूप-सज्जा, आवाज़ के उतार-चढ़ाव, हाथ-पैरों के संचालन और मंचीय कार्य व्यापार में हू-ब-हू वही चरित्र बनने और दिखने का भरसक प्रयास करता है जिसका वह अभिनय कर रहा है। यह एक प्रकार से यथार्थवादी अभिनय शैली की रचना प्रक्रिया है। दूसरा उदाहरण है ब्रेष्ट का, जो चरित्र निरूपण में अपने ऊपर अभिनेता द्वारा इस बाह्य आरोपण का विरोध करते हैं, और अपने अलगाव सिद्धान्त की अवधारणा लेकर प्रस्तुत होते हैं। अर्थात्

अभिनेता किसी चरित्र विशेष में डूबकर, किसी चरित्र विशेष को ओढ़कर वही बनने की कोशिश बिलकुल मत करे बल्कि इसके विपरीत मात्र उस चरित्र का डिमान्सट्रेशन करे जैसा कि एक नृत्यकार करता है। बिना किसी बाह्य आरोपण के अभिनेता स्वयं अपने भीतर से ही ऐसे रंगों, रेखाओं और तत्त्वों की खोजबीन करे जो अभिनीत पात्र से मिलते-जुलते हों। देखा जाए तो यह दोनों ही अवधारणाएँ अपनी मूल प्रकृति में निहायत एकांगी हैं और अभिनय के दो अतिवादी छोरों को प्रस्तुत करती हैं। एक—अभिनेता हू-ब-हू वही चरित्र बन जाए और दूसरे में अभिनेता से यह अपेक्षा की गई है कि वह चरित्र से बाहर रहकर उसका निरूपण करे। ऐसे में भरत का अभिनय सिद्धान्त एक बहुत ही सन्तुलित एवं समन्वयवादी दृष्टिकोण को सामने रखता है। न तो यहाँ स्तानिस्लाव्स्की जैसा पूरी तरह से चरित्र बन जाने या उसमें डूब जाने पर आग्रह है और न ही ब्रेष्ट जैसी तटस्थता वरन् कहीं न कहीं इन दोनों के मिश्रण से एक नई अवधारणा को जन्म देता है। आज के अभिनेता को इससे अपने लिए बहुत कुछ सीखने को मिल सकता है, जब उसे यथार्थवादी अभिनय शैली, पारसी रंग शैली और लोक अथवा शास्त्रीय नाटकों की नाट्यधर्मिता से एक साथ जूझना पड़ता है। इसी समन्वयवादी दृष्टिकोण को हम भरत के रस सिद्धान्त से भी जोड़कर आज के रंगमंच के सन्दर्भ में उसकी महत्ता को आँक सकते हैं। वहाँ विभाव, अनुभाव और संचारी भाव के संयोग से रस निष्पत्ति होती है—भरत के इस रस सूत्र की न जाने कितनी व्याख्याएँ प्रस्तुत की जा चुकी हैं। लेकिन फिर वे कहीं एक ही पक्षीय जान पड़ती हैं यानी अभिनेता रस को बिलकुल अनुभूत नहीं करता और दर्शक उसे सम्पूर्ण रूप में अनुभव करता है।

यदि ऐसा है तो अभिनय को क्या मात्र तकनीक माना जाए और क्या तकनीक में इतनी क्षमता की सम्भावना है कि वह दर्शकों को अनुभूति के स्तर पर भी छू सके? क्या इसका एक दूसरा विकल्प अथवा सम्भावना यह नहीं हो सकती कि पहले अभिनेता ही उस अनुभूति से गुज़रता है और जब तक वह दर्शक तक पहुँचती है तब तक वह उसकी वैयक्तिक अनुभूति न रहकर सार्वजनिक हो चुकी होती है। क्या साधारणीकरण की अवधारणा ठीक यही नहीं है? इसीलिए आधुनिक अभिनेता के लिए भरत का रस सिद्धान्त इस नई यात्रा के द्वार खोलता है जहाँ अभिनेता में इतनी सामर्थ्य और क्षमता होनी चाहिए कि वह वैयक्तिक-सी दिखाई देनेवाली अनुभूतियों को बड़े स्तर पर प्रसारित कर सके कि वह एक ही क्षण में सबकी अनुभूति बन जाए। जब भरत यह स्वीकार करते हैं कि स्थायी भाव के रूप में कुछ भाव प्रत्येक प्राणी के भीतर पहले से विद्यमान रहते हैं और नाट्य प्रस्तुति के दौरान अभिनेता की अभिनय कला के माध्यम से वे रस की कोटि तक पहुँचते

हैं, तब अभिनेता को ही उस अनुभूति यात्रा से अलग खड़ा करके देखना कहाँ तक उचित है और क्या ऐसा कभी सम्भव हो सकता है।

यहीं पर थोड़ा रुककर भरत द्वारा प्रतिपादित दो प्रस्तुति शैलियों की भी आज के रंगमंच के समानान्तर जाँच पड़ताल कर ली जाए। लोकधर्मी और नाट्यधर्मी यानी लोक के धर्म या स्वभावानुसार और नाटक के धर्म या स्वभावानुसार। इसी की अनेक व्याख्याएँ प्रस्तुत की जा सकती हैं—स्थानीय शैली, विशिष्ट शैली। देसी शैली, मार्गी शैली। सहज सुगम शैली। शास्त्रीय शैली। लेकिन प्रश्न व्याख्याओं का उतना नहीं है, जितना कि भरत द्वारा दोनों शैलियों को एक साथ लेकर चलने के समन्वयवादी दृष्टिकोण का। यह भी एक मिथक है कि भरत का रंगमंच पूरी तरह से शास्त्रीय को समर्पित है। यदि ऐसा होता तो फिर रूपकों में गद्य-पद्य की एक साथ उपस्थिति क्यों? आहार्य अभिनय में बिलकुल आज के मुहावरे में पुस्त, संधिम, व्याजिम और सजीव जैसी युक्तियों के माध्यम से मंच सामग्री व उपकरण बनाने का आग्रह क्यों? किसी नाटक के लिए पात्रों का चयन करते समय अभिनेता के शारीरिक सौष्ठव, चाल-ढाल और हाव भाव का विस्तृत विवेचन क्यों? यह भी सही है कि हर बार विचार-विश्लेषण के पश्चात भरत नाट्य प्रयोक्ताओं को यह सुझाव भी देते हैं कि सामग्री को बनाने की विधि जानना आवश्यक है, लेकिन ज़्यादा अच्छी प्रस्तुति वही होगी जो चीजों को अपने प्राकृतिक रूप में कम से कम इस्तेमाल करे, यदि सम्भव हो तो पूरी तरह से मुद्राओं और संकेतों से काम ले। इसके साथ ही वह इस बात की भी पूरी छूट देते हैं कि उनके द्वारा वर्णित, परिगणित मुद्राओं, गतियों को अन्तिम सीमा न मानकर नट मण्डली नई-नई मुद्राओं की रचना में भी प्रवृत्त हो सकती है।

फिर उनका शास्त्रीय विधान भी कितना सहज, सरल और स्वतः स्फूर्त है—आंगिक अभिनय में सिर की तेरह गतियों में कौन-सी ऐसी गति या मुद्रा है जो आज भी हम लोगों के नित्य प्रति के व्यवहार में उसी अर्थ में प्रयोग में नहीं आती? इसी के साथ हाथों की अलग-अलग मुद्राएँ, दोनों हाथों की संयुक्त मुद्राएँ—कौन-सा ऐसा तत्त्व है, जिससे हम परिचित नहीं? इसीलिए समझ में नहीं आता कि भरत के *नाट्यशास्त्र* को उसके प्रयोगवाले पक्ष की व्यावहारिकता से काटकर उसे खामखाह एक दार्शनिकता और शास्त्रीयता का आवरण क्यों ओढ़ा दिया गया और उसे एक ऐसे ग्रन्थ के रूप में एक उच्च आसन पर स्थापित कर दिया गया, जहाँ तक आम रंगकर्मी की पहुँच ही न हो सके। क्या इससे बड़ा विरोधाभास और अन्तर्विरोध कोई दूसरा हो सकता है कि जिस *नाट्यशास्त्र* की रचना इसलिए की गई थी क्योंकि शेष चारों वेद आम आदमी की पहुँच से परे थे, इसलिए पंचम वेद के नाम से एक ऐसे वेद की आवश्यकता थी, जिसे हर कोई पढ़ सके, सीख सके और व्यवहार में ला सके,

वही *नाट्यशास्त्र* कालान्तर में स्वयं भी अपने पूर्ववर्ती वेदों का पर्याय होकर रह गया।

अन्त में मैं भरत द्वारा प्रस्तावित दशरूपक के अन्तर्गत नाटक और प्रकरण के सन्दर्भ में विशेष रूप से व्याख्यायित पाँच अर्थ प्रकृतियों, पाँच कार्य अवस्थाओं और पाँच संधियों के विवेचन की तरफ़ विद्वान अध्येताओं का ध्यान आकर्षित करना चाहूँगा। यूँ तो भरत के समकालीन अरस्तू ने भी नाटक की संरचना में आरम्भ, मध्य और अन्त तीन प्रस्थान बिन्दुओं की चर्चा की है लेकिन उन्नीसवीं शताब्दी के उत्तरार्ध में जर्मन नाटककार फैदेतेव और उसके बाद अंग्रेज़ी आलोचक ब्रेंडेयर मैथ्यूस ने ठीक भरत की पाँच संख्या से मिलते-जुलते पाँच पड़ावों की चर्चा की है। यथा—इंट्रोडक्शन, एक्सपोज़ीशन, क्लाइमेक्स, एंटी क्लाइमेक्स और रिज़ोल्यूशन। क्या यह मात्र संयोग है कि ये पाँचों शब्द भरत की अर्थ प्रकृतियों में उल्लेखित बीज, बिन्दु, पताका, प्रकरी और कार्य, कार्यावस्थाओं में वर्णित आरम्भ, प्रयत्न, प्राप्त्याशा, नियताप्ति और फलागम और अन्ततः सन्धियों के रूप में चर्चित मुख सन्धि, प्रतिमुख सन्धि, गर्भ सन्धि, विमर्श सन्धि और निर्वहण सन्धि जैसे शब्दों के अनुवाद हैं। उससे भी बड़ी बात यह है कि भरत नाटक की संरचना से जुड़ी यह सारी विवेचना तब कर रहे हैं जब अधिकांश देशों में नाट्य संरचना की बात तो दूर नाटकों के लिखित आलेखों ने भी जन्म नहीं लिया था। यही कारण है कि भरत का यह विवेचन जितना उनके समय में रचित नाट्य साहित्य के लिए उपयोगी था, उससे कहीं ज़्यादा हम इसे आज के नाटकों के लिए सार्थक पाते हैं। फिर चाहे वे हमारे अपने देश के नाटक हों अथवा पश्चिम के। मेरे विचार में नाटकों के रूपविधान को लेकर भरत द्वारा किया गया यह सारा विवेचन अपने समय से बहुत आगे की चीज़ है और उसे उसी परिप्रेक्ष्य में जाँचा-परखा जाना चाहिए।

अतः आज इसकी ज़रूरत सबसे ज़्यादा अनुभव की जा रही है कि *नाट्यशास्त्र* का एक पुनर्पाठ प्रस्तुत किया जाए। यह पुनर्पाठ अपने शाब्दिक अर्थ में पुनर्पाठ न हो वरन् एक ऐसी पुनर्व्याख्या हो जो आधुनिक रंगमंच की दृष्टि से की जाए। जो कुछ भरत ने अपने समकालीन रंगमंच को दृष्टि में रखकर लिखा था, उसमें से जितना ज़्यादा से ज़्यादा हम अपने लिए ले सकें, ले लें और बाक़ी को छोड़ देने में कोई गुरेज़ न करें।

नाटक का जन्म

भरत के *नाट्यशास्त्र* का आरम्भ *नाट्यवेद* और उसके साथ-साथ नाटक के जन्म की कहानी से सम्बन्धित है। हमारे पूर्ववर्ती विद्वानों ने इस कहानी को मिथक से जोड़कर उसे एक रहस्यमय आवरण में ढँक दिया है और उसे नाट्यविधा के एक सैद्धान्तिक ग्रन्थ की संज्ञा दे डाली है। यह सही है कि यह ग्रन्थ एक शास्त्र है लेकिन शास्त्र की तब तक कोई सार्थकता अथवा उपयोगिता नहीं होती, जब तक उसे व्यवहार में न लाया जाए। यदि हम इस परिप्रेक्ष्य में दूसरे शास्त्रों की चर्चा करें तो आशय एकदम स्पष्ट हो जाएगा। उदाहरण के लिए *ज्योतिषशास्त्र, चिकित्साशास्त्र* और *शिल्पशास्त्र।* क्या कभी ऐसा सम्भव है कि उपर्युक्त शास्त्र मात्र सिद्धान्त ग्रन्थ बनकर अपने नाम को सार्थक करते रहें? यही नहीं, कोई भी सिद्धान्त या शास्त्र कब अस्तित्व में आता है? जब तक उससे पूर्व उसी वर्ग की गतिविधि की अपनी सुदीर्घ परम्परा न हो, वह अपने चरमोत्कर्ष पर पहुँचकर पतन की ओर अग्रसर न हो चुकी हो—ऐसे

संकट के समय ही उस परम्परा को सुधारने, निखारने और उसके लिए कुछ निश्चित मानदण्ड बनाने की आवश्यकता अनुभव होती है। हम मानव जाति के क्रमिक विकास का भी अध्ययन करें तो इसी निष्कर्ष पर पहुँचेंगे कि कैसे एक स्वच्छन्द आदिम अवस्था से मनुष्य ने आज तक की व्यवस्थित जीवन पद्धति तक की यात्रा तय की है।

अतः यह स्वयंसिद्ध है कि *नाट्यशास्त्र* पूरी तरह से प्रयोग पर आधारित एक सैद्धान्तिक ग्रन्थ है। यह इस तथ्य से भी स्वतः प्रमाणित है कि जब भरत नाट्यवेद और नाटक के जन्म की कहानी सुनाना शुरू करते हैं तो उसका जन्म बहुत पहले हो चुका है, तभी तो उसकी कहानी सुनाई जा सकती है। इतना ही नहीं, *नाट्यशास्त्र* का आरम्भ ही एक नाटकीय दृश्य से होता है। भरत अपने सौ शिष्यों के साथ चुपचाप बैठे हुए हैं। इस चुप्पी के कई अर्थ खोजे जा सकते हैं। शायद वे किसी नाटक को पढ़ने या पूर्वाभ्यास से पहले अपने आपको ध्यान में लगाने की स्थिति में हों। यह भी नितान्त सम्भव है कि वे किसी नाटक का पाठ अथवा पूर्वाभ्यास करने के बाद विश्राम की मुद्रा में हों। थोड़ा गहराई में जाएँ तो आत्रेय आदि मुनि अचानक वहाँ नहीं पहुँच जाते। वे काफ़ी देर से भरतमुनि और उनके शिष्यों द्वारा सम्पन्न हो रही गतिविधि में विराम की प्रतीक्षा कर रहे हैं।

यहीं पर एक और रोचक तथ्य पर भी दृष्टिपात कर लिया जाए—शास्त्र का आरम्भ मनुष्यों के आपसी संवाद से होता है, देवता, ब्रह्मा, दानव आदि उसमें बाद में सम्मिलित होते हैं और एक लम्बे विराम के बाद। वस्तुतः यह विराम नहीं वरन् एक नाटकीय युक्ति है, जिसका भरत नाटक के जन्म की कथा सुनाने के लिए प्रयोग करते हैं। आज की भाषा अथवा शब्दावली में कहें तो भरत ने फ्लैशबैक तकनीक का परिचय दिया है और कहानी के भीतर कहानी या नाटक के भीतर नाटक को हमारे सामने प्रस्तुत कर रहे हैं। इसमें दो राय नहीं हो सकतीं कि इसकी प्रेरणा या परम्परा उन्हें दो पूर्ववर्ती महाकाव्यों—*रामायण* और *महाभारत* से मिली है। लेकिन इस कहानी का सबसे विवादास्पद पहलू यह है कि भरत को इस विधा के जन्म की कहानी को ब्रह्मा के साथ जोड़ने की ज़रूरत क्यों पड़ी, जबकि आत्रेय आदि मुनियों के प्रश्न में इसकी ओर स्पष्ट संकेत है कि नाट्यवेद अथवा शास्त्र की रचना स्वयं भरत ने की और उसके प्रयोग की शुरुआत भी अपने सौ शिष्यों के साथ मिलकर सबसे पहले उन्होंने ही की। इसीलिए नाटक के जन्म को मिथकीय मान लिया गया।

मेरे विचार में इसका पहला कारण तो यही है कि हमारे यहाँ इतिहास को इतिहास के रूप में लिपिबद्ध करने की परम्परा कभी भी नहीं रही। *महाभारत* जैसा

महाकाव्य इसका सबसे बड़ा उदाहरण है, जबकि अब *महाभारत* में वर्णित कुरुक्षेत्र के युद्ध की ऐतिहासिक प्रामाणिकता सिद्ध हो चुकी है। एक-दूसरे स्तर पर इसे इस रूप में भी देखा जा सकता है कि एक बहुत ही नए और महत्त्वपूर्ण ग्रन्थ की सामाजिक स्वीकृति के लिए उसकी रचना का श्रेय तत्कालीन युग में ब्रह्मा को दिया जाना ही स्वाभाविक था। हम इतिहास में बार-बार ऐसी घटनाओं से रू-ब-रू हो चुके हैं कि जब भी किसी रचनाकार, दार्शनिक और वैज्ञानिक ने अपने बल पर अपनी बात, अपने सिद्धान्त या किसी नई खोज को लेकर सामाजिक धारा के विरुद्ध जाने की कोशिश की तो उन्हें क्या परिणाम भुगतने पड़े। सुकरात और गैलीलियो हों या साहित्य में यूरिपिडीज़, भास और विशाखदत्त, जिनके नाटकों को अपने समय में कभी मान्यता नहीं मिली। यहाँ तो प्रश्न एक सम्पूर्ण कला की सामाजिक स्वीकृति का था। पहले तो उसे वेद के समकक्ष दर्जा देने का संकट, फिर उसे समाज के सभी वर्गों और विशेष रूप से तथाकथित शूद्रों द्वारा अध्ययन-अध्यापन की स्वीकृति। कहीं ऐसा तो नहीं कि भरत स्वयं इसी वर्ग से सम्बद्ध हों, ऐसे में तो उनपर अतिरिक्त दबाव पड़ना स्वाभाविक ही था। हमने अपने समय में देखा है कि डॉ. भीमराव अम्बेडकर को एक सम्मानजनक सामाजिक प्रतिष्ठा प्राप्त करने के लिए कितने कष्ट झेलने पड़े। यदि हम पिछले डेढ़-दो सौ वर्षों की बात छोड़ दें तो क्या यह एक ऐतिहासिक सच्चाई नहीं है कि पश्चिम हो या पूर्व—नाट्यकला का प्रयोग समाज के सबसे निम्नवर्ग के लोग ही करते रहे हैं। ऐसे में यदि भरत भी इसी वर्ग से आते हों तो क्या अचरज? स्वयं भास के बारे में भी यही कहा जाता है कि उनके नाटकों को इसलिए इतना सम्मान और प्रतिष्ठा अपने समय में नहीं मिल पाई क्योंकि वे सम्भवतः धोबी थे, ऊपर से नाटककार, और अपने नाटकों में पहले से बने-बनाए मिथों को तोड़ने वाले।

उपर्युक्त सारी सम्भावनाओं को भी छोड़ दें तो क्या आज भी जब हम कोई बड़ा काम करना चाहते हैं तो उसका सारा श्रेय ईश्वर को नहीं देते? चाहे हम अपनी सोच और रहन-सहन में कितने ही आधुनिक क्यों न हो गए हों।

इसी अध्याय में और भी बहुत से ऐसे सूत्र बिखरे पड़े हैं जिनके भीतर से नाटक की कहानी के साथ भी यदि भरत ने ब्रह्मा को जोड़ दिया तो कोई नई बात नहीं की। मिथ के अनुसार यह सम्पूर्ण जगत ही ब्रह्मा की सृष्टि है तो फिर नाटक को भी अलग कैसे रखा जा सकता है? यह तो हुआ बहुत ही सपाट और सतही-सा तर्क। लेकिन एक गहरी सच्चाई भी सामने आती है। नाट्यकला के पारायण को लेकर देवताओं ने तो शुरू में ही अपनी असमर्थता और अक्षमता स्वीकार कर ली, अर्थात् उन्होंने नाटक जैसी कला का पहले से ही अपने देवलोक से बहिष्कार और

तिरस्कार कर दिया तो पृथ्वीलोक में उसे व्यापक स्वीकृति कहाँ से मिलती? स्वयं उनके अपने मिथकों में उर्वशी और मेनका जैसी अप्सराओं के साथ क्या हुआ? शाप के कारण उन्हें धरती पर आना पड़ा और फिर जीवन भर अपमान झेलना पड़ा।

नाट्यकला के जन्म को लेकर ऐसा समाजशास्त्रीय अध्ययन भी सहायक सिद्ध हो सकता है कि अन्ततः यह कला समाज के इसी वर्ग के हिस्से में विशेष रूप से क्यों आई? यदि हम आदिम रंगमंच की तरफ़ लौटें तो आरम्भ में दर्शक और अभिनेता जैसा कोई भेद नहीं था क्योंकि सभी की दिनचर्या एक जैसी थी। धीरे-धीरे समाज में वर्गीय व्यवस्था ने जन्म लिया—एक वर्ग ने अपने पांडित्य के बल पर, दूसरे ने अपने पौरुष के बल पर और तीसरे ने अपनी सम्पन्नता के बल पर सत्ता हथियानी शुरू की तो उन्हें चाहिए था एक ऐसा वर्ग जो उनकी हर तरह की चाकरी कर सके, चाहे फिर वह उनका मनोरंजन करना ही क्यों न हो? स्वयं भरत से कुछ पहले या उसके आसपास ही उपस्थित चाणक्य ने अपने *अर्थशास्त्र* में इस बात की घोषणा की है कि कलाकारों, विशेष रूप से नाटक करनेवाले अभिनेताओं को मुख्य नगरों की सीमा के बाहर आवास उपलब्ध कराने की व्यवस्था की जाए, क्योंकि ये लोग स्वभाव से ही विलासी और भ्रष्ट होते हैं और इसलिए यदि सामाजिकों के साथ बहुत अधिक घुलमिल कर रहेंगे तो उन्हें भी अपने जैसा बना डालेंगे। यह तो आज से लगभग ढाई हज़ार साल पहले के आचार्य की टिप्पणी है; लेकिन क्या आज भी इस दृष्टि में कोई बहुत ज़्यादा बदलाव आया है? क्या आज भी व्यापक जनसमाज हम नाटक करनेवालों को भांड, मिरासी और नौटंकी करनेवाला नहीं समझता? शायद ऐसा इसलिए भी है कि नाटक को कभी भी एक शुद्ध कला, ठीक उसी अर्थ में नहीं लिया गया जैसे हम संगीत, नृत्य, स्थापत्य और साहित्य को लेते हैं।

कहने की आवश्यकता नहीं कि इन कलाओं को शुद्ध कला के रूप में लिए जाने की अवधारणा के पीछे इनका अपनी मूल प्रकृति में एकांतिक अर्थात् एक आदमी की कला होना भी है, जबकि नाटक एक सामूहिक कला है। प्रयोग करने वालों की दृष्टि से भी और दर्शकों और प्रेक्षकों की दृष्टि से भी क्योंकि ये दोनों पक्ष एक साथ मिलकर नाट्यकला के सम्पूर्ण अनुभव को प्राप्त करते हैं। ऐसे में उस शुद्धता की सारी सम्भावनाएँ अपने आप समाप्त हो जाती हैं। यद्यपि इसे भी एक नाटकीय विडम्बना ही कहा जाएगा कि अन्ततः नाटक और रंगमंच की सारी कोशिश उसी शुद्धता तक पहुँचने की है जिसे भरत ने बाद के अध्यायों में कभी सात्विक अभिनय, कभी रस और कभी साधारणीकरण के माध्यम से विस्तारपूर्वक विवेचित और विश्लेषित किया है।

यूँ तो इसी पहले अध्याय में भरत का यह कथन बहुत ही सकारात्मक दिखाई पड़ता है कि ऐसा कोई ज्ञान नहीं, ऐसा कोई शिल्प नहीं, ऐसी कोई विद्या नहीं, ऐसा कोई योग नहीं और ऐसा कोई कर्म नहीं जो हमारे इस नाट्य में सहभागी बनता न दिखाई दे। लेकिन दूसरी तरफ़ यह कथन नाट्यकला की दृष्टि से उतना ही नकारात्मक भी माना जा सकता है, क्योंकि आज तक का सच यही है कि नाटक में जब तब कोई भी कला, शिल्प और शास्त्र हस्तक्षेप करता रहता है, उसे अपने शुद्ध रूप में रहने ही नहीं देता। आज से महज़ लगभग एक सौ पच्चीस वर्ष पूर्व आविष्कृत फ़िल्म, रेडियो, दूरदर्शन और यहाँ तक कि कम्प्यूटर, मोबाइल आदि ने भी अपनी निजी, स्वतन्त्र और एक-दूसरे माध्यम से अलग पहचान स्थापित कर ली है। लेकिन कम-से-कम पाँच हज़ार साल से निश्चित रूप से प्रयोग और व्यवहार में आती नाट्यकला को उस स्थिति तक पहुँचने में सफलता नहीं मिली। ऐसे में भरत ने नाट्यकला के जन्म को ब्रह्मा से जोड़ने की पहल करके बिलकुल सही निर्णय लिया।

स्वयं भरत द्वारा प्रस्तुत कम-से-कम दो नाटकों की सूचना हमें इसी अध्याय में मिल जाती है। पहला था *समुद्र मंथन* जिसे भरत ने अपने सौ पुत्रों समान शिष्यों के साथ प्रस्तुत किया, जिसमें उन्होंने देवताओं और दानवों द्वारा समुद्र का मंथन किए जाने की कहानी को नाट्य-प्रस्तुति के रूप में प्रदर्शित किया। इस प्रस्तुति में संवादों की नोकझोंक, घात-प्रतिघात, भागदौड़ और मारकाट सभी कुछ था लेकिन गीत-संगीत, नृत्य, मुद्रा-विधान, सज्जित केशराशि और आहार्य जैसे सौन्दर्यवर्धक तत्त्वों का अभाव था। अतः ब्रह्मा और दूसरे दर्शक देवी-देवताओं ने भरत से आग्रह किया कि इन तत्त्वों को भी नाट्य प्रस्तुति में लाया जाए, तभी यह अनुभव एक सम्पूर्ण नाटकीय और रंगमंचीय अनुभव के रूप में स्थापित होगा। भरत ने स्पष्ट किया कि उनके नाट्यमण्डल में सभी शिष्य पुरुष थे इसीलिए उन्हें एक ऐसे आलेख, और उनके अनुरूप प्रस्तुति शैली का चयन करना पड़ा जो इन तत्त्वों के बिना सम्पन्न हो सके, क्योंकि इन तत्त्वों के समावेश के लिए स्त्री पात्रों की आवश्यकता है और उन्हें यह स्थिति स्वाभाविक नहीं लगी कि वह पुरुषों से स्त्रियों का अभिनय कराएँ। इस पर ब्रह्मा ने अप्सराओं को भरतमुनि के नाट्यप्रयोगों के लिए उपलब्ध करा दिया। नाटक के जन्म से जुड़ी कहानी का यह अंश भी अपरोक्ष रूप से नाटक जैसी विधा की उसी सामाजिक स्वीकृति की अपेक्षा करता है जिसमें आरम्भ से ही स्त्रियों की भागीदारी भी सम्मिलित है। क्या हम इस सच्चाई से अनभिज्ञ हैं कि हमारे यहाँ पचास साल पहले तक भी कुलीन और संभ्रांत घरों की स्त्रियों की नाटकों में अभिनेत्री के तौर पर भाग लेने की कल्पना नहीं की जा सकती थी। नाटक, फ़िल्म अथवा ऐसे ही दूसरे

संगीत एवं सांस्कृतिक कार्यक्रमों में जब भी स्त्रियाँ आईं तो वे कोठे और मुजरे के घरानों से ही आईं।

नाटक की बात तो बहुत दूर की है, स्कूलों, कॉलेजों में पढ़ने-पढ़ाने के लिए भेजे जाने की शुरुआत कब और कैसे हुई, यह भी हम भलीभाँति जानते हैं। आज भी महानगरों में अथवा महाराष्ट्र, बंगाल और दक्षिण भारत के कुछ हिस्सों में बेशक लड़कियाँ और उनके परिवार नाटक से पूरे जुड़े हुए हैं लेकिन हिन्दी और दूसरे भाषाई क्षेत्रों में स्थिति में कोई ख़ास बदलाव आया हो, ऐसा नहीं लगता। आज भी छोटे-छोटे शहरों और कस्बों में जब-जब नाटकों के लिए लड़कियों की ज़रूरत पड़ती है, तो उनके अभिभावकों को विश्वास में लेना पड़ता है। ऐसे में यदि भरत को सृष्टि के जन्मदाता ब्रह्मा से कहानी के माध्यम से स्वीकृति लेनी पड़ी तो क्या ग़लत किया? जब ब्रह्मा ने स्वीकार कर लिया तो मानो सारे संसार ने स्वीकार कर लिया। इसी का परिणाम था भरत का दूसरा नाटक *त्रिपुरदाह* जिसमें त्रिपुर नाम का राक्षस अथवा दैत्य एक सुन्दरी पर मोहित हो जाता है। उससे छुटकारा पाने के लिए वह सुन्दरी तरह-तरह की नृत्य मुद्राओं से त्रिपुर को इस स्थिति में ले आती है कि वह नृत्य करते-करते अपने ही सिर पर हाथ रख ले और भस्म हो जाए। इस प्रकार भरत ने अपने दूसरे नाटक की प्रस्तुति से नाट्य प्रयोग में गीत-संगीत, नृत्य मुद्राएँ और विविधवर्णी वेशभूषा के माध्यम से आहार्य अभिनय से जुड़े मोहक और आकर्षक तत्त्वों को भी रंगमंच में समाविष्ट कर लिया।

अभी तक नाटक की मिथकीय उत्पत्ति की जितनी भी व्याख्याएँ दी जा सकती थीं उन सब पर विचार-विमर्श करके देख लिया गया है। इनसे भी अलग सबसे ज़्यादा सशक्त पक्ष यही है कि किसी भी समकालीन और आधुनिक कथ्य को और ज़्यादा गहरा व मार्मिक बनाने के लिए क्या हम सदैव उसे सुदूर अतीत की कथा से जोड़कर व्यंजित नहीं करते? *अंधायुग, आषाढ़ का एक दिन,* इससे भी पहले भारतेन्दु का *अंधेर नगरी* और जयशंकर प्रसाद के सभी नाटक क्या इसका सबसे बड़ा प्रमाण नहीं हैं?

देखा जाए तो भरत ने पाँचवें वेद यानी *नाट्यवेद* अथवा *नाट्यशास्त्र* की मूल परिकल्पना ही पहले से प्रचलित चार वेदों से लिए गए अंशों को मिलाकर तैयार की है, जिसमें पाठ्य अंश *ऋग्वेद* से, गीत *सामवेद* से, अभिनय *यजुर्वेद* से और रसों को *अथर्ववेद* से लिया गया है। ज़ाहिर है कि इस परिकल्पना में नाटक अथवा रंगमंच के चार अपरिहार्य तत्त्व स्वयमेव सम्मिलित हो जाते हैं। आलेख के बिना नाटक की रचना का कोई अर्थ नहीं, गीत-संगीत प्रस्तुति के व्यावहारिक पक्ष के आवश्यक तत्त्व हैं, अभिनय के बिना रंगमंच की कोई कल्पना नहीं की जा सकती और इन सबके

मेल से जो नाटक तैयार होता है अन्ततः उसका दर्शक पर क्या प्रभाव पड़ता है, यही रस का सार तत्त्व है। इस प्रकार *नाट्यशास्त्र* की मूल परिकल्पना में उसका सौंदर्यशास्त्र भी अपने आप चला आता है। यहाँ ऐसा जान पड़ता है कि इन चार तत्त्वों पर विचार करते हुए भरत रंगमंच के एक पाँचवें तत्त्व अर्थात् स्पेस, अथवा प्रदर्शनस्थल का उल्लेख करना भूल गए हैं। लेकिन यदि हम अभी स्वयं को *नाट्यशास्त्र* की रचना तक ही सीमित रखें तो बात समझ में आ जाएगी क्योंकि इसके तुरन्त बाद ही भरत उसके व्यावहारिक परीक्षण का निर्णय लेते हैं और ज़ाहिर है कि उस परीक्षण के लिए एक स्थान तो चाहिए ही।

हमें ज्ञात है कि भरत ने अपने पहले नाटक *समुद्र मंथन* का मंचन एक विशाल जन समुदाय के सामने खुले आकाश के नीचे मुक्त रंगस्थल पर किया था क्योंकि उन्हें एक ऐसे स्थान की ज़रूरत थी जो अपने आकार और नाप में इतना खुला और बड़ा हो कि एक साथ कम-से-कम सौ-डेढ़ सौ अभिनेता उसका इस्तेमाल कर सकें और इतनी बड़ी जगह खुले में ही उपलब्ध हो सकती थी। लेकिन नाटक के पहले प्रदर्शन पर ही दर्शकों में बैठे दैत्यों-दानवों की प्रतिक्रिया ने भरत को तुरन्त ही इस सत्य से परिचित करा दिया कि नाटक का मंचन खुले में किया जाना खतरे से खाली नहीं है क्योंकि दर्शकों के चयन पर आपका कोई नियंत्रण नहीं है। इतना ही नहीं, हमारे अपने देश के भूगोल और जलवायु को देखते हुए भी खुला मंच लगातार सालभर तक नाटकों के मंचन के लिए कतई उपयुक्त नहीं है। ज़्यादा से ज़्यादा वसन्त और ग्रीष्म ऋतु के तीन-चार महीनों को छोड़कर खुले रंगमंच की कोई उपयोगिता अपने यहाँ नज़र नहीं आती, क्योंकि उसके बाद लगातार वर्षा अथवा शरद और शिशिर जैसे मौसम के कारण नाट्य प्रदर्शन प्रायः खुले में नहीं हो पाते। अतः एक बंद प्रेक्षागृह के निर्माण का निर्णय सर्वथा उपयुक्त था। विश्व के रंगमंचीय इतिहास में आज से दो-ढाई हज़ार साल पहले एक बंद प्रेक्षागृह की परिकल्पना निश्चित रूप से एक सर्वथा नई और अभूतपूर्व पहल थी। हम इस बात पर गर्व कर सकते हैं, और इसका श्रेय भी ले सकते हैं कि सबसे पहला बंद प्रेक्षागृह जब भी बना और जिसने भी बनवाया, वह हमारे देश के रंगचिंतक के दिमाग़ की उपज है। यहाँ तक कि पश्चिम में भी पहला बंद प्रेक्षागृह आज से महज 400 साल पहले 1615 ई. में इटली में बनाया गया था। बेशक 1000 ई. के आसपास यूरोप के कई देशों में चर्च के भीतर नाटकों के मंचन की शुरुआत हो चुकी थी लेकिन उन्हें उस रूप में प्रेक्षागृह नहीं माना जा सकता जिस रूप में हम आज उससे परिचित हैं।

बन्द प्रेक्षागृह अभिनेता और दर्शक के सम्बन्ध को लेकर कई चीज़ें पहले

से निश्चित कर देता है। उदाहरण के लिए उसमें एक निश्चित संख्या तक ही दर्शकों का बैठना सम्भव होता है और एक सार्वजनिक प्रदर्शन होने के बावजूद प्रदर्शन करनेवाली मण्डली को इस बात की छूट रहती है कि वह चाहे तो दर्शकों का चुनाव स्वयं भी कर सकती है। क्या इसे एक संयोग मात्र कहकर छोड़ा जा सकता है कि आज भी नाटक हो अथवा फ़िल्म का टिकट या निमंत्रण-पत्र, उस पर साफ़-साफ़ लिखा रहता है 'राइट ऑफ़ एडमिशन रिजर्व्ड' अर्थात् प्रवेश का अधिकार सुरक्षित है। भरत ने इससे भी आगे बढ़कर अपने पहले नाटक के अनुभव के बाद अपने दर्शकों से यहाँ तक अपेक्षा कर डाली कि उन्हें सहृदय होना चाहिए। इस सहृदय होने की अपेक्षा में दर्शकों की सोच-समझ और उससे भी ज़्यादा उनकी संवेदनशीलता सम्मिलित है, तभी नाटक को देखने के जीवन्त अनुभव का रसास्वादन किया जा सकता है। यहाँ शायद एक प्रश्न उठाया जा सकता है कि कहीं ऐसा तो नहीं कि जिस उद्देश्य से नाटक और रंगमंच का जन्म हुआ था उसे बहुत ही सीमित करने पर ज़ोर दिया जा रहा है क्योंकि दर्शकों से इतनी सारी अपेक्षाएँ कहीं एक विशिष्ट वर्ग को सम्बोधित तो नहीं हैं। लेकिन मेरे विचार में भरत की दर्शकों से की जानेवाली उपर्युक्त अपेक्षाओं को इस सीमित अर्थ में देखना उनके साथ अन्याय होगा क्योंकि सहृदय और संवेदनशील होना किसी एक वर्ग की बपौती नहीं है अर्थात् भरत की सीधी-सीधी अपेक्षा यही है कि दर्शक को सहृदय होना चाहिए चाहे वह आम आदमी हो या फिर उसका किसी विशिष्ट वर्ग से सम्बन्ध हो। भरत के पहले नाट्य प्रदर्शन पर ब्रह्मा ने नाटक के मूल उद्देश्य की चर्चा, परिभाषा और जो विश्लेषण किया है, वह आज भी उतना ही सार्थक है। उसके अनुसार नाटक का कथानक अपनी सम्पूर्णता में जीव और जगत के सभी पक्षों का चित्र प्रस्तुत करता है।

नाट्यशास्त्र में इसके लिए लोकानुकीर्तन और भावानुकीर्तन जैसे शब्दों का प्रयोग किया गया है। इन शब्दों के अपने अर्थ इस बात को स्पष्ट कर देते हैं कि रंगमंच पर नाटक के माध्यम से जो कुछ भी प्रस्तुत किया जाता है वह उसका हू-ब-हू चित्रण न होकर अनुकीर्तन है। यह सही है कि अनुकीर्तन भी तभी सम्भव है जब उससे पहले कोई घटना घट चुकी हो, लेकिन साथ ही कीर्तन शब्द चित्रण से अलग परिकल्पना प्रस्तुत करता है, और उसमें एक तरह की नाटकीयता समाहित है। हम आज भी कीर्तन के माध्यम से चीज़ों को याद करते हैं, उनके पूर्वानुभव को पुनः जीते हैं और सबसे बड़ी बात यह है कि उस बीते हुए को वर्तमान में अनुभूत करते हैं। शायद कला का यही मूल रहस्य और मर्म है जिसका पश्चिमी चिन्तन में भी बार-बार उल्लेख किया गया है कि 'आर्ट इज एन इमिटेशन ऑफ़ लाइफ' और 'आर्ट इज ए

मिरर ऑफ़ लाइफ' । यूँ पढ़ने में इमिटेशन और अनुकीर्तन अपनी अर्थ-छाया में एक जैसे जान पड़ते हैं, लेकिन ऐसा है नहीं। इमिटेशन जहाँ जीवन के लगभग हू-ब-हू चित्रण का संकेत करता है, जैसे कि दर्पण में दिखाई देनेवाला प्रतिबिम्ब ठीक वैसा ही दिखाई पड़ता है जिसका भी वह प्रतिबिम्ब है, लेकिन अनुकीर्तन हू-ब-हू चित्रण की बजाय सम्भावना से ज़्यादा सम्बन्ध रखता है। यही कारण है कि पश्चिम का अधिकांश चिन्तन 'जीवन में ऐसा होता है' से जुड़ा है जबकि हमारे यहाँ वह 'जीवन में ऐसा होना चाहिए' से।

नाटक के दृष्टिकोण से विचार किया जाए तो यह भिन्नता नाटक को प्रस्तुत करने की दो अलग-अलग शैलियों की तरफ़ भी संकेत करती है, जिन्हें हम नाट्यधर्मी और लोकधर्मी के नाम से जानते हैं, जिन पर आगे चलकर भरत ने विस्तारपूर्वक विचार किया है। पूर्व हो अथवा पश्चिम, इस सारे विवेचन से एक बात बहुत साफ़ उभरकर सामने आती है कि बेशक नाटक आदमी की ज़िन्दगी से अपना कथानक ग्रहण करता है, लेकिन अपनी सम्पूर्णता में वह दर्शकों को उनके व्यक्तिगत से परे अनुभव संसार में ले जाने की क्षमता रखता है। यह सही है कि हमारे यहाँ भी आरम्भ से ही नायक और प्रतिनायक (खलनायक) और पश्चिम में भी प्रोतेगनिस्त और एंतेगनिस्त की अवधारणा मिलती है; अर्थात् एक वह पक्ष जो नाटक के मुख्य पात्र अथवा कथानक का पक्ष है और दूसरा नाटक के विरोधी पात्र और उसकी विचारधारा का पक्ष प्रस्तुत करता है। लेकिन यह विभाजन मात्र सुविधा के लिए किया गया विभाजन ज़्यादा जान पड़ता है। यह कभी सम्भव नहीं है कि व्यक्ति या तो सिर्फ़ अच्छा हो सकता है या फिर बुरा। रंगों की भाषा में कहें तो वह न तो मात्र उजला हो सकता है और न मात्र काला, वरन इन दोनों के बीच के अनेक रंगों का मिश्रित रूप होता है। अपने आपमें सफ़ेद और काला तो कोई रंग ही नहीं है। आदमी एक साथ अपने सम्पूर्ण पक्षों को समेटे रहता है और यही चीज़ उसे उतनी ही जटिल बनाती है और नाटक इन्हीं अन्तर्निहित परतों और जटिलताओं को मंच पर प्रस्तुत करता है।

पहले अध्याय की नाट्य-प्रस्तुति और उससे जुड़ी कहानी से भरत ने अपरोक्ष रूप से बहुत-सी चीजों का उद्घाटन कर डाला है। उदाहरण के लिए नाटक अथवा नाट्यवेद कैसे उत्पन्न हुआ है, इसके कितने अंग हैं, उन अंगों को जानने का प्रमाण क्या है, और इसका प्रयोग किस प्रकार किया जाता है। संक्षेप में नाटक के सैद्धांतिक और व्यावहारिक पक्ष पर उनकी दृष्टि शुरू से ही रही है। कहना तो यह चाहिए कि पहले अध्याय से ही ऐसे संकेत मिलने शुरू हो जाते हैं कि *नाट्यशास्त्र* सिद्धान्त पर उतना ज़ोर नहीं देता, जितना कि उसकी प्रस्तुति और परीक्षण पर। क्या यह अपने

आपमें एक तथ्य नहीं है कि *नाट्यशास्त्र* का सैद्धान्तिक पक्ष एक तरह से पहले अध्याय में ही समाप्त हो जाता है, और बाक़ी के सारे अध्याय भरत द्वारा प्रस्तुत दो नाटकों के मंचन के बाद उभरे हुए प्रश्नों–प्रतिक्रियाओं और जिज्ञासाओं का विवेचन-विश्लेषण और समाधान ही प्रस्तुत करते हैं। सही अर्थों में कहा जाए तो *नाट्यशास्त्र* प्रस्तुति की समीक्षा अथवा आलोचना का ग्रन्थ है, और उसी के माध्यम से अपने शास्त्र अथवा सिद्धान्तों की स्थापना और पुष्टि करता है। हमने नाटक की उत्पत्ति के विषय में बात करते हुए शुरू में ही एक तथ्य की तरफ़ संकेत किया था कि किसी भी शास्त्र की रचना के पीछे उससे जुड़ी कला या विधा की एक लम्बी परम्परा हुआ करती है और यह संकेत *नाट्यशास्त्र* के इस अध्याय से भी बार-बार ध्वनित होता है। भरत ने बेशक स्वयं द्वारा प्रस्तुत दो नाटकों के मंचन को उदाहरण के रूप में प्रस्तुत किया है, लेकिन इसका अर्थ यह कदापि नहीं है कि वह स्वयं मात्र दो नाटकों के मंचन तक सीमित रहे हों, और उन्होंने अपने समय में मंचित दूसरे नाट्य प्रदर्शनों को देखा ही न हो। हमारे सामने पश्चिम में अरस्तू द्वारा रचित कला और नाटक के सिद्धान्तशास्त्र *द आर्ट ऑफ़ पोएटिक्स* का उदाहरण उपस्थित है। जब चौथी शताब्दी ईसवी पूर्व अरस्तू ने अपने ग्रन्थ की रचना की, उससे लगभग डेढ़ सौ-दो सौ साल पहले यूनानी नाट्य प्रदर्शन परम्परा अपने शिखर पर पहुँचकर अवसान की तरफ़ अग्रसर हो चुकी थी अर्थात् एक ग्रन्थ के निर्माण और रचना के लिए अरस्तू के सामने अपार व्यावहारिक स्रोत सामग्री उपलब्ध थी।

ठीक यही बात भरत के विषय में भी कही जा सकती है। जब वह नाट्यवेद की उत्पत्ति का इतिहास सुनाना आरम्भ करते हैं, तो आठवें और नवें श्लोक में ही हमें अपने प्रश्न का उत्तर मिल जाता है। उनका अपना कथन है कि सत्ययुग बीत जाने पर त्रेतायुग प्रारम्भ हुआ। लोग ग्राम्य धर्म में प्रवृत्त तथा काम और लोभ के वश में होकर ईर्ष्या, क्रोध आदि से दिग्भ्रांत और सुखी-दुखी रहने लगे। जब इन्द्र आदि देवताओं ने पितामह ब्रह्मा से कहा–"हम मनोविनोद का ऐसा साधन चाहते हैं जो दृश्य भी हो और श्रव्य भी। यह वेद व्यवहार शूद्र जाति के लोगों को तो सुनाया नहीं जा सकता, इसलिए आप एक अन्य पाँचवाँ वेद रचिए जो सभी वर्णों के लोगों के लिए हो।" ब्रह्मा ने चारों वेदों का स्मरण कर संकल्प किया–मैं नाट्य नामक पाँचवें वेद की इतिहास सहित रचना करता हूँ जो धर्म, अर्थ तथा यश की प्राप्ति कराने वाला (धर्म आदि पुरुषार्थों की प्राप्ति का), उपदेश देनेवाला और उस उपदेश को अच्छी तरह ग्रहण कराने वाला, आनेवाले संसार के सभी कर्मों का अनुदर्शन कराने वाला, सभी (कला विषयक) शास्त्रों के (नृत्य, गीत, वादन आदि) के तत्त्वों से सम्पन्न तथा समस्त शिल्पों का प्रवर्तक होगा।

क्या इस कहानी में यह सूचना समाहित नहीं है कि *नाट्यशास्त्र* की रचना से पहले जनमानस की अपनी परम्परा में उपलब्ध मनोरंजन अथवा इसी तरह की दूसरी गतिविधियों का इतना पतन हो चुका था कि एक दूसरे नाट्यवेद की रचना की ज़रूरत आन पड़ी ताकि यह स्पष्ट किया जा सके कि उच्च कोटि की कला के अनुभव का सही रास्ता क्या होना चाहिए। यहीं पर भरत ने चुपके से एक और सत्य से भी हमारा साक्षात्कार करा दिया है और वह यह कि अन्ततः नाट्य का अन्तिम उद्देश्य क्या है? और वह है धर्म, अर्थ और यश की प्राप्ति। इसमें कोई सन्देह नहीं कि यह अन्तिम उद्देश्य उनके लिए है जो इस कला का पारायण और प्रयोग करेंगे अर्थात् सीधे-सीधे रंगकर्मियों से सम्बन्धित है। वे पहले तो नाट्यकला का अध्ययन और प्रशिक्षण प्राप्त करें और फिर उसका प्रयोग करें। जब ब्रह्मा ने नाट्यवेद की पाण्डुलिपि भरत के हाथों में सौंपी थी तो उन्होंने भी भरत को यही निर्देश दिया था कि तुम इसे अपने शिष्यों (पुत्रों) को पढ़ाओ (सिखाओ) और फिर विधिपूर्वक इसका मंच पर प्रयोग करो। यह सहज ही कल्पना की जा सकती है कि *नाट्यशास्त्र* की रचना ने नाट्यकला के पूरी तरह से व्यावसायिक प्रशिक्षण की शुरुआत में अपना महत्त्वपूर्ण योगदान दिया और पहले से चली आ रही लोकनाट्य परम्परा के विपरीत एक बिलकुल ही नई नाट्य परम्परा अथवा शैली को जन्म दिया जिसे शास्त्र पर आधारित होने के कारण शास्त्रीय की संज्ञा से अभिहित किया गया।

इतिहास साक्षी है कि कलाओं के क्षेत्र में लगभग हर विद्या में ये दो धाराएँ समानान्तर रूप में हर युग में प्रवाहित रही हैं। एक लोकधारा, जो हम तक सहज रूप से चली आती है, और दूसरी शास्त्रीय धारा, जिसे प्रशिक्षण के माध्यंम से सीखना पड़ता है। जहाँ तक धर्म, अर्थ और यश के स्पष्टीकरण की बात है तो ज़ाहिर है कि धर्म का अर्थ स्वयं को शूद्र भावनाओं से ऊपर उठाकर उच्चता की तरफ़ ले जाना; यदि रंगकर्म को एक व्यवसाय के रूप में स्वीकार किया है तो उससे अर्थ प्राप्ति के लिए प्रयत्न करना और उसकी प्राप्ति और अन्ततः अपने रचनात्मक रंगकर्म के माध्यम से यशप्राप्ति यानी आपके काम की व्यापक चर्चा। इसी के समानान्तर इस बात पर भी विचार किया जा सकता है कि दर्शक के लिए नाटक का उद्देश्य क्या है और वह है लोकानुरंजन। लोगों को एक ऐसा आनन्द और मनोरंजन प्रदान करना जो मात्र मनोरंजन न होकर उन्हें भीतर तक एक गहरे स्तर पर प्रभावित करे और उनके जीवन में अधिक-से-अधिक निखार लाए। आख़िर हम नाटक देखने क्यों जाते हैं? यदि हम अपने आपसे यह सवाल करें तो उसका जवाब भी हमें तुरन्त मिल जाएगा कि हम चाहते हैं कि नाटक हमें

अपनी रोज़मर्रा की ज़िन्दगी से जुड़े हुए अनुभव के होते हुए भी एक ऐसी दुनिया से साक्षात् कराए जो हमारी अपनी होते हुए भी बिलकुल नई लगे, और हमें अपने मर्म तक झकझोर कर रख दे ताकि हम जब अपनी रोज़मर्रा की ज़िन्दगी में लौटें तो एक नई सोच और समझ के साथ। क्या नाटक के जन्म से लेकर आज तक के इतिहास तक हमारे अनुभव की यही यात्रा नहीं रही है, जिसकी तरफ़ भरत ने अपने शास्त्र के पहले अध्याय में ही देवताओं और दानवों की कहानी के माध्यम से बहुत सूक्ष्म रूप में संकेत कर दिया था। इसीलिए यदि एक ओर यह कहा जाता है कि *नाट्यशास्त्र* एक अभिनेता की नोटबुक है, तो उसी के साथ यह भी कहा जाना चाहिए कि *नाट्यशास्त्र* एक दर्शक का भी धार्मिक ग्रन्थ है और यही उसकी रचना का मुख्य उद्देश्य भी था जब उसका नाम नाट्यवेद रखा गया था। चूँकि जैसे दूसरे वेदों का पठन-पाठन किया जाता है, उसी तरह से समाज के हर प्राणी से यह अपेक्षा की जाती है कि वह नियमित रूप से इसका भी पठन-पाठन करें।

संक्षेप में हम कुछ निष्कर्षों को एक साथ प्रस्तुत कर सकते हैं : *नाट्यशास्त्र* में कथा शैली के माध्यम से नाटक के शास्त्र और दर्शन को रेखांकित किया गया है। नाटक एक समन्वित कला है जिसमें गीत, संगीत, नृत्य, गतिविधान, शिल्प और स्थापत्य का योगदान रहता है। भारतीय परम्परा में नाटक में शुरू से ही स्त्री पात्रों की उपस्थिति उल्लेखनीय है। नाटक और रंगमंच के पाँचों आवश्यक तत्त्वों यथा—आलेख, अभिनेता, स्थान, दर्शक और नेपथ्य से जुड़े सभी अंगों का पहले अध्याय में ही संकेत दे दिया गया है। नाटक की प्रस्तुति शैली की दो रीतियों का आभास भी होने लगता है। खुले मंच से लेकर बन्द मंच तक की रंगयात्रा का पूरा इतिहास यहीं पर उपलब्ध है। नाटक का उद्देश्य क्या है, इस पर प्रयोग और दर्शक दोनों दृष्टियों से अलग-अलग विचार किया गया है। हम कह सकते हैं कि भरत ने बेशक मिथक के माध्यम से अपना चिन्तन प्रस्तुत किया है, लेकिन वह पूरी तरह से हमारे अपने समय में घट रहे रंगकर्म के अनुभव से कहीं भी अलग नहीं है।

प्रेक्षागृह

यह तो हम सभी जानते हैं कि नाटक से लेकर प्रस्तुति तक की यात्रा में प्रदर्शनस्थल की एक अहम भूमिका है और भरत की नज़र में भी यह सत्य उतना ही साफ़ और स्पष्ट था जितना आज किसी रंगकर्मी के लिए हो सकता है। इस बात को दोहराने की कोई ज़रूरत नहीं कि बेशक़ हमारे पास नाट्यालेख, अभिनेताओं की मण्डली, तमाम तकनीकी सुविधाएँ और यहाँ तक कि दर्शक भी मौजूद हों लेकिन जब तक नाट्य प्रस्तुति के लिए कोई स्थान हमारे पास नहीं है तो उपर्युक्त सभी तत्त्वों का कोई अर्थ नहीं रह जाता। अतः *नाट्यशास्त्र* के ठीक दूसरे अध्याय में ही प्रेक्षागृह की विस्तृत चर्चा से उसकी अनिवार्यता और अपरिहार्यता स्वयं ही सिद्ध और प्रमाणित हो जाती है।

हम इस विषय में पहले चर्चा कर चुके हैं कि कैसे भरत ने अपने पहले ही नाटक की प्रस्तुति के अनुभव से लाभ उठाकर तुरन्त ही एक बंद प्रेक्षागृह की परिकल्पना कर डाली लेकिन उसके नाप, आकार और प्रकार का पहली बार इसी अध्याय में अध्ययन किया

गया है। इस अध्ययन का सबसे रोचक पहलू यह है कि सबसे पहले उसने आकार के हिसाब से प्रेक्षागृह अथवा *नाट्यमण्डप* के तीन भेद प्रस्तावित किए हैं—पहला विकृष्ट यानी आयताकार, दूसरा चतुरस्र यानी वर्गाकार और त्रयस्र यानी त्रिभुजाकार। यह तो हुई मूल आकार की मूल परिकल्पना। अब नाप के हिसाब से हर तरह के आकार के पुनः तीन-तीन भेद किए गए हैं और वे हैं—ज्येष्ठ यानी सबसे बड़ा, मध्यम यानी बीच वाला और कनिष्ठ यानी सबसे छोटा। हम सभी के दिमाग़ में सहज ही यह सवाल उठ सकता है कि आकार के हिसाब से तीन भेद पर्याप्त नहीं थे कि भरत को उनके भी नाप के हिसाब से फिर तीन भेद और करने पड़े? अर्थात् कुल मिलाकर नौ प्रकार के नाट्यमण्डप ! सवाल का जवाब बिलकुल साफ़ है और वह नाट्यरचना के भेदों से जुड़ा हुआ है जिन्हें भरत ने दशरूपक के अन्तर्गत विवेचित किया है। जब आलेखों के दस प्रकार प्रस्तावित किए गए हैं तो जाहिर है उनके लिए प्रस्तुतिस्थल भी अलग-अलग होने चाहिए। क्या आज भी हम हू-ब-हू इसी सोच और चिन्तन का पालन नहीं करते? नुक्कड़ नाटक शहरों-क़स्बों के चौराहों पर, लोक नाटक किसी भी तरह से खुले मैदान में और यथार्थवादी नाटक के लिए एक बंद प्रेक्षागृह की ज़रूरत महसूस नहीं करते? यहाँ जयशंकर प्रसाद की उस सुप्रसिद्ध स्थापना को भी याद किया जा सकता है कि 'नाटक के लिए रंगमंच होना चाहिए न कि रंगमंच के लिए नाटक।' रंगमंच के विकास का इतिहास भी इस बात का साक्षी है कि पहले कहानी, कथानक अथवा आलेख का जन्म हुआ और फिर उसके मंचन के लिए एक उपयुक्त स्थान की ज़रूरत आई। अलग-अलग तरह के आलेखों के अलावा भरत ने आलेखों में उपलब्ध पात्रों के व्यक्तित्त्व, प्रकृति और संख्या को दृष्टि में रखते हुए भी प्रेक्षागृह के नौ रूपों की प्रस्तावना की है। उन्होंने स्पष्ट किया है कि किसी भी आकार का सबसे बड़ा मण्डप ऐसे नाट्यालेखों के लिए होगा जिसके पात्र देवता होंगे। मध्यम आकार का मण्डप उन आलेखों के लिए सुरक्षित है जिनके पात्र मनुष्य होंगे और कनिष्ठ असुर-राक्षस इत्यादि पात्रों के लिए प्रस्तावित किया गया है।

आकार में तीन-तीन भेद हैं तो उसी के अनुसार उनके नाप भी तीन-तीन भागों में बँटे हुए हैं। उदाहरण के लिए सबसे बड़ा विकृष्ट नाट्य मण्डप लंबाई में 108 हस्त और चौड़ाई में 64 हस्त। विकृष्ट मध्यम 64 हस्त लंबा और 32 हस्त चौड़ा होना चाहिए और कनिष्ठ विकृष्ट मण्डप 32 हस्त लंबाई में और 16 हस्त चौड़ाई में होगा। नाप की यही तालिका बाकी दोनों प्रकार के आकार और प्रकार के मण्डपों पर भी लागू की गई है अर्थात् सबसे बड़े चतुरस्र की चारों भुजाएँ 108, मध्यम चतुरस्र की चारों भुजाएँ 64 हस्त और सबसे छोटे चतुरस्र की चारों भुजाएँ 32 हस्त के रूप में प्रस्तावित हैं। इसी प्रकार बड़े त्रयस्र की तीनों भुजाएँ 108 हस्त, मध्यम

की 64 और सबसे छोटे त्रयस्र की 32 हस्त मानी गई हैं। आज के रंगकर्मियों के लिए हस्त नाम का नाप थोड़ा अपरिचित और अस्वाभाविक जान पड़ सकता है। सुविधा के लिए एक हस्त को डेढ़ फ़ीट के बराबर माना गया है जिसके आधार पर हम भारत के किसी भी नाट्य मण्डप के नाप को अपने समय की अंकतालिका में परिवर्तित करके एक तुलनात्मक अध्ययन प्रस्तुत कर सकते हैं और वह इस दृष्टि से कि आज भी किसी प्रेक्षागृह के निर्माण में लगभग यही मापदंड प्रयोग में लाए जाते हैं।

नाट्य मण्डप के सभी तरह के आकारों-प्रकारों और नापों के बाद भरत स्वयं ही इस बात का निर्णय लेते हैं कि इन सबमें अन्ततः सबसे अच्छा और आदर्श नाट्य मण्डप कौन-सा है? और उनका निर्णय विकृष्ट मध्यम नाट्य मण्डप के पक्ष में जाता है। इस आकार और इस नाप के नाट्य मण्डप को सर्वोत्तम मानने के दो बहुत ही सटीक और ठोस कारण भरत ने प्रस्तुत किए हैं और वे ये हैं : यह नाट्य मण्डप न तो बहुत बड़ा है कि पात्रों के हाव-भाव भी ठीक से दिखाई न पड़ें और उनकी आवाज़ भी ठीक से सुनाई न पड़े, और न इतना छोटा है कि उनके हाव-भाव अतिरंजित होकर सामने आएँ और उनकी आवाज़ भी चाहे कितनी ही धीमी क्यों न हो फिर भी काफ़ी तेज़ सुनाई पड़े। इससे ज़ाहिर होता है कि भरत ने आदर्श नाट्य मण्डप का चुनाव करते समय अभिनेता के दो मूल तत्त्वों को कितनी प्रमुखता प्रदान की है यानी आवाज़ और उसकी देह और उसमें भी मुख्य रूप से उसके चेहरे की भाषा और हाव-भाव की सूक्ष्मता। यदि हम थोड़ा-सा और गहराई से चिन्तन करें तो एक और संकेत भी किया जा सकता है और वह यह है कि भरत ने मध्यम श्रेणी के नाट्य मण्डप को उन पात्रों के लिए प्रस्तावित किया है जो देवता और दानव न होकर हाड़-मांस के जीते-जागते मनुष्य हैं। क्या इस तरह भरत रंगमंच जैसे माध्यम में आदमी जैसे जीवंत तत्त्व की उपस्थिति, पहचान और महत्त्व को शुरू से ही रेखांकित नहीं कर रहे हैं? क्या आज भी हमारा सारा रंगकर्म हमारी अपनी इसी उपस्थिति और पहचान के अस्तित्त्व के लिए संघर्षरत नहीं है? यह देखकर प्रसन्नता होती है कि भरत को आदमी की इस ताक़त और संवेदनशीलता का पहले से गहरा अनुभव था। इसीलिए उसने नाटक जैसे माध्यम की प्रस्तुति के सिलसिले में देवताओं को बाहर रखा।

अब हम भरत द्वारा प्रस्तावित नाप के अनुसार विकृष्ट मध्यम नाट्य मण्डप का एक संभावित रेखाचित्र तैयार कर सकते हैं। इस नाट्य मण्डप के निर्माण की प्रक्रिया के अन्तर्गत भरत ने सबसे पहले 64 हस्त लंबे और 32 हस्त चौड़े ज़मीन के एक टुकड़े को चुनने का प्रावधान किया है जो पूरी तरह से समतल, साफ़-सुथरा और झाड़ियों से रहित हो। फिर इस टुकड़े को 32-32 हस्त के दो बराबर भागों में

बाँट लिया जाए। जिस खंड पर सूर्य की किरणें सीधी पड़ती हों वह मंचन के लिए और उसके सामने वाला खंड दर्शक-दीर्घा के लिए इस्तेमाल किया जाए। स्पष्ट है कि 64 हस्त लंबा और 32 हस्त चौड़ा पहला खंड अब 32 × 32 के दो बराबर भागों में बँट चुका है। जो खंड मंचन के लिए चुना गया है उसको पुनः दो बराबर खंडों में बाँट दिया है। जिनमें से दर्शकों के ठीक सामने वाला खंड मंचन स्थल और उसके पीछे वाला खंड नेपथ्य के लिए निर्धारित किया गया है। दोनों खंडों के ठीक मध्य में एक दीवार का प्रावधान है जिसमें दो द्वारों की परिकल्पना की गई है। ये दोनों द्वार ऊँचाई तथा चौड़ाई में कितने होंगे और ये मंच पर एक-दूसरे के कितने पास या दूर होंगे, इसका कोई स्पष्ट संकेत नहीं मिलता। हाँ, भरत ने एक दूसरे प्रसंग में मंच पर इनकी स्थिति क्या होनी चाहिए, इसके बारे में हल्का-सा इंगित किया है। वह कहते हैं कि इन दोनों द्वारों के बीच 8 × 8 हस्त का कुतप अथवा एक वेदिका जैसा स्थल होना चाहिए जिस पर प्रदर्शन के दौरान गायक-वादक और उनसे जुड़ा पूरा वाद्यवृंद उपस्थित रहेगा। यदि हम दर्शकों की तरफ़ से मंच को देखें तो हमें मुख्य रूप से दो धरातल दिखाई पड़ते हैं। पहले धरातल का नाम है रंगपीठ अर्थात् रंगमंच की पीठ और उसके ऊपर वाले धरातल का नाम है रंगशीर्ष अर्थात् रंगमंच का सिर। रंगपीठ ज़मीन की सतह से डेढ़ हस्त ऊँचा है और रंगशीर्ष रंगपीठ से आधा हस्त ऊँचा है। अभिनय के लिए यही दोनों मुख्य क्षेत्र का कार्य करते हैं। सम्भव है कभी-कभार कुतप अथवा वेदिका का अभिनय के लिए इस्तेमाल किया जाता हो जो स्वयं में रंगशीर्ष से आधा हस्त ऊँचाई पर स्थित है। रंगपीठ के बाएँ और दाएँ दोनों कोनों पर 8 × 8 के दो विशेष क्षेत्रों की कल्पना की गई है जिन्हें भरत ने मत्तवारिणी की संज्ञा से अभिहित किया है।

पिछली दीवार के दोनों दरवाज़ों पर परदे पड़े हुए हैं जो क्रमशः पटी-अपटी के नाम से जाने जाते हैं और वे एक सिरे से दूसरे सिरे तक सरकाए जा सकते हैं। यह तो स्वयं ही समझ लेना होगा कि 64 × 32 हस्त वाला मूल खंड चार दीवारों से घिरा हुआ है जो बाहर से देखने पर शैलगुहा जैसा लगता है अर्थात् जिस प्रकार किसी पर्वत में एक गुफा की वर्त्तुलाकार छत हुआ करती है उसी तरह के आकार-प्रकार की परिकल्पना भरत ने भी की है। यह आकार मात्र सजावट और अलंकरण की दृष्टि से नहीं है वरन् पात्रों की आवाज़ की ध्वन्यात्मकता को ध्यान में रखकर अभिकल्पित किया गया है। जिस प्रकार पर्वत की गुफा में बोला गया कोई भी संवाद बहुत देर तक ध्वनित होता रहता है, वही विशेषता इस नाट्य मण्डप में भी उपलब्ध है। दर्शकदीर्घा के ठीक पीछे वाली दीवार में दर्शकों के प्रवेश के लिए मुख्य द्वार का प्रावधान है। साथ-साथ दर्शकों के बाईं और दाईं दीवार में कम-से-कम

दो प्रवेश द्वारों की परिकल्पना और की गई है। इस तरह से तीन द्वार दर्शक-दीर्घा के लिए और दो द्वार रंगशीर्ष और नेपथ्य के बीच की दीवार में—पाँच द्वार तो हमें प्रत्यक्ष रूप से दिखाई पड़ते हैं। एक छठा द्वार नेपथ्यगृह में चौथी दीवार में उपस्थित है। मंच के दोनों द्वारों के पीछे का पूरा हिस्सा नेपथ्यगृह का कार्य करता है जिसमें अभिनेताओं के प्रसाधन, रूपसज्जा और वेशभूषा के लिए कम-से-कम दो कमरों का प्रावधान तो होना ही चाहिए जिन्हें स्त्री पात्र और पुरुष पात्र प्रयोग में ला सकें। वास्तुकारों ने नेपथ्य और मंच पर स्थित दीवार के ठीक पीछे एक और अस्थायी दीवार की परिकल्पना की है और जिसका होना वैज्ञानिक और मनोवैज्ञानिक दोनों दृष्टियों से बहुत ज़रूरी है। कल्पना कीजिए कि जब भी कोई पात्र द्वार पर पड़ा परदा एक तरफ़ सरकाकर मंच पर प्रवेश करेगा तो ठीक पीछे कोई दीवार न होने से नेपथ्य का सारा रखरखाव भी दर्शकों के सामने उपस्थित हो जाएगा। यही कारण है कि आज भी मंचसज्जा से जुड़ी पिछली दीवार के साथ-साथ हमेशा एक और दीवार की परिकल्पना की जाती रही है जो पात्रों को दर्शकों की दृष्टि में आए बिना मंच के हर कोने में आने-जाने की सुविधा प्रदान करती है। आधुनिक रंगमंच में साइक्लोरामा की उपस्थिति को हम इसी रूप में परिभाषित कर सकते हैं। यही बात नेपथ्य की पिछली दीवार में अभिनेताओं के अपने प्रवेश द्वार के बारे में कही जा राकती है जिराका उपयोग वे जब चाहें, जैसे चाहें दर्शकों के रंगानुभव में किसी तरह का व्यवधान डाले बिना कर सकते हैं।

दर्शक-दीर्घा में दर्शकों के बैठने के स्थान को सोपानाकृति के रूप में रखा गया है अर्थात् नीचे से ऊपर एक समान ऊँचाई में जाती हुई सीढ़ियाँ ताकि किसी भी दर्शक को देखने में असुविधा न हो। दर्शकों के ये सोपानासन मध्यवर्ती प्रवेश द्वार के बीचों-बीच का मार्ग छोड़कर दोनों तरफ़ स्थित हैं और मंच की दाईं-बाईं दीवारों के बीच काफ़ी भीतर हैं ताकि दर्शक सुविधापूर्वक आवाज़ाही कर सकें। यह अनुमान हम स्वयं कर सकते हैं कि दर्शकदीर्घा और मंच के बीच इतनी दूरी अवश्य बनी रहे कि दोनों तरफ़ के पार्श्व द्वारों से दर्शकों को नाट्य मण्डप में आने की सुविधा तो मिले ही, साथ ही सौन्दर्यशास्त्रीय दृष्टि से उस अलगाव को भी बनाए रख सकें जो रंगानुभव के लिए बेहद ज़रूरी है। प्रेक्षागृह की दीवारों में थोड़ी हवा और रोशनी के लिए गवाक्षों का प्रावधान है। प्रस्तुति दिन में हो तो ये गवाक्ष सूर्य की किरणों से मंच को आलोकित करने में भी सहायता करते हैं।

इस पूरे विवरण से यह बात स्पष्ट हो गई होगी कि हम एक ऐसे नाट्य मण्डप का निर्माण कर रहे हैं जिसमें अभिनेताओं और दर्शकों की स्थिति एकतरफ़ा अर्थात् आमने-सामने की है। इस रूप में यह मण्डप ठीक आज के प्रोसीनियम थिएटर जैसा है। लेकिन इसे पूरी तरह से प्रोसीनियम का पर्याय मान लेना भारी भूल होगी। सबसे

पहले तो यहाँ उस चौखटेनुमा पिक्चर फ्रेम का कोई प्रावधान नहीं है जो कि प्रोसीनियम थिएटर की मूल पहचान है। दूसरे, मंच पर दर्शकों और अभिनेताओं के बीच न तो कोई मुख्य परदा है और न ही मंच पर कोई बार्डर या विंग्स। प्रोसीनियम थिएटर में इन सबकी ज़रूरत इसलिए पड़ती है कि इनके माध्यम से हम वह सब कुछ छिपा सकते हैं जिसे किसी एक विशेष क्षण में हम दर्शकों को नहीं दिखाना चाहते। लेकिन भरत के यहाँ ऐसा कुछ नहीं है। प्रोसीनियम थिएटर का जन्म ही इस सिद्धान्त के साथ हुआ था कि दर्शक मंच पर चौखटे के भीतर बने किसी परिवेश के अन्तरंग पक्ष को चोरी से अँधेरे में बैठकर देखने की कोशिश करता है और उसे यह सुविधा प्रदान करने के लिए ही मंच पर बने घर की चौथी दीवार को तोड़ दिया गया है। अभिनेता भी दर्शकों की उपस्थिति से बेखबर मंच पर दूसरे पात्रों के साथ अपनी यात्रा के अनुभव से गुजरते हैं। लेकिन भरत के नाट्य मण्डप की अपनी एक अलग पहचान है। मात्र दर्शक और अभिनेता के एकतरफ़ा सम्बन्ध के बाद इन दोनों में कोई समानता नहीं, बेशक़ स्थापत्य के स्तर पर हम बहुत-सी समानताएँ खोज सकते हैं जैसे कि एक मुख्य प्रवेशद्वार। दोनों पार्श्वों में, दो अन्य प्रवेशद्वार, नेपथ्य का अभिनेताओं का अपना पिछला प्रवेशद्वार, जमीन से मंच की पहली ऊँचाई और दर्शकदीर्घा में दर्शकों के बैठने के लिए सीढ़ीनुमा प्रावधान। लेकिन जहाँ तक नाटक को देखने के अनुभव का प्रश्न है, उसमें कोई समानता नहीं है। सबसे पहले तो मंच पर सज्जा के नाम पर कुछ होता ही नहीं कि उसे छुपाने का सवाल पैदा हो। कुछ है भी तो वह दर्शकों के सामने ही बदला या हटाया जा सकता है। नाटक का अभिनेता सीधे-सीधे दर्शक को संबोधित करता है और इसलिए उनमें किसी प्रकार की सौंदर्यपरक दूरी का कोई अर्थ नहीं रह जाता।

यदि हम चाहें तो रंगपीठ को आज की रंगभाषा में प्रयुक्त डाउन स्टेज और रंगशीर्ष को अप स्टेज के रूप में परिभाषित कर सकते हैं। क्या यह तथ्य हमारे भीतर एक सिहरन-सी पैदा नहीं करता कि जिस डाउन स्टेज और अप-स्टेज जैसे शब्दों की गूँज पश्चिमी रंगमंच में मध्यकाल के आसपास सुनाई पड़नी शुरू होती है, उनसे मिलते-जुलते और ज़्यादा सटीक अर्थवान शब्द हमारे अपने पहले अभिकल्पित मंच की अवधारणा में मौजूद हैं। इसी नाट्य मण्डप में तीन शब्दों का और उल्लेख आता है जो आज तक विद्वानों में विवाद का विषय बने हुए हैं। वे हैं क्रमशः मत्तवारिणी, षडदारुक और द्विभूमि। आइए, बारी-बारी से इनके बारे में भी हम स्वयं अपने अनुभव और अपने समय के रंगमंच की दृष्टि से विचार करें। सबसे पहले मत्तवारिणी को लें जैसा कि शुरू में ही उल्लेख किया गया था कि रंगपीठ के दोनों कोणों पर 8 × 8 हस्त की मत्तवारिणी बनाई जाए जिसके चारों कोनों पर चार-चार स्तंभ हों। सबसे पहला विवाद मत्तवारिणी शब्द को लेकर शुरू हुआ। इसका अर्थ है मस्त हाथी।

अब मस्त हाथी का इन दो विशेष क्षेत्रों से क्या सरोकार है? कुछ विद्वानों ने स्पष्टीकरण दिया कि इस क्षेत्र के ठीक नीचे की ऊँचाई में दर्शकों के सामने मत्त हाथियों की मूर्तियाँ अथवा चित्र उत्कीर्ण किए गए थे इसलिए इस स्थान का नाम मत्तवारिणी पड़ गया। दूसरा प्रश्न यह उठाया गया कि इन दा क्षेत्रों का प्रयोग किसके लिए और कब किया जाता था और शीघ्रता से इसका समाधान भी ढूँढ़ लिया गया कि मंच प्रस्तुति के दौरान जो पात्र मंचीय कार्य व्यापार से मुक्त होते थे ये दोनों क्षेत्र उनके विश्राम स्थल का काम करते थे। ज़ाहिर है कि इस सोच के पीछे आज के अभिनेता के पास उपलब्ध विंग्स-स्पेस जैसी सुविधा काम कर रही है। इसके विपरीत यदि हम इस बात पर विचार करें कि हमारी दृष्टि नाटक पर अथवा किसी भी चीज़ पर किस तरह से पड़ती है, हमें मत्तवारिणी जैसे क्षेत्र के महत्त्व का एहसास स्वयं हो जाएगा। क्या इसे दोहराना होगा कि हम बाएँ से दाएँ देखते हैं, अतः ज़ाहिर है कि दर्शकों की तरफ़ से मंच का बाएँ वाला ठीक सामने का हिस्सा अभिनय की दृष्टि से सबसे ज़्यादा ध्यान खींचने वाला हिस्सा है। यही कारण है कि किसी भी नाट्य प्रस्तुति के सबसे ज़्यादा गहरे, मर्मिक, सशक्त और जीवंत दृश्य मुख्यतः इसी मंच-खंड में प्रस्तुत किए जाते हैं। इसके बाद सामने वाला मध्यवर्ती क्षेत्र और अन्त में दाहिने हाथ वाला मंच का अगला हिस्सा। कौन ऐसा वास्तुकार, अभिकल्पक अथवा रंग निर्देशक होगा जो मंच के दो सबसे महत्त्वपूर्ण अभिनय स्थलों को मात्र विश्राम स्थल के रूप में परिकल्पित करने की हास्यास्पद भूल करे। यदि हम मत्तवारिणी के डिज़ाइन पर ग़ौर करें तो बात एकदम स्पष्ट हो जाएगी।

वस्तुतः मत्तवारिणी के चारों स्तम्भों के ऊपरी सिरे हाथी की सूंड की तरह से एक-दूसरे के साथ ऐसे जाकर मिलते हैं कि जिससे मंच के दोनों कोनों पर एक कुंजनुमा अन्तरंग कक्ष की स्थापना हो जाती है। सहज स्वाभाविक है कि इस कुंज के भीतर नायक-नायिका के प्रेम-प्रसंग, उद्यान में स्थित कोई शिलाखण्ड अथवा तलघर में स्थित किसी शयनकक्ष के दृश्य बड़ी विश्वसनीयता से प्रस्तुत किए जा सकते हैं। क्या हमें मत्तवारिणियों की इन परिकल्पनाओं के माध्यम से भास के नाटक *स्वप्नवासवदत्ता* में उपस्थित शयन कक्ष प्रसंग अथवा कालिदास के *अभिज्ञानशाकुन्तल* के उस उद्यान दृश्य की सहज ही याद नहीं आ जाती जहाँ एक क्षेत्र में शकुन्तला और उसकी सखियाँ और दूसरे क्षेत्र में दुष्यन्त और विदूषक मंच पर एक साथ उपस्थित हैं। मत्तवारिणी जैसे क्षेत्र का सम्भवतः एक और तरह से भी सार्थक उपयोग किया जा सकता था और वह है मुख्य रूप से स्वगत, आकाशभाषित जनांतिक और अपवारित जैसे संवाद प्रसंगों में जिन्हें एक ही पात्र अभिनीत किया करता था। मध्यकाल में शेक्सपीयर के नाटकों के मंचन के लिए अभिकल्पित *द ग्लोब थिएटर*

में मंच के दोनों कोनों पर स्थित दो बड़े-बड़े स्तम्भ उसके नाटकों में उपलब्ध लम्बे-लम्बे एकालापों के लिए एक विशेष क्षेत्र का निर्माण करते थे। हम आधुनिक रंगमंच में भी देखें तो जब-जब किसी पात्र को मन ही मन में अथवा स्वगत के रूप में कुछ प्रकट करना होता है तो वह स्वाभाविक रूप से मंच पर खड़े दूसरे पात्रों से थोड़ा अलग हटकर बोलता है। मैं समझता हूँ कि मंच पर मत्तवारिणी की भौगोलिक स्थिति भरत के समय में भी नई-से-नई नाटकीय और अभिनय युक्तियों की सम्भावनाओं को जन्म दे सकती थी जिससे हम आज भी प्रेरणा ले सकते हैं।

लगभग यही स्थिति षडदारुक शब्द को लेकर भी बनी हुई है। इस शब्द का अर्थ है छह लकड़ियाँ अथवा लकड़ियों के टुकड़े जिनकी स्थापना का प्रावधान भरत ने रंगशीर्ष पर रखा है। एक अर्थ में तो रंगशीर्ष पर बने कुतप अथवा वेदिका के चारों कोनों पर खड़े चार स्तम्भ और उनके ऊपरी सिरों को जोड़ती हुई आपस में एक-दूसरे को काटती हुई दो लकड़ियों से कुतप को एक अपनी विशिष्ट क्षेत्र होने की पहचान मिलती है। एक दूसरी सम्भावना यह भी जताई गई है कि मंच की पिछली दीवार में लकड़ी का छह पट्टियों से बना एक फ्रेम सदैव मौजूद रहता था जिस पर उस दिन प्रदर्शित होनेवाले नाटक से सम्बन्धित किसी केन्द्रीय दृश्य का चित्र बना रहता था। हमें लगता है, इन दोनों सम्भावनाओं में कोई पारस्परिक विरोध नहीं है वरन् ये दोनों रंगस्थली के उसी काव्यात्मक सौन्दर्य से जाकर जुड़ती हैं जिस पर भरत ने बार-बार बहुत ज़ोर दिया है। शायद यही बात तीसरे शब्द द्विभूमि के विषय में भी कही जा सकती है।

एक व्याख्या यह है कि मंच पर रंगपीठ और रंगशीर्ष के रूप में दो धरातलों की परिकल्पना के लिए द्विभूमि शब्द का उल्लेख किया गया है। दूसरा अनुमान दर्शकदीर्घा के सम्बन्ध में किया गया है जिसमें दर्शकों के बैठने के लिए दो अलग-अलग धरातल परिकल्पित किए गए। कहने की ज़रूरत नहीं कि इस परिकल्पना को आज के प्रेक्षागृहों में उपलब्ध बॉलकनी जैसे खण्ड के आधार पर समझा जा सकता है। एक तीसरा विकल्प इस रूप में भी सुझाया गया है कि दर्शकदीर्घा और मंच के धरातल अपने आपमें दो अलग-अलग ऊँचाइयों पर स्थित हैं। शायद इस अन्तर को व्यंजित करने के लिए द्विभूमि शब्द का उल्लेख किया गया है। दरअसल हमारे विद्वानों की दुविधा यह रही है कि वे इन शब्दों की अर्थगुत्थियाँ सुलझाने में ही फँस कर रह गए और इस नाट्य मण्डप की ऐसी विशेषताओं की तरफ़ उनका ध्यान कभी नहीं गया जो मंचन के प्रभाव को द्विगुणित कर देती थीं। मसलन भरत ने मंच पर बने सभी स्तम्भों के विषय में स्पष्ट निर्देश दिया है कि वे चौकोर न होकर वर्तुलाकार हों ताकि दर्शकों की दृष्टि को अनावश्यक रूप से बाधित न करें, क्योंकि सीधी रेखा आँखों में चुभती है जबकि वर्तुलरेखा दृष्टि को

सहज विस्तार देती है। कोई भी स्तम्भ किसी द्वार के सामने न हो ताकि मंच पर पात्रों के प्रवेश और प्रस्थान को अच्छी तरह से देखने में दर्शकों को कोई असुविधा न हो। द्वारों पर पड़े परदे मात्र नेपथ्य को छुपाने का काम नहीं करते बल्कि वे भी पात्रों के अभिनय में अपनी आवश्यक भूमिका निभाते हैं। किसी शान्त तपस्वी पात्र के प्रवेश के समय परदे का धीरे-धीरे एक तरफ़ सरकते जाना, किसी दुष्ट, क्रोधी अथवा उद्दंड पात्र का परदे को तेज़ी से एक तरफ़ झटकते हुए आक्रामक प्रवेश—ऐसे क्षणों में मानों परदा भी एक निर्जीव परदा न रहकर एक जीवंत तत्त्व के रूप में व्यवहार करने लगता है। बेशक दरवाज़ों की ऊँचाई के बारे में यहाँ कोई स्पष्ट संकेत नहीं है। लम्बाई-चौड़ाई के मामले में उनकी बनावट का अनुपात 7 × 4 फीट के आसपास ही रहा होगा जो अनुपात आज स्वयं हमारे अनुभव में शामिल है।

यही बात मंच की ऊँचाई, गहराई और लम्बाई के बारे में कही जा सकती है। रंगपीठ ज़मीन से डेढ़ हस्त ऊँचा यानी दो फुट तीन इंच। क्या आज के हर प्रोसीनियम थिएटर के मंच की ऊँचाई इसी के आसपास नहीं होती? यह ऊँचाई पहली पंक्ति में बैठे दर्शक की कुर्सी में बैठने की ऊँचाई और उसके ऊपर उसकी दृष्टि तक की ऊँचाई से तय की जाती है। यदि हम विकृष्ट नाट्य मण्डप की ऊँचाई पर इन दोनों नियमों को लागू करें तो वह बिलकुल खरा उतरेगा। मंच का हिस्सा सूर्य के सामने होने के पीछे भी शुद्ध वैज्ञानिक दृष्टि अपनाई गई है और वह इस रूप में कि दिन के समय सूर्य किरणें खिड़कियों, गवाक्षों से उसी 45 डिग्री के कोण पर मंच पर गिरती हैं जो आज भी प्रकाश उपकरणों के व्याकरण में सबसे अहम है। यदि प्रदर्शन रात में होना है तो चन्द्रमा की रोशनी के साथ-साथ गोल स्तम्भों के ऊपर बीच-बीच में बनी छोटी-छोटी कोर्निश अलंकरण के साथ-साथ दीए रखने की व्यावहारिकता में भी काम आ सकती है। मंच की लम्बाई या आज की रंगभाषा में ओपनिंग 32 हस्त अथवा 48 फुट है। उसमें से भी दोनों कोनों की मत्तवारिणियों के 12-12 फुट को छोड़ दिया जाए, तब भी 24 फुट की ओपनिंग हमारे सामने उपलब्ध है जो एक लगभग खाली स्पेस की दृष्टि से पर्याप्त है।

आज के हर तरह की मंचसज्जा और तामझाम से युक्त प्रोसीनियम के लिए भी कुल जमा 30-32 फुट की ओपनिंग को आदर्श माना गया है। जहाँ तक मंच की गहराई का ताल्लुक है, वह भी रंगपीठ और रंगशीर्ष के 8-8 हस्त को मिलाकर 16 हस्त या 24 फुट ठहरती है। आज भी हम प्रेक्षागृहों में लगभग इतनी ही गहराई को आदर्श मानते हैं। मंच की सतह लकड़ी से बने उस दर्पण की तरह से परिकल्पित की गई है जो न तो कछुए की पीठ की तरह है जो बीच में से उठा हुआ हो और न ही मछली की पीठ की तरह से जो बीच में नीचे झुका हो। मंच लकड़ी का होने

के पीछे हमेशा एक ख़ास प्रयोजन रहता है और वह यह कि उसके ऊपर आपके पैरों की थाप अपना एक अलग संगीत पैदा करती है जो मिट्टी के धरातल पर कभी सम्भव नहीं। यही नहीं, यदि असावधानीवश कोई अभिनेता भागते-दौड़ते गिर भी जाए तो उसे चोट लगने की सम्भावना कम-से-कम होती है। भरत का यह विकृष्ट मध्यम नाट्य मण्डप पूरी तरह से एक अन्तरंग नाट्य मण्डप ही है क्योंकि हमारे रंगमंच में पश्चिमी रंगमंच की तरह कभी भी मुखौटों के प्रयोग का चलन नहीं रहा। यही कारण है कि हाथ-पैरों के अतिरंजित संचालन की बजाय यहाँ सूक्ष्म और सात्विक भावों की अभिव्यक्ति पर आग्रह है। गतियाँ, मुद्राएँ, गीत, संगीत यहाँ भी है लेकिन वह सदैव इस नाट्य मण्डप में उपलब्ध स्पेस के अनुपात में ही रहता है। देवता-दानवों के लिए ज्येष्ठ आकार के नाट्य मण्डप या प्रेक्षागृह का प्रावधान देने के पीछे भरत का उद्देश्य एकदम स्पष्ट था। वह जानते थे कि ऐसे पात्र लार्जर दैन लाइफ होंगे, उन्हें अपनी उछल-कूद, अंग संचालन आदि के लिए एक बड़ा स्पेस चाहिए। लेकिन नाटक का केन्द्रीय बिन्दु है आदमी और इसके लिहाज से विकृष्ट मध्यम आकार सर्वथा उपयुक्त है। इसी पैमाने पर भरत ने चतुरस्र और त्रयस्र के मध्यम नाट्य मण्डप थोड़े बहुत परिवर्तनों के साथ बनाए जाने का विवरण दिया है। लेकिन यहाँ एक जिज्ञासा का समाधान नहीं किया गया तो यह सारा विवेचन आधा-अधूरा साबित होगा। चतुरस्र और त्रयस्र के मध्यम वाले रूप पर चर्चा करते समय भरत वहाँ पर भी अभिनेता और दर्शक की लगभग उसी एकतरफ़ा स्थिति को स्वीकार करते हैं जबकि भरत जैसे व्यावहारिक रंगकर्मी से ऐसी अपेक्षा नहीं की जा सकती। कहीं ऐसा तो नहीं कि दूसरे अध्याय के कुछ अन्तिम हिस्से क्षेपक की तरह बाद में जोड़ दिए गए हों।

यदि अभिनेता और दर्शक के सम्बन्ध को हर तरह के आकार में एकतरफ़ा होकर ही रह जाना है तो अलग-अलग आकारों के प्रेक्षागृहों पर माथापच्ची क्यों की जाए? दर्शकों और अभिनेताओं के अभी तक विवेचित सम्बन्धों को विकृष्ट नाट्य मण्डप का कोई भी भेद बहुत अच्छी तरह से प्रदर्शित कर सकता है तो फिर चतुरस्र और त्रयस्र जैसे दो और प्रकारों की उद्भावना का क्या अर्थ? और यदि है तो वह तभी सम्भव है जब चतुरस्र में दर्शकों के मंच के चारों तरफ़ और त्रयस्र में मंच के तीन तरफ़ बैठने की सम्भावना को परिकल्पित किया जाए और यह कोई ऐसी नई खोज भी नहीं जिसके विषय में भरत को पहले से पता न रहा हो। यदि हम आदिकाल से लेकर आज तक के रंगमंचीय विकास पर नज़र डालें तो अभिनेता और दर्शक के बीच सम्बन्धों के यही तीन रूप मुख्य रूप से उभरकर सामने आते हैं, और वे हैं—एकतरफ़ा, तीनतरफ़ा और चौतरफ़ा। यदि ये तीनों रूप इन शब्दों की उपस्थिति के रूप में भरत के अपने समय में भी मौजूद रहे हों तो हमें कोई आश्चर्य नहीं होना चाहिए। यही बात भरत

की प्रेक्षागृह परिकल्पना को इतना आधुनिक और समकालीन बना देती है कि उस पर अलग से कोई टिप्पणी करने की ज़रूरत नहीं है।

यदि विद्वानों को इतने से भी सन्तोष नहीं, तो उन्हें चाहिए कि वे भरत द्वारा निरूपित वीथि-रूपक की परिकल्पना पर भी गौर करें। यदि वीथि शब्द के अर्थ पर विचार किया जाए तो वह होता है—गलीं, जिसे आज के नुक्कड़ नाटक से भी जोड़कर देखा जा सकता है। कहने का तात्पर्य यह है कि यदि उस वक़्त नुक्कड़ों पर नाटक खेलने का चलन न रहा होता तो भरत को वीथि जैसा शब्द सूझता ही क्यों? क्या इसी आधार पर हम यह अनुमान नहीं कर सकते कि चतुरस्र और त्रयस्र नाट्य मण्डपों की परिकल्पना के पीछे भरत का उद्देश्य अपने समय में प्रचलित स्पेस के लिहाज से अलग-अलग पद्धतियों की तरफ़ रहा हो। हम अपने ही अनुभव को उठाकर देखें तो आज हमारे सामने ये तीनों विकल्प तो मौजूद हैं ही, इनके अतिरिक्त स्टूडियो थिएटर के नाम पर एक बिलकुल खुला स्पेस भी मौजूद है जो अपने डिज़ाइन में चार दीवारों, छत और दरवाज़े-खिड़कियों से बन्द हो लेकिन अपने प्रयोग में पूरी तरह से उन्मुक्त होने की छूट देता है। शायद यही छूट भरत के अपने विकृष्ट मध्यम नाट्य मण्डप में भी उपलब्ध है जहाँ हर चीज़ का आकार-प्रकार निश्चित होने के बावजूद प्रस्तुति परिकल्पना के लिए हर तरह की सम्भावनाएँ खुली हैं।

मैं मात्र दो-तीन उदाहरणों के द्वारा अपनी बात को पुष्ट करने की कोशिश करूँगा। रंगशीर्ष के पीछे वाली दीवार में मंच पर आने के लिए दो प्रवेश द्वार हैं और देखा जाए तो अकेले इन्हीं दो द्वारों के प्रयोग से मंच पर प्रवेश और प्रस्थान हो सकता है। ज़ाहिर है कि पहली बार देखने पर मात्र दो द्वारों की उपस्थिति बहुत ही सीमित जान पड़ती है। लेकिन संस्कृत के प्राचीन नाटकों के मंचन में इन दो द्वारों का ही कितनी अलग-अलग तरह से इस्तेमाल किया जा सकता था कि वह अपने आपमें एक अद्भुत नाट्य युक्ति बन जाती है। कभी एक द्वार मात्र प्रवेश के लिए और दूसरा प्रस्थान के लिए काम में लाया जा सकता था, कभी जिस द्वार से प्रवेश करेंगे उसी से प्रस्थान करेंगे जैसा कि आज भी हम स्वयं अपने घरों में देखते हैं कि बाहर से आनेवाला व्यक्ति उसी दरवाज़े से वापस जाता है जिससे वह घर में आया था। एक तीसरा विकल्प यह भी हो सकता था कि एक द्वार राजा, मंत्री, पुरोहित, सेनापति आदि उच्चवर्ग के पात्र के लिए और दूसरा द्वार दासी, चेटी, प्रतिहारी, कंचुकी आदि निम्न वर्गों के पात्रों के प्रवेश और प्रस्थान के लिए काम में आ सकता था। ऐसा नहीं कि इस तरह की रूढ़ियाँ हमारे रंगमंच में ही दिखाई देती हैं। भारतीय रंगमंच के समकालीन यूनानी रंगमंच को यदि हम देखें तो वहाँ भी मंच की पिछली दीवार में तीन द्वार हैं और उनका भी लगभग ऐसा ही इस्तेमाल होता है। मसलन, बीच

का दरवाज़ा मुख्य पात्रों के प्रवेश के लिए, साथ का एक दरवाज़ा घर के भीतर से राजा के अलावा दूसरे उच्च वर्ग के पात्रों के आने-जाने के लिए और तीसरा घर या महल के भीतर से खादिम और धाय जैसे पात्रों के प्रवेश-प्रस्थान के लिए काम में लाया जाता था। इसी प्रकार मंच के दोनों कोनों पर बने हुए दो अन्य द्वारों के लिए भी कुछ ऐसी ही नाट्य युक्तियाँ गढ़ ली गई थीं जैसे कि कोने का एक द्वार उसी नगर से आनेवाले बाहर के व्यक्ति के लिए, दूसरे कोने का द्वार ऐसे व्यक्ति के लिए जो उस नगर के बाहर से आया हो। इन सारी युक्तियों की सम्भावनाओं से हम सहज ही इस निष्कर्ष पर पहुँच सकते हैं कि बेशक भारतीय रंगमंच पर दृश्य के रूप में कुछ भी ठोस रूप में उपस्थित नहीं है, इसके बावजूद वह अपनी परिकल्पना में बेहद छूट देता है। यही बात इस नाट्य मण्डप में मंच पर एक मुख्य परदे की अनुपस्थिति के विषय में भी कही जा सकती है। यद्यपि कुछ विद्वानों ने यवनिका शब्द के प्रयोग से इस मंच पर मुख्य परदे की सम्भावना के पक्ष को पुष्ट करने की कोशिश की है लेकिन मेरे विचार में उसकी अनुपस्थिति ज़्यादा कल्पनाशील प्रस्तुति के लिए पृष्ठभूमि तैयार करती है।

जैसे कि एक अंक की समाप्ति का परिचय दर्शकों को कैसे मिले इसके लिए नाटकों में उपलब्ध एक निर्देश का प्रमाण ही पर्याप्त है कि नाटक के हर अंक के अन्त में मंच पर उपस्थित सभी पात्र प्रस्थान कर जाते थे और दूसरे अंक की शुरुआत नए पात्रों या उन्हीं पात्रों के पुनः प्रवेश से हो सकती थी। इतना ही नहीं, यह सब कुछ दर्शकों के सामने घटित होता था क्योंकि न तो प्रकाश योजना और न ही मुख्य परदे के गिराने-उठाने से इस प्रस्थान को दर्शकों से अलग किया जा सकता था, अतः सबसे अच्छा विकल्प यही है कि उस प्रस्थान को भी प्रस्तुति या दृश्य का अंग बनाकर नाटकीयता प्रदान की जाए। यही बात मंच पर प्रस्तुति के दौरान आरम्भ से अन्त तक बैठी संगीत मण्डली के विषय में भी कही जा सकती है जो अपनी उपस्थिति से किसी भी प्रकार के यथार्थ का भ्रम पैदा नहीं होने देती और हमें लगातार यह अहसास कराती रहती है कि हम एक नाट्य प्रस्तुति देख रहे हैं। अकारण नहीं कि संगीत मण्डली की यह उपस्थिति लोक रंगमंच में, पारसी रंगमंच में और यहाँ तक कि ब्रेष्ट के रंगमंच में भी ठीक उसी रूप में विद्यमान है जिसकी चर्चा हम अभी करके आए हैं। इसी के समानान्तर यदि हम पाश्चात्य रंगमंच पर भी दृष्टिपात करें तो वहाँ भी यूनानी रंगमंच और शेक्सपीयर का रंगमंच इसके जीते-जागते उदाहरण हैं। यहाँ तक कि जब शुरू-शुरू में हमारे यहाँ मूक फ़िल्मों का आगमन हुआ, उनमें दिखाए जानेवाले दृश्यों के लिए ठीक मंच के सामने बैठी संगीत मण्डली इस काम को अंजाम देती थी जिससे रंगमंच और सिनेमा के सम्बन्ध का पता चलता था।

पूर्वरंग

नाट्यशास्त्र का मात्र पहला अध्याय सैद्धान्तिक है और दूसरे अध्याय से लेकर अन्तिम अध्याय तक जितने भी विषयों की चर्चा की गई है, वे उसके प्रदर्शन के व्यावहारिक पक्षों से जुड़े हुए हैं। यह स्थापना यूँ तो प्रेक्षागृह के निर्माण और तीसरे अध्याय में उसके भवन में स्थित अलग-अलग देवी-देवताओं के पूजा विधान के बाद चौथे अध्याय से स्पष्ट दिखाई देने लगती है, जहाँ भरत समुद्रमंथन नामक *समवकार* और *त्रिपुरदाह* नामक डिम रूपकों के मंचन की चर्चा करते हैं और इसी क्रम में पहले *पूर्वरंग* और बाद में *अंगहार* और *करण* का विस्तारपूर्वक विवेचन करते हैं। जहाँ तक तीसरे अध्याय में देवताओं की पूजा के विधान का प्रावधान है, उससे सहमत हुआ जा सकता है क्योंकि आज भी जब हम अपने आवास अथवा कार्यालय के लिए किसी नए भवन का निर्माण करते हैं तो उसमें गृह प्रवेश से पहले उसकी पूजा का कार्यक्रम संपन्न करते हैं, क्योंकि वर्तमान में भी कहीं-न-कहीं हम उन संस्कारों और

सामाजिक पारिवारिक सरोकारों से जुड़े हुए हैं कि किसी भी नए काम को शुरू करने से पहले किसी-न-किसी तरह के पूजन से उस स्थान की शुद्धि कर लें। यह अलग बात है कि हम आज उसे कर्मकांड और स्वयं को कर्मकांडी न कहलाना चाहते हों।

भरत द्वारा चौथे अध्याय में नाटकों के मंचन से सम्बन्धित दी हुई सूचनाओं तक तो ठीक है, क्योंकि देखा जाए तो ये सूचनाएँ वह पहले अध्याय में भी दे चुके हैं, लेकिन उसके तुरंत बाद *अंगहार* और *करणों* की चर्चा का कोई औचित्य समझ में नहीं आता। मेरे विचार में इस सारे विवेचन को आंगिक अभिनय के अन्तर्गत आठवें से बारहवें अध्याय के बीच पहली कड़ी के रूप में रखा जाना चाहिए था क्योंकि ये सारे अध्याय अभिनेता की दृष्टि से उसके शरीर को साधने की तैयारी से जुड़े हुए हैं। हमारे आधुनिक नाट्य प्रशिक्षण में भी सबसे पहले अभिनेता के शरीर को लेकर ही प्रशिक्षण शुरू किया जाता है जिसमें योगाभ्यास और मूवमेंट जैसी कक्षाएँ आयोजित की जाती हैं। चौथे अध्याय में इन बातों की चर्चा एक क्षेपक अथवा अनावश्यक हस्तक्षेप जान पड़ती है। यह बात काफ़ी दिलचस्प है कि जिस देह भाषा अथवा बॉडी लैंग्वेज के विषय में आधुनिक रंगमंच में बार-बार बात की जाती है, उसका उल्लेख भरत अपने शास्त्र में देह *सौष्ठव* नाम से कितने दिनों पूर्व कर चुके हैं। शरीर से जुड़ी सारी मुद्राओं, गतियों और चर्याओं को सबसे पहले चर्चा और विवेचन के दायरे में लाने का एक और महत्त्वपूर्ण कारण है। मंच पर प्रवेश करते ही दर्शक का अभिनेता के जिस पहलू से सबसे पहले परिचय अथवा साक्षात्कार होता है, वह उसका शरीर ही है।

यह नितान्त सम्भव है कि एक पूरे दृश्य में किसी अभिनेता को संवाद के नाम पर एक शब्द भी बोलने का अवसर न मिले, लेकिन तब भी वह अपनी देह भाषा के माध्यम से मंच पर एक जीवन्त और सशक्त उपस्थिति दर्ज करवा सकता है।

सही मायनों में *पूर्वरंग* से सम्बद्ध पूरे विवेचन की शुरुआत चौथे अध्याय में हो जानी चाहिए थी जहाँ रूपकों की प्रस्तुति के सिलसिले में पहली बार पूर्वरंग शब्द की चर्चा की गई और तब *नाट्यशास्त्र* के बाकी सारे अध्यायों के पूर्वापर क्रम की संगति अपने आप बनती चली जाती है। भरत ने एक पूरा अध्याय पूर्वरंग के लिए लिखा है। इसी से हम यह अनुमान लगा सकते हैं कि प्रदर्शन की प्रक्रिया में उन दिनों भी इसका कितना महत्त्व रहता होगा। सबसे पहले तो यही तथ्य रेखांकित किया जाना चाहिए कि भरत ने किसी नाट्य प्रस्तुति के प्रदर्शन को दो भागों में बाँटा है—*पूर्वरंग* और प्रयोग। *पूर्वरंग* अर्थात् प्रस्तुति से पहले का गतिविधान और प्रयोग अर्थात् मंच पर प्रदर्शित होनेवाले नाटक की प्रस्तुति। आज हम नाटक और रंगमंच

के क्षेत्र में प्रयोग शब्द को एक दूसरे अर्थ में लेते हैं और वह यह कि जब भी रंगमंच में कोई नया तत्त्व, युक्ति या शैली दिखाई पड़ती है, हम उसे प्रयोग की संज्ञा दे देते हैं। लेकिन भरत ने जिन अर्थों में *प्रयोग* शब्द का उल्लेख किया है, वह आज से कहीं ज़्यादा व्यापक और गहराई लिए हुए है। उनके अनुसार हर प्रदर्शन इसलिए *प्रयोग* है क्योंकि इस बात की कोई गारंटी नहीं है कि हम जो नाट्य प्रस्तुति करने जा रहे हैं उसका मंचन उस दिनविशेष में सफल ही होगा अर्थात् वह मंचन सही मायनों में अधिक से अधिक एक प्रयोग ही कहा जा सकता है जिसकी सफलता असफलता एक साथ कई चीज़ों पर निर्भर करती है जिनमें आलेख का चयन, अभिनेताओं की तैयारी, मंचसज्जा, रंगदीपन, वेशभूषा, रूपसज्जा, मंच उपकरण और अभिनेता के साथ इन सब चीजों का ठीक-ठीक संयोजन और अन्ततः दर्शक की प्रतिक्रिया। इस बात से कतई इनकार नहीं किया जा सकता कि उपर्युक्त तमाम तत्त्वों की अच्छी से अच्छी तैयारी के बावजूद हमारा प्रदर्शन दर्शकों द्वारा एक सिरे से नकार दिया जाए। मंचन अथवा प्रदर्शन के लिए प्रयोग शब्द का नाम देकर भरत एक और अर्थ को भी ध्वनित कर रहे हैं, और वह यही कि अपनी संपूर्णता के बावजूद रंगमंच अन्ततः एक अपूर्ण और अधूरा माध्यम होकर रह जाता है, जैसा कि किसी प्रयोग के विषय में कहा जाता है, और हम अपने समय में भी साहित्य, रंगमंच और फ़िल्म जैसी विधाओं में पाठक अथवा दर्शक की ऐसी प्रतिक्रियाओं से रूबरू होते रहते हैं जो प्रस्तुति की सफलता असफलता का संकेत देती रहती हैं।

इस सारे परिप्रेक्ष्य में यदि हम भरत द्वारा निरूपित *पूर्वरंग* पर विचार विमर्श करें तो कई पक्ष उभरकर सामने आते हैं। सबसे पहले तो उन्होंने पूर्वरंग को भी दो हिस्सों में विभाजित किया है। पहले नौ कार्यकलाप परदे के पीछे और शेष दस परदे के बाहर संपन्न किए जाते हैं। जब भरत के प्रेक्षागृह में सामने की मुख्य यवनिका जैसा कोई प्रावधान नहीं है तो फिर पहले नौ कार्य कलाप कहाँ संपन्न किए जाते हैं। भरत ने उनके विषय में जो जानकारी दी है और जिस तरह के वे कार्यकलाप हैं उससे स्पष्ट है कि वे सब मंच पर ही संपन्न किए जा रहे हैं लेकिन यवनिका के पीछे। यह तो हम सभी जानते हैं कि मंच की पिछली दीवार में स्थित दो द्वारों पर पड़े हुए परदों के अतिरिक्त वहाँ पर किसी और परदे का प्रावधान नहीं है जो स्थायी रूप से प्रत्यक्ष रूप में उपस्थित हो। ऐसे में हम इसी कल्पना अथवा निष्कर्ष पर पहुँचते हैं कि भरत जिस यवनिका की चर्चा कर रहे हैं, यह वही रंगपट्टी अथवा चित्र यवनिका है, जिसका प्रयोग संस्कृत नाटकों के मंचन में बार-बार होता है और जिसे दो लोग कोनों से पकड़कर दृश्यों के दौरान प्रवेश-प्रस्थान करते रहते हैं। यह प्रश्न फिर भी पूछे बिना नहीं रहा जाता कि यदि पहली नौ गतिविधियों को मंच पर

होते हुए भी परदे के पीछे संपन्न होना था तो फिर उन्हें नेपथ्य में ही पूरा क्यों नहीं कर लिया जाता था। सम्भव है कि भरत से पहले *पूर्वरंग* का यह हिस्सा अथवा सारे का सारा पूर्वरंग नेपथ्य में किया जाता हो। भास जैसे नाटककार के लगभग सभी नाटकों में पूर्वरंग के नेपथ्य में होने के ही संकेत मिलते हैं, जब वह लिखते हैं कि नान्दी के बाद मंच पर सूत्रधार का प्रवेश होता है। यूँ भी *पूर्वरंग* हमेशा से नाट्य मण्डलियों की अपनी प्रक्रिया और तैयारी का हिस्सा रहा है क्योंकि किसी भी नाटककार ने उन्नीस गतिविधियों में से मात्र नान्दीपाठ और प्रस्तावना को छोड़कर बाकी किसी गतिविधि को अपने आलेख में स्थान नहीं दिया है।

यदि भरत ने *पूर्वरंग* की सारी गतिविधियों को मंच पर सम्पूर्ण करने के निर्देश दिए हैं तो उसके ठोस कारण होने चाहिएँ। इसका एक कारण तो यही प्रस्तावित किया गया है कि उन दिनों नाटकों के नियमित पूर्वाभ्यास की कोई व्यवस्था नहीं थी और अभिनेता लोग प्रदर्शन के दिन ही एकत्रित होते थे। सब अभिनेता रंगकर्म के शास्त्रीय व्याकरण के बहुत अच्छे जानकार और उसमें पूरी तरह से प्रशिक्षित होते थे, अतः किसी भी नाटक को करते समय उन्हें उस व्याकरण के माध्यम से प्राप्त नाटकीय मुद्राओं और गतियों को नाटक विशेष के आलेख में रूपायित कर देना होता था। इस विषय में कोई दो राय नहीं हो सकती कि नाटक के संवाद वे पहले से याद किए रहते थे और आलेख का एक बड़ा हिस्सा काव्य और गीतों के रूप में प्रदर्शन के दौरान मंच पर बैठी गायक और वाद्य मण्डली द्वारा गाया जाता होगा। यदि हम पहले नौ कार्यकलापों की प्रकृति का ध्यानपूर्वक अध्ययन करें तो भरत द्वारा उन्हें परदे के पीछे रखने का कारण भी समझ में आ जाएगा। वास्तव में यह नौ गतिविधियाँ मात्र नाटक की तैयारी से जुड़े व्यावहारिक और श्रव्य पक्ष से सम्बन्धित हैं, जिनमें दृश्य अथवा देखने जैसा कोई आकर्षण नहीं है। इसलिए यह स्वाभाविक ही था कि भरत उन्हें परदे के पीछे ही रखते।

आइए देखें कि वे नौ अंग कौन-कौन से हैं—पहला है *प्रत्याहार* अर्थात् *कुतप* अथवा वेदिका पर अलग-अलग वाद्य यंत्रों को लाकर रखा जाना। दूसरा *अवतरण* अर्थात् गायक गायिकाओं का निर्धारित स्थान पर बैठना। तीसरा आरम्भ अर्थात् गायकों द्वारा अपने स्वरों को साधना। चौथा *आश्रावना* अर्थात् वाद्यों के सुरों को परस्पर मिलाने के लिए बजाया जाना। पाँचवाँ *वकत्रपाणि* अर्थात् वाद्यों का उनकी अपनी स्थितियों के अनुसार अलग-अलग बजाया जाना। छठा *परिघट्टना* अर्थात् वीणा जैसे तंत्री वाद्यों में ओज लाने के लिए उनके साथ मृदंग या तबले के बोलों की संगत जिनका अलग से कोई अर्थ नहीं होता। सातवाँ *संघोटना* अर्थात् मृदंग जैसे हाथ से बजाए जानेवाले वाद्यों पर हाथ जमाने के लिए पाँच-पाँच बार प्रहार करना। आठवाँ

मार्गासारित अर्थात् तंत्र और हाथ से बजाए जानेवाले वाद्यों को एक साथ बजाया जाना। नौवाँ आसारित अर्थात् अलाप, लय और ताल के साथ संपूर्ण वाद्य मण्डल को एक साथ बजाया जाना। ये सभी अंग किसी भी प्रकार के गायन से रहित हैं इसीलिए बहिर गीत कहलाते हैं और परदे के पीछे किए जाते हैं। इन सभी क्रियाओं के विवरण से स्पष्ट है कि ये सारी विधियाँ गायकों और वादकों की उस तैयारी से संबद्ध हैं जिसमें उनकी स्वर साधना और हस्त संचालन का अभ्यास सम्मिलित है। आज भी जब-जब किसी नाटक में लाइव संगीत का प्रयोग किया जाता है तो काफ़ी देर तक मंच पर परदे के पीछे अलाप अथवा वाद्यों की ठक-ठक का स्वर सुनाई पड़ता है। यदि कोई संगीत का कार्यक्रम हो रहा हो तो इस तरह की देर तक चलने वाली तैयारी की सम्भावना और भी बढ़ जाती है।

लेकिन एक सवाल का जवाब अभी भी बाक़ी है कि भरत *पूर्वरंग* को मंच पर क्यों ले आए? चाहें तो इस दिशा में भी कुछ कारण खोजे जा सकते हैं। एक कारण तो बहुत सीधा सादा है कि नाटकों के प्रदर्शन सार्वजनिक न होकर किसी-न-किसी राजा अथवा धनकुबेर द्वारा प्रायोजित होते थे। अतः हम यह मानकर चल सकते हैं कि सभी दर्शक समय से न पहुँचते हों, इसलिए यह ज़रूरी था कि जो दर्शक समय से आकर प्रेक्षागृह में अपना स्थान ग्रहण कर चुके हैं उनके लिए मंच पर कोई-न-कोई ऐसी गतिविधि चलती रहे जो उन्हें नाटक के शुरू होने से पहले व्यस्त रख सके। यह भी दिखाई पड़ता है कि यह सारी तैयारी और अभ्यास इसलिए मंच पर लाया गया कि नाटक देखने वाले धीरे-धीरे नाटक के मुख्य रस के अनुभव से मानसिक तौर पर जुड़ते चले जाएँ। एक दूसरी तरह से देखना चाहें तो इसके पीछे भरत की एक नाटकीय चतुराई और कौशल का संकेत भी मिलता है। यदि यही गायक, वादक और अभिनेता मण्डली ये सारे कार्यकलाप नेपथ्यगृह में संपन्न कर रही होती तो सम्भव था कि वे इसे उतनी गम्भीरता से नहीं लेते। शायद कुछ लोग वहाँ सम्मिलित भी नहीं होते और यदि होते भी तो बीच-बीच में उनकी अपनी स्वभावगत नोंक झोक और उठा पटक चलती रहती। क्या इस बात को अलग से कहने की ज़रूरत है कि जब वे मंच पर आ गए हैं और उनके सामने एक दर्शकवर्ग उपस्थित है तो वे अनिवार्य रूप से धीर गम्भीर और सजग होकर *पूर्वरंग* के सारे कार्यकलापों को सम्पन्न करेंगे।

पूर्वरंग की उपर्युक्त नौ विधियों के बाद रंगपटीवाहक रंगपटी के साथ नेपथ्य में चले जाते थे और मंच पर ठीक केन्द्र में पूरी तरह से तैयार, सुसज्जित और व्यवस्थित संगीत मण्डली का दर्शकों से सामना होता था। हम अनुमान कर सकते हैं कि रंगपटी का जाना और संगीत मण्डली का दिखाई देना बिलकुल ऐसे ही क्षण

का नाटकीय अनुभव देता होगा जैसा आज हम अपने नाट्य प्रदर्शनों में सामने के मुख्य परदे के हटने पर या मंच पर रोशनी की पहली किरण या संगीत की पहली तान के साथ अनुभव करते हैं।

इसके बाद जो दस गतिविधियाँ हैं, वे गीत, संगीत, नृत्य, मुद्रा और गतिविधान से भरपूर हैं। ज़ाहिर है कि ये विधियाँ हमारे कानों को भी मधुर लगेंगी और आँखों के लिए भी अत्यन्त मनमोहक होंगी। इसीलिए इन्हें यवनिका से बाहर रखने का प्रावधान किया गया है। नाटक विधा को यदि दृश्य श्रव्य काव्य की संज्ञा दी गई है तो उसका आरम्भ पूर्वरंग के इसी भाग से होने लगता है। इतना ही नहीं, अभिनेता की गीत, संगीत, नृत्य और अभिनय क्षमता से भी पहली बार यहीं परिचय होता है। इसी से दर्शकों को यह कल्पना करने में भी कोई परेशानी नहीं होती कि अन्ततः नाटक का मुख्य रस कौन-सा होनेवाला है क्योंकि जिस रस की नाटक में प्रधानता होगी, उसी से जुड़े गतिविधान पर ज़्यादा ध्यान दिया जाएगा।

आगे बढ़ने से पहले यह देख लें कि वे दस विधियाँ क्या हैं और कैसे सम्पन्न की जाती हैं। देवताओं का नाम, संकीर्तन या स्तुति गान *गतिविधि* है अर्थात् यवनिका के जाने के पश्चात पहली बार एक ऐसा गीत गाया जाता है जो अर्थपूर्ण शब्दों से युक्त हो। नान्दीपाठ द्वारा नाटक के प्रयोग पक्ष की पहली बार शुरुआत की जाती है, इसलिए इस विधि को *उत्थापन* कहा जाता है। नाटक के अभिनेतागण मंच पर चारों दिशाओं में परिक्रमा करके उन दिशाओं के लोकपालों अर्थात् स्वामी देवताओं की वंदना करते हैं, उसे परिवर्तन कहा गया है। प्रत्येक प्रदर्शन में रचनाकार के आराध्य देवता, द्विज अथवा राजा की स्तुति नान्दीपाठ है। जर्जर ध्वज की स्तुति में गाए जानेवाले *ध्रुवा* गीत का गाया जाना *शुष्कावकृष्टा* है। इसका नाम ऐसा इसलिए पड़ा क्योंकि उस गीत के शब्दों का स्पष्ट अथवा किसी अर्थ पर निर्भर होना अनिवार्य नहीं है। पहली बार जब पाठ्य के साथ आंगिक अभिनय को जोड़कर जो विधि की जाए, उसे रंगद्वार कहा जाता है। यह नाम सही ही दिया गया है क्योंकि इससे पूर्व की जितनी भी विधियाँ हैं, वे मात्र गतिविधान या अधिक-से-अधिक गीत-संगीत जैसे वाचिक पर आधारित हैं और उनमें अभिनय जैसा कोई तत्त्व नहीं है। इसी क्रम में अगली दो विधियाँ *चारी* और *महाचारी* कही गई हैं। *चारी* अर्थात् कोमल और लास्य पद संचालन, जो मुख्यतः शृंगार रस में प्रयोग किया जाता है। *महाचारी* अर्थात् रौद्र अथवा वीर रस में प्रयुक्त किया जानेवाले तांडव नृत्य से मिलता-जुलता पद संचालन। मंच पर उपस्थित सूत्रधार, विदूषक और पारिपार्श्विक की रूपक के विषय में थोड़ी बहुत वार्ता को त्रिगत नाम दिया गया है क्योंकि ये तीन लोगों के बीच घटित होती है। अन्त में जिस शुभकामना द्वारा रूपक के विषय की पूर्व सूचना देते हुए

दर्शकों को आमन्त्रित किया जाता है, उसे प्ररोचना कहा जाता है। मेरे विचार में प्ररोचना वह अन्तिम उद्घोषणा है जिसमें हम आज भी दर्शकों का स्वागत करते हैं और उसके बाद प्रदर्शन की शुरुआत करते हैं।

इस पूरे प्रसंग में भरत द्वारा अलग से कुछ संकेत दिए बिना भी कुछ बातें या सूचनाएँ अपने आप स्पष्ट होती जाती हैं। उदाहरण के लिए यवनिका के बाहर की सारी गतिविधियाँ मात्र तीन लोगों द्वारा सम्पूर्ण की जाती हैं जिनमें सूत्रधार अनिवार्य रूप से होता है, शेष दो कभी विदूषक और पारिपार्श्विक, कभी नट और नटी और कभी विदूषक और नटी अर्थात् रहेंगे तीन। यही कारण है कि पूर्वरंग में होनेवाले पहले संवाद को भी *त्रिगत* कहा गया है। मंच पर उनका प्रवेश भी तभी होता है जब मंच पर चारों दिशाओं में स्थित देवताओं की पूजा का क्रम आरम्भ होता है। *पूर्वरंग* के इस अंग की सारी गतिविधियों का संचालक सूत्रधार है और इस तरह वह नाटक के सभी सूत्रों का संचालन करने वाला सिद्ध होता है। आज की भाषा में उसे मंच व्यवस्थापक भी कहा जा सकता है। यदि हम प्राचीन रंगमंच में निर्देशक की उपस्थिति की सम्भावना पर विचार करें तो निस्संदेह सूत्रधार को ही उसके समकक्ष रखना चाहेंगे।

यदि हम भरत के रंगमंच और उसके समकालीन यूनानी रंगमंच का तुलनात्मक अध्ययन करें तो पूर्वरंग काफ़ी रोचक सामग्री प्रस्तुत करता है। यहाँ भी मात्र तीन अभिनेता हैं और अलग से एक संगीत मण्डली है। वहाँ भी मात्र तीन अभिनेता और अलग से कोरस और संगीत मण्डली है। दोनों परम्पराओं में यह समूह अभिनय का हिस्सा कभी नहीं बनता। यह अलग बात है कि यहाँ ये तीन अभिनेता मात्र पूर्वरंग में आते हैं और यूनानी रंचमंच में शुरू से अन्त तक कुल तीन अभिनेता ही बारी-बारी से आपस में मिल-जुलकर नाटक के सभी पात्रों की भूमिकाएँ अभिनीत करते थे। इसी से दोनों परम्पराओं में एक बहुत बड़ा अन्तर भी दिखाई पड़ता है। यूनानी रंगमंच में अभिनेता की सीमित संख्या के कारण मुखौटे की अवधारणा का जन्म हुआ जबकि हमारे यहाँ ऐसे प्रयोग की कोई सूचना नहीं मिलती। मध्यकाल में विकसित लोकनाट्य परम्पराओं में उड़ीसा के मयूरभंज क्षेत्र में प्रचलित छाऊ नृत्य शैली में बेशक मुखौटे का प्रयोग मिलता है अथवा कथकलि जैसी नृत्य नाट्य शैली में मुखसज्जा ही इतने मुखर रूप में की जाती है कि वह मुखौटे का भ्रम पैदा करने लगती है। यही बात कर्नाटक की यक्षगान शैली के बारे में भी कही जा सकती है।

भरत का *पूर्वरंग* प्रसंग नाट्य प्रस्तुति में ध्रुवा गीतों के प्रयोग की महत्ता का संकेत भी देता है जिस पर भरत ने अलग से एक अध्याय लिखा है। ध्रुवा गीत वे गीत होते थे जो मुख्य पात्रों के मंच पर प्रवेश और प्रस्थान के समय गाए जाते थे।

यह ध्यान देने लायक बात है कि किसी नाटककार ने इन्हें अपने नाटकों के आलेख में सम्मिलित नहीं किया। शायद हर नाट्य मण्डली के ऐसे अवसरों के लिए अपने ध्रुवा गीत रहे होंगे। इसीलिए देवताओं के स्तुति गान के बहाने से भरत ने उनका संकेत अवश्य कर दिया है।

पूर्वरंग की इन उन्नीस विधियों को देखकर ऐसा लगता है कि यह सारा कार्य कलाप बहुत लम्बा होता होगा लेकिन यहाँ हमें भरत की प्रशंसा करनी पड़ेगी कि हर गतिविधि का विस्तारपूर्वक वर्णन प्रस्तुत करने के बाद भी वह स्पष्ट घोषणा कर देते हैं कि *पूर्वरंग* न तो इतना संक्षिप्त होना चाहिए कि उसका कोई प्रभाव ही न पड़े और न इतना ज़्यादा लम्बा कि वह प्रेक्षकों के लिए एकरस हो जाए। वे वहाँ मुख्य प्रस्तुति को देखने और उसका रसास्वादन करने के लिए एकत्रित हुए हैं और उसके आरम्भ होने की उत्सुकतापूर्वक प्रतीक्षा कर रहे हैं। इसलिए *पूर्वरंग* को मात्र एक उत्प्रेरक का कार्य करना चाहिए, न कि वह स्वयं ही मुख्य भूमिका में उतर जाए।

क्या यही कारण नहीं है कि रचनाकारों ने *पूर्वरंग* की मात्र दो विधियों को अपने आलेख में स्थान दिया है और वे हैं—*नान्दीपाठ* और *प्रस्तावना* जो एक प्रकार से *प्ररोचना* का ही विकसित रूप है। देखा जाए तो ये दो गतिविधियाँ ही सबसे ज़्यादा प्रभाव डालने वाली हैं और नाटक के प्रयोग पक्ष की दो अलग-अलग दिशाओं को सूचित करती हैं। जहाँ नान्दीपाठ नाटक में गीत-संगीत के महत्त्वपूर्ण योगदान को लक्षित करता है, वहाँ प्रस्तावना उसके अभिनय पक्ष को स्थापित करती है। यों तो नाटककारों ने अपने विषय में कहीं कुछ नहीं लिखा हैं लेकिन यही दो स्थल है जहाँ उनके विषय में थोड़ी बहुत जानकारी मिल जाती है। उदाहरण के लिए नान्दीपाठ उस देवता की स्तुति में गाया जाता है जो नाटककार का उपास्य देवता है। कुछ नाटकों में प्रस्तावना अनायास ही नाटककार का पूरा परिचय दे जाती है, चाहे उसे ऐतिहासिक दृष्टि से प्रमाणित न किया जा सके। शूद्रक का *मृच्छकटिक* इस दृष्टि से एक अद्‌भुत उदाहरण है जहाँ प्रस्तावना में नाटककार अपने उपास्य देवता के बाद प्रस्तावना में अपना पूरा परिचय देता है और अन्त में स्वयं ही अपनी मृत्यु की सूचना भी दे देता है। ज़ाहिर है कि प्रस्तावना का यह हिस्सा उनके बाद किसी दूसरे रचनाकार या नाट्य मण्डली के किसी सदस्य ने जोड़ दिया हो।

प्रस्तावना को नाटक का अनिवार्य अंग बनाए जाने के तो और भी ठोस कारण हैं। उन दिनों में यह बिलकुल सम्भव नहीं था कि नाटककार के परिचय, नाटक की कथा की सूचना और नाटक के आयोजक और प्रदर्शन स्थल के बारे में एक साथ तीन-चार सौ हस्तलिखित स्मारिकाएँ तैयार की जाएँ। ऐसे में यह ज़्यादा सुविधाजनक था कि नाटककार स्वयं अपने नाटक के आरम्भ में प्रस्तावना

के माध्यम से ये सारी सूचनाएँ दर्शकों तक पहुँचा दे। प्रस्तावना को नाटक का हिस्सा बनाने से नाटककार के हाथ में एक ऐसी रोचक नाटकीय युक्ति आ गई थी जिसके माध्यम से वह नाटक की मुख्य कथा को जोड़ सकता था। भास तो अपने हर नाटक में प्रस्तावना या स्थापना के पूरा होने से पहले ही नाटक को आरम्भ कर देते हैं। शूद्रक और कालिदास यद्यपि प्रस्तावना को उसकी सम्पूर्णता में प्रस्तुत करते हैं लेकिन अन्त तक आते-आते प्रस्तावना के किसी अंश को मुख्य पात्र अथवा कथा की किसी घटना से जोड़ देते हैं। लगभग ऐसे ही प्रयोग विशाखदत्त और भवभूति के यहाँ भी मिल जाते हैं।

पूर्वरंग की इन दोनों विधियों की लोकप्रियता का ही परिणाम है कि ये दोनों प्रसंग बाद में आनेवाली मध्यकालीन लोकनाट्य परम्परा और यहाँ तक कि उन्नीसवीं सदी में प्रचलित पारसी नाटकों के मंचन में भी ज्यों के त्यों बने रहे, भले ही लोकनाट्य परम्परा में लिखित आलेख अदृश्य हो गया हो। *नान्दीपाठ मंगलाचरण में* बदल गया और *प्रस्तावना* कहीं सूत्रधार, कहीं विदूषक, कहीं भागवत, कहीं नायक और कहीं *रंगला नामधर्मा* पात्रों के पास चली गई। यहाँ इसका उल्लेख भी कर लिया जाए कि जो सूत्रधार संस्कृत नाटकों के मंचन में *पूर्वरंग* के बाद प्रस्थान कर जाता था, वह लोकनाट्य परम्परा में मंच पर संगीत मण्डली के साथ ही आरम्भ से अन्त तक उपस्थित रहने लगा और उसने मुख्य गायक अथवा कथावाचक की भूमिका को ग्रहण कर लिया। किसी लिखित आलेख की अनुपस्थिति में ऐसा होना सम्भवतः अपरिहार्य ही था।

भरत का यह पूर्वरंग बेशक अपने बाद आनेवाली नाट्य परम्पराओं में पुनः नेपथ्यगृह में लौट गया हो लेकिन उसका महत्त्व आज भी कम नहीं हुआ है वरन् उसकी अनिवार्यता और भी ज़्यादा बढ़ गई है। केवल हमारे अपने देश में ही नहीं, एशियाई और पश्चिमी नाट्य परम्परा में भी इसकी उपस्थिति का गहराई से विवेचन किया जा सकता है। जापान की शास्त्रीय नाट्य परम्परा नोह में *पूर्वरंग* का अपना एक अलग रूप दिखाई पड़ता है। भले ही वह दर्शकों के सामने घटित नहीं होता लेकिन जब पात्र मंच पर प्रवेश करते हैं तो वे उस पूर्वरंग के प्रभाव को अपने साथ लेकर आते हैं, जो मंच पर उनकी अभिनय शैली में लगातार अनुभूत किया जा सकता है। ऐसा कहा जाता है कि *नोह* रंगमंच के अभिनेता किसी पात्र विशेष में प्रवेश करने से पहले घंटों नेपथ्य कक्ष में रखे दर्पण के सामने समाधिस्थ होकर बैठे रहते हैं और धीरे-धीरे अपने चेहरे को पूरी तरह से निस्संग और निरपेक्ष बना लेने की प्रक्रिया से गुज़रते हैं। निरपेक्षता की यह प्रक्रिया पहले भीतर से शुरू होती है और अन्त में चेहरे की बारी आती है। जब चेहरा भी पूरी

तरह से भावहीन हो जाता है तब वे उसके ऊपर मुखौटे को धारण करते हैं और एक लम्बे अन्तराल के बाद चेहरे और मुखौटे में शायद कोई अन्तर नहीं रह जाता। इसीलिए जिस दर्पण के सामने वे बैठते हैं उसे *स्टडी मिरर* भी कहा गया है। मुखौटे को धारण करने की यह प्रक्रिया इतनी सूक्ष्म और विस्तृत प्रक्रिया के रूप में तो नहीं, लेकिन कुछ हद तक यूनानी रंगमंच में भी दिखाई पड़ती है जब हम ऐसे चित्रों को देखते हैं जहाँ नाटककार अपने ही मुखौटे को लेकर उसके अध्ययन में लीन है। मुखौटे का अपना दर्शन भी यही है कि जो व्यक्ति इसे धारण करता है, वह मुखौटे के व्यक्तित्त्व में ही स्थानान्तरित होने लगता है।

पूर्वरंग में एक व्यक्तित्त्व के दूसरे व्यक्तित्त्व में स्थानांतरित होते जाने की प्रक्रिया कथकलि जैसी नृत्य-नाटक शैली में आज भी देखने को मिलती है। कथकलि की मुखौटे जैसी रूपसज्जा इतनी सूक्ष्म और जटिल होती है कि एक-एक चेहरे को तैयार करने में घण्टों लग जाते हैं। इस बीच जिसके चेहरे पर रूपसज्जा की यह प्रक्रिया चल रही होती है, वह एक गहरी निद्रा में लीन हो जाता है और यह निद्रा तभी टूटती है जब उसकी रूपसज्जा पूरी हो जाती है और शायद तब वह अभिनेता उस पात्र-विशेष में स्थानान्तरित हो चुका होता है। यही कारण है जब हम कथकलि के किसी अभिनेता से रोज़मर्रा की ज़िन्दगी में मिलते हैं तब शायद उसे पहचान भी न पाएँ।

क्या स्तानिस्लाव्स्की द्वारा प्रस्तावित यथार्थवादी अभिनय पद्धति का *पूर्वरंग* भी एक दूसरे रूप में इसी प्रक्रिया से नहीं गुज़रता? अभिनेता प्रदर्शन से कम-से-कम दो तीन घण्टे पहले नेपथ्य कक्ष में प्रवेश करता है। स्वयं को पूरी तरह से शारीरिक और मानसिक रूप में तनाव रहित करने के बाद पात्र विशेष की वेशभूषा धारण करता है। दर्पण के सामने बैठकर रूपसज्जा की सहायता से हू-ब-हू वैसा ही बनने और होने की कोशिश करता है जैसा उस पात्र से अपेक्षित है जिसकी भूमिका उसे शाम के प्रदर्शन में अभिनीत करनी है। पूर्व की नाट्य परम्पराओं में भीतर से बाहर आने की प्रक्रिया है तो पश्चिमी नाट्य परम्परा में बाहर से भीतर जाने की प्रक्रिया पर ज़ोर दिया जाता है। स्तानिस्लाव्स्की द्वारा प्रतिपादित इस प्रक्रिया के विरोध में बीसवीं सदी के दूसरे बड़े नाटककार और निर्देशक ब्रेष्ट ने अभिनय में अलगाव पद्धति की खोज के लिए एशियाई नाट्य परम्पराओं से प्रेरणा ग्रहण की। यहाँ तक कि वह भी भरत की भाँति *पूर्वरंग* को पुनः मंच पर ले आए ताकि दर्शकों से अभिनेताओं का भीतर बाहर कुछ भी छिपा न रहे। वे यह मानकर चलें कि अभिनेताओं की एक मण्डली उनके सामने एक नाटक का मंचन कर रही है, न कि नाटक के बहाने किसी भी प्रकार के यथार्थ का भ्रम प्रस्तुत कर रही है। हमारे अपने देश में भी कुछ नाट्य मण्डलियाँ *पूर्वरंग* को मंच पर सम्पन्न करती हैं जिसमें वे दर्शकों की उपस्थिति में

एक-दूसरे का हाथ पकड़कर एक घेरा बना लेते हैं, उस आपसी स्पर्श से अपनी एनर्जी को दूसरे तक पहुँचाते हैं और धीरे-धीरे उस एनर्जी को आवाज़ों में तब्दील करके अलग-अलग तरह की शारीरिक हरकतों और गतियों के माध्यम से होने वाले नाटक के मूड के लिए खुद को तैयार करते हैं।

आधुनिक रंगमंच में *पूर्वरंग* के और भी कई रूप देखे जा सकते हैं। प्रेक्षागृह के बाहरी कक्ष में नाटक की पूर्वाभ्यास प्रक्रिया से सम्बन्धित चित्र-प्रदर्शनी, होनेवाले नाटक की प्रकाशित स्मारिका और नाटक से पहले बाहर-भीतर धीमे-धीमे बजता हुआ संगीत और इसके समानान्तर नेपथ्यगृह में अभिनेताओं की प्रदर्शन के लिए की जानेवाली अपनी सारी तैयारियाँ, एक-दूसरे से हाथ मिलाकर अथवा आलिंगनबद्ध होकर स्वागत करना और नाटक के शुरू होने से ठीक पहले बेस्ट ऑफ़ लक, लगता ही नहीं कि *पूर्वरंग* की प्रक्रिया में पिछले दो-ढाई हज़ार वर्षों में कोई परिवर्तन आया हो।

देखा जाए तो *पूर्वरंग* मात्र नाटक और रंगमंच की ही सम्पत्ति नहीं है वरन् वह हर कला, विधा और माध्यम में विद्यमान है। साहित्य में कविता, कहानी और उपन्यास के अन्तिम रूप में लिखे और प्रकाशित होने से पहले रचनाकार के मन में जो प्रक्रिया चलती रहती है, वह *पूर्वरंग* का ही एक रूप है। जिस-जिस दिन वह लिखने के अनुभव से गुज़रता है, उस समय लिखना, काट देना या पूरे लिखे को फाड़कर फेंक देना *पूर्वरंग* का एक दूसरा चित्र प्रस्तुत करता है। यह सही है कि इस *पूर्वरंग* का पाठक से कोई सीधा रिश्ता नहीं होता। हाँ, इसके कुछ संकेत उसे रचनाकार की भूमिका में अवश्य मिल जाते हैं जहाँ वह कई बार अपनी रचना प्रक्रिया के बारे में पाठकों के साथ विस्तार में शेयर करता है। मोहन राकेश ने अपने नाटक *लहरों के राजहंस* के आरम्भ में उसके लिखे जाने की जो विस्तृत रचना प्रक्रिया प्रस्तुत की है, वह साहित्य में *पूर्वरंग* के उन श्रेष्ठ उदाहरणों में से एक है जहाँ रंगमंच के दर्शक की भाँति पाठक भी मुख्य रचना को पढ़ने से पूर्व मानसिक रूप में उसके लिए तैयार होने की प्रक्रिया से गुज़रता है। चित्रकला में यदि कोई *पूर्वरंग* है तो वह मात्र चित्रकार के अपने भीतर घटित होता है या किसी कलाकृति के लिए किए गए रेखांकनों-स्केचेज़ आदि में। उसकी थोड़ी बहुत झलक चित्रों की प्रदर्शनी के अवसर पर प्रकाशित *कैटलॉग* में भी अवश्य मिल जाती है जहाँ कभी कभार वह अपनी रचना प्रक्रिया के बारे में चर्चा करता है। संगीत और नृत्य में *पूर्वरंग* का एक बड़ा हिस्सा गायक, वादक या नृत्यकार द्वारा अभ्यास के रूप में उनके अपने एकान्त में ही गुज़रता है लेकिन ठीक प्रदर्शन के दिन मुख्य कार्यक्रम से पूर्व होनेवाले अभ्यास में श्रोता और दर्शक भी भागीदार

होते हैं, यह हम *भरत* के *पूर्वरंग* में भी देख चुके हैं।

इस विषय में शोध करना भी कम रोचक नहीं होगा कि अन्ततः *पूर्वरंग* की शुरुआत कब और क्यों हुई होगी अथवा भरत को इसकी प्रेरणा कहाँ से मिली होगी? मुझे लगता है कि *पूर्वरंग* का सूत्रपात आदिम रंगमंच में ही हो चुका था जब शिकार से लौटकर आए हुए लोग अपने-अपने शिकार को आग में डालकर उसके चारों तरफ़ घेरा बनाकर बैठ जाते थे और भोजन तैयार होने के समय तक समय काटने के लिए नाचना गाना किया करते थे। *पूर्वरंग* का एक और व्यवस्थित रूप फिर आदिम रंगमंच में ही मिलता है जब शिकार और आपसी लड़ाइयों से जुड़े कथानकों पर आधारित प्रस्तुतियों को अभिनीत करने की ज़िम्मेदारी आदिम मनुष्य ने कुछ विशेष लोगों को सौंप दी, और बाकी लोग उसे देखनेवालों में शामिल हो गए। यहाँ सही मायनों में उनके सामने अभिनीत प्रस्तुति एक *पूर्वरंग* का काम कर रही थी क्योंकि वह सुबह सचमुच की घटना के लिए निकलने से पहले उनके लिए एक उत्प्रेरक का काम करती थी अर्थात् उनमें वह उत्साह भर देती थी जो वास्तविक जीवन में घटित होनेवाली परिस्थितियों के लिए उन्हें पूरी तरह से तैयार कर दे। क्या भरत का *पूर्वरंग* भी ठीक यही क्रिया सम्पन्न नहीं करता? आदिम रंगमंच में इस *पूर्वरंग* की एक और सार्थकता भी थी। इसके बहाने से धीरे-धीरे युवावस्था की तरफ़ बढ़ती पीढ़ी को शिकार और युद्धकला के दाँव-पेंच और बारीकियाँ भी सिखाई जाती थीं और इस तरह से रंगमंच के माध्यम से शिक्षा का काम भी अपने आप पूरा हो जाता था। *पूर्वरंग* का लगभग ऐसा ही रूप हमें भरत के समकालीन यूनानी रंगमंच की शुरुआत में भी दिखाई पड़ता है, जब वहाँ के लोग अपने आराध्य देवता *डायनोसिस* की वेदी के चारों तरफ़ घूम-घूमकर उसकी प्रशंसा में गीत गाया करते थे। स्वयं हमारे यहाँ भी *नाट्यशास्त्र* पर आधारित विधिवत् शास्त्रीय नाट्य परम्परा से पहले, कथावाचकों द्वारा महाकाव्यों को गाकर सुनाने की परम्परा में रंगमंच के *पूर्वरंग* के चिह्नों को रेखांकित किया जा सकता है।

इस प्रकार हम देखते हैं कि वास्तविक नाटक के प्रयोग से पहले जिस *पूर्वरंग* की परिकल्पना और व्यवहार भरत ने मंच पर आरम्भ किया था, वह अलग-अलग रूपों में आदिकाल से लेकर आज तक हर नाट्य परम्परा में अविच्छिन्न कड़ी की तरह से हमेशा विद्यमान रहा है। इसमें दो राय नहीं हो सकती कि मुख्य नाट्य प्रस्तुति को सफल अथवा असफल बनाने में *पूर्वरंग* की बहुत बड़ी भूमिका है, चाहे उसे नेपथ्य में किया जाए अथवा मंच पर, इससे कोई बहुत ज़्यादा अन्तर नहीं पड़ता।

रस

भरत के शायद सबसे महत्त्वपूर्ण रंग सिद्धान्त के रूप में रस का नाम लिया जा सकता है। आज तक जिस तरह से सारी दुनिया में शेक्सपीयर के नाटक *हेमलेट* के संवाद 'टू बी और नॉट टू बी' पर न जाने कितना कुछ लिखा जा चुका है, उसी तरह से *नाट्यशास्त्र* की रचना के बाद भरत का रस सिद्धान्त उनके परवर्ती आचार्यों से शुरू होकर आज तक आलोचकों, विचारकों, विद्वानों और प्राध्यापकों के बीच विवाद का विषय बना हुआ है। विवाद इस बात को लेकर इतना नहीं है कि रस क्या है और कैसे उत्पन्न होता है जितना कि इस बात को लेकर है कि अन्ततः रस की प्राप्ति किसे होती है—अभिनेता को अथवा दर्शक को? पहले अभिनेता को और फिर उसके माध्यम से दर्शक को? अभिनेता और दर्शक को एकसाथ? ये कुछ ऐसी जिज्ञासाएँ हैं जो रस सिद्धान्त के विवेचन और विश्लेषण में बार-बार उठती रही हैं और हरेक विद्वान अध्येता ने अपनी ओर से उनका निराकरण करने की कोशिश की है। इस

दृष्टि से भरत के परवर्ती आचार्यों में यदि भट्ट लोलट्ट, भट्टनायक, शंकुक और अभिनवगुप्त का नाम बड़े आदरपूर्वक लिया जाता है तो हमारे अपने समय में डॉ. नगेन्द्र और आनन्दप्रकाश दीक्षित आदि चिन्तक विद्वानों के नाम भी उतने ही आदर के साथ लिये जाते हैं।

हम एक बार फिर से रस और उससे जुड़ी प्रक्रिया को केन्द्र में रखकर उस पर विचार विमर्श करने की कोशिश करते हैं। भरत ने सबसे पहले *नाट्यशास्त्र* के छठे अध्याय में रस की चर्चा की है। भरत के अनुसार नाट्य में रस के बिना कोई भी वस्तु प्रवृत्त नहीं होती और विभाव, अनुभाव तथा व्यभिचारी भावों के संयोग से रस की निष्पत्ति (उत्पत्ति) होती है। अपनी इस संक्षिप्त-सी परिभाषा को उन्होंने एक उदाहरण देकर स्पष्ट किया है कि जैसे संसार में कई प्रकार के व्यंजनों और मसालों के संयोग से भोज्य पदार्थों में रस अथवा आस्वाद की निष्पत्ति होती है उसी तरह से नाटक में विभिन्न भावों के संयोग से रस की निष्पत्ति होती है। जिस प्रकार गुड़ आदि द्रव्यों, व्यंजनों और औषधियों से षाडव आदि रस बनते हैं, उसी प्रकार भिन्न-भिन्न प्रकार के भावों से युक्त स्थायी भाव रसत्व को प्राप्त करते हैं। यहाँ प्रश्न होता है कि यह रस किस प्रकार का पदार्थ है। इसका उत्तर है—रस आस्वाद्य पदार्थ है। इसका आस्वाद कैसे होता है—अनेक प्रकार के व्यंजनों से सम्पन्न भोजन को खाते हुए सहृदय लोग रस का आस्वादन करते हैं और हर्ष आदि को प्राप्त करते हैं, उसी प्रकार अनेक भावों से अभिव्यंजित तथा वाचिक, आंगिक और सात्विक अभिनय से युक्त स्थायी भावों को सहृदय प्रेक्षक आस्वादित करते हैं तथा हर्ष आदि को प्राप्त करते हैं। इसीलिए (नाट्य में आस्वादित होनेवाले पदार्थ को) नाट्यरस कहते हैं। इस प्रकार यह अपने आप में बिलकुल स्पष्ट है कि रसास्वादन की स्थिति तक पहुँचने के लिए पहले हमारे भीतर स्थायी भाव अर्थात् मूल संवेदना अथवा सम्वेदन करने की क्षमता का होना बहुत आवश्यक है। इसे हम यूँ भी कह सकते हैं कि हमें सबसे पहले स्वयं अनुभूतिशील होना आवश्यक है। क्या इसीलिए भरत ने दर्शक से सहृदय होने की अपेक्षा की है? दूसरा प्रश्न यह है कि भाव तो हम सभी में होते हैं तो फिर हम सभी अभिनेता क्यों नहीं बन जाते? वस्तुतः जीवन और नाटक में क्या भेद है इसका रहस्य इसी प्रश्न में छिपा है। दूसरी तरफ़ इसका उत्तर भी उतना ही सहज और सरल है। यदि हम अपने जीवन को जीवन के रूप में ही मंच पर प्रस्तुत करने लगेंगे तो हम कभी रसास्वादन की स्थिति तक नहीं पहुँच सकते। एक छोटे से उदाहरण द्वारा हम जीवन और रंगमंच के इस भेद को समझ सकते हैं। अपने नित्य प्रति के जीवन में जब हम किसी की मृत्यु पर उसके परिवारवालों से मिलने जाते हैं तो हम दुख का अनुभव करते हैं लेकिन मृत्यु के उसी से मिलते जुलते दृश्य

को मंच पर देखते हुए हमें अपने भीतर अपार आनन्द की अनुभूति होती है और प्रायः हमारी प्रतिक्रिया कुछ इस प्रकार होती है—वाह! मज़ा आ गया। आज इन अभिनेताओं ने मृत्यु का ऐसा जीवन्त अभिनय किया मानो मौत में भी जान डाल दी। मेरे विचार में भाव और रस में मूलतः यही अन्तर है। भाव हम सभी के भीतर होते हैं लेकिन उनको रस की स्थिति तक अभिनेता पहुँचाता है। इसीलिए जीवन और अभिनय में भेद होता है। अभिनेता की कला अर्थात् अभिनय जीवन और रसास्वादन के बीच का पुल है।

अब हम इस सिद्धान्त से जुड़ी पहली जिज्ञासा को समझने और उसका समाधान करने की कोशिश करते हैं और वह है विभाव, अनुभाव और व्यभिचारी भावों के संयोग से रस की निष्पत्ति। हमने अभी इस विषय में चर्चा की थी कि रस के लिए भाव की उपस्थिति अनिवार्य है। यदि ऐसा है तो फिर अलग से विभाव, अनुभाव और व्यभिचारी भाव क्या हैं? भरत ने विभाव का अर्थ विज्ञान अथवा विशेष ज्ञान करानेवाले तत्त्व के रूप में किया है। इसी को कारण, निमित्त अथवा हेतु भी कह सकते हैं अर्थात् भाव, वाचिक, आंगिक और सात्त्विक अभिनय के माध्यम से विभावित होते हैं। इसीलिए इन कारणों को विभाव कहा जाता है। इसके अन्तर्गत नाटक के पात्र और परिवेश आते हैं, क्योंकि आंगिक, वाचिक, आहार्य और सात्त्विक इन चारों तरह के अभिनय की प्रक्रिया से सबसे पहले मंच पर अभिनेता गुज़रते हैं। अतः वे रसों के विभाव, आश्रय और कार्य बनते हैं। इसमें भी दो प्रकार के विभाव होते हैं एक आलम्बन, दूसरा उद्दीपन। आलम्बन विभाव से तात्पर्य उस निमित्त से है जो रस को अपने साथ लेकर चले और उद्दीपन विभाव उसे उद्दीपन यानी उकसाने, बढ़ाने, भड़काने में सहायक सिद्ध हो। एक बहुत ही स्थूल उदाहरण के माध्यम से इसे यूँ समझा जा सकता है कि युद्धभूमि में उपस्थित योद्धा स्वयं में आलम्बन विभाव हैं और शस्त्रों की टंकार, हाथियों की चिंघाड़, बिगुल का शोर उद्दीपन विभाव का काम करते हैं, क्योंकि ये सारी ध्वनियाँ योद्धाओं में एक नए उत्साह का संचार करती हैं। इसी क्रम में अनुभाव के रूप में वे शारीरिक चेष्टाएँ आती हैं जो मूल भाव के पीछे-पीछे उसे साकार रूप में अभिव्यक्त करने के लिए शारीरिक क्रियाओं के रूप में प्रकट होती हैं, जैसे ऊपर दिए उदाहरण में भुजाओं का फड़कना, चेहरे और आँख का लाल हो जाना, हाथ-पैर पटकना इत्यादि अनुभाव कहलाएँगे, क्योंकि अन्ततः ये भी भाव को शीघ्रातिशीघ्र रस तक पहुँचाने में महत्त्वपूर्ण भूमिका निभाते हैं। इस पूरी प्रक्रिया की अन्तिम कड़ी के रूप में व्यभिचारी भावों का अपना योगदान है। ये वे भाव हैं जो इस पूरी प्रक्रिया में बीच-बीच में कभी-कभार व्यभिचार अथवा संचरण और हस्तक्षेप करते रहते हैं। यदि हम पहले वाले उदाहरण के क्रम

को ही आगे बढ़ाना चाहें तो अचानक योद्धाओं के हृदय में चिन्ता या मोह का जन्म व्यभिचार का प्रमाण है। लेकिन ये ज़्यादा देर नहीं ठहरते और तुरन्त मुख्य भाव में समाहित हो जाते हैं, इसीलिए इन्हें संचारी भाव भी कहा गया है। भरत ने जहाँ आठ स्थायी भावों—रति, क्रोध, उत्साह, शोक, भय, जुगुप्सा, हास्य, विस्मय की परिकल्पना की है जिनसे क्रमशः शृंगार, रौद्र, वीर, करुण, भयानक, वीभत्स, हास्य और अद्भुत रसों की सृष्टि होती है, वहीं 33 व्यभिचारी भावों का भी उल्लेख किया है जो सभी स्थायी भावों और रसों में समान रूप से संचरण करते रहते हैं। यहाँ इस पूरे प्रकरण को दोहराने का एक मात्र उद्देश्य यही था कि आज के युवा छात्र और रंगकर्मी को किस तरह से आसान-से-आसान रास्ते से गुज़रकर रस की अवधारणा और उसके उत्पन्न होने और अनुभूत होने की सम्पूर्ण प्रक्रिया से अवगत कराया जाए।

अभी तक हमने रस को लेकर जितनी भी चर्चा की है उसमें दो बातें बहुत साफ़ होकर सामने आती हैं और वे ये कि रस निष्पत्ति की प्रक्रिया जितनी ठोस और साकार दिखाई देती है, उसको अनुभूत करने अर्थात् रसास्वादन करने का अनुभव उतना ही अमूर्त और निराकार है। हम देख ही रहे हैं कि विभाव के रूप में नायक नायिका और दूसरे पात्रों की अथवा परिवेशगत दृश्यसज्जा और सामग्री की जीवन्त उपस्थिति और शारीरिक चेष्टाओं के रूप में हाव भाव, आचार, व्यवहार की साकार अभिव्यक्ति—ये सभी चीज़ें हमें मंच पर अपने सामने ठोस रूप में घटित होती हुई दिखाई पड़ती हैं। लेकिन इनको देखने और अनुभूत करने का अनुभव अन्ततः पूरी तरह से अमूर्त होता जाता है। देखा जाए तो रंगमंच की पूरी प्रक्रिया ही साकार से निराकार तक की एक लम्बी यात्रा है जो बार-बार बिम्बों और प्रतीकों की रचना करती रहती है और साथ-साथ उन्हें बदलती और तोड़ती भी चलती है। यदि मंच पर मंचसज्जा के नाम पर किसी दृश्य में कुछ ठोस उपस्थित है तो भी हम उसके विषय में कभी आश्वस्त नहीं हो सकते कि वह अगले दृश्य में भी मौजूद होगा। किसी एक दृश्य की बात तो छोड़ ही दें, बल्कि पूरा नाटक समाप्त होने के बाद खाली मंच पर क्या शेष रह जाता है। इसके बावजूद एक अच्छी प्रस्तुति वर्षों तक हमारे दिलोदिमाग़ पर छाई रहती है। बिलकुल यही स्थिति रस की भी है। एक नाटक के प्रदर्शन के दौरान बहुत सी नाटकीय स्थितियों के भीतर से बनते मूड, भाव और संवेदना से अनुभव के स्तर पर जो आनन्द और आस्वाद हमें प्राप्त होता है, उसे ही रस कहा जा सकता है। जैसे हमारे अपने जीवन में क्षण प्रतिक्षण तरह-तरह के भाव आते-जाते रहते हैं, उसी तरह से नाटक में भी तरह-तरह की भाव स्थितियों से गुज़रने के बाद हम अन्ततः एक अन्तिम प्रभाव तक पहुँचते हैं और वही नाटक का मुख्य रस कहलाता है।

अब हम इस पूरे विचार विमर्श के आख़िरी छोर पर आ पहुँचे हैं और वह यही प्रश्न है कि अन्ततः इस रस का असली भोक्ता कौन है? अभिनेता अथवा प्रेक्षक? यदि अभिनेता स्वयं उसका भोक्ता है तो फिर वह अभिनेता कहाँ रह जाएगा? यह सच है कि यदि शृंगार के दृश्य में अभिनेता प्रेम के अनुभव को वास्तविक रूप से अनुभूत करने लगेगा तब तो फिर वह दृश्य उस चरित्र विशेष का दृश्य न रहकर उस अभिनेता विशेष का दृश्य हो जाएगा। यदि इस तर्क को और आगे बढ़ाया जाए तो किसी हिंसा के दृश्य में क्या वह सचमुच की हिंसा के अनुभव से गुज़रेगा? अभिनय को आरम्भ से ही, जो एक कला कहा गया है तो फिर उसे हम अलग से कैसे परिभाषित करेंगे क्योंकि उपर्युक्त स्थिति में जीवन और कला आपस में गड्डमड्ड हो जाएँगे। इसका अर्थ यह हुआ कि अन्ततः रस का भोक्ता वास्तव में दर्शक ही है और वह इस अनुभव को अभिनेता के माध्यम से प्राप्त करता है। लेकिन कैसे? अनुभव की इसी प्रक्रिया को भरत ने साधारणीकरण के अन्तर्गत बहुत अच्छी तरह से परिभाषित किया है। इसमें कोई सन्देह नहीं कि नाटक से जुड़ी किसी भी अनुभूति, भाव और रस को दर्शक तक सम्प्रेषित करने का माध्यम अभिनेता है। लेकिन वह इस पूरी प्रक्रिया को न तो अपनी व्यक्तिगत अनुभूति, न ही चरित्रगत अनुभूति वरन् एक साधारणीकृत अनुभूति के रूप में दर्शक तक सम्प्रेषित करता है। वह स्वयं भी निर्वैयक्तिक होता है और उसका चरित्र भी और दर्शक भी उसे इसीलिए एक सामान्य शाश्वत और बृहत्तर स्तर पर अनुभूत करता है। इसीलिए कई बार किसी प्रस्तुति का दर्शक के साथ इस हद तक तादात्म्य स्थापित हो जाता है कि दोनों अपनी-अपनी व्यक्तिगत इयत्ता भूलकर एकाकार हो जाते हैं और नाटक का अन्तिम प्रभाव सब पर एक जैसा पड़ता है। यही साधारणीकरण की अवस्था है जो अभिनेता और दर्शक पर एक साथ लागू होती है। जिस नाटक में ऐसे क्षण ज़्यादा से ज़्यादा उपलब्ध होंगे वह नाटक अथवा उसकी स्मृति वर्षों तक हमारे भीतर सुरक्षित रहती है। शायद कला का पूरा मर्म और रहस्य इसी सत्य की खोज में छिपा हुआ है कि अन्ततः हम किसी भी कला अथवा नाटक के माध्यम से क्या प्राप्त करने जाते हैं। आधुनिक कहानीकार निर्मल वर्मा ने किसी और सन्दर्भ में इस विषय में लिखा था—"कहानी लिखना बहुत अकेलेपन की चीज़ है। यह सौभाग्य बहुत कम प्राप्त होता है कि ख़ुद अलग रहकर इस अनुभव को दूसरों के साथ बाँटा जा सके। किन्तु जब कभी ऐसा होता है, तो वह अनुभव खुद हल्का-सा हो जाता है; अपने अकेलेपन के बोझ को उतार फेंकता है। वह उस दुख की जगह लेता है, जिसके बारे में *वीक एंड* की नायिका कहती है, 'बँटने पर वह छोटा नहीं होता, बड़ा भी नहीं होता। सिर्फ़ साफ़ हो जाता है—चमकीला और साफ़।'"

संक्षेप में रस सिद्धान्त के विवेचन को कुछ इस प्रकार समेटा जा सकता है कि उसका वास्तविक भोक्ता दर्शक है और वह उसे अभिनेता की कला के माध्यम से ग्रहण करता है। ठीक उसी तरह से जैसे साहित्य अथवा चित्रकला को पाठक या प्रेक्षक अनुभूत करते हैं और इनके रचनाकार उससे अलग खड़े होते हैं। दूसरी तरफ़ यह भी उतना ही सत्य है कि रचना के पहले अनुभव से रचनाकार स्वयं गुज़रता है। इसी से मिलती-जुलती प्रक्रिया अभिनेता की है। किसी प्रस्तुति की तैयारी के दौरान वह किसी स्थिति, भाव और संवेदना को अपने भीतर पैदा करता है लेकिन स्वयं उसमें डूब नहीं जाता वरन् अपने दर्शक को उसमें डूब जाने, एकाकार हो जाने और अन्ततः साधारणीकरण की अवस्था तक पहुँच जाने के लिए प्रेरित करता है। इसीलिए कहा भी गया है कि अच्छा अभिनेता वही है जो मंच पर अभिनय करते हुए अपनी तीसरी आँख से स्वयं को लगातार देख रहा होता है और उस क्षण भी यदि वह चाहे तो अपने अभिनय में अतिरिक्त निखार ला सकता है। वास्तव में अभिनय की अपनी मूल प्रकृति ही कुछ ऐसी है कि उसमें एक होते हुए बहुत हो जाने की क्षमता और सम्भावना समाहित है। इसीलिए रसानुभूति की प्रक्रिया में अभिनेता जितना अपने स्व से अलग अथवा दूर होता जाएगा, उतने ही प्रभावशाली ढंग से वह प्रेक्षकों को रसानुभूति की चरम अवस्था तक लेकर जाएगा।

अभिनय

अभिनय शब्द की परिकल्पना में ही इस कला का पूरा मर्म समाहित है। यह शब्द 'अभि' उपसर्ग में 'नी' धातु और आख़िर में 'यच' प्रत्यय लगाकर बना है। 'अभि' का अर्थ है सामने अर्थात् सामने बैठे दर्शकों तक ले जानेवाली कला। दूसरे शब्दों में इसे यूँ भी परिभाषित किया जा सकता है कि अभिनय एक ऐसी कला या विधा है जो नाटककार के आलेख को दर्शकों तक सम्प्रेषित करती है। यदि थोड़ा-सा भी गहराई से विचार करें तो इस एक पंक्ति की परिभाषा में ही रंगमंच के सभी तत्त्वों के संकेत मिल जाते हैं और वे हैं आलेख, अभिनेता, रंगभूमि, प्रस्तुति और अन्ततः दर्शक। यह सहज और स्वाभाविक ही था कि भरत के अपने शास्त्र में इन पाँचों तत्त्वों की अपनी-अपनी स्वतन्त्र विवेचना अपेक्षित है, लेकिन वर्तमान अध्ययन में हम पुनः अभिनय की तरफ़ लौटते हैं।

भरत ने अभिनय के चार भेद प्रस्तुत किए हैं—आंगिक,

वाचिक, आहार्य और सात्विक। इसके साथ-साथ विवेचन की दृष्टि से भी इन चारों को इसी क्रम में रखा है। अभिनय के इन चार भेदों को लेकर बहुत से सवाल मन में उठते हैं। इनमें सबसे बड़ा सवाल यही है कि जब हम किसी नाटक की मंच प्रस्तुति को देख रहे होते हैं तो उसे उसकी सम्पूर्णता में देखते हैं, न कि टुकड़ों-टुकड़ों में बाँटते हुए, अर्थात् जब किसी दृश्य में अभिनेता अपनी कला का प्रदर्शन करता है तो हम उसके अभिनय के आंगिक, वाचिक, आहार्य और सात्विक पक्षों को एकसाथ अनुभूत करते हैं। यह तो नितान्त स्वाभाविक है कि अभिनेता विशेष की क्षमता और संवेदना के कारण उसमें अभिनय का कोई एक पक्ष कम या ज़्यादा रेखांकित हो, लेकिन ऐसा होना अपवाद ही माना जाएगा। यदि ऐसा है तो फिर चार-चार भेद क्यों? कहीं ऐसा तो नहीं कि ये चार अभिनय के चार भेद न होकर अभिनय की चार अवस्थाएँ हों जिनके भीतर से गुज़रकर एक नाट्य प्रस्तुति तैयार होती है? सबसे पहले हम किसी आलेख को पढ़ते हैं और उसके वाचिक पक्ष पर काम करते हैं, फिर जब हम नाटक की दृश्य परिकल्पना की तरफ बढ़ते हैं तो अभिनय के आंगिक पक्ष पर काम शुरू होता है। ज़ाहिर है कि आंगिक के साथ-साथ मंच पर की गई साज-सज्जा, उपकरण और वेशभूषा के रूप में आहार्य अभिनय की शुरुआत हो चुकी होती है और अन्ततः ये तीनों बाहरी तत्त्व अभिनेता को अपने भीतर के सत्व अथवा सत्य को खोजने के लिए प्रेरित करते हैं।

यदि हम आज भी अपने अभिनेताओं के साथ की जानेवाली प्रस्तुति यात्रा पर नज़र डालें तो स्थिति बिलकुल स्पष्ट हो जाएगी। हम अभिनय के इन चारों शीर्षकों को चार भेद मानें अथवा चार अवस्थाएँ लेकिन एक बात साफ़ है कि जहाँ आंगिक, वाचिक और आहार्य प्रस्तुति के बाह्य पक्ष की व्याख्या करते हैं वहाँ सात्विक अपने नाम के अनुरूप ही उसके आंतरिक मर्म की पहचान कराता है और इसीलिए उसका दर्जा सबसे ऊँचा है। इसे हम इस प्रकार भी कह सकते हैं कि यदि पहले तीन भेद अभिनय के रूप और शैली से सम्बद्ध हैं तो सात्विक अभिनय की आन्तरिक संवेदना पर आधारित है। प्रस्तुति अपने बाहरी तामझाम में कितनी भी भव्य क्यों न हो यदि वह अनुभव के स्तर पर हमारे मर्म को नहीं छूती तो उसका कोई महत्त्व नहीं रह जाता। यहाँ एक और रोचक तथ्य की ओर भी ध्यान दिलाना बेहद ज़रूरी है और वह यह है कि भरत ने अभिनय की परिभाषा के बाद सबसे पहले जिस अभिनय को अपने विवेचन के लिए चुना है वह है आंगिक अभिनय। आख़िर ऐसा क्यों? उत्तर बहुत स्पष्ट है कि रंगमंच का सबसे पहला गुण उसका दृश्य होना है। पहले वह दृश्य है और उसके बाद काव्य अर्थात् पहले देखा जाना और उसके बाद शब्दों का सुना जाना। ऐसा कई बार हो सकता है कि किसी

नाटक में एक अभिनेता के पास संवाद के रूप में बोलने के लिए एक भी शब्द न हो लेकिन तब भी वह आंगिक और आहार्य के रूप में मंच पर एक पूरा दृश्य प्रस्तुत किए जाने की सम्भावनाओं से भरपूर है। यही वह अन्तर है जो नाटक को साहित्य की दूसरी सभी विधाओं से अलग कर देता है। कविता, कहानी, उपन्यास आदि विधाओं में पहले शब्द हैं और उसके बाद शब्दों से बनते प्रतीक, बिम्ब और दृश्य। लेकिन रंगमंच में ठीक इसके उलट पहले बिम्ब, प्रतीक अथवा दृश्य है और बाद में शब्द। एक दूसरे अर्थ में रंगमंच पर पहले मूर्त का होना ज़रूरी है फिर चाहे वह बाद में कितना ही अमूर्त क्यों न होता चला जाए जबकि कविता मूलतः अमूर्त है और अमूर्तता के भीतर से ही ठोस आकार ग्रहण करने की कोशिश करती है।

भरत ने आंगिक अभिनय के अन्तर्गत शरीर के लगभग सभी अंगों और उपांगों के माध्यम से जितनी भी मुद्राएँ और गतियाँ हो सकती हैं, उनका पूरा विवरण प्रस्तुत किया है। यहाँ उस विस्तार में जाने की ज़रूरत नहीं है क्योंकि वे सभी शरीर की सहज और स्वाभाविक क्रियाएँ हैं। ध्यान देने की बात यह है कि एक शरीर विज्ञानी की तरह से उसने शरीर के सभी अंगों की जितनी भी सम्भावित गतियाँ हो सकती हैं, उनका पूरा एक शास्त्रीय अध्ययन प्रस्तुत किया है। शास्त्रीय इस रूप में कि हर गति या मुद्रा का एक अर्थ भी निश्चित किया है। लेकिन वह स्वयं भी इस बात से भलीभाँति परिचित हैं कि इस तरह का कोई भी अध्ययन या विश्लेषण अपने आप में अन्तिम अथवा पूर्ण नहीं हो सकता। इसीलिए हर बार वह स्वीकारते हैं कि नाट्य प्रयोक्ता चाहे तो नई-नई गतियों और मुद्राओं का आविष्कार कर सकते हैं।

आंगिक अभिनय को पहले क्रम पर रखने के कारण भरत अभिनेता के प्रशिक्षण की एक महत्त्वपूर्ण दिशा की तरफ़ भी संकेत कर रहे हैं और वह है उसके शरीर पर किया जाने वाला काम। आज भी हम अभिनेता से सबसे पहली अपेक्षा यही करते हैं कि उसका शरीर और मांसपेशियाँ अत्यन्त लचीली, फुर्तीली और स्फूर्ति से भरी हुई हों। इसीलिए उसके प्रशिक्षण में योग, गति, खेल, नृत्य और युद्धकला जैसी ज़्यादा से ज़्यादा शारीरिक क्रियाएँ सम्मिलित हैं। यह सोचकर आश्चर्य होता है कि भरत ने अपने युग में ही अभिनेता के व्यावहारिक प्रशिक्षण से जुड़े इन तत्त्वों को आंगिक के अन्तर्गत सबसे पहले जोड़ लिया था। लगभग इसी तरह का अध्ययन भरत ने वाचिक के अन्तर्गत प्रस्तुत किया है अर्थात् स्वर, व्यंजन, भाषा की शक्तियाँ, शरीर के भीतर आवाज़ को अथवा शब्दों को उच्चरित करनेवाले तीन मुख्य स्रोत–नाभि, ग्रीवा (कंठ) और सिर। भाषा के इस्तेमाल में आनेवाले तरह-तरह के बलाघात, उच्चारण, गुण-दोष, अलंकार और लक्षण। इन

सभी तत्त्वों का जितना साहित्यिक और काव्य की दृष्टि से महत्त्व है उससे कहीं ज़्यादा इनका अभिनय से सम्बन्ध है। सच्चाई भी यही है कि कोई भी बोली अथवा भाषा तभी तक जीवित रहती है जब तक कि वह बोलने अथवा संवाद के स्तर पर व्यवहार में न आती रहे। हमने स्वयं देखा है कि ऐतिहासिक दृष्टि से संस्कृत भाषा का इसीलिए ह्रास होता चला गया क्योंकि वह मात्र लिखने की भाषा होकर ग्रन्थों तक सीमित होकर रह गई और उसका जनमानस से जीवन्त रिश्ता कटता चला गया। भरत ने शब्द अथवा भाषा की इस शक्ति को पहचानकर ही वाचिक को नाटक के शरीर की संज्ञा दी है।

हम नाटक के भीतर से जो भी अर्थ, आशय अथवा सन्देश व्यंजित करना चाहते हैं, वह अन्ततः शब्दों के माध्यम से ही उद्घाटित होता है। इतना ही नहीं, नाटक का सबसे बड़ा यन्त्र संवाद अथवा सम्भाषण भी मुख्यतः शब्दों के माध्यम से ही सम्भव है। अतः इस बारे में कोई दो राय नहीं हो सकती कि अभिनय की दृष्टि से जितना आंगिक का महत्त्व है उतना ही शब्द अथवा ध्वनि का भी। ऐतिहासिक दृष्टि से भी मनुष्य ने सम्प्रेषण के लिए जब भी किसी साकार रूप का आविष्कार किया होगा उसका पहला रूप निश्चित रूप से ध्वनि पर आधारित था। बच्चे के पैदा होने से लेकर उसके आगे के विकास की प्रक्रिया से हम इस बात को बहुत अच्छी तरह से जान सकते हैं, इसीलिए वाचिक के अन्तर्गत भरत ने जितना भी चिन्तन किया है, वह पूरी तरह से वैज्ञानिक दृष्टि से सम्पन्न है।

यही व्यावहारिक अथवा वैज्ञानिक दृष्टि *नाट्यशास्त्र* के 20वें अध्याय में आहार्य अभिनय की चर्चा में भी है। सबसे पहले तो यह विवेचन *नाट्यशास्त्र* के बारे में उपलब्ध इस भ्रम को पूरी तरह से तोड़ देता है कि भरत ने नाट्य के प्रयोग पक्ष में प्रमुखता नाट्यधर्मी परम्परा को दी है। इस अध्याय में उन्होंने आहार्य अर्थात् वेशभूषा, प्रसाधन और रंगोपकरण के विषय में विस्तार से चर्चा की है अर्थात् अभिनेता द्वारा इस्तेमाल की जानेवाली वस्तुओं का निर्माण किन-किन विधियों से किया जाए। उसने आहार्य अभिनय को चार महत्त्वपूर्ण भागों में बाँटा है—पुस्त, अलंकार, अंगरचना तथा सजीव। इन चारों के अन्तर्गत रंगमंच और अभिनेता से जुड़ी लगभग हर बाहरी चीज़ का समावेश हो जाता है। पुस्त मंच उपकरणों, अलंकार-शरीर पर पहने जानेवाले आभूषण और वस्त्र, अंगरचना अर्थात् रूपसज्जा और सजीव यानी यदि हम मंच पर किसी जीवित जीव, जन्तु अथवा प्राणी का प्रवेश कराएँ। उदाहरण के लिए *अभिज्ञानशाकुन्तल* में मृगशावक अथवा सिंह शावक। भले ही भरत ने निश्चित रूप से उपर्युक्त सभी तत्त्वों के बारे में काफ़ी जानकारी दी है लेकिन वह लगातार इस विषय में सचेत हैं कि रंगमंच कभी

भी जीवन की हू-ब-हू अनुकृति नहीं हो सकता। इसीलिए अच्छा यही है कि रंगमंच पर हम जो कुछ भी अभिनेता से अलग प्रयोग में लाएँ वह बहुत हल्का फुल्का हो लेकिन देखने में उसी प्रभाव को पैदा करे जैसा कि उसी रूप की वास्तविक सामग्री का होता है। आहार्य अभिनय एक तरह से अभिनय का ही आवश्यक हिस्सा है, क्योंकि उसके बिना प्रस्तुति में परिवेश की प्रामाणिकता और विश्वसनीयता कभी पैदा नहीं होगी। एक तरह से भरत की ऐसी सोच आज की यथार्थवादी दृष्टि के बहुत निकट जान पड़ती है और शायद ऐसा होना स्वाभाविक ही था।

आंगिक, वाचिक और आहार्य के संयोग से जिस सामान्य अभिनय का चित्र बनता है, जब वह अपनी पूरी सूक्ष्मता, मार्मिकता और गहराई के साथ मंच पर प्रस्तुत किया जाता है तो वह सात्विक अभिनय कहलाता है। सत्व का अर्थ है सार अथवा सारांश। इस दृष्टि से आंगिक, वाचिक और आहार्य का सार अन्ततः सत्व के अन्तर्गत निहित है। हम पहले भी इस तरफ़ संकेत कर चुके हैं कि जहाँ आंगिक, वाचिक और आहार्य चरित्र के बाहरी व्यक्तित्व का परिचय देते हैं, वहाँ सात्विक अभिनय के माध्यम से अभिनेता चरित्र के आन्तरिक सत्य तक पहुँचने की यात्रा सम्पन्न करता है। इसीलिए यह अकारण नहीं है कि भरत ने सात्विक अभिनय के अन्तर्गत स्तम्भ, स्वेद, रोमांच, स्वरभंग, वेपथु (काँपना), वैवर्ण्य (चेहरे का रंग फीका पड़ना), अश्रु तथा प्रलय (मृत्यु)—इन आठ तरह के सात्विक भावों की परिगणना की है। स्पष्ट है कि किसी भी अभिनेता के लिए यही आठ भाव सूक्ष्म अथवा श्रेष्ठ अभिनय की कसौटी के रूप में देखे जा सकते हैं। इसके विषय में कोई सन्देह की गुंजाइश नहीं है कि शायद यही स्थितियाँ अभिनय की सबसे कठिन, जटिल और गहरी स्थितियाँ होती हैं जिनमें किसी सूक्ष्म अभिनेता की असली पहचान होती है। सुखद संयोग है कि बीसवीं शताब्दी के दो महान रंगचिन्तक और सिद्धान्तकार स्तानिस्लाव्स्की और ब्रेष्ट भी बिलकुल यही बात कहते हैं कि अभिनेता को धीरे-धीरे अपने बाह्य को छोड़ते हुए अपने भीतर तक जाना होता है और पुनः उसे उस भीतरी सच के साथ दृश्यरूप में बाहर लाना होता है। इसके लिए उसके पास मात्र दो उपकरण हैं—पहला उसका शरीर और दूसरा उसकी आवाज़। पहले यन्त्र में आंगिक और आहार्य उसके सहायक तत्त्वों के रूप में आते हैं तो दूसरे यन्त्र के लिए उसके पास वाचिक मौजूद है। इन चारों प्रकार के अभिनयों से युक्त होकर अभिनेता अन्ततः मानो अपना शरीर छोड़कर परकाय प्रवेश करता है। ध्यान रहे, यह बात भरत कह रहे हैं और इस रूप में यह आज के यथार्थवादी दृष्टिकोण से कहाँ अलग है? भरत का चिन्तन तो और भी आधुनिक जान पड़ता है क्योंकि वह यह स्थापना नाट्यधर्मी अथवा लोकधर्मी,

दोनों के सन्दर्भ में एकसाथ करते हैं। इस सारे विवेचन का निचोड़ यही है कि प्रस्तुति की शैली नाट्यधर्मी हो अथवा लोकधर्मी अथवा इनकी प्रक्रिया एक-दूसरे से कितनी भी अलग क्यों न हो, कहीं न कहीं दोनों में इस बात पर अवश्य बल दिया जाता है कि हम अपनी प्रस्तुति को कितनी दूर तक विश्वसनीय बना पाएँ। यहाँ थोड़ा सा परिचय चित्राभिनय का भी देना होगा, जिसकी भरत ने अलग से चर्चा की है।

भरत द्वारा चित्राभिनय को अलग से लेने का एकमात्र कारण यही है कि जहाँ आंगिक अभिनय के अन्तर्गत उन्होंने शारीरिक गतियों, मुद्राओं और चारियों की एक ऐसी सूची प्रस्तुत की है जिसमें मुद्रा, गति या चारी का रूपाकार भी निश्चित है और उससे ध्वनित अर्थ भी उतना ही निश्चित है, वहीं भरत ने इस अभिनय के दायरे में उन सम्भावनाओं के लिए भी काफ़ी छूट दी है जिन्हें अभिनेता स्वयं परिकल्पित कर सके। इस तरह से अभिनय में भी भरत ने दो विकल्पों की तरफ़ स्पष्ट संकेत किया है। एक वह जिसमें सब कुछ पहले से रूढ़ है, इसीलिए वह शास्त्रीय कहलाता है और यह शास्त्रीयता केवल नाट्य में नहीं, नृत्य में भी है अथवा वर्गीकरण के बिना मात्र अभिनेता अथवा चरित्र की अपनी मौलिक कल्पना से उत्पन्न दृश्यता। उदाहरण के लिए पर्वत, नदियाँ, आग, पानी, मेघ–ये सारी ऐसी वस्तुएँ हैं जिन्हें अभिनेता स्वयं अपनी मुद्राओं से एक दृश्याकार दे सकता है और मंच पर कुछ न होते हुए भी उनका एहसास करा सकता है। इस प्रकार चार प्रकार के अभिनय के साथ-साथ चित्राभिनय को भी मिला लिया जाए तो अभिनय का एक सम्पूर्ण चित्र तैयार हो जाता है। लेकिन भरत ने इस सम्भावना से कभी इनकार नहीं किया कि उन्होंने जो कुछ और जितना कुछ अभिनय शीर्षक के अन्तर्गत विवेचित विश्लेषित किया है उसे ही अन्तिम सत्य मान लिया जाए। एक तरह से उन्होंने अपने समय में भी और आगे आनेवाले समय में भी रंगकर्मियों के लिए अपने *नाट्यशास्त्र* के सभी द्वार खुले छोड़ रखे थे। यही कारण है कि उनके हर सिद्धान्त की अलग-अलग युगों में अलग-अलग आचार्यों द्वारा हर बार नई-नई व्याख्याएँ हुईं। यहाँ तक कि 19वीं शताब्दी में भारतेन्दु हरिश्चन्द्र ने भी *नाट्यशास्त्र* के बारे में यही लिखा कि हमें उसका अन्धानुकरण करने की कोई ज़रूरत नहीं। हमें उसमें से उतना ही ग्रहण करना चाहिए जो हमारे युगानुकूल हो और यदि हम उसमें से कुछ ग्रहण नहीं कर पाते तो भी कोई बात नहीं।

लोकधर्मिता

भरत ने अपने *नाट्यशास्त्र* में आलेख से प्रस्तुति तक की रचना प्रक्रिया का अलग-अलग अध्यायों में विशद विवेचन किया है। दशरूपक और उपरूपक के अतिरिक्त नाट्यलेखन, अभिनय की चहुँमुखी व्याख्या, प्रदर्शन स्थल के विभिन्न आकार और दर्शकों से की जानेवाली अपेक्षाएँ—कोई भी ऐसा पक्ष नहीं है, जो भरत की पैनी दृष्टि से अछूता रह गया हो। इन्हीं के साथ-साथ भरत ने प्रस्तुति से जुड़े एक दूसरे महत्त्वपूर्ण तत्त्व की भी बार-बार चर्चा की है और वह है किसी भी प्रयोग में प्रयुक्त प्रस्तुति शैली। इसके अन्तर्गत वृत्तियों, प्रवृत्तियों और धर्मिताओं के रूप में उन्होंने प्रयोक्ता द्वारा किसी प्रदर्शन को किस शैली में प्रस्तुत किया जा सकता है, इसके व्यापक संकेत दिए हैं। इस दृष्टि से *नाट्यशास्त्र* में आए दो शब्द सबसे ज़्यादा महत्त्वपूर्ण हैं—लोकधर्मी और नाट्यधर्मी। इनमें भी नाट्यधर्मी को लेकर उसके अर्थ और व्याख्या के विषय में आज के रंगकर्मियों, अध्येताओं और आलोचकों में कोई मतभेद नहीं है,

लेकिन लोकधर्मी प्रस्तुति-शैली के सम्भावित स्वरूप को लेकर बहुत-से मतभेद दिखाई पड़ते हैं, जिनके कारण भरत द्वारा प्रतिपादित दो अलग-अलग तरह की प्रस्तुति शैलियों का स्पष्ट विभाजन ही गड्ड मड्ड हो गया है।

ऐसा इसलिए होता चला गया है, क्योंकि भरत के लोकधर्मी शब्द को लोकनाट्य रूपों और शैलियों से जोड़ दिया गया है। लोकनाट्य शैलियाँ और परम्पराएँ तो अपने आपमें पूरी तरह से नाट्यधर्मी शैलियाँ हैं, बेशक वे नाट्यधर्मी शैलियों जैसे शास्त्रीय हावभाव, मुद्राविधान, गतिविधान और चर्याओं पर आधारित नहीं हैं। लेकिन मौखिक रूप में वे उन्हीं रूढ़ियों, नियमों और रीतियों का अनुसरण करती रही हैं, जो उन्हें शास्त्रीय नाट्य परम्परा के अवसान के बाद एक तरह से दाय के रूप में प्राप्त हुईं। सच्चाई तो यह है कि भारतीय रंगमंच में पहले सम्भवतः गायन, वाचन और अभिनटन के क्रम से गुजरते हुए लोकरंग की धारा का ही जन्म और विकास हुआ होगा। भरत ने इसी लोक रंगमंच की पराकाष्ठा के भ्रष्ट स्वरूपों का अध्ययन और विश्लेषण किया होगा और उन्हें *नाट्यशास्त्र* जैसे ग्रन्थ के माध्यम से रंगकर्म को एक नियमबद्ध, रूढ़िबद्ध और शास्त्रीय रूप देने की प्रेरणा मिली होगी। प्रश्न यह उठाया जा सकता है कि यदि भरत को अपने से पूर्व लोक रंगमंच की परम्परा से ही प्रेरणा मिली और वह लोक रंगमंच अपनी मूल प्रकृति में ही नाट्यधर्मी था, तो उन्हें अलग से *नाट्यशास्त्र* के माध्यम से उसका एक निश्चित शास्त्र बनाने की आवश्यकता क्यों आ पड़ी? इसका सीधा सा उत्तर यही है कि कोई भी शास्त्र शून्य में नहीं रचा जा सकता। दूसरे शब्दों में कहें, तो ऐसा कभी नहीं होता कि पहले शास्त्र की रचना की जाएगी और फिर उसके बाद उसके अनुकरण अनुसरण पर कलाकृतियों की रचना की शुरुआत होगी। यूनानी नाटकों और रंगमंच की परम्परा के कम से कम दो सौ ढाई सौ वर्षों के पश्चात अरस्तू ने अपने काव्य शास्त्र की रचना की और इस पूरी परम्परा को एक शास्त्रीय रूप प्रदान किया। पाँचवीं छठी शताब्दी में विकसित जापान की नोह रंग-शैली को एक शास्त्र का रूप देने का दायित्व ज़ियामी ने चौदहवीं पन्द्रहवीं शताब्दी में जाकर निभाया। इसी प्रकार हमारे अपने देश में भी लोक, शास्त्रीय और पुनः लोक की एक वर्तुलाकार रंगयात्रा के संकेत मिलते हैं, जो बाद में आकर पारसी रंगमंच और पाश्चात्य रंगमंच से गुज़रते हुए आधुनिक भारतीय रंगमंच तक अपनी निरन्तर उपस्थिति दर्ज करती है, बेशक बाहर से देखने पर लगता है कि हमारे देश में रंगमंच की नियमित परम्परा नहीं रह पाई और उसकी पूरी यात्रा टूटती, बनती और सँवरती रही।

पृष्ठभूमि और परम्परा के रूप में मिले लोक रंगमंच की उपस्थिति के बावजूद भरत की लोकधर्मी प्रस्तुति शैली वास्तव में उसका पर्याय नहीं है। इसके विपरीत

लोकधर्मी और नाट्यधर्मी के रूप में उन्होंने दो मौलिक अवधारणाएँ प्रस्तुत कीं—पहली तो यही जो उन्हें लोक रंगमंच में एक धरोहर के रूप में प्राप्त हुई थी और उन्होंने उसे नाट्यधर्मी की संज्ञा से अभिहित किया, अर्थात् एक ऐसी शैली, जो अपने रूपायन में निश्चित नियमों, रूढ़ियों और व्याकरण पर आधारित हो, जिसे निरन्तर अभ्यास और परिश्रम से अर्जित करना पड़े और इस प्रक्रिया में धीरे-धीरे वह अपना एक शास्त्रीय स्वरूप प्राप्त कर ले, ताकि परवर्ती युगों में भी रंगकर्मी उसको अपने प्रयोग में ला सकें। नृत्य की सभी शास्त्रीय शैलियों के सन्दर्भ में यह तथ्य अलग से रेखांकित किया जा सकता है। दूसरी अवधारणा है लोकधर्मी की और वह उनकी बिलकुल निजी और मौलिक खोज है। इतना ही नहीं, यदि *नाट्यशास्त्र* की रचना को कम-से-कम दो हजार वर्ष पूर्व भी माना जाए, तो यह अवधारणा विश्व रंगमंच के सन्दर्भ में भी अत्यन्त मौलिक परिकल्पना है और अब तक के लिखे गए रंग इतिहास को झुठला देती है। यह अवधारणा है नाट्यधर्मी के समानान्तर लोकधर्मी के रूप में एक ऐसी प्रस्तुति शैली की ओर संकेत करना जो, अपने मूल स्वरूप, स्वभाव और प्रकृति में यथार्थवादी हो। यदि यथार्थवादी शब्द बहुत ही आज का, आधुनिक और समकालीन लगता है, तो सुविधा के लिए सहज, सरल अथवा स्वाभाविक शैली-जैसे शब्दों का प्रयोग किया जा सकता है।

लेकिन अन्ततः भरत का मूल आशय वही रहता है, जिसकी चर्चा हम इस सन्दर्भ में करने जा रहे हैं। मेरी जानकारी में पहली बार लोकधर्मी की इस व्याख्या का उल्लेख आद्य रंगाचार्य ने किया था, लेकिन शायद *नाट्यशास्त्र* से सम्बन्धित सबकुछ को दार्शनिकता अथवा शास्त्रीयता अथवा नाट्यधर्मिता का जामा पहनाने के कारण इस व्याख्या को लगभग नज़रअन्दाज़ कर दिया गया। ठीक ऐसा ही कुछ आद्य रंगाचार्य द्वारा प्रस्तुत भरत के प्रस्तावित प्रेक्षागृह की संभावित व्याख्या के साथ भी हुआ। भरत के विकृष्ट नाट्यमण्डप में अभिनेता और दर्शक के पारस्परिक सम्बन्ध और स्थान को लेकर लगभग सहमति है, लेकिन चतुरस्र और त्र्यस्र—ये दो प्रकार दर्शकों के बैठने को लेकर दो नई सम्भावनाएँ अवश्य प्रस्तुत करते हैं। उदाहरण के लिए चतुरस्र में दर्शकों का मंच के चारों ओर बैठना और त्र्यस्र में मंच के तीन ओर बैठना। प्रायः इन दोनों प्रेक्षागृहों के सन्दर्भ में भी दर्शकों की उपस्थिति उसी एकतरफा कोण से देखी जाती रही है, जैसी कि विकृष्ट नाट्यमण्डप में स्वीकृत है। यदि हम नाम के अनुरूप इस विकल्प पर विचार विमर्श की शुरुआत करें, तो निश्चित ही भरत के समय में प्रेक्षागृह परिकल्पना और उनमें प्रस्तुत किए जा रहे नाटकों के नए अभिकल्पन की ओर बढ़ा जा सकता है।

बहरहाल, हम लोकधर्मी प्रस्तुति शैली की तरफ लौटकर आएँ। लोकधर्मी

अर्थात् जैसा लोक का स्वभाव या प्रकृति है, उसी के अनुसार प्रस्तुति शैली की रचना। दूसरे शब्दों में कहें, तो जैसे हम अपने दिन प्रतिदिन के व्यवहार में बोलते हैं, चलते हैं और हाव भाव प्रदर्शित करते हैं, यदि उसी व्यवहार को प्रस्तुति का आधार बनाया जाए, तो वह लोकधर्मी शैली के अन्तर्गत आएगा। हम आज तक की रंगमंचीय परम्परा और इतिहास को भी उठाकर देखें, तो हम पाते हैं कि बेशक रंगमंच में न जाने कितने दौर, परिवर्तन और उतार-चढ़ाव होते रहे हैं, किन्तु प्रस्तुति के स्तर पर रंगमंच में मात्र दो विकल्प ही हो सकते हैं—एक विकल्प नाट्यधर्मी, जिसके अन्तर्गत आज तक की सारी रंग-शैलियाँ, यथा शास्त्रीय, लोक, शेक्सपीयर, जापान की नोह-काबुकी, चीन की पीकिंग ऑपेरा, मोलियर, कॉमदिया, भारतेन्दु, प्रसाद, मेयरहोल्ड, आर्तो, ग्रोतोव्स्की, ब्रेष्ट—गरज यह कि भारतीय और विश्व, रंगमंच की कोई भी ऐसी प्रस्तुति शैली, जो अपने मंचीय रूप में जीवन को एक शैलीबद्धता में प्रस्तुत करती है। कहीं यह शैलीबद्धता संगीत के माध्यम से, कहीं नृत्य और गतिविधान के माध्यम से और कहीं अपनी ही रचित और तैयार की गई अमूर्त दृश्यता के माध्यम से अपना चाक्षुष रूप ग्रहण करती है। सीधे-सीधे शब्दों में कहा जा सकता है कि नाट्यधर्मी में शैली के नाम पर जो कुछ भी है, जैसा कुछ भी है, वह जीवन की उसी रूप में अभिव्यक्ति नहीं है। यदि शास्त्र के ही शब्दों से उधार लिया जाए, तो हम यों भी कह सकते हैं कि यदि लोकधर्मी में जीवन की अनुकृति पर आग्रह है, तो नाट्यधर्मी अपने विशुद्ध रूप में जीवन का अनुकीर्तन कही जा सकती है।

इस अर्थ में लोकधर्मी यथार्थवादी का पर्याय है। लेकिन हमारे यहाँ कला और साहित्य में सदैव पश्चिम से आए प्रभावों के सन्दर्भ में यथार्थवाद को भी वहाँ से औद्योगिक क्रान्ति, वैज्ञानिक क्रान्ति के फलस्वरूप आए परिवर्तनों के साथ जोड़कर पूरी तरह से पाश्चात्य प्रभाव का अंग बना दिया गया। इसमें कोई सन्देह नहीं कि तात्कालिक विकास के तहत जिस यथार्थवाद की हम आज चर्चा करते हैं, वह पश्चिम से ही आयातित है, लेकिन एक दृष्टि के तौर पर, अवधारणा के स्तर पर और संभावित प्रस्तुति शैली के परिप्रेक्ष्य में वह हमारे अपने *नाट्यशास्त्र* में ही ठोस रूप में विद्यमान है। आवश्यकता इस बात की है कि हम अपनी इस थाती पर गर्व करना सीखें, न कि उसे पश्चिम से आया हुआ मानकर हीन भावना से ग्रसित हो जाएँ। मैंने पहले भी अपने किसी लेख में संकेत किया था कि जब हमारे यहाँ दीनबन्धु मित्र के नाटक *नीलदर्पण* की रचना और मंचन हुआ था, पश्चिम में इब्सन की चर्चा भी शुरू नहीं हुई थी, फिल्म जैसे यथार्थवादी माध्यम का जन्म भी नहीं हुआ था और चेखव तो रंगजगत के दृश्य पटल पर उभरे भी नहीं थे। ऐसे में यदि भरत

लोकधर्मी के रूप में आज से दो हजार वर्ष पूर्व यथार्थवादी की अवधारणा को लेकर उपस्थित होते हैं, तो इसे उनकी मौलिक खोज के रूप में क्यों नहीं स्थापित किया जाना चाहिए?

यह प्रश्न स्वाभाविक रूप से उठाया जा सकता है कि *नाट्यशास्त्र* के सन्दर्भ में लोकधर्मी को यथार्थवादी प्रस्तुति शैली से जोड़कर देखने का आधार क्या है? मैं समझता हूँ कि स्वयं *नाट्यशास्त्र* में से ही वे साक्ष्य, प्रमाण और उदाहरण प्रस्तुत किए जाएँ, जो इस स्थापना की पुष्टि करते हैं।

भरत ने अपने *नाट्यशास्त्र* में दोनों धर्मिताओं के स्वरूप को स्पष्ट करते हुए लिखा है–

स्वभावभावोपगतं शुद्धं त्वविकृतं तथा।
लोकवार्ताक्रियोपेमङ्गलीलाविवर्जिजतम् ॥
स्वभावाभिनयोपेतं नानास्त्रीपुरुषाश्रयम्।
यदीदृशं भवेन्नाट्यं लोकधर्मी तु सा स्मृता ॥

अर्थात्–"शुद्ध अविकृत रूप से लोकव्यवहार तथा लोक में प्रचलित क्रियाओं को आंगिक लीलाओं के बिना हू-ब-हू मंच पर प्रस्तुत किया जाए, तो नाट्य की यह पद्धति लोकधर्मी है।"

लोकधर्मी में व्यावहारिक जगत का यथार्थ जैसे का तैसा सामने आता है। नाट्यधर्मी इसके आगे की स्थिति है, जिसमें लोकधर्मी द्वारा प्रस्तुत यथार्थ कला के सत्य और सौष्ठव से समन्वित होता है। रंगमंच की दृष्टि से भरत ने नाट्यधर्मी का स्वरूप इस प्रकार से व्याख्यायित किया है–

लोकव्यवहार की पद्धति में अतिशय लाकर–कुछ अपनी ओर से उसमें जोड़कर–आंगिक अभिनय, लीला आदि से उसे संवलित कर प्रस्तुत किया जाए, तो प्रस्तुति पद्धति नाट्यधर्मी होती है। किसी चरित्र को अपने से भिन्न आचरण करता दिखाना, बोलने के लहजे पर स्वर, अलंकार का समावेश करने पर, किसी (जड़) पदार्थ को सजीव रूप में दिखाना, समीप स्थित व्यक्ति के द्वारा (ज़ोर से) कही गई बात को भी न सुनना (जनांतिक तथा अपवारित) और न कही गई बात को सुनना (आकाशभाषित), अभिनेता का स्वयं पर्वत, यान, विमान, आयुध आदि बन जाना, किसी अभिनेता का एक भूमिका करने के तुरन्त बाद उसी प्रस्तुति में दूसरी भूमिका में उतरना, गम्या स्त्री (पत्नी आदि) का अगम्या (बहिन आदि) की भूमिका करना या अगम्या स्त्री का गम्या की भूमिका करना, लालित्यपूर्ण नृत्य मुद्राएँ, लोक स्वभाव को चतुर्विध अभिनय से संवलित करके प्रस्तुत करना, इतिहास वेद आदि के

असामान्य प्रसंग, कक्ष विभाग—ये सब नाट्यधर्मी हैं। यह सिद्धान्त रंग के सारे तत्त्वों में सामंजस्य स्थापित करते हुए सम्पूर्ण रंगमंच की अवधारणा को प्रकट करता है। यह नाट्यप्रयोग की बुनियादी शर्तों को अपने में समाविष्ट करता है, अतः नाट्यधर्मी के बिना नाट्यप्रयोग ही सम्भव नहीं है—

नाट्यधर्मी प्रवृतं हि सदा नाट्य प्रयोजयेत्।
न ह्यङ्गभिनयात् किंचिद् ऋते रागः प्रवर्तते ॥

"नाट्यप्रयोग सदैव नाट्यधर्मी से संवलित करके ही अनुष्ठित होना चाहिए क्योंकि अंगाभिनयादि के बिना राग (रस) की प्रवृत्ति नहीं हो सकती।"

इसमें कोई सन्देह नहीं है कि अन्ततः भरत ने भी प्रस्तुति शैली को लेकर नाट्यधर्मी पद्धति को ही प्रमुखता दी है, लेकिन इससे यह अर्थ कदापि न लिया जाए कि उन्होंने लोकधर्मी पद्धति को रेखांकित नहीं किया है। देखा जाए, तो ये दोनों धर्मिताएँ एक दूसरे की पूरक हैं। लोकधर्मी यदि प्रस्तुति के वस्तुपक्ष अथवा जगत् से सम्बन्ध रखती है, तो उसी रूप में नाट्यधर्मी उसके कला पक्ष का संकेत देती है। भरत ने दोनों पक्षों का अन्तः सम्बन्ध स्पष्ट करते हुए लिखा है—

स्वभावो लोकधर्मी तु विभावो नाट्यमेव हि।

अर्थात् लोकधर्मी यदि स्वभाव या वस्तुओं का लोकप्रत्यक्ष सहज रूप है, तो नाट्यधर्मी उस स्वभाव को विभाव के रूप में ढाल देता है। इस प्रकार नाट्यधर्मी वास्तव में लोकधर्मी की ही कला के अनुशासन में परिणति है।

अतः यह स्वतः प्रमाणित है कि भरत की लोकधर्मिता भौतिक जगत के यथार्थ को अस्वीकार नहीं करती। यह अलग बात है कि संसार में जो चीज़ें जिस रूप में विद्यमान हैं, कलाओं में वे ही अन्य रूपों में भासित होती हैं।

भरत लोकधर्मी दृष्टि को मात्र परिभाषा और विवेचन तक ही सीमित नहीं रखते, वरन् नाट्यकला के हरेक पक्ष से उसे जोड़ते चलते हैं। उदाहरण के लिए आहार्य अभिनय के अन्तर्गत उन्होंने मंच उपकरणों एवं अन्य सामग्री के निर्माण से सम्बद्ध जितनी भी विधियाँ हो सकती हैं, उनका विशद विवरण प्रस्तुत किया है। नाट्य प्रस्तुति के सन्दर्भ में किस प्रकार की भूमिका के लिए कैसी वेशभूषा, कैसी रूप सज्जा और यहाँ तक कि कैसा शारीरिक सौष्ठव होना चाहिए, इस विषय में भी विस्तार से चर्चा की है। मैं तो यहाँ तक कहना चाहूँगा कि नाट्यलेखन पर भी दशरूपक की अवधारणा के पीछे उनकी वही व्यावहारिक लोकधर्मी दृष्टि काम कर रही है, जब वह कथावस्तु, अंकविभाजन, रस और पात्रों की दृष्टि से अलग-अलग रूपकों का विधान करते हैं।

लोकधर्मी को एक अलग अर्थ में भी विवेचित किया गया है और वह है उसका

स्थानीय होना। इसीलिए हमारी परम्परा में देसी और मार्गी जो दो शब्द मिलते हैं, वे आकस्मिक अथवा अकारण नहीं हैं। देसी यानी सहज, सरल और शुद्ध खाँटी रूप में किया गया व्यवहार और मार्गी अर्थात् सांस्कारित, सुसंस्कृत और आचारबद्ध व्यवहार। प्रकारान्तर से ये दोनों शब्द भी लोकधर्मी और नाट्यधर्मी के अन्तर को ही परिलक्षित करते हैं।

स्वयं नाटकों के रचना-विधान में गद्य और पद्य का एक साथ प्रयोग—क्या यह युक्ति लोकधर्मी और नाट्यधर्मी के आपसी सामंजस्य को सामने नहीं लाती? जैसा कि पहले कहा जा चुका है, यूनानी नाटक और शेक्सपीयर के नाटक तो शुद्ध काव्य में ही लिखे गए थे, अतः वे अपने आपमें ही नाट्यधर्मी प्रस्तुति शैली की ओर संकेत करते हैं। मोलियर के नाटक भी पद्य में लिखे गए हैं, वह पद्य जिस प्रकार की प्रस्तुति शैली की ओर प्रेरित करता है, वह यथार्थवादी तो हरगिज़ नहीं हो सकती। यदि और खुलासा किया जाना ज़रूरी हो, तो पूछा जा सकता है कि क्या मोहन राकेश के नाटकों की भाषा और मोलियर के नाटकों की भाषा एक ही जैसी है? दोनों नाटककारों के नाटक दो अलग अलग प्रस्तुति शैलियों की परिकल्पना के लिए आमन्त्रित करते हैं। हाँ, यदि कोई प्रयोग करना ही चाहे, तो *आषाढ़ का एक दिन* को भी वह किसी शैलीबद्ध अर्थात् नाट्यधर्मी प्रस्तुति शैली के माध्यम से प्रस्तुत कर सकता है और ऐसा एक नहीं, अनेक बार हुआ है। यूँ तो यथार्थवाद अथवा लोकधर्मी को भी अन्ततः एक शैली के रूप में ही देखा जाना चाहिए, क्योंकि यह तो कभी सम्भव नहीं कि हम जिस रूप में यथार्थ को जीवन और जगत् में देखते हैं, उसकी हू-ब-हू अभिव्यक्ति रंगमंच अथवा किसी भी कला माध्यम में प्रस्तुत कर सकें।

यही कारण है कि भरत ने लोकधर्मी और नाट्यधर्मी के रूप में बेशक दो अलग-अलग प्रस्तुति शैलियों की चर्चा की, लेकिन लोकधर्मी के सन्दर्भ में विशेषतः हर बार इस बात पर ज़ोर दिया कि श्रेष्ठ प्रस्तुति वही होगी, जो ज़्यादा से ज़्यादा नाट्यधर्मी पर आधारित हो, क्योंकि हम कितना भी चाहें, भौतिक वस्तुओं को उनके वास्तविक आकार, वज़न और नाप में प्रस्तुत नहीं कर सकते, क्योंकि ऐसा करना रंगमंच पर व्यावहारिक नहीं है। दूसरे, यदि ऐसा कर भी लें, तो उसमें कलात्मकता क्या होगी? यह बात साहित्य, चित्रकला, संगीत, नृत्य सभी विधाओं के बारे में अधिकारपूर्वक कही जा सकती है।

बहरहाल, यहाँ विवाद इस बात को लेकर नहीं है कि अन्ततः नाट्य प्रस्तुति-शैली को क्या नाम दिया जाए, वरन् 'लोकधर्मी' शब्द को लेकर हमारे मन मस्तिष्क में बनी रूढ़ एवं गलत धारणाओं का निराकरण करने की आवश्यकता है। जैसा कि इस लेख के आरम्भ में ही संकेत किया गया था, लोकधर्मी में 'लोक' शब्द

की उपस्थिति मात्र से यह शैली लोक अथवा पारम्परिक नाट्य शैली की पर्याय नहीं बन जाती। लोकनाटक और नाट्यधर्मी प्रस्तुति शैली में कोई विरोध नहीं है क्योंकि लोकनाटक की प्रस्तुति किसी अन्य शैली में की ही नहीं जा सकती। इसके विपरीत लोकधर्मी निश्चित रूप से एक अलग एवं स्वतन्त्र प्रस्तुति शैली की ओर संकेत करती है। यह अलग बात है कि हम उसे यथार्थवाद के चौखटे में बन्द न करना चाहें, लेकिन सच्चाई यही है कि लोकधर्मी के माध्यम से भरत ने यथार्थवादी दृष्टि का संकेत आज से न जाने कितने वर्ष पहले दे दिया था। तब तक पश्चिम में तो इस अवधारणा का कोई नामलेवा भी नहीं था। इसे नाटकीय विडम्बना ही कहा जा सकता है कि जिस व्यावहारिक, सहज, सरल और प्रकृतवादी अवधारणा का जन्म *नाट्यशास्त्र* में हुआ, उसे हम पश्चिम से आयातित मानकर आज उसका तिरस्कार कर रहे हैं और न जाने कौन सी अबूझ और निगूढ़ भारतीयता की तलाश कर रहे हैं।

कक्ष विभाग

भरत ने जितनी तरह की नाटकीय युक्तियों, अवधारणाओं, सिद्धान्तों की खोज और स्थापना की है, उनमें सबसे ज़्यादा महत्त्वपूर्ण है कक्ष विभाग। यह जानकर आश्चर्य होता है कि पश्चिम में पहली बार सोलहवीं सत्रहवीं शताब्दी में मंच के दो विभाजनों की चर्चा के संकेत मिलते हैं, विशेष रूप से रेनेसां काल में, जहाँ सचमुच में मंच का पिछला हिस्सा रेक्ड अर्थात् थोड़ा ऊँचा उठा हुआ रहता था जिससे बाद में अप स्टेज शब्द का जन्म हुआ। इस तरह से वहाँ शुरू में मंच के अगले हिस्से के लिए डाउन स्टेज और पिछले हिस्से के लिए अप स्टेज की संज्ञा का जन्म हुआ। बाद में उन्नीसवीं बीसवीं शताब्दी में वहाँ मंच के नौ कल्पित विभागों की अवधारणा ने जन्म लिया जिन्हें दर्शकों की तरफ़ से देखें तो प्रमुखता के क्रम में डाउन लेफ्ट, डाउन सेण्टर, डाउन राइट, उसके बाद सेण्टर लेफ्ट, सेण्टर एवं सेण्टर राइट फिर अप लेफ्ट, अप सेण्टर एवं अप राइट।

यदि अभिनेता की दृष्टि से देखें तो यही क्रम उल्टा हो जाता है अर्थात् डाउन राइट, डाउन सेण्टर, डाउन लेफ्ट; सेण्टर राइट, सेन्टर, सेण्टर लेफ्ट; अप राइट, अप सेण्टर एवं अप लेफ्ट। बाद में कभी इस विभाजन को पन्द्रह भागों में भी कल्पित करने की कोशिश की गई। दरअसल ये कल्पित विभाजन, हमारे देखने की दृष्टि जिस तरह से बाएँ से दाएँ घूमती है, इसी वैज्ञानिक पद्धति के परिणाम स्वरूप निश्चित किए गए हैं। इसीलिए दर्शकों की तरफ़ से डाउन लेफ्ट अथवा अभिनेता की तरफ़ से डाउन राइट मंच का सबसे प्रमुख भाग माना जाता है। यदि हम किसी सभा संगोष्ठी का उदाहरण भी लें तो वक्ताओं के लिए रखे गए डायस की स्थिति इसी स्थान में स्थापित की जाती है। इसके बाद प्रमुखता के क्रम में डाउन सेण्टर और डाउन राइट अथवा डाउन लेफ्ट और बाकी सभी कार्यक्षेत्र आते हैं। यही कारण है कि जब-जब हम किसी नाटक के मंच का पात्रों के संयोजन की दृष्टि से अध्ययन करते हैं तो हम इस बात को तुरंत समझ सकते हैं कि निर्देशक ने नाटक की कथा और संवेदना की दृष्टि से किस दृश्य विशेष को सबसे प्रमुख कार्यक्षेत्रों में क्यों स्थापित किया है।

हम इस बात का श्रेय निश्चित रूप से भरत को देना चाहेंगे कि उनके यहाँ यह पद्धति और इससे जुड़ा सारा दर्शन एवं चिन्तन पश्चिमी नाट्य परम्परा से कम से कम लगभग एक हज़ार वर्ष पहले से ही उपलब्ध है। पश्चिम में इस तरह के विभाजन की ज़रूरत आरम्भ में और यहाँ तक कि शेक्सपीयर के युग तक भी शायद इसलिए नहीं पड़ी कि वहाँ पर मंच के खाली होने के बावजूद नाटकों के मंचन की युक्तियाँ और पद्धतियाँ लगभग निश्चित थीं। उदाहरण के लिए यूनानी रंगमंच में मंच की पिछली दीवार में स्थित तीन द्वारों और मंच के दोनों कोनों पर स्थित दो बड़े-बड़े द्वारों का पात्र कैसे उपयोग करेंगे, यह पहले से निश्चित था और हर नाटक में उसका अनुसरण किया जाता था। यही बात शेक्सपीयर के रंगमंच के विषय में भी कही जा सकती है।

यूँ कहने को भरत के यहाँ भी मंच की पिछली दीवार में दो द्वार, रंगपीठ के दोनों कोनों पर मत्तवारिणियाँ, पूरे का पूरा रंगपीठ और वेदिका के दोनों तरफ़ का हिस्सा खाली, शून्य और निस्संग स्थान मात्र है, लेकिन हर बार जो भी नाटक खेला जाता होगा वह कक्ष विभाग के माध्यम से अपना आकार-प्रकार और दृश्यता स्वयं निर्धारित कर लेता होगा। भरत ने मंच पर कक्ष को स्थापित करने के लिए एक महत्त्वपूर्ण संकेत आरम्भ में ही दे दिया है। वह कहते हैं कि जो पात्र मंच पर सबसे पहले प्रवेश करेगा वह कक्ष के भीतर माना जाएगा और बाद में आने वाले सभी पात्र कक्ष के बाहर। यदि हम थोड़ी गहराई में जाएँ तो इस छोटे से संकेत में मंच पर दृश्य

विधान की अनंत सम्भावनाएँ दिखाई पड़ती हैं। पहले पात्र के कक्ष के भीतर होने का अर्थ है कि उसके कार्यक्षेत्र का भूगोल उसके कार्यव्यापार से निश्चित होगा अर्थात् वह मन्दिर है, शयनकक्ष है अथवा अध्ययनकक्ष।

मृच्छकटिक के उस मन्दिर वाले दृश्य से हम इस पद्धति को बड़ी आसानी से समझ सकते हैं जब संवाहक, माथुर और उसके मित्र की पकड़ से छूटकर मन्दिर में प्रवेश कर जाता है और वे दोनों उसे ढूँढ़ते हुए मन्दिर के बाहर तक पहुँच जाते हैं। दर्शकदीर्घा से इस दृश्य को देखने पर तीनों पात्र हमें अपने सामने दिखाई दे रहे हैं, लेकिन फिर भी मंच पर स्थित दो पात्रों के लिए अभी संवाहक अदृश्य है और जब तक वे मन्दिर के भीतर प्रवेश नहीं करेंगे, यह मानकर चला जाएगा कि संवाहक मन्दिर के भीतरी हिस्से में है और वे दोनों उसके बाहर खड़े हैं। इस प्रकार दो अलग-अलग समानान्तर कक्ष मंच पर अपने आप स्थापित हो जाते थे। *मृच्छकटिक* ही क्यों सभी संस्कृत नाटकों में सैकड़ों ऐसे दृश्यों से हमारा साक्षात्कार होता है जहाँ एक ही समय पर अलग-अलग कार्य क्षेत्र अथवा अभिनय क्षेत्र स्थापित होते चले जाते हैं। अभिनेता दोनों कार्य क्षेत्रों का किस प्रकार प्रयोग करते होंगे इसके भी बहुत से विकल्प सोचे जा सकते हैं। उदाहरण के लिए दोनों कक्ष कार्य व्यापार की दृष्टि से एक साथ सक्रिय हो सकते थे, एक कक्ष किसी क्षण विशेष में सक्रिय और दूसरा निष्क्रिय अथवा स्थिर हो सकता था, किसी एक कक्ष में स्थित अभिनेता दूसरे कक्ष में कार्यरत पात्रों की बातचीत सुन सकता था और शायद वे स्वयं उसकी उपस्थिति से अनभिज्ञ हों जैसे कि कालिदास के *अभिज्ञानशाकुन्तल* में कण्व मुनि के आश्रम का पहला दृश्य जिसमें दुष्यन्त सखियों की बातचीत सुन रहा है लेकिन शकुन्तला एवं उसकी सखियाँ उसकी उपस्थिति से नितान्त अनभिज्ञ हैं। कार्य व्यापार के अचानक स्थिर अथवा फ्रीज़ होने की जिस तकनीक से आज हम फ़िल्म, दूरदर्शन और मंच पर बखूबी परिचित हैं, भरत ने उसे कक्ष विभाजन पद्धति में बहुत पहले खोज लिया था।

भरत को एक ही समय में एक कक्ष में गति और दूसरे कक्ष में स्थिरता की ज़रूरत इसलिए भी पड़ी क्योंकि उनके सामने वह प्रकाश योजना उपलब्ध नहीं थी जिसकी सहायता से वह किसी दृश्य विशेष को अंधकार करके दूसरे दृश्य को प्रमुखता दे सकते थे। इतना ही नहीं जैसे-जैसे कोई कक्ष पात्रों से रहित होता जाता था वह पुनः एक मुक्त कार्यक्षेत्र में बदल जाता था ताकि आगे आने वाले किसी नए कक्ष की स्थापना की जा सके। इस तरह से मंच पर कहीं कुछ न होते हुए भी पात्रों के प्रवेश, प्रस्थान और एक-दूसरे के कक्ष में हस्तक्षेप से न जाने कितने कक्ष एक साथ अथवा एक के बाद एक स्थापित किए जा सकते थे, बदले जा

सकते थे या मिटाए जा सकते थे। क्या हमें मंच का इस तरह से बार-बार खाली होते जाना सिनेमा के उस परदे की याद नहीं दिलाता जिस पर फ़िल्मी दृश्यों के फेड इन और फेड आउट अथवा डीज़ॉल्व होने की प्रक्रिया लगातार चलती रहती है।

जब भी किसी बाहरी कक्ष के पात्र को भीतरी कक्ष में प्रवेश करना होता था तो उसके लिए मंच पर परिक्रमा अनिवार्य थी। एक कक्ष से दूसरे कक्ष तक पहुँचने के लिए मंच के कितने चक्कर लगाने होंगे, यह उन दोनों कक्ष की दूरी पर निर्भर करता था। इसी से मिलता जुलता विधान हमें यूनानी रंगमंच में भी देखने को मिलता है जहाँ मंच के दोनों कोनों पर बने दो बड़े द्वार नाटक में बाहर से आने वाले पात्रों की सूचना देते थे। यूँ तो मंच के दोनों कोनों पर दो-दो करके चार बड़े द्वार होते थे, लेकिन उनमें मंच के बाहर निकले द्वारों का प्रयोग दर्शक करते थे और मंच के ढालुआँ कोनों पर स्थित दोनों दिशाओं का एक-एक द्वार बाहर से आने वाले अभिनेताओं के काम में आता था। इनमें भी एक द्वार बाहर से आने वाले उन पात्रों के लिए होता था जो उसी नगर से आ रहे हों और दूसरा द्वार उन पात्रों के लिए जो उस नगर विशेष के बाहर से आने वाले हों।

भरत के यहाँ इस तरह के संकेत कुछ अलग रूप में मिलते हैं। उदाहरण के लिए पिछली दीवार में स्थित दो द्वार और संगीत मण्डली जिस ओर मुँह करके बैठेगी, वह पूर्व दिशा मानी जाएगी और नेपथ्यगृह की स्थिति पश्चिम होगी। संगीत मण्डली का पूर्व की ओर मुँह करके बैठना एक और दृष्टि से भी बहुत महत्त्वपूर्ण है। वह इसलिए कि अभिनेता अथवा पात्र की स्थिति भी ठीक वही है और इस तरह से वह सूर्य की किरणों को सीधे अपने चेहरे पर लेता है और दिन के प्रदर्शन में प्रकाश योजना का अपने आप प्रावधान हो जाता था। प्रदर्शन यदि रात्रि में हो रहा हो तो मत्तवारिणी के स्तम्भों पर अथवा दर्शकदीर्घा के स्तम्भों और गवाक्षों पर स्थित दीयों और मशालों की रौशनी पर्याप्त थी। प्रकाश योजना की इस व्यवस्था में आज भी कोई बहुत बड़ा अन्तर नहीं आया है क्योंकि हम मुख्य रूप से अभिनेता अथवा मंच के अभिनय क्षेत्र को सामने से ही आलोकित करते हैं।

यह स्पष्ट है कि यदि अभिनेता के सामने की दिशा पूर्व और पीछे की पश्चिम है तो उसके बाएँ हाथ उत्तर और दाएँ हाथ दक्षिण माना जाएगा। उस युग के अभिनेता के लिए मंच का यह दिशा ज्ञान इसलिए ज़रूरी था क्योंकि भरत ने रंग निर्देश दिया है कि जो पात्र जिस दिशा से रंगमंच पर प्रवेश करता है यदि उसे अपने संवाद बोलने के बाद मंच से प्रस्थान करता है तो वह उसी दिशा से प्रस्थान करेगा जिधर से वह आया था। पात्रों के एक दूसरे को संबोधित करने की एक और युक्ति

का भी भरत के यहाँ निर्देश मिलता है। यह तो हम पहले ही स्पष्ट कर चुके हैं कि जो पात्र मंच पर सबसे पहले प्रवेश करते हैं, वे कक्ष के भीतर और बाद में आने वाला अथवा आने वाले पात्र कक्ष के बाहर स्थित माने जाएँगे। अब इन पात्रों से मिलने के लिए यदि अन्य कोई पात्र रंगपीठ पर प्रवेश करे तो वह दक्षिण दिशा की ओर देखकर अपना परिचय अथवा अपने संवाद बोलेगा।

संस्कृत नाटकों में कक्ष विभाजन की इस युक्ति अथवा रूढ़ि का पूरे नाटक में किस प्रकार से प्रयोग किया जाता होगा इसके विषय में हम स्वयं अनुमान कर सकते हैं। एक संकेत तो भरत ने स्वयं दे दिया है और वह यह कि नाट्य मण्डप के नाप और आकार की दृष्टि से ही मंच पर कक्षों का विभाजन किया जाना चाहिए। स्पष्ट है कि सबसे छोटे नाप के प्रेक्षागृह में कक्षों की संख्या किसी एक समय विशेष में सीमित ही रहेगी, लेकिन यदि प्रेक्षागृह सबसे बड़े अथवा मध्यम आकार के हैं तो उनमें कक्षों को स्थापित करने की सुविधा और स्वतन्त्रता काफ़ी बढ़ जाती है। यदि हम भरत द्वारा आदर्श माने जाने वाले विकृष्टमध्यम नाट्य मण्डप का उदाहरण ही लें तो मंच पर उपलब्ध वेदिका से अलग रंगशीर्ष के दोनों कोने और रंगपीठ की दोनों मत्तवारिणियाँ और उनके बीच के अभिनय क्षेत्र को मिलाकर ज़्यादा से ज़्यादा एक वक्त में सात कक्ष कल्पित किए जा सकते हैं। वास्तविकता यह है कि शायद ही कोई ऐसा संस्कृत नाटक हो जिसमें एक साथ इतने कक्षों अथवा कार्यक्षेत्रों की आवश्यकता पड़े। मेरे विचार में एक साथ शायद तीन से ज़्यादा कक्षों की परिकल्पना की ज़रूरत नहीं पड़ती होगी। अपवाद के रूप में हम *मृच्छकटिक* के उस दृश्य की याद कर सकते हैं जब विदूषक मैत्रेय पहली बार वसन्तसेना के आवास पर जाता है और उसके सात मंज़िले भवन का वर्णन करता है। लेकिन वहाँ भी एक समय में वर्णित के माध्यम से वह एक खंड का ही चित्र प्रस्तुत करता है। होता यह होगा कि किसी भी नाटक को प्रस्तुत करने से पहले नाट्य मण्डली के सदस्य उस नाटक के सभी कार्यक्षेत्रों का अच्छी तरह से अध्ययन कर लेते होंगे।

यदि हम *अभिज्ञानशाकुन्तल* की दृष्टि से इस प्रक्रिया पर विचार करना शुरू करें तो हमारे सामने आश्रम के बाहर का प्रान्त, आश्रम का भीतरी भाग, आश्रम से नगर तक जाने का मार्ग, राजा दुष्यन्त का दरबार, दुष्यन्त का शयन अथवा अन्तर कक्ष, दरबार के बाहर का हिस्सा, आकाश मार्ग और अन्ततः मारीच ऋषि का आश्रम। इस तरह से कुल मिलाकर सात आठ कार्यक्षेत्र आरम्भ से अन्त तक प्रयोग में आते हैं। नाटक के प्रदर्शन से पहले ही हर कार्यक्षेत्र के लिए कक्ष की स्थिति निश्चित कर ली जाती होगी। यह सही है कि मंच पर एक समय में प्रायः एक ही

कार्यक्षेत्र अथवा अधिक से अधिक दो कार्यक्षेत्र दिखाई पड़ते हैं। यह भी सम्भव है कि एक कार्यक्षेत्र में अलग-अलग कक्ष हों जैसा कि नाटक के पहले अंक में ही कण्व मुनि के आश्रम में दो कक्षों में एक साथ कार्य व्यापार चलता है। एक शकुन्तला और उसकी सहेलियों का कक्ष जहाँ वे पौधों को सींचने का अभिनय करती हुईं एक बहुत अन्तरंग वार्त्तालाप में लीन हैं और दूसरा पेड़ की आड़ में खड़े दुष्यन्त का कक्ष। जब भ्रमर शकुन्तला के ऊपर मँडराने लगता है और दुष्यन्त उसे बचाने के लिए पहुँचता है तो पुनः मात्र एक कक्ष होकर रह जाता है और शेष मंच शून्य स्थान के रूप में निष्क्रिय हो जाता है।

यह सही है कि जो पात्र सबसे पहले मंच पर प्रवेश करता था वह कक्ष के भीतरी हिस्से में माना जाएगा। लेकिन वह भीतरी कक्ष क्या और कैसा है, इसके विषय में दर्शकों को कैसे पता चलता होगा, इसके लिए नाटककारों ने एक बहुत ही सरल और नाटकीय युक्ति का प्रयोग किया है। जब भी कोई पात्र मंच पर प्रवेश करता है तो वह अपने कक्ष में जाने से पहले संवाद के माध्यम से उस कक्ष का परिचय देता है। हमें हर संस्कृत नाटक में इस तरह के रंग संवाद मिल जाते हैं—यह रहा वसन्तसेना के घर का द्वार, यह तो किसी के घर का पिछला भाग लगता है, यह रहा कण्व मुनि का आश्रम इत्यादि। इस परिचय के बाद पात्र उस कक्ष के प्रवेश द्वार के आकार प्रकार को अपने प्रवेश की मुद्रा से संकेतित करता था अर्थात् यदि वह ड्योढ़ी है तो मात्र लाँघकर जाने से स्पष्ट हो जाएगा और यदि दो तीन सीढ़ियों वाला प्रवेश द्वार है तो उन पर चढ़ने के अभिनय से उसका नाप और आकार प्रकार दिखाया जा सकता था। सम्भव था कि कक्ष में पहले से शिलाखंड के नाम पर कोई छोटी बड़ी चौकी रखी हो क्योंकि बार-बार ऐसे दृश्य भी आते हैं जब नायिका अपनी सखियों के साथ किसी शिलातल पर बैठी दिखाई देती है अथवा प्रणय के दृश्यों में नायक नायिका उस शिलाखण्ड का इस्तेमाल कर सकते थे। भास के *स्वप्नवासवदत्ता* में इसी शिला का समुद्रगृह वाले दृश्य में बहुत ही कल्पनाशील प्रयोग दिखाई पड़ता है।

जब-जब किसी कक्ष की उपयोगिता पूरी तरह से समाप्त हो जाती होगी, तब ऐसे मंच उपकरणों को हटा दिया जाता होगा ताकि उसी स्थान के फिर किसी नए कक्ष में परिवर्तित होने की सुविधा और सम्भावना शेष रह सके।

कक्ष विभाग पर इस विचार विमर्श के बाद भी इस तरफ़ ध्यान गए बिना नहीं रहता कि अन्ततः भरत को इस नाटकीय युक्ति की ज़रूरत ही क्यों पड़ी? पश्चिम में तो फिर भी इसका एक कारण समझ में आता है क्योंकि वहाँ मंच का यह कल्पित विभाजन उन्नीसवीं बीसवीं सदी में आविष्कृत प्रकाश उपकरणों के उपयोग, ज़्यादा

से ज़्यादा मंचसज्जा की उपस्थिति और उपलब्ध अभिनय क्षेत्र में अभिनेताओं के संयोजन की आवश्यकता में से उभरकर आया। वहाँ यह एक नाटकीय युक्ति न होकर मंचीय व्यावहारिकता थी। मेरे विचार में भरत ने इस युक्ति को इसलिए महत्त्व दिया क्योंकि उसके यहाँ पूरा रंगमंच लगभग ख़ाली और किसी भी तरह की साजसज्जा से रहित होता था। ऐसे में यह बहुत ज़रूरी था कि किसी भी अभिनय क्षेत्र को एक छोटे से क्षेत्र में बाँध कर रखा जाए ताकि दर्शकों के ध्यान को केन्द्रित किया जा सके और उनकी दृष्टि मंच पर इधर उधर न भटके।

यथार्थवादी अभिनय एवं मंचसज्जा पद्धति में दर्शक के पास इस विकल्प की सुविधा रहती है कि मंच पर जो कुछ वह स्वयं देखना चाहे, देख सकता है। इसके विपरीत नाट्यधर्मी शैली में जितना ही अभिनय क्षेत्र सीमित होगा, उसका उतना ही ज़्यादा प्रभाव पड़ेगा। भरत नाट्यधर्मी शैली के इस गुण और शक्ति से भलीभाँति परिचित थे, इसीलिए उन्होंने ऐसे दृश्यों के लिए विशेष रूप से इस पद्धति को अपनाने पर बल दिया ताकि दर्शक अभिनेता के वाचिक और आंगिक को उसकी सूक्ष्मता और सम्पूर्णता में अनुभूत कर सकें और उसके साथ तादात्म्य स्थापित करके एकाकार हो सकें।

यदि हम अपने देश में कुडियाट्टम नाट्यशैली का अध्ययन करें तो हम इसी निष्कर्ष पर पहुँचेंगे। अभिनेता एक छोटे से दायरे में घंटों खड़ा रहता है और आलेख के एक-एक शब्द, यहाँ तक कि एक-एक अक्षर की अपने चेहरे के हावभाव और हस्त मुद्राओं से सूक्ष्म अभिव्यक्ति करता है। जापान की नोह शास्त्रीय नाट्य परम्परा में भी कक्ष विभाग से मिलता जुलता छोटा सा अभिनय क्षेत्र और लगभग स्थिर अभिनय शैली का आश्रय लिया जाता है। अपने पाठकों को यह याद दिलाना ज़रूरी है कि कुडियाट्टम नाट्यशैली में उन्हीं संस्कृत नाटकों का मंचन किया जाता है, जिनका उल्लेख हम बार-बार करते रहे हैं। इस सम्भावना से भी इनकार नहीं किया जा सकता कि कुडियाट्टम में प्रयोग आने वाली अभिनय पद्धति की प्रेरणा भरत के कक्ष विभाजन से ही मिली हो।

यदि हम आधुनिक युग में ब्रेष्ट के नाटकों की मंचन शैली को देखें तो उनमें भी इस पद्धति का प्रभाव पाया जाता है। बेशक ब्रेष्ट ने नाटकों को पूरे तामझाम के साथ प्रस्तुत करने का प्रावधान किया है ताकि दर्शक एकदम सचेत रहें कि वे जीवन नहीं, नाटक देख रहे हैं लेकिन वहाँ भी दृश्यों के संयोजन में कक्ष विभाग जैसी सघनता और संक्षिप्तता पर ज़ोर दिया जाता था। क्या हम आज अपने रंगकर्म में प्रायः इस पद्धति का सहारा नहीं लेते जब हम किसी दृश्य विशेष को प्रकाश के एक छोटे से घेरे में सीमित कर बाकी सारे मंच को अँधेरे से ढँक देते हैं अथवा उसकी

तुलना में कम कर देते हैं ताकि सारा ध्यान उस घेरे पर केन्द्रित कर सकें?

शायद इस बात को दोहराने की अब कोई ज़रूरत नहीं रह गई है कि अभिनय की नाट्यधर्मी शैली किसी भी नाट्य परम्परा में मौजूद क्यों न हो, उसे कक्ष विभाग जैसी नाट्य युक्ति का प्रयोग करना ही पड़ता है।

दशरूपक

भरत के रस सिद्धान्त के बाद *नाट्यशास्त्र* के यदि किसी दूसरे विषय पर सबसे ज़्यादा चर्चा हुई है तो वह है दशरूपक। यहाँ तक कि भरत के एक परवर्ती आचार्य धनंजय ने दशरूपक शीर्षक से एक अलग ग्रन्थ की रचना ही कर डाली। हमारे अपने समय में सुप्रसिद्ध चिंतक और साहित्यकार हजारीप्रसाद द्विवेदी ने धनंजय के इस ग्रन्थ के अनुवाद के माध्यम से उसकी एक नई व्याख्या ही कर डाली। देखा जाए तो रस सिद्धान्त और दशरूपक एक दूसरे के पूरक जान पड़ते हैं। यदि रस नाटक में प्रयोग पक्ष से जुड़ा है तो दशरूपक का नाटक के रचना पक्ष से सम्बन्ध है। दूसरे शब्दों में दोनों मिलकर आलेख से प्रस्तुति तक की यात्रा को रेखांकित करते हैं। हम भली भाँति इस तथ्य से परिचित हैं कि यदि आलेख (चाहे वह मौखिक हो अथवा लिखित) ही नहीं होगा तो नाट्य प्रयोग की प्रक्रिया आरम्भ नहीं हो सकती। इस तरह आलेख की महत्ता स्वयं सिद्ध है।

भरत ने आलेख को रूपक की संज्ञा से अभिहित किया है।

रूपक का अर्थ रूप, दृश्य, बिम्ब से संयुक्त रचना के रूप में लिया जा सकता है, जिसे अभिनय के माध्यम से मंच पर प्रस्तुत किया जाता है। यह सही है कि रूप, दृश्य और बिम्ब जैसे लक्षण साहित्य की दूसरी विधाओं में भी होते हैं लेकिन वे केवल पढ़ने अथवा सुने जाने तक सीमित हैं। यह अलग बात है कि कोई कल्पनाशील निर्देशक कविता, कहानी, उपन्यास आदि को भी रूपांतरण के बहाने अथवा ज्यों का त्यों मंच पर प्रस्तुत कर सकता है लेकिन इसका अर्थ यह नहीं हो जाता कि इन विधाओं को नाटक के समकक्ष मान लिया जाए। नाटक का नाम ले लिया गया है तो यह स्पष्ट करना ज़रूरी है कि जैसे आज हम हर तरह की नाट्य रचना को नाटक कहने के अभ्यस्त हैं, भरत ने अलग-अलग तरह की रचना को अलग-अलग शीर्षक दिए हैं और वे सम्मिलित रूप से रूपक के नाम से जाने जाते हैं। जैसा कि आलेख के शीर्षक से ही स्पष्ट है भरत ने दस प्रकार के रूपकों की परिकल्पना की है। किसी के भी मन में यह जिज्ञासा सहज ही उठ सकती है कि भरत को अलग-अलग दस प्रकार के रूपकों की ज़रूरत क्यों पड़ी। हम पहले भी कहीं इस विषय में संकेत कर चुके हैं कि भरत ने नौ प्रकार के प्रेक्षागृहों का भी प्रावधान किया है और वह इसलिए कि हर तरह के रूपक के लिए एक अलग नाट्य मण्डप का चयन किया जा सके। इस प्रकार भरत एक बार फिर से आलेख की महत्ता को स्वीकार करते हैं क्योंकि रचना ही वह निर्णायक तत्त्व है जो अपने लिए मंच का चुनाव स्वयं कर लेती है।

हमें हमेशा यह बात ध्यान में रखनी चाहिए कि भरत का यह दशरूपक विवेचन कम से कम 2000 वर्ष पुराना है। तब तक पश्चिम में ट्रैजडी और कॉमेडी के रूप में मात्र दो तरह के नाटकों का चलन शुरू हुआ था। तब से लेकर आज तक भी इस संख्या में कोई बहुत ज़्यादा बढ़ोतरी नहीं हुई है। इस दृष्टि से दशरूपक की अवधारणा निश्चित रूप से रंगमंच के क्षेत्र में भरत के अपने समय में चल रही नाटकीय गतिविधियों की विविधता प्रस्तुत करती है। रूपकों को दस अलग-अलग प्रकारों में रखने के पीछे कई प्रतिमान एक साथ लागू किए गए हैं। उदाहरण के लिए नाटक की कथावस्तु का स्रोत क्या है, उसका नायक (और नायिका भी) किस प्रकार के गुणों से सम्बद्ध है, उसका मुख्य रस कौन सा है, अंक विभाजन की दृष्टि से उसकी लम्बाई कितनी है और अन्ततः वस्तु से जुड़ी पाँच अर्थ प्रकृतियों, पाँच कार्यावस्थाओं और पाँच संधियों का निर्वाह कहाँ तक किया गया है। इसमें कोई दो राय नहीं हो सकती कि भरत का यह विवेचन और विश्लेषण पश्चिम की किसी भी नाट्य विधा के गुणों और लक्षणों को पीछे छोड़ देता है।

अच्छा होगा यदि हम भरत द्वारा विवेचित किए गए दशरूपकों के नामों और उनकी विशेषताओं पर चर्चा कर लें। ये दशरूपक हैं : नाटक, प्रकरण, अंक, व्यायोग, भाण, समवकार, वीथि, प्रहसन, डिम और ईहामृग। अब हम पहले बारी-बारी से

प्रत्येक रूपक के लक्षणों पर विचार करेंगे।

नाटक : नाटक की कथावस्तु प्रख्यात होती है। इसका नायक प्रख्यात और उदात्त होता है। इसमें राजाओं के चरित्र का प्राधान्य रहता है। इसके साथ-साथ कभी-कभी दिव्य पात्रों की उपस्थिति भी हो सकती है। नाटक विभिन्न विभूतियों, समृद्धियों आदि गुणों से युक्त होता है। इसमें अंकों और प्रवेशकों का समावेश होता है। राजाओं का अनेक रसों और भावों से समन्वित चेष्टाओं वाला तथा सुख दुःख की उत्पत्ति से होने वाला चरित्र इसमें दिखाया जाता है। नाटक के आलेख की संरचना कार्य व्यापार की दृष्टि से गाय की पूँछ के अग्रभाग के समान होती है अर्थात् इसमें सारे उदात्त भाव अन्त में दिखाए जाते हैं। यह आवश्यक है कि सभी प्रकार के रसों, भावों और युक्तियों से समन्वित नाटकों के निर्वहन में मर्मज्ञ रचनाकार को सदैव अद्‌भुत रस का समावेश करना चाहिए।

प्रकरण : नाटककार अपनी कल्पना से इस रूपक की कथा और नायक की उद्‌भावना करता है। इसमें ब्राह्मण, वणिक, सचिव, पुरोहित, अमात्य, सार्थवाह (व्यापारी) इस प्रकार के अनेक चरित्र हो सकते हैं। यहाँ उदात्त नायक नहीं होता। दिव्य पात्रों की कोई सम्भावना नहीं होती राजा का शृंगार नहीं दिखाया जा सकता और मुख्य रूप से अन्तःपुर के बाहर के पात्रों यथा—वेश्या, चेट, भिक्षु, जुआरी आदि के द्वारा इसकी कथा को आगे बढ़ाया जाता है। प्रायः इस रूपक में ब्राह्मण अथवा वणिक और गणिका की प्रेम कहानी का समावेश किया जाता है। नाटक और प्रकरण में पाँच से दस अंक तक रह सकते हैं। नाटक का मुख्य रस शृंगार, वीर अथवा हास्य हो सकता है लेकिन प्रकरण का मुख्य रस एक मात्र शृंगार होता है।

अंक : अपने नाम के अनुरूप इसमें एक ही अंक होता है। कथावस्तु इसकी भी प्रख्यात होती है लेकिन दैवीय चरित्र इसके नायक नहीं हो सकते। इसका मुख्य रस करुण होता है और यह भारती वृत्ति से युक्त होता है। इसमें चरित्र युद्ध में मारे जा चुके होते हैं अथवा घायल अवस्था में उपस्थित होते हैं। यही कारण है कि इसमें स्त्रियों के विलाप का प्राधान्य रहता है।

व्यायोग : यहाँ भी कथा प्रख्यात और उसके साथ चरित्र भी उतने ही प्रख्यात होते हैं जो बहुत ही ऊँचे वंश से संबंधित हो सकते हैं। अंक इसका भी एक ही होता है और इसमें मुख, प्रतिमुख और निर्वहण संधियों का निर्वाह होता है। इसमें कैशिकी वृत्ति नहीं होती और इसका मुख्य रस वीर और रौद्र

होता है। इसमें पुरुष पात्रों की संख्या 12 तक हो सकती है और स्त्रियाँ या तो होती ही नहीं और यदि हैं भी तो उनकी भूमिका नगण्य होती है।

भाण : इसकी कथा पूरी तरह से कल्पित जो एक छैले या रंगीले जैसे नायक के माध्यम से आगे बढ़ती है। मात्र एक अंक होने के कारण मुख और निर्यहण संधि तक सीमित। भारती वृत्ति से युक्त श्रृंगार रस का रूपक जिसमें अद्‌भुत का भी पुट रहता है। यह एकल अभिनय का एक मात्र उदाहरण है जिसमें कोई एक चरित्र स्वयं अपने अथवा दूसरे पात्रों के अनुभवों का विवरण प्रस्तुत करता है। यही कारण है कि इसकी संरचना में आकाशभाषित की प्रमुखता रहती है।

समवकार : कथावस्तु के रूप में प्रख्यात स्रोत। बारह तक नायक सम्भव, जो स्वयं प्रख्यात और बलशाली हों। अंक तीन जो मुख, प्रतिमुख, गर्भ और निर्वहण संधियों से युक्त हों। कौशिकी को छोड़कर भारती, आरभटी और कभी-कभी सात्त्वती वृत्ति भी रह सकती है। मुख्य रस वीर जिसमें श्रृंगार का पुट रहता है। इसके हर अंक में कम से कम एक बाधा, कपट और श्रृंगार का कोई एक पक्ष रहता है जिसका सम्बन्ध धर्म, अर्थ या काम से हो।

वीथि : इसकी कहानी कल्पित। इसके चरित्रों में तीन तरह के चरित्रों अर्थात् उत्तम, मध्यम और अधम में से कोई भी हो सकता है। अंक मात्र एक और संधियों के रूप में मुख और निर्वहण संधि का समावेश। भारती वृत्ति से सम्पन्न और किसी भी रस को अपने साथ लेकर चलती है। इसमें पात्र एक या दो हो सकते हैं।

प्रहसन : कथावस्तु पूरी तरह से कल्पित। साधु और महात्मा अपने उज्ज्वल वेश में और वेश्याएँ, अपने मिश्रित रूप में उपस्थित। अंक एक, संधियाँ मुख और निर्वहण, वृत्ति भारती और मुख्य रस रूपक के नाम के अनुरूप हास्य होता है। प्रहसन का अर्थ ही है विशेष रूप से हँसाने वाला। इसका दृश्य स्थानीय स्थितियाँ, पाखण्ड और धोखाधड़ी, भ्रष्टाचार जैसी सामाजिक बुराइयों पर एक व्यंग्य के रूप में होता है। इसमें कुछ विशेषताएँ वीथि की भी सम्मिलित होती हैं।

डिम : इस रूपक की कथा भी प्रख्यात हुआ करती है और नायक भी प्रख्यात और भव्यशाली होते हैं। यह चार अंकों और मुख, प्रतिमुख, गर्भ और निर्वहण जैसी चार संधियों से युक्त होता है। श्रृंगार को छोड़कर इसमें कोई भी रस हो सकता है। आरभटी और सात्वत्ती वृत्तियों पर आधारित होता है। इसमें मुख्य रूप से दैवीय चरित्रों की कहानी को आधार

बनाया जाना चाहिए। जिसमें देवता, नाग, राक्षस जैसे पात्र हो सकते हैं। इसमें कम से कम 16 पुरुष चरित्र होने चाहिएँ और पूरे प्रस्तुतीकरण में भव्यता का समावेश होना चाहिए।

ईहामृग : कहने की आवश्यकता नहीं कि इसका कथानक भी प्रख्यात, नायक और नायिका, दैवीय चरित्र। अंक एक से चार तक, मुख, प्रतिमुख और निर्वहण तीन संधियाँ और कैशिकी वृत्ति को छोड़कर शेष तीनों वृत्तियों से युक्त होता है और इसका मुख्य रस शृंगार है। यह शृंगार मुख्यतः एक ऐसी स्त्री के अपहरण से संबद्ध होता है जो उसके लिए राज़ी नहीं होती।

उपर्युक्त सभी रूपकों के गुणों और लक्षणों के भीतर से गुज़र जाने के बाद भरत ने नाटक और प्रकरण को इसी क्रम में सबसे आदर्श रूपकों की श्रेणी में रखा है। यही दो रूपक सबसे ऊपर क्यों रखे गए इसके बहुत ही दिलचस्प कारण भरत ने प्रस्तुत किए हैं। यदि हम ध्यानपूर्वक इन रूपकों के लक्षणों का अध्ययन करें तो हम देखते हैं कि ये दोनों रूपक पात्रों के रूप में पूरी तरह से मानवीय चरित्रों की उपस्थिति को रेखांकित करते हैं। किसी सीमा तक ये गुण अंक, भाण और प्रहसन में भी देखे जा सकते हैं लेकिन मात्र एक अंक के दायरे में सीमित होने के कारण वे एक छोटे से काल खण्ड से बँधे रहते हैं। इसके विपरीत नाटक और प्रकरण एक सम्पूर्ण जीवन यात्रा को कम से कम पाँच और ज़्यादा से ज़्यादा दस अंकों के बीच सम्पन्न करते हैं। यहीं पर इस बात को याद कर लेना ज़रूरी है कि भरत ने जिस विकृष्टमध्यम नाट्य मण्डप को आदर्श प्रेक्षागृह के रूप में स्थापित किया है, उसे मुख्यरूप से नाटक और प्रकरण की मंच प्रस्तुति के लिए ही उचित माना गया है। दोनों का मुख्य रस प्रायः शृंगार होता है जो सभी रसों का राजा कहलाता है। इससे स्पष्ट है कि जिस रूपक में मुख्य रस के रूप में शृंगार को लिया गया हो उसे स्वयं ही सबसे अच्छे रूपक के रूप में माना जाएगा। एक बात और, भरत ने जिन चार वृत्तियों का प्रावधान किया है मात्र, यही दो रूपक ऐसे हैं, जिनमें ये सारी वृत्तियाँ एक साथ समाविष्ट होती हैं। भरत ने इन दोनों रूपकों की शिल्प संरचना को लेकर विशेषरूप से कई संकेत दिए हैं जिनका अध्ययन अपेक्षित है। यह स्पष्ट रूप से कहा गया है कि नाटक और प्रकरण के प्रत्येक अंक में कभी भी पात्रों की भीड़ ज़्यादा न होने पाए। कार्यव्यापार की दृष्टि से चार या पाँच पात्रों तक पर्याप्त हैं। हम अनुमान लगा सकते हैं कि भरत ने ऐसा प्रावधान क्यों किया होगा। सीधा-सा कारण यह जान पड़ता है कि जब किसी अंक में कम से कम पात्र होंगे तो स्वाभाविक है कि हमारा ध्यान तेज़ी से घटित हो रहे कार्य व्यापार की बजाय पात्रों के आपसी घात-प्रतिघात पर ज़्यादा होगा। हम नाटक के बाहरी कलेवर की बजाय पात्रों के अन्तरमन में घटने वाले द्वंद्व की गहराई को ज़्यादा अनुभव कर पाएँगे। किसी

और सम्बन्ध में भरत ने प्रत्येक अंक की क्या समय सीमा होनी चाहिए, इसका भी स्पष्ट उल्लेख किया है। यह तो सही है कि एक अंक में कुल मिलाकर एक दिन की घटनाएँ हो सकती हैं लेकिन वह चौबीस घंटे का समय नाटक के मुहावरे में कितनी देर में घटित होना चाहिए। इसके विषय में नाटककार को अपनी तरफ़ से सचेत और जागरूक होना चाहिए। वास्तविक जीवन के चौबीस घंटों के कार्यव्यापार को यदि नाटक भी चौबीस घंटों में ही दिखाता है तब नाटक और जीवन में क्या अन्तर रह जाएगा? यही कारण है कि प्रत्येक अंक की समय सीमा के लिए भरत द्वारा दिया गया निर्देश अत्यंत महत्त्वपूर्ण लगने लगता है। उसके अनुसार एक अंक को मंच पर प्रस्तुत करने के लिए कम से कम एक अथवा दो घटिका का समय लगना चाहिए। यदि आज की भाषा में घटिका को घंटे-मिनट-सेकेण्ड में रूपांतरित किया जाए तो यह अवधि लगभग 48 मिनट बैठती है। क्या आज तीन अंकों वाले यथार्थवादी नाटक के हर अंक की समयावधि लगभग इतनी ही नहीं होती, जिसके कारण अधिक से अधिक ढाई घंटे के भीतर एक नाटक का मंचन अपने अन्त तक पहुँचता है। यदि अंक की अवधि मात्र एक घटिका अर्थात् 24 मिनट है तो तीन अंकों का नाटक कुल जमा 72 मिनट में समाप्त हो सकता है।

कोई आश्चर्य नहीं कि आज ज़्यादातर नाटक सवा-डेढ़ घंटे की अवधि के भीतर समाप्त हो जाते हैं। ऐसा इसलिए हो रहा है क्योंकि आज हमारे जीवन की लय और गति बहुत तेज़ हो गई है। भरत के समय में यदि नाटककारों ने पाँच से दस अंकों तक के नाटक लिखे हैं तो उसका एक मात्र कारण यही हो सकता है कि तत्कालीन समाज में रात-रात भर नाटक देखने की परम्परा मौजूद थी जिसका उदाहरण हम अपनी लोकनाट्य शैलियों में भी देखते हैं। समय भले ही बदल गया हो ये लोक नाटक आज भी सारी रात किए जाते हैं क्योंकि अक्टूबर से मार्च तक के बीच का समय हमारे समाज में एक के बाद एक सामाजिक उत्सवों का समय है। जो फसल बोई गई थी वह पक कर तैयार हो गई है। उसे काटा जा चुका है और सुरक्षित स्थान पर सम्भाल दिया गया है। अब अगले छः महीनों के लिए काम धंधे से मुक्त मात्र मस्ती का समय है। यही कारण है कि मेलों, उत्सवों और समारोहों के माध्यम से हम ज़्यादा से ज़्यादा सामाजिक कार्यकलापों में बढ़चढ़ कर भाग लेते हैं। नाटक और रंगमंच भी इसी तरह की सामाजिक गतिविधि से सम्बन्धित है। अतः यदि भरत ने इन्हीं दोनों रूपकों को सबसे ऊँचे स्थान पर रखा है तो बिलकुल सही निर्णय लिया है।

ये दोनों ही रूपक अपने कलेवर में बाकी आठ रूपकों को भी समेटे हुए हैं। नाटक में भले ही शेष आठ रूपक मुखर होकर दिखाई न पड़ें लेकिन प्रकरण में उनकी उपस्थिति को निश्चित रूप से अनुभूत किया जा सकता है। हमने अलग से मृच्छकटिक वाले

आलेख में इसकी चर्चा की है। अतः यहाँ इस बात को यहीं छोड़कर आगे बढ़ते हैं। शायद आज तक किसी चिंतक और अध्येता ने इसका कोई संकेत नहीं किया है कि विदूषक जैसे पात्र की उपस्थिति केवल नाटक और प्रकरण में ही दिखाई देती है।

हास्य रस की दृष्टि से भरत ने प्रहसन रूपक की अवधारणा प्रस्तुत की है लेकिन वहाँ भी हास्य विदूषक के माध्यम से नहीं वरन् एक दूसरे के विरोध में प्रस्तुत सामाजिक पात्रों और स्थितियों के आपसी संघर्ष के भीतर से उत्पन्न होता है। नाटक और प्रकरण में विदूषक की परिकल्पना भरत की अपनी मौलिक खोज है। विदूषक मात्र हँसाने का काम ही नहीं करता वरन् वह नायक के ऐसे साथी की भूमिका निभाता है जिसके साथ नायक अपना गहरे से गहरा भेद सांझा कर सकता है। प्रेम को अपने कथ्य के रूप में लेकर चलने वाले इन दोनों रूपकों के लिए विदूषक जैसे पात्र का सहयोग नितांत आवश्यक था।

हम चाहें तो विदूषक जैसे पात्र की उद्भावना का एक लम्बा इतिहास प्रस्तुत कर सकते हैं। प्रायः नायक के मित्र के रूप में *रामायण* में राम के साथ हनुमान और *महाभारत* में कृष्ण के साथ सुदामा की मित्रता कहीं सुदूर अतीत में विदूषक जैसे पात्र के भावी आगमन की सूचना देने लगती है। यही अकारण नहीं है कि जब-जब लोक नाट्य शैलियों में ये दोनों पात्र प्रवेश करते हैं तो इनकी वेषभूषा, चाल ढाल और शारीरिक हरकतों से स्वाभाविक रूप में हास्य पैदा होता है। इसी कड़ी में हम धरती और आकाश के बीच विचरण करने वाले नारद मुनि को भी जोड़ सकते हैं। यहाँ इस बात का उल्लेख अप्रासंगिक न होगा कि दक्षिण भारत की कुडियाट्टम नाट्य शैली में हास्यागार नाम का जो पात्र रहता है वह वास्तव में हनुमान का ही दूसरा संस्करण है।

हम जानते हैं कि हमारे यहाँ के नाटक में अथवा पश्चिमी दुनिया के, हास्य नाटकों की शुरू से एक अलग श्रेणी हमेशा रही है। फिर भी नाटक और प्रकरण के बाद शेक्सपीयर के नाटकों में 'फूल' की सृष्टि पुनः इसी तथ्य को प्रमाणित करती है कि नायक को अपने नितांत व्यक्तिगत क्षणों में एक ऐसा मित्र चाहिए था जो उसके सुख-दुख का भागीदार हो सके। शेक्सपीयर के नाटकों में विदूषक अथवा फूल और भी ज़्यादा नाटकीयता लिए हुए प्रस्तुत होता है। उसके एक नाटक *हेनरी द फ़ोर्थ* का उदाहरण लें तो हेनरी जब तक राजकुमार है उसका 'फूल' के साथ घनिष्ठ सम्बन्ध बना रहता है। लेकिन जैसे ही वह राजा बनता है और राजा के रूप में नगर भर में एक जुलूस के साथ विचरण करता है तो सड़क के किनारे खड़े और उससे मिलने को लालायित 'फूल' को पहचानने से एकदम इनकार कर देता है। ये सही है कि संस्कृत नाटकों में विदूषक को लेकर ऐसे मार्मिक प्रसंग शायद ही मिलें लेकिन *स्वप्नवासवदत्ता* का वसन्तक, *मृच्छकटिक* का मैत्रेय और *अभिज्ञानशाकुन्तल* का माढव्य

कम से कम ये तीन विदूषक अवश्य ऐसे हैं जो अलग से अपनी पहचान बनाते हैं। नाट्य प्रदर्शन की जितनी भी रूढ़ियाँ हो सकतीं हैं उन सबके परिप्रेक्ष्य में भी ये दोनों रूपक अपनी श्रेष्ठता सिद्ध करते हैं। पूरा *नान्दीपाठ* और पूरी प्रस्तावना शायद इन्हीं दो रूपकों में मिलती है। वे दोनों रूपक समाज के राजसी पक्ष और आम जनता के पक्ष का भी सजीव चित्रण करते हैं। कहने को प्रहसन, *भाण* और वीथि में भी समाज का इस रूप में चित्रण अवश्य मिल जाएगा लेकिन जितना विविधवर्णी चित्र इनमें मिलता है वैसा किसी और रूपक में नहीं मिलता। *मृच्छकटिक* में जुआरी, माथुर और द्यूताध्यक्ष के बीच मन्दिर वाला दृश्य, *अभिज्ञानशाकुन्तल* में मछुआरे और दो राज पुरुषों के बीच का दृश्य और *मुद्राराक्षस* में सपेरे के दृश्य का विशेषरूप से उल्लेख किया जा सकता है। क्या भरत द्वारा इन दोनों रूपकों को सबसे अच्छा रूपक माने जाने का कारण इस तरह से भी व्याख्यायित किया जा सकता है कि आज हमारे सामने संस्कृत भाषा की जितनी भी नाट्य रचनाएँ मौजूद हैं उनमें नाटक और प्रकरण की संख्या ही सबसे ज़्यादा है। भरत ने इन्हें सबसे अच्छा माना क्या इसलिए हर नाटककार के लिए यह ज़रूरी हो गया कि वह इन दोनों वर्गों में नाट्य रचना के माध्यम से अपनी श्रेष्ठता प्रमाणित करें। क्या कारण है कि नाटक और प्रकरण के सामने कोई भी दूसरा रूपक अपना प्रभाव नहीं जमा पाया। *भगवदज्जुकम्* जैसे प्रहसन को अपवाद माना जा सकता है।

जहाँ तक ईहामृग, वीथि, समवकार और डिम का प्रश्न है, आज तक हमें उनके कोई आलेख नहीं मिले। यदि हम भरत द्वारा अपनी रचनाओं के रूप में उल्लेखित समवकार *समुद्रमंथन* और डिम *त्रिपुरदाह* को छोड़ दें। यद्यपि कड़वा सच यह भी है कि इनका भी मात्र नामोल्लेख मिलता है। जहाँ तक इनके आलेख की बात है, वे अभी भी आलेख के रूप में अनुपलब्ध हैं।

ऐसी स्थिति में हमें यह जानने की उत्सुकता होती है कि भरत को इन रूपकों की परिकल्पना की प्रेरणा कहाँ से मिली? अपने एक अन्य लेख *नाट्यालेख की अनुपस्थिति* में हमने इस विषय पर काफ़ी विचार किया है और इस अनुपस्थिति की अनेक सम्भावनाओं के विकल्प भी प्रस्तुत किए हैं। यहाँ हम इतना ही कहना चाहेंगे कि भरत ने भले ही दशरूपकों के उदाहरण के रूप में किसी भी रचना या आलेख का नाम न लिया हो लेकिन तब भी दशरूपक के माध्यम से उन्होंने रूपक की अलग-अलग विधाओं का जो विशद विवेचन प्रस्तुत किया है वह भरत के परवर्ती रचनाकारों और स्वयं आज हमारे लिए भी बहुत मूल्यवान निधि के रूप में हमेशा सुरक्षित रहेगा। क्या इस तथ्य को अलग से दोहराना होगा कि शूद्रक, कालिदास, विशाखदत्त, भवभूति, बोधायन, महेन्द्रविक्रम और वत्सराज जैसे नाटककारों की रचनाएँ निश्चित रूप से दशरूपक की परिकल्पना के बाद की उपज हैं।

वस्तु निरूपण

भरत ने जहाँ दशरूपक के अन्तर्गत अलग-अलग प्रकार की नाट्य रचनाओं के विषय में विस्तार से लिखा है, वहीं एक अलग अध्याय में वस्तु पर भी उतना ही गहरा विवेचन किया है। वस्तु यानी कथावस्तु या कथानक। भरत ने इसे इतिवृत्त का नाम भी दिया है। इतिवृत्त को हम इतिहास अथवा लोकवृत्त के रूप में भी जानते हैं। ये सभी शब्द मिलकर अन्ततः उस कथानक को ध्वनित करते हैं जो नाटक के चरित्रों के साथ घटित होता है।

लेकिन भरत द्वारा निरूपित वस्तु मात्र कथानक तक सीमित नहीं है। वास्तव में वस्तु शब्द में कथानक, उसके विकास की उत्तरोत्तर बढ़ती घटती अवस्थाएँ, उन स्थितियों में नाटक के मुख्य चरित्र द्वारा लिए निर्णय और इन सबसे उत्पन्न होती नाटकीयता भी स्वयं में समाहित है। इस प्रकार रूपक की शिल्प संरचना में वस्तु का महत्त्व स्वतः प्रमाणित हो जाता है। एक अन्य स्थान पर वाचिक अभिनय की व्याख्या करते हुए भरत ने वाचिक अर्थात्

शब्द अथवा आलेख को रूपक के शरीर की संज्ञा दी है। यह संज्ञा बहुआयामी और बहुअर्थी है। आलेख शब्दों का मृत ढाँचा मात्र नहीं हुआ करता। इसी आलेख में से जीते जागते हाड़ मांस के प्राणी जन्म लेते हैं। अतः यह ज़रूरी है कि हम नाटक के आरम्भ से लेकर अन्त तक के कथानक के साथ-साथ उन पात्रों या चरित्रों की प्रक्रिया से भी गुज़रें। हम जानते हैं कि इसी पृष्ठभूमि के परिप्रेक्ष्य में बीसवीं शती के अभिनेता, निर्देशक और रंगचिन्तक स्तानिस्लाव्स्की ने पाँच तत्त्वों का उल्लेख किया है। वे पाँच तत्त्व इस प्रकार हैं—पात्र या चरित्र कौन है, वह कहाँ का रहने वाला है, वह नाटक में कब-कब आता है, नाटककार ने उसे क्यों चुना है और अन्त में वह आरम्भ से लेकर अन्त तक क्या करता है अर्थात् उसका विकास किस प्रकार होता है। थोड़े दूसरे रूप में वस्तु से भी ये पाँच बातें अपेक्षित हैं जैसे कथानक का कौन सा अंश चुना गया है, उसे कहाँ के परिवेश और वातावरण में रखा गया है, यह सारा कथानक समय या काल के कौन से खंड में घटित होता है, नाटककार ने इसी कथावस्तु को अपनी नाट्यरचना के लिए क्यों चुना है और कथानक का विकास शुरू से लेकर आख़िर तक कैसे होता है।

यह साफ़ ज़ाहिर है कि कथानक और पात्रों में बहुत ही गहरा सम्बन्ध है। यही कारण है कि भरत ने नाट्य सरंचना में वस्तु, नेता और रस को एक साथ लिया है। इन तीनों तत्त्वों के माध्यम से रचना एक पूरी यात्रा तय करती है—कथानक का कोई अंश, उसमें स्थित कुछ पात्र और उनके आपसी सम्बन्धों से उत्पन्न प्रभाव जिसे हम रसानुभूति या रसास्वादन के रूप में प्राप्त करते हैं।

वस्तु को कई दृष्टियों से विवेचित और विश्लेषित करने पर ज़ोर दिया गया है। सबसे पहले वस्तु के स्रोत की चर्चा की गई है। इसके लिए भरत ने मुख्य रूप से दो स्रोत स्वीकार किए हैं—*प्रख्यात* अर्थात् ऐसी कथावस्तु जो चिर परिचित सामग्री से ली गई हो। उदाहरण के लिए महाकाव्य, इतिहास, पुराण, लोककथाएँ इत्यादि। *उत्पाद्य* यानी ऐसा कथानक जिसका सृजन रचनाकार स्वयं अपनी कल्पना से करे। इसलिए इस स्रोत को कल्पित भी कहा गया है।

इन दोनों मुख्य स्रोतों के अतिरिक्त भरत ने एक तीसरे विकल्प के लिए भी बराबर छूट दी है और वह है मिश्रित अर्थात् हमारा कथानक पहले दोनों स्रोतों का मिश्रण भी हो सकता है। कथानक प्रख्यात है और उसके साथ-साथ उसमें काफ़ी कुछ कल्पित भी हो सकता है। इस दृष्टि से हम कालिदास के नाटक *अभिज्ञानशाकुन्तल* को अपना आधार बना सकते हैं। हम बार-बार इस विषय में चर्चा करते रहे हैं कि *नाट्यशास्त्र* के किसी भी सिद्धान्त, अवधारणा और स्थापना के लिए यह नाटक अपने आप में अकेला नाटक है। दूसरे नाटकों में भी *नाट्यशास्त्र* को देखा जा सकता है

लेकिन यदि उसे अपने सम्पूर्ण रूप में कहीं देखना हो तो वह *अभिज्ञानशाकुन्तल* में मिलेगा। यह कालिदास की अप्रतिम प्रतिभा का परिचायक है कि महाभारत के आदिपर्व से दुष्यन्त और शकुन्तला की कहानी का एक छोटा-सा सूत्र लेकर उन्होंने अपनी कल्पना से उसे विस्तार दे दिया है। दुर्वासा का शाप, अँगूठी का खो जाना और फिर मछली के पेट में से बाहर आ जाना—इन नई कल्पनाओं और उद्‌भावनाओं से नाटक एक अद्‌भुत नाटकीयता से ओतप्रोत हो गया है।

एक और दृष्टि से विचार करें तो मिश्रित का प्रावधान भरत के समन्वयवादी चिन्तन का परिचय भी देता है। प्रख्यात और कल्पित कथानक के अतिवादी छोर हैं लेकिन मिश्रण के माध्यम से दोनों पास-पास आ जाते हैं। इतना ही क्यों, यह तीसरी सम्भावना हमें आज के अर्थ में प्रयोग की तरफ़ जाने के लिए प्रेरित करती है। क्या हम अपने रंगमंच में भी इसी तरह का मिश्रण तैयार नहीं कर रहे हैं जो विभिन्न जीवन शैलियों, अभिनय शैलियों और नाट्य शैलियों के भीतर से गुज़रकर अपना एक स्वरूप और आकार ग्रहण करता है। भरत के यहाँ यह प्रक्रिया भरपूर मात्रा में मौजूद है। सबसे पहले रंगमंच स्वयं एक मिश्रित माध्यम है जिसमें संगीत, नृत्य, चित्रकला, साहित्य और स्थापत्य जैसी दूसरी कलाएँ, विधाएँ और माध्यम आरम्भ से ही उसके अपरिहार्य तत्त्वों के रूप में सम्मिलित हैं। यदि रंगमंच स्वयं एक मिश्रण है तो यह प्रक्रिया उसके दूसरे अंग-प्रत्यंग में भी स्वतः चली आती है। इसे वस्तु में हम पहले ही देख चुके हैं। इसी के समांतर लोकधर्मी, नाट्यधर्मी, सुकुमार आविद्ध और मानुषी सिद्धि और दैवी सिद्धि जैसी अवधारणाओं में भी क्या हम इस मिश्रण की सम्भावना से इनकार कर सकते हैं।

वस्तु का अगला पड़ाव है कि उसका विभाजन किस प्रकार किया जाए? इसके लिए उसे दो भागों में बाँटा गया है—आधिकारिक और प्रासंगिक। दोनों शब्दों का अर्थ ही उनकी मूल प्रकृति को स्पष्ट कर देता है। अधिकारिक से तात्पर्य वस्तु के उस अंश से है जो नाटक के मुख्य पात्रों से सम्बन्धित होता है। इसके विरोध में प्रासंगिक के अन्तर्गत वस्तु के वे प्रसंग आते हैं जो मुख्य कथा के साथ-साथ चलते हैं। इसके भी दो भेद किए गए हैं—पताका और प्रकरी। पताका अपने नाम के अनुरूप वह कथावृत्त है जो कहीं नाटक के बीच में शुरू होता है और लगभग अन्त तक चलता है। इसके विपरीत प्रकरी कोई पूरा वृत्त न होकर वे छोटे-छोटे प्रसंग होते हैं जो बीच-बीच में आते हैं और अपना उद्देश्य पूरा करके फिर नहीं लौटते।

यदि हम पुनः *अभिज्ञानशाकुन्तल* की तरफ़ लौटें तो हम वस्तु के विभाजन को बहुत अच्छी तरह से समझ सकते हैं। दुष्यन्त और शकुन्तला की प्रेमगाथा इस नाटक की आधिकारिक वस्तु है। प्रासंगिक पक्ष में दुर्वासा के शाप को पताका और

मछुआरे की घटना को प्रकरी के रूप में देखा जा सकता है। कई बार यह सवाल उठाया जा सकता है कि ये सारी बातें इतनी जानी पहचानी हैं कि अब इन्हें बार-बार दोहराने का क्या लाभ है? इसके उत्तर में हमारा इतना ही कहना है कि बेशक यह सारा विवेचन न जाने कितनी बार किया जा चुका है लेकिन फिर भी हम हर बार उसमें से अपने लिए कुछ नया और सार्थक तलाश कर सकते हैं। हम पहले ही स्पष्ट कर चुके हैं कि हम इन सारी अवधारणाओं को रंगमंच के कोण से जाँच परख रहे हैं। इस दृष्टि से वस्तु का यह विभाजन नाट्य प्रस्तुति की परिकल्पना में बहुत सहायक सिद्ध होता है। किसी भी निर्देशक के लिए आधिकारिक और प्रासंगिक कथा तत्त्वों में संतुलन बनाए रखना अत्यन्त आवश्यक होता है। उसे देखना होगा कि कहीं प्रासंगिक कथाएँ इतनी तीव्र और मुखर न हो जाएँ कि वे आधिकारिक कथा को पृष्ठभूमि में धकेल दें। यह अलग बात है कि कोई निर्देशक प्रासंगिक कथाओं को मुख्य कथा के मुकाबले ज़्यादा रेखांकित करे। लेकिन ऐसे निर्णय को अपवाद ही माना जा सकता है।

अब हम वस्तु के तीसरे और शायद सबसे महत्त्वपूर्ण भाग पर आ पहुँचे हैं। हमने शुरू में भी वस्तु और नेता का उल्लेख किया है। हम यहाँ रस को जानबूझकर छोड़ रहे हैं क्योंकि उसे अलग से रस वाले आलेख में ले लिया गया है। वस्तु के विकास से सम्बद्ध सामग्री को भरत ने तीन अलग-अलग शीर्षकों के अन्तर्गत निरूपित किया है। वे हैं—अर्थ प्रकृति, कार्यावस्था और संधि। ये तीनों शब्द पढ़ने और देखने में अवश्य एक दूसरे से अलग जान पड़ते हैं लेकिन नाटक की रचना प्रक्रिया की दृष्टि से और विशेष रूप से यदि हम कथानक के विकास का अध्ययन करें तो ये एक दूसरे से बहुत गहरे में जुड़े हैं। तीनों अपने साथ पाँच की संख्या को लेकर चलते हैं—पाँच अर्थ प्रकृतियाँ, पाँच कार्यावस्थाएँ और पाँच संधियाँ।

सबसे पहले हम अर्थ प्रकृतियों को लेते हैं। वे हैं—बीज, बिन्दु, पताका, प्रकरी और कार्य। चाहें तो हम संक्षेप में इनकी व्याख्या भी कर सकते हैं।

बीज

कथा का वह अंश जहाँ से नाटक की शुरुआत होती है। कालिदास के नाटक *अभिज्ञानशाकुन्तल* को यदि हम केन्द्र में रखें तो मृग का पीछा करते-करते दुष्यन्त का महर्षि कण्व के आश्रम के सामने पहुँचना बीज कहलाएगा क्योंकि यही वह घटना है जिससे आगे आने वाली कहानी की शुरुआत होती है अथवा जैसे बीज को बोने से उसमें से वृक्ष का जन्म होता है उसी प्रकार इस घटना से आगे जाकर नाटक रूपी वृक्ष का विकास होता है।

बिन्दु

भरत ने बहुत ही सरल शब्दों में इस शब्द की विवेचना की है। उनके अनुसार जिस प्रकार एक पानी की बूँद किसी काग़ज़ पर गिरते ही अलग-अलग दिशाओं में फैलने लगती है उसी प्रकार जब कथानक का कई धाराओं में विकास होने लगता है उस स्थिति को हम बिन्दु कह सकते हैं। *अभिज्ञानशाकुन्तल* में आश्रम में आने के बाद दुष्यन्त का शकुन्तला से प्रेम, आश्रम में राक्षसों का उत्पात, तपस्वियों का उनके संहार के लिए दुष्यन्त से वहाँ रुकने का आग्रह—ये सारी घटनाएँ बिन्दु के साथ जोड़ी जा सकती हैं।

पताका

हम इस विषय में पहले ही चर्चा कर चुके हैं। फिर भी यदि पुनः दोहराना है तो दुर्वासा का आश्रम में भिक्षा के लिए आना, शकुन्तला द्वारा उनका ठीक से सत्कार न कर पाना, दुर्वासा द्वारा शकुन्तला को शाप दिया जाना और अन्ततः सखियों द्वारा क्षमा माँगने पर दुर्वासा द्वारा उस शाप में थोड़ी छूट देना अर्थात् यदि शकुन्तला अपने प्रेमी द्वारा दिया गया स्मृति चिन्ह उसके सामने प्रस्तुत कर दे तो वह उसे तुरन्त पहचान लेगा। यह सारा प्रसंग इसलिए पताका प्रसंग है क्योंकि यहाँ से शुरू होकर यह नाटक के अन्त तक लगातार चलता है। इसीलिए दुर्वासा को पताका नायक भी कहा जाता है।

प्रकरी

वे छोटी-छोटी घटनाएं जो मात्र एक बार नाटक में आती हैं और लुप्त हो जाती हैं। उदाहरण के लिए इसी नाटक में मछुआरे का प्रसंग जो अपना उद्देश्य पूरा हो जाने के बाद फिर कभी नहीं लौटता।

कार्य

कथानक की वह अन्तिम परिणति जिसे उपसंहार भी कहा जा सकता है। उदाहरण के लिए दुष्यन्त और शकुन्तला का मारीच ऋषि के आश्रम में पुनरमिलन।

इस प्रकार हम देखते हैं कि ये पाँच अर्थ प्रकृतियाँ मुख्यतः कथानक के उन अंशों से सम्बन्धित हैं जो हमारे सामने वास्तविक रूप में घटित होते हैं। इन अर्थ प्रकृतियों के साथ कार्यावस्थाओं का सम्बन्ध इसलिए जुड़ता है कि जब-जब कोई कथा अंश घटित होता है तो उस स्थिति में नाटक का नायक क्या निर्णय लेता है वही कार्यावस्था कहलाती है अर्थात् नायक द्वारा कार्य सम्पन्न किए जाने की अवस्था। हम पाँचों कार्यावस्थाओं को अर्थ प्रकृतियों के परिप्रेक्ष्य में अच्छी तरह से समझ सकते हैं। यदि मारीच के आश्रम के सामने पहुँचना कथावस्तु का बीज है

तो दुष्यन्त का यह निर्णय लेना कि कण्व ऋषि के दर्शन करता चलूँ, कार्यावस्था का आरम्भ है। आश्रम में जाने के बाद दुष्यन्त द्वारा ज़्यादा से ज़्यादा समय शकुन्तला के साथ बिताने के लिए की जा रही कोशिशें कार्यावस्था का प्रयत्न मानी जा सकती हैं। दुर्वासा शाप में दी गई छूट के बाद दुष्यन्त को शकुन्तला के साथ सदा रहने की आशा जगने लगती है इसे कार्यावस्था की प्राप्त्याशा कहा जा सकता है। शकुन्तला की अगूँठी खोने से अगूँठी के मिल जाने तक की घटनाएँ यदि अर्थ प्रकृति की दृष्टि से प्रकरी में आती हैं तो कार्यावस्था के रूप में उन्हें नियताप्ति कहा जाएगा। विद्वानों ने नियताप्ति शब्द के दो अलग अर्थ किए हैं। पहला नियत आपत्ति अर्थात् सब कुछ सही दिशा में चलते हुए भी कुछ ऐसा घटित हो जाना जो पहले से नियत था। अंग्रेज़ी में इसके लिए सही शब्द है डेस्टनी। एक दूसरे अर्थ में नियताप्ति सभी आपत्तियों के समाप्त हो जाने से भी सम्बन्ध रखती है। हमें लगता है कि नियताप्ति के पहले अर्थ में ज़्यादा सांकेतिकता और नाटकीयंता है। अन्त में दुष्यन्त और शकुन्तला का मिलन कार्यावस्था की दृष्टि से फलागम कहलाता है अर्थात् दुष्यन्त को शकुन्तला के रूप में धर्म, अर्थ, काम और मोक्ष की एक साथ प्राप्ति।

अब इसे ज़्यादा स्पष्ट करने की आवश्यकता नहीं कि जिस क्षण अथवा स्थान पर अर्थ प्रकृति और कार्यावस्था एक साथ मिलते हैं उसे संधि कहा जाता है। उस क्षण विशेष अथवा स्थान विशेष के कारण पाँच संधियाँ भी अपनी संज्ञा ग्रहण करती हैं। उदाहरण के लिए बीज और आरम्भ के योग से मुख संधि, बिन्दु और प्रयत्न के मेल से प्रतिमुख संधि, पताका और प्राप्त्याशा के संयोग से गर्भ संधि, प्रकरी और नियताप्ति के मिलन से विमर्श संधि और कार्य और फलागम आपस में मिलकर निर्वहण संधि को स्थापित करते हैं।

हमने प्रस्तावना में भी इस तथ्य का उल्लेख किया था लेकिन यहाँ पर इस पर विस्तार से चर्चा करना ज़रूरी है। भरत ने पाँच चरणों में विभाजित कथानक की जिन अवस्थाओं का उल्लेख अपने *नाट्यशास्त्र* में किया है, उन तक पहुँचने के लिए पश्चिम के नाट्य संसार को कम से कम दो हज़ार वर्ष लग गए। जहाँ तक हमारी जानकारी है आरम्भ में पश्चिम में आरम्भ, मध्य और अन्त के रूप में मात्र तीन चरणों में कथानक के विकास को व्याख्यायित किया गया था। एक लम्बे अन्तराल के बाद वे लोग कथानक के विकास की पाँच अवस्थाओं तक पहुँचे। यदि हम उनके अंग्रेज़ी नामों पर ग़ौर करें तो ऐसा लगता है कि जैसे *नाट्यशास्त्र* के पाँच शब्दों का अनुवाद कर दिया गया हो। बीज और इंट्रोडक्शन, बिन्दु और एक्सपोजीशन, पताका और क्लाईमैक्स, प्रकरी और एंटी क्लाईमैक्स और कार्य और रिज़ूल्यूशन—क्या कहीं भी ये सारे संयुक्त शब्द अपनी अर्थ ध्वनियों में एक दूसरे से अलग जान पड़ते हैं?

इसका एक मात्र कारण यही दिया जा सकता है कि जहाँ तक नाट्य रचना के शिल्प, संरचना और कथानक के विकास का सम्बन्ध है, उस दृष्टि से पूर्वी और पश्चिमी नाट्य परम्परा में कोई विशेष अन्तर नहीं जान पड़ता।

हम दशरूपक पर आधारित आलेख में यह संकेत कर चुके हैं कि किस प्रकार अलग-अलग रूपकों के लिए कथानक की दृष्टि से अंकों का विभाजन किया गया है। यह विभाजन मुख्य रूप से उन घटनाओं को दृष्टि में रखकर किया गया है जो मंच पर घटित होती हैं। लेकिन ऐसी भी बहुत सी घटनाएँ अथवा सूचनाएँ हो सकती हैं जो मंच पर दिखाई नहीं जा सकतीं अथवा घटित नहीं होतीं, उनके विषय में दर्शकों को परिचित कराने के लिए भरत ने अर्थोपक्षेपक शीर्षक से पाँच सूच्य दृश्यों की परिकल्पना की है। ये दृश्य सूच्य इसलिए हैं क्योंकि ये उन घटनाओं की जानकारी देते हैं जो नाटक से पहले अथवा नाटक के अलग-अलग अंकों के बीच घटित हो चुकी होती हैं। ज़ाहिर है कि ये सूचनाएँ नाटक के मुख्य पात्रों द्वारा नहीं वरन् ऐसे पात्रों द्वारा दी जाती हैं जिन्हें सहायक पात्र कहा जा सकता है जैसे चेटी, प्रतिहारी, कंचुकी और कभी-कभी विदूषक आदि।

ये पाँच अर्थोपक्षेपक हैं—विष्कम्भक, प्रवेशक, चूलिका, अंकमुख (अंकास्य) और अंकावतार। इनमें विष्कम्भक को सबसे उच्च कोटि का दृश्य माना गया है क्योंकि यह नाटक के आरम्भ में भी आ सकता है। यदि सूचनाएँ देने का कार्य उच्च वर्ग के पात्रों द्वारा सम्पन्न किया जाता है तो उसे शुद्ध विष्कम्भक माना गया है और यदि वही कार्य उच्चवर्ग और निम्न वर्ग के चरित्रों द्वारा मिलकर किया गया है तो उसे संकीर्ण विष्कम्भक की संज्ञा दी गई है। प्रवेशक को केवल दो अंकों के बीच आने का अधिकार है और उसमें प्रायः निम्न वर्ग के पात्र सूचना देने के लिए प्रवेश करते हैं। चूलिका वस्तुतः एक दृश्य नहीं वरन् नेपथ्य से किसी घटना के होने की सूचना मात्र है। पहले अंक को छोड़कर किसी भी अंक के आरम्भ में ही यदि कोई पात्र कोई सूचना देकर प्रस्थान कर जाए तो ऐसा दृश्य अंकमुख कहलाता है। एक अंक की कथा जहाँ समाप्त हो यदि अगले अंक का आरम्भ कथा के ठीक उसी बिन्दु से हो तो ऐसी युक्ति अंकावतार कहलाती है अर्थात् एक अंक का दूसरे में अवतार हो जाना।

यदि देखा जाए तो अर्थोपक्षेपक जैसे सूच्य दृश्य का सम्बन्ध लोक रंगमंच अथवा आधुनिक रंगमंच में उपस्थित सूत्रधार से जोड़ा जा सकता है। हम अच्छी तरह जानते हैं कि नाटक अपने कलेवर में बहुत ही संक्षिप्त और सुगठित विधा है क्योंकि उसे एक बड़े कालखंड को एक निश्चित समय सीमा में दिखाना होता है। अतः यह स्वाभाविक है कि नाटककार को पूरी कहानी में से ऐसी घटनाओं का चुनाव करना पड़ता है जो उसके कथ्य को ज़्यादा से ज़्यादा नाटकीय रूप में व्यंजित कर सकें।

ऐसी स्थिति में उसे बहुत कुछ छोड़ना पड़ता है और यदि उसके बारे में सूचित करना ज़रूरी हो तो उसे सूत्रधार जैसे माध्यम को प्रयोग में लाना पड़ता है। हम जानते हैं कि सूत्रधार कहानी को सुनाता है, कहानी के बीच के अन्तराल में घटित हुई घटनाओं के बारे में बताता है और बीच-बीच में मुख्य कथा की घटनाओं पर टिप्पणी भी करता है। यदि हम भरत के सूच्य दृश्यों पर ध्यान दें तो वे भी अप्रत्यक्ष रूप से वही सारे काम करते हैं जो आज के सूत्रधार द्वारा सम्पन्न किए जाते हैं। हम विशेष रूप से *स्वप्नवासवदत्ता* में वसन्तक के अंकमुख का उदाहरण देना चाहेंगे। उसके माध्यम से हमें केवल उदयन और पद्मावती के विवाह की सूचना ही नहीं मिलती वरन् उस घटना को लेकर स्वयं विदूषक की क्या प्रतिक्रिया है, उसका भी पूरा चित्र मिलता है। इस तरह यह दृश्य सूचना के साथ-साथ उस पर पात्र द्वारा अपनी तरफ़ से टिप्पणी देने का काम भी करता है। हम चाहें तो किसी हद तक यूनानी नाटकों में उपलब्ध कोरस से भी इन दृश्यों की तुलना कर सकते हैं। यदि बीसवीं शताब्दी में हम ब्रेष्ट के महाकाव्यात्मक रंगमंच को देखें तो उसके साथ भी इन सूच्य दृश्यों का सम्बन्ध जोड़ा जा सकता है। हम जानते हैं कि ब्रेष्ट के नाटकों में किसी भी दृश्य के आरम्भ में कभी कोरस, कभी पोस्टरों, कभी बैनरों और कभी स्लाईड्स द्वारा उस दृश्य में होने वाली घटनाओं को सूचित किया जाता था। हमारे यहाँ सूच्य दृश्य होने वाली घटनाओं से ज़्यादा हो चुकी घटनाओं को सामने लाते हैं ताकि उनके सन्दर्भ में हम आगे होने वाली घटनाओं का अध्ययन कर सकें।

इस प्रकार हम देखते हैं कि भरत का वस्तु विवेचन मात्र कथानक के विकास से ही सम्बन्धित नहीं है वरन् वह नायक की सोच को भी प्रकट करता है। इसके साथ-साथ सूच्य दृश्यों के माध्यम से वह नाटक की संरचना में ऐसे प्रस्थान बिन्दु प्रस्तुत करता है जो आवश्यक जानकारियाँ देने के साथ-साथ नाटक की कथा को और ज़्यादा नाटकीयता प्रदान करते हैं। यहाँ भरत द्वारा उल्लेखित नेता के विषय में भी थोड़ा सा विचार विमर्श किया जा सकता है। वह इसलिए कि वह कार्यावस्था जैसी महत्त्वपूर्ण अवधारणा का सूत्रधार है। भरत ने स्वभाव के अनुसार धीरोदात्त, धीरोद्धत, धीरललित और धीरप्रशांत—चार प्रकार के नायकों का प्रावधान किया है। अन्ततः नायकों के अलग-अलग प्रकार भी अलग-अलग रूपक के साथ अपना सम्बन्ध बनाते हैं। प्रकरण के लिए धीरललित, नाटक के लिए धीरोदात्त, समवकार के लिए धीरोद्धत और सम्भवतः ऐसे रूपक जिनका मुख्य रस शांत (यद्यपि भरत ने इस रस की कोई चर्चा नहीं की है) अथवा करुण हो उनके लिए धीरप्रशांत नायक होने चाहिए। इस प्रकार वस्तु और नेता ये दोनों तत्त्व रस के साथ मिलकर एक सम्पूर्ण नाट्य संरचना की सृष्टि करते हैं।

ध्रुवा गीत

पूर्व हो या पश्चिम, कुछ बातें दोनों रंग परम्पराओं में एक समान हैं। उन्हीं में से एक है पात्रों के रंगमंच पर प्रवेश और मंच से प्रस्थान का महत्त्व। इस पर दो तरह से विचार किया जा सकता है। एक तो यह कि प्रायः पहले से निश्चित किसी नाटकीय क्षण पर किसी पात्र का प्रवेश और प्रस्थान। इसी का दूसरा पक्ष यह हो सकता है कि प्रवेश अथवा प्रस्थान करने वाला पात्र अपनी इस क्रिया से नाटकीय क्षण को स्थापित करे। हम इन दोनों में से किसी भी तरह से इस विषय पर विचार करें, एक बात बिलकुल स्पष्ट है कि रंगमंच में पात्रों के प्रवेश और प्रस्थान को अतिरिक्त महत्त्व दिया गया है क्योंकि यही वे क्षण होते हैं जब दर्शकों का ध्यान मंच पर घटित हो रहे कार्य-व्यापार से हटकर किसी नई आहट की तरफ़ आकृष्ट होता है। इसके लिए मंच पर कभी पार्श्व संगीत, कभी प्रकाश योजना और कभी अचानक कोई ध्वनि प्रभाव–ऐसी अनेक युक्तियों का प्रयोग किया जाता रहा है। भरत का *नाट्यशास्त्र* भी इसका अपवाद नहीं है।

भरत ने प्रवेश और प्रस्थान के लिए ध्रुवा गीतों की परिकल्पना की है। इनका नाम ध्रुवा गीत शायद इसलिए पड़ा क्योंकि ये ध्रुवतारे की भाँति किसी भी नाट्य प्रस्तुति के अटल यानी अनिवार्य अंग हैं। यह भी सही है कि ये गीत नाटककारों द्वारा अपने नाटकों में कभी नहीं लिखे गए। ये गीत नाट्य मण्डली की अपनी स्वरचित रचनाएँ हुआ करती थीं। ऐसा भी सम्भव था कि हर नाट्य मण्डली के अपने अलग-अलग ध्रुवागीत होते होंगे और उनके द्वारा प्रस्तुत नाटक बेशक बदल जाएँ लेकिन उन नाटकों में पात्रों के लिए गाए जाने वाले ध्रुवा गीत वही रहते हों। दूसरा विकल्प यह हो सकता था कि हर नाटक के पात्रों के लिए अलग-अलग ध्रुवा गीत होते हों। बहरहाल, हमें इस विवाद में जाने से कुछ मिलने वाला नहीं है कि नाट्य मण्डली में ध्रुवा गीत निश्चित होते थे या कि हर बार बदलते रहते थे। हमारे लिए यह जानना ज़्यादा महत्त्वपूर्ण है कि पूरे नाटक में उनका प्रयोग कैसे किया जाता था। भरत ने कुल मिलाकर पाँच तरह के ध्रुवा गीतों का प्रावधान किया है। प्रावेशिकी ध्रुवा वह गीत है जो पात्रों के प्रवेश के समय गाया जाता था। दृश्य के अन्त में पात्रों के निर्गमन के अवसर पर उस तरह के भाव को व्यक्त करने वाला गीत नैक्रमिकी ध्रुवा कहलाता था। मंच पर किसी दृश्य की लय का उल्लंघन करके उसे तीव्र गति में लाए जाने के संकेत को प्रकट करने वाला आक्षेपिकी ध्रुवा कहा जाता था। मंच पर किसी दृश्य में स्थित अन्य अथवा अप्रासंगिक रस को हटाकर जब दर्शकों के चित्त को प्रसन्न करने वाला गीत गाया जाए वह प्रासादिकी ध्रुवा माना जाता था। इसी प्रकार कभी मंच पर पात्र के विषादग्रस्त होने, मूर्च्छित या भ्रान्त होने, वेशभूषा या आवरण पहनते समय अथवा मंच पर अचानक हुई किसी ग़लती को ढँकने के लिए जो गीत गाए जाते थे वे आंतरा ध्रुवा कहे जाते थे।

ध्रुवों का यह विभाजन विशेष स्थितियों को ध्यान में रखते हुए किया गया है। भरत ने उन गीतों की बनावट, प्रकृति एवं लय के अनुसार पुनः उनके छह अन्य प्रकार भी बताएँ हैं। वे हैं—शीर्षिका, उद्धता, अनुबद्धा, विलंबिता, अद्विता तथा अवकृष्टा। उन्होंने इनके नामों के अनुसार इनके गुणों की भी व्याख्या की है। ध्रुवाओं में सबसे उत्तम और शीर्ष पर स्थित ध्रुवा शीर्षिका है। उद्धत भावों वाली ध्रुवा उद्धता संज्ञा से अपने नाम को सार्थक करती है। ऐसी ध्रुवा जिसमें गति, लय, वाद्य गति, पद्य, वर्ण, स्वर और अक्षर सभी अनुबद्ध हों अर्थात् एक दूसरे से जुड़े या एक दूसरे पर निर्भर हों वह अनुबद्धा ध्रुवा कहलाएगी। जो अत्यंत तेज़ गति वाली न हो, नाट्यधर्मिता पर आश्रित हो और जिसमें पात्रों का संचार विलंबित यानी धीरे-धीरे हो, वह अपने नाम के अनुरूप विलंबिता ध्रुवा है। श्रृंगार रस से उत्पन्न किन्तु उत्कट गुण वाली और उचित अवसर पर प्रसन्न करने वाली ध्रुवा अद्विता है और अन्य भावों से आकृष्ट या कुछ और कारणों से गाई जाने वाली करुणा से युक्त ध्रुवा को अवकृष्टा की संज्ञा दी गई है। यदि हम

दोनों विभाजनों का एक साथ अध्ययन करें तो हम पाएँगे कि उनमें कोई आपसी विरोध नहीं है। यदि एक विभाजन नाटकीय स्थिति को दर्शाता है तो दूसरा उस स्थिति की लय, गति और उसके अनुसार गाए जाने के ढंग से ज़्यादा सम्बन्ध रखता है। सबसे पहले पूर्वरंग की चौदहवीं विधि के रूप में ध्रुवा गान की उपस्थिति से इसका पूरी प्रस्तुति में अन्ततः क्या महत्त्व रहता होगा यह एकदम स्पष्ट हो जाता है। ध्यान दिया जाना चाहिए कि पहला ध्रुवा गीत तीन पात्रों के मंच पर प्रवेश से पहले गाया जाता है। इस तरह भरत पूर्वरंग में ही चुपके से यह नाटकीय संकेत दे देते हैं कि अन्ततः नाटक में पात्रों का प्रवेश सबसे ज़्यादा महत्त्वपूर्ण क्षण है और उसके घटित होने को अलग से रेखांकित किया जाना चाहिए। ज़ाहिर है कि उस समय भरत के पास न तो मुख्य परदा और न उसे एकदम से ऊपर उठाने का प्रावधान अथवा प्रकाश योजना जैसी आधुनिक तकनीकी सुविधा उपलब्ध थी। ऐसे में उसके लिए ध्रुवा गीत जैसी गीतयुक्ति की खोज ही सबसे ज़्यादा मौलिक खोज हो सकती थी जैसे कि किसी मंचसज्जा के अभाव में कक्ष विभाग वाला विकल्प और इसमें कोई संदेह नहीं कि ये दोनों नाटकीय युक्तियाँ किसी भी प्रस्तुति में तनाव, उत्सुकता, रहस्य और संघर्ष जैसे नाटकीय क्षणों को उत्पन्न करने के लिए पर्याप्त हैं। यदि हम आज भी कर्नाटक की यक्षगान लोकनाट्य शैली में मुख्य पात्रों के मंच प्रवेश को देखें तो ध्रुवा गीत की अवधारणा स्पष्ट हो जाएगी। वहाँ पात्र एक चलायमान रंगपटी के पीछे गीत संगीत की संगत के साथ पद संचालित करता मंच पर प्रवेश करता है और काफ़ी देर तक दर्शकों को रंगपटी के पीछे उसकी अंगुलियाँ, हाथ और पैर ही हरकत में दिखाई देते हैं। कल्पना कीजिए कि जब प्रदर्शन के दौरान कभी धीरे-धीरे और कभी झटके से पीछे खड़ा पात्र उस रंगपटी को एक तरफ़ अथवा ऊपर की तरफ़ उछालता है और स्वयं दर्शकों के सामने पहली बार अपनी संपूर्णता में प्रकट होता है तो उस क्षण का नाटकीय अनुभव दर्शक के लिए कैसा होता होगा। यही बात संस्कृत नाटक के मंचन में पहले संगीत मण्डली में बैठे गायकों वादकों द्वारा बार-बार ध्रुवा गीतों का गायन और उसके बाद द्वारों पर पड़ी रंगपटी कभी धीरे-धीरे और कभी तेज़ी से हटाकर पात्र मंच पर प्रवेश करते थे तो दर्शकों का ध्यान तुरंत उनकी तरफ़ आकृष्ट होता था। यही प्रभाव ध्रुवा गीतों के गायन द्वारा कभी पात्रों के प्रस्थान, कभी मंच पर प्रस्तुति की लय बदलने, कभी मूड बदलने, कभी किसी नई घटना की सूचना देने के लिए पैदा किया जाता था।

जापान की नोह शास्त्रीय नाट्य परम्परा में ठीक ध्रुवागीत के रूप में तो नहीं, लेकिन उसी से मिलते-जुलते रूप में पात्रों के मंच पर पहले प्रवेश को स्थापित किया जाता है। जैसा कि हम जानते हैं कि वहाँ के नेपथ्य और मंच के बीच एक लम्बा पुल रहता है जो दोनों को जोड़ने का काम तो करता ही है लेकिन उससे भी ज़्यादा

यह पुल पात्र की उस लम्बी यात्रा को सूचित करता है जो बाहरी रूप से बेशक नेपथ्य से मंच तक की यात्रा लगे, लेकिन सही मायनों में पात्र के लिए ज़मीन से स्वर्ग, आत्मा से परमात्मा और भोग से योग तक जाने की यात्रा है और इस तरह से उसके साथ गाया जाने वाला गीत संगीत ध्रुवा गीत का एक दूसरा रूप उपस्थित करता है।

ध्रुवा गीत के कई अलग-अलग रंग और रूप हमें स्थान-स्थान पर दिखाई पड़ते हैं। सबसे पहले तो प्राचीन राजाओं महाराजाओं के दरबार में उनके प्रवेश से पूर्व चारणों, भाटों द्वारा गाए जाने वाले गीत। हम सहज ही अनुमान कर सकते हैं कि शायद भरत को नाटक और रंगमंच में ध्रुवा गीतों के प्रयोग की प्रेरणा उसके अपने समय के राजतंत्र में प्रचलित मुख्य अतिथि की प्रवेश सूचना और उद्घोषणा से ही मिली होगी। बाद में बाहर से आकर हमारे देश पर शासन करने वाले बादशाहों के दरबार में भी यह परम्परा उसी रूप में बनी रही और इसमें कुछ चीज़ें और भी जुड़ती चली गईं। जैसे कि यदि गीत और संगीत का इस्तेमाल नहीं किया जाना है तो मात्र "बामुलाहिज़ा होशियार बादशाहों के बादशाह शहंशाह...तशरीफ ला रहे हैं..." जैसे उद्बोधन उसी की याद दिलाते हैं जिसके कुछ विकृत रूप हिन्दी फ़िल्मों में भी दिखाई पड़ते हैं। यहाँ तक कि संसद में राष्ट्रपति अथवा राज्यपाल के आगमन की सूचना से पहले महामहिम जैसे शब्दों का प्रयोग ध्रुवा गीतों का आधुनिक संस्करण प्रस्तुत करता है। किसी भी सभा, संगोष्ठी या सेमिनार में मुख्य वक्ता या अध्यक्ष को मंच पर बोलने के लिए आमंत्रित किए जाने से पूर्व संचालक द्वारा उनका जो परिचय और प्रस्तावना दी जाती है उसे क्या हम ध्रुवा गीत से अलग कोई संज्ञा दे सकते हैं? इन चीजों को यहाँ एक साथ रखने का एकमात्र उद्देश्य यही है कि हम कहीं न कहीं पहले से निश्चित किसी नई घटना के लिए एक ज़बर्दस्त पृष्ठभूमि तैयार कर देना चाहते हैं। जर्मन नाटककार ब्रेष्ट भी प्रत्येक एपीसोड के शुरू में अथवा बीच-बीच में कोई न कोई गीत लाकर कभी कोई विवरण प्रस्तुत करते हैं, कभी चरित्रों के अन्तर्भाव को प्रस्तुत करते हैं और कभी होने वाली कथा की सूचना प्रस्तुत करते हैं। इस तरह उनके ये गीत भरत के ध्रुवा गीतों का एक दूसरा समानान्तर बन जाते हैं।

हमें यह भी ध्यान में रखना होगा कि यदि एक ओर संस्कृत नाटकों के ध्रुवा गीत, पात्रों के स्वभाव, प्रकृति और मनोभावों को स्थापित करते हैं तो दूसरी तरफ़ गीतों के अनुसार पात्रों को अपनी भाव दशा तैयार करने के लिए भी यथोचित् अवसर प्रदान करते हैं।

इस प्रकार हम देखते हैं कि ध्रुवा गीत जैसी छोटी-सी नाट्य युक्ति जिसे नाटककारों ने भले ही नाटकों के आलेख में लिखित रूप में कोई स्थान न दिया हो लेकिन अपने मौखिक रूप में भी मात्र नाट्य मण्डलियों की अपनी निजी संपत्ति बने रहकर किसी नाटक की मंच प्रस्तुति में कितनी महत्त्वपूर्ण भूमिका अदा करती है।

पात्र चयन

हम प्रायः भरत की सारी रंगमंचीय अवधारणाओं को नाट्यधर्मी परिप्रेक्ष्य में देखने के इतने अभ्यस्त हो गए हैं कि हम यह भूल गए हैं कि भरत ने रंगमंच की यथार्थवादी दृष्टि से भी लगभग समानान्तर रूप से चर्चा की है। इस विषय में हम पहले से बार-बार लोकधर्मी शब्द को लेकर विस्तारपूर्वक विवेचन कर चुके हैं जो कि भरत के अनुसार किसी प्रस्तुति में प्रयुक्त यथार्थवादी शैली के लिए पर्यायवाची शब्द है, न कि उसे लोक शब्द की उपस्थिति के कारण लोक नाट्य परम्परा से जोड़ देना चाहिए जबकि यह परम्परा अपने स्वरूप में पूरी तरह से नाट्यधर्मी शैली का अनुसरण करती है। *नाट्यशास्त्र* के पहले अध्याय से लेकर अन्तिम अध्याय तक हमें बीच में कितने ही स्थल ऐसे मिल जाएँगे जहाँ पर भरत की यथार्थवादी अवधारणाएँ एकदम स्पष्ट और मुखर होकर सामने आती हैं। ऐसे कुछ अंशों का सन्दर्भ देना हो तो भरत का आहार्य अभिनय इसका सबसे अच्छा और आदर्श उदाहरण है। वेशभूषा

कैसी होनी चाहिए, पात्रानुसार रूपसज्जा कैसे की जाएगी और मंच उपकरणों को बनाने की क्या विधियाँ हो सकती हैं—इस सारे विवेचन को हम किस वर्ग में रखना चाहेंगे? यही क्यों, कोई पात्र विशेष मंच पर कैसे प्रवेश और प्रस्थान करेगा, उसके चलन का ढंग क्या होगा और किसी स्थान विशेष में वह कैसे खड़ा होगा—इन सारी चीजों का निर्णय उसकी भूमिका के अनुसार किया जायेगा। मैं तो यहाँ तक रेखांकित करना चाहूँगा कि भरत द्वारा प्रस्तावित हर रस के लिए उसका अपना एक रंग भी पहले एक यथार्थवादी सोच के रूप में देखा जाना चाहिए। बाद में भले ही हम उस पर दार्शनिक और मनोवैज्ञानिक दृष्टिकोण से विचार करते रहें। क्या इसमें कोई विरोधाभास है कि अन्ततः किसी भी दर्शन और मनोविज्ञान का जन्म और विकास पहले से प्रत्यक्ष रूप में दीखने वाली चीजों के भीतर से ही होता है।

भरत के इसी यथार्थवादी चिन्तन का एक और बहुत ही महत्त्वपूर्ण पक्ष है नाटक में अलग-अलग अभिनेताओं को दी जाने वाली भूमिकाओं के विषय में विचार विमर्श। सबसे पहले तो भरत ने एक नाट्य मण्डली में संभावित रूप से कितने सदस्य हो सकते हैं, उनका विवरण प्रस्तुत किया है। उनके अनुसार मुख्य अभिनेता, उनके सहायक अभिनेता, विदूषक, सूत्रधार, नाटककार, नान्दीपाठ करने वाले, तुरही बजाने वाले, मुकुट, मालाएँ और आभूषण बनाने वाले, बढ़ई, शिल्पी और कुशीलव अर्थात् कथा वाचक इत्यादि। एक नाट्य मण्डली के विधान में जितने लोगों की आवश्यकता भरत अनुभव करते हैं क्या आज हमारे सामने उपस्थित व्यावसायिक और अव्यावसायिक नाट्य मण्डलियों और रंगमण्डलों की स्थिति इससे भिन्न है? ये अलग से स्पष्ट करने की जरूरत नहीं है कि अभिनेता शब्द में अभिनेत्रियाँ पहले से सम्मिलित हैं। आज तक किसी विद्वान अध्येता ने इस तरफ संकेत नहीं किया कि भरत ने नाटककार को भी नाट्य मण्डली का अनिवार्य सदस्य माना है। पश्चिम में मण्डली के साथ नाटककार का जुड़ाव यूनानी रंगमंच से शुरू होकर शेक्सपीयर, मोलियर, यहाँ तक कि ब्रेष्ट के समय तक दिखाई पड़ता है। कई बार तो अपने नाटकों को मंचित करने के लिए नाटककार ने मण्डलियाँ बनाने की अपनी तरफ़ से पहल की। हमारे यहाँ भी भरत के बाद इतिहास में ऐसे दौर आते रहे हैं जब नाटककार मण्डली का ही एक सदस्य हुआ करता था। संस्कृत नाट्य परम्परा इसका सबसे ज़्यादा प्रमाणित उदाहरण है क्योंकि उनके नाटकों को पढ़कर इस धारणा की पूरी तरह से पुष्टि होती है कि वे नाटक खेलने के लिए लिखे गए थे, अपने समय में विभिन्न नाट्य मण्डलियों द्वारा खेले भी गए और उनको प्रस्तुति के लिए तैयार करने में नाटककार का अच्छा खासा दखल रहता था। पारसी रंगमंच और उसकी मण्डलियाँ फिर एक उदाहरण के रूप में सामने आती हैं जिनमें नाटककार को

बाकायदा एक निश्चित वेतन पर अनुबंधित किया जाता था और उसे साल में एक नया नाटक अवश्य लिखकर देना होता था। नाटककार का मण्डली से यह जुड़ाव चाहे अव्यावसायिक रूप से ही सही, इप्टा के दौर में भी बना रहा। क्या हम आज इस सच्चाई से इनकार कर सकते हैं कि यदि सचमुच में रंगमंच के लिए अच्छे नाटक लिखे नहीं जा रहे हैं तो उसका एक बड़ा कारण यह भी है कि नाटककार का मण्डली से सम्बन्ध लगभग समाप्त सा हो गया है और वह अपने निजी एकान्त में कैद होता चला गया। क्या हम हिन्दी रंगमंच के इतिहास में भारतेन्दु को इसीलिए अलग से महत्त्व नहीं देते कि उन्होंने अपनी एक नाट्य मण्डली बनाई और उसमें एक नाटककार, निर्देशक, व्यवस्थापक और अभिनेता की सारी भूमिकाएँ एक साथ निभाईं। पिछले पचास वर्षों में यदि किसी ऐसे नाटककार का नाम लेना चाहें तो हबीब तनवीर को इसका श्रेय दिया जा सकता है जिसने ब्रेष्ट के समानान्तर नाटक लिखे भी, उसे निर्देशित भी किया और यदि आवश्यकता हुई तो अभिनेता की भूमिका में भी शिरकत की।

किसी नाटक के विभिन्न पात्रों के लिए भूमिकाओं का चयन और निर्णय कैसे किया जाए, इसका भी स्पष्ट विवरण और विवेचन भरत के यहाँ मिलता है। भरत ने भूमिका वितरण के लिए मुख्य रूप से दो पद्धतियों का अनुसरण करने के निर्देश दिए हैं और वे हैं अनुरूपा और विरूपा। अनुरूपा पद्धति के अनुसार नाटक के पात्र के स्वभावगत गुणों को पहचान कर जो भूमिका जिस अभिनेता के लिए उपयुक्त हो, उसे वही भूमिका दी जाए। उदाहरण के रूप में ऐसा अभिनेता जिसके अंग प्रत्यंग ठीक हों, कोई अंग कम न हो, उचित आयु हो, न बहुत मोटा हो न बहुत दुर्बल, न बहुत लम्बा हो न बौना, कान्ति से युक्त, अच्छे स्वर वाला और देखने में सुन्दर और प्रिय लगे—ऐसे अभिनेता को देवता की भूमिका में रखा जाना चाहिए। इसी प्रकार जो मोटा, लंबा, विशालकाय, मेघ के समान गंभीर स्वर वाला, रौद्र स्वभाव और रौद्र नेत्रों वाला और स्वभाव से ही टेढ़ी भौंहों वाला हो ऐसे अभिनेता को राक्षस की भूमिका दी जानी चाहिए। यदि हम आज अपने रंगकर्म की प्रस्तुति प्रक्रिया पर विचार करें तो हमारी भी पहली कोशिश ऐसे अभिनेता को ढूँढ़ने और निश्चित करने की होती है जो नाटक के पात्र के व्यक्तित्त्व से पूरी तरह से मिलता जुलता हो। ऐतिहासिक नाटकों में तो भूमिका चयन की यह पद्धति और भी ज़्यादा महत्त्वपूर्ण हो जाती है। वास्तव में भूमिका के अनुरूप अभिनेता के चयन के पीछे लगातार दर्शकों पर पड़ने वाले प्रभाव का ध्यान ज़्यादा बना रहता है। साथ-साथ अनुरूपा पद्धति से चुने गए अभिनेता के कारण भूमिका की प्राथमिक तैयारी काफ़ी दूर तक अपने आप पूरी हो जाती है। यहाँ हम अनुरूपा पद्धति से मिलती जुलती *नाट्य शास्त्र*

के पहले अध्याय में ही दी गई कहानी का भी उल्लेख कर सकते हैं, जब भरत द्वारा प्रस्तुत पहले समवकार रूपक *समुद्रमंथन* के मंचन के बाद दर्शकों के रूप में आए भगवान विष्णु, महेश आदि मुख्य अतिथियों ने भरत से आग्रह किया था कि नाट्य प्रस्तुति में कैशिकी वृत्ति के अनुकूल सौन्दर्यता लाने के लिए गीत संगीत, नृत्य और अभिराम वेशभूषा और केश सज्जा का समावेश भी होना चाहिए ताकि नाट्य प्रस्तुति को दर्शकों के लिए ज़्यादा से ज़्यादा मोहक और आकर्षक बनाया जा सके। इस पर भरत ने स्पष्ट किया था कि ऐसा करने के लिए स्त्री पात्रों के लिए उन्हें अभिनेत्रियाँ उपलब्ध करवा दी जाएँ तो वह इन तत्त्वों को नाट्य प्रस्तुति के साथ जोड़ सकेंगे। इस आग्रह के पीछे उनका आशय यही था कि जिस तरह की भूमिकाएँ हों, उनके लिए वैसे ही अभिनेता और अभिनेत्रियाँ चाहिए अर्थात् पुरुष भूमिका के लिए पुरुष और स्त्री पात्र के लिए स्त्री हो तो वह सहज और स्वाभाविक लगेगा।

लेकिन कई बार ऐसा भी होता है कि हमें नाटक के पात्र के अनुरूप अभिनेता न मिले तो उस स्थिति में क्या किया जाना चाहिए। ऐसी स्थिति के लिए ही भरत ने अरूपा अथवा विरूपा पद्धति का प्रावधान दिया है यानी अनुरूपा पद्धति के ठीक विपरीत। इसका अर्थ यही है कि यदि कोई अभिनेता शारीरिक रूप से उस पात्र से मेल न खाता हो तब उसे अपने भीतर से ऐसी चीजों की खोज करनी चाहिए जो उस पात्र के स्वभाव, चरित्र, अनुभव, चिन्तन और संवेदना से मिलती जुलती हों। इस तरह से भरत अभिनेता को अपने अभिनय की सूक्ष्मता की तरफ़ ले जाने का रास्ता सुझाते हैं। आज भी हमारे रंगमंच में अभिनय की यही दोनों पद्धतियाँ मुख्य रूप से प्रचलित हैं। एक वह पद्धति जिसमें अभिनेता बाहर से भीतर एक यात्रा करता है और दूसरी वह पद्धति जिसमें उसकी यात्रा भीतर से बाहर की तरफ़ होती है। हमारे अपने समय में स्तानिस्लाव्स्की और ब्रेष्ट इन दोनों पद्धतियों के अलग-अलग प्रणेता हैं। लेकिन भरत के यहाँ अरूप और अनुरूप अथवा नाट्यधर्मी और लोकधर्मी की अवधारणाओं में दोनों प्रकार की पद्धतियाँ परस्पर गुंथित हैं।

विरूपा का एक दूसरी तरह का उदाहरण ऐसा भी हो सकता है जब पुरुष की भूमिका स्त्री और स्त्री की भूमिका पुरुष द्वारा की जाए। कई बार यह चयन नाट्य मण्डली को विवशता में करना पड़ सकता है और कई बार निर्देशक अपनी विशेष व्याख्या को स्थापित करने के लिए ऐसा कर सकता है। लोक नाट्य परम्परा का एक लंबा इतिहास हमारे सामने है, जिसमें पुरुषों ने ही हमेशा स्त्री भूमिकाएँ निभाई हैं। पारसी रंगमंच में भी बहुत दिनों तक ये कार्य पुरुष ही करते रहे। यहाँ तक कि जब शुरू-शुरू में हमारे देश में फ़िल्मों का निर्माण शुरू हुआ तो स्त्री भूमिकाओं के लिए पुरुषों का ही इस्तेमाल किया गया। चीन, जापान, यूनान, शेक्सपीयर और

मोलियर—लगभग 18वीं शताब्दी तक पश्चिमी रंगमंच में भी पुरुष ही स्त्री पात्रों को अभिनीत करते रहे। हमारे यहाँ मराठी और गुजराती रंगमंच में बाल गंधर्व और जयशंकर सुन्दरी ऐसे ही अभिनेता थे। पिछले बीस तीस बरस में हिन्दी रंगमंच में भी कुछ ऐसे प्रयोग हुए हैं जब हबीब तनवीर ने असग़र वजाहत के नाटक *जिस लाहौर नहीं देख्या*...और अमाल अल्लाना ने ब्रेष्ट के *मदर करेज* और सतीश आलेकर के *बेगम बर्वे* में पुरुष अभिनेताओं से स्त्री पात्रों की भूमिकाएँ कराईं।

हमारे लिए इतना जानना ही पर्याप्त है कि जाने अनजाने नाटकों के लिए पात्रों का चयन करते समय हम जिस प्रक्रिया का भी प्रयोग करते आ रहे हैं, उसके बीज भरत द्वारा निरूपित भूमिका विचार में पहले से ही विद्यमान हैं।

संवाद रूढ़ियाँ

यह एक चिर-परिचित तथ्य है कि नाटक का एकमात्र यंत्र संवाद है और उसे कम से कम दो पात्रों के बीच घटित होना होता है। संवाद ही नाटक का वह निजी और मौलिक तत्त्व है जो उसे बाक़ी सारी साहित्यिक और प्रदर्शनमूलक विधाओं से अलग कर देता है। कहानी, कविता, उपन्यास, आत्मकथा, संस्मरण, रिपोर्ताज जैसी साहित्यिक विधाओं और गीत संगीत, नृत्य जैसी दृश्य विधाओं में संवाद के बिना भी उतना ही गहरा रसानुभव प्राप्त किया जा सकता है जितना कि उन विधाओं में पहले से उपस्थित है। यहाँ तक कि रेडियो, फ़िल्म और दूरदर्शन जैसे माध्यमों के लिए भी संवाद की कोई अनिवार्यता नहीं है, लेकिन नाटक और रंगमंच की परिकल्पना संवाद के बिना नहीं की जा सकती। यही कारण है कि भरत ने भी नाटक के वाचिक अर्थात् शब्द या आलेख को रंगमंच पर होने वाली प्रस्तुति के शरीर की संज्ञा दी है। उनके अनुसार अभिनय और रंगमंच के बाकी सारे तत्त्व यथा आंगिक, आहार्य और सात्विक

अभिनय अन्ततः अपनी अभिव्यक्ति और अस्तित्व के लिए संवाद पर ही आश्रित हैं। यदि नाटक के शब्द, संवाद और आलेख अर्थात् शरीर ही नहीं होगा तो आंगिक कहाँ से आएगा, आहार्य किस पर धारण किया जाएगा और सात्विक भाव किसकी भीतरी प्रक्रिया के परिणामस्वरूप संपन्न होंगे। नाटक के शब्दों अथवा संवाद की इस महिमा को अरस्तू ने भी अपनी पुस्तक *काव्यशास्त्र* की कला में उतना ही बराबर का महत्त्व दिया है जितना कि कथानक, चरित्र, विचार, संगीत और भव्यता को दिया है। इसमें भी कोई दो राय नहीं है कि अन्ततः लिखित और प्रकाशित शब्द ही रंगमंच के अवशेष के रूप में बचा रह जाता है जबकि उसके बाकी सारे दृश्य तत्त्वों यथा—अभिनय, मंचसज्जा, वेशभूषा, रूपसज्जा के योग से बनी मंच प्रस्तुति का प्रदर्शन के बाद कोई चिह्न भी शेष नहीं रहता। अतः यह ज़रूरी था कि भरत वाचिक अभिनय पर अलग-अलग अध्यायों में काफ़ी गहरी जानकारी देने के बाद भी संवाद युक्तियों पर एक स्वतन्त्र अध्याय की रचना करते। एक तरह से देखा जाए तो संवाद युक्तियों के अध्याय में उन्होंने संवादों से ज़्यादा संवादों के बीच में अथवा स्वयं संवाद की प्रकृति के अनुकूल दिए गए रंग-निर्देशों की चर्चा की है। हम प्राचीनकाल से नाटकों के संवादों के बीच में स्वगत अथवा अपने आप से जैसे रंग निर्देशों से गुज़रते रहे हैं। सबसे पहली जिज्ञासा तो यही होती है कि नाटककार ऐसे निर्देशों को संवादों के बीच में क्यों लाता है। ज़ाहिर है कि जिस तरह के ये निर्देश हैं, वे कहीं न कहीं पात्रों के भीतर घटित होते हैं। सही मायनों में उन्हें बोला नहीं जाना है, लेकिन फिर भी सच्चाई यही है कि वे हमेशा मंच पर बोले जाते हैं। चाहे पात्र स्वयं उन्हें बोले, चाहे उसके अन्तर्भावों के रूप में रिकार्डेड होकर दर्शकों को सुनाई पड़ें और चाहे किसी परदे पर अंकित होकर दर्शकों के सामने आएँ। यह बात एकदम स्पष्ट है कि ये वे संवाद होते हैं जो बेशक पात्र के अपने भीतर सोच की तरह से घटित होते हैं, लेकिन वह उन्हें दूसरे लोगों के साथ शेयर करना चाहता है। वह दूसरा एक हो सकता है, दो हो सकते हैं अथवा पूरे का पूरा दर्शक समूह भी हो सकता है। यह उस पात्र द्वारा बोले गए आंतरिक संवाद की प्रकृति और प्रक्रिया पर निर्भर करेगा।

भरत ने इस प्रकार के संवादों के मुख्य रूप से चार शीर्षक दिए हैं—आकाशभाषित, स्वगत या आत्मगत, अपवारित और जनान्तिक। आइए पहले इन चारों प्रकारों की उस प्रक्रिया पर विचार कर लें जो इन्हें एक दूसरे से अलग करती है।

(1) दूर स्थित पात्र से जो शरीर से दर्शकों को प्रत्यक्ष न दिखाई देता हो तथा मंच पर स्थित पात्र के लिए भी अपरोक्ष और छिपा हुआ हो, उससे बात करना आकाशभाषित कहलाता है। ऐसे संवाद में उस दिखाई न देने वाले पात्र द्वारा दिए गए उत्तर की कल्पना भी मंच पर उपस्थित पात्र द्वारा स्वयं ही कर ली

जाती है और अलग-अलग कारणों और भावों के साथ वार्तालाप को आगे बढ़ाया जाता है।

(2) किसी पात्र के हृदय की बात आत्मगत या स्वगत कहलाती है। इसका अभिनय नाटकों में प्रायः पात्र के हृदय में चल रहे अन्तर्द्वन्द्व अथवा तर्क वितर्क को प्रकट करने के लिए किया जाता है। ऐसा संवाद मात्र अपने लिए होता है और अपने साथ-साथ दर्शकों के लिए भी। मंच पर उपस्थित दूसरे पात्रों के साथ इसका कोई सम्बन्ध नहीं होता।

(3) गहरे भावों को व्यक्त करने वाला अपने आपसे कहा गया संवाद अपवारित है और मंच पर खड़े शेष पात्र उसे न सुनने का अभिनय करेंगे। एक प्रकार से अपवारित आत्मगत या स्वगत का ही दूसरा रूप है। दूसरा रूप इस मायने में कि स्वगत में पात्र अपने विषय में किसी भाव की अभिव्यक्ति करता है, लेकिन अपवारित में उसके गहरे भाव अपने से अलग किसी दूसरे-तीसरे व्यक्ति के बारे में कहे जाते हैं।

(4) किसी भीड़ के समूह में खड़े पात्र जब किसी एक पात्र द्वारा किसी दूसरे पात्र से कहे गए संवाद को न सुनने का अभिनय करते हैं तो उस संवाद को जनान्तिक कहते हैं। ऐसे संवाद एक पात्र द्वारा दूसरे के कान में कहे जाते हैं। यदि ऐसे संवादों को कभी दुबारा से किसी पात्र को बताने की ज़रूरत आ पड़ती है जो दर्शकों को पहले से मालूम है तो कहने वाला पात्र दूसरे पात्र के कान में मात्र "ऐसा है" कहकर संवाद समाप्त कर देता है ताकि उस संवाद को दोहराना न पड़े।

इन चारों संवाद युक्तियों में जहाँ कई बातें एक समान हैं वहाँ कुछ जगह पर ये एक दूसरे से अलग भी हो जाती हैं। उदाहरण के लिए ये चारों संवाद युक्तियाँ नाटक के उन संवादों का प्रतिनिधित्व करती हैं जो सीधे-सीधे दूसरे पात्रों के साथ कभी शेयर नहीं किए जाते। ये संवाद पात्र के उस भीतरी संसार से संबद्ध हैं जो दर्शकों को तो दिखाई और सुनाई पड़ता है, लेकिन मंच पर खड़े दूसरे पात्रों से उसका कोई लेना देना नहीं होता। इनमें भी आत्मगत या स्वगत पूरी तरह से वैयक्तिक होते हैं और बाकी तीनों किन्हीं दूसरों के बारे में प्रकट किए जाते हैं। इनमें भी आकाशभाषित और अपवारित किसी परोक्ष व्यक्ति को संबोधित किया जाता है। जनान्तिक और अपवारित संवाद में भरत ने एक हस्तमुद्रा के प्रयोग का भी प्रावधान दिया है जिसे त्रिपताक कहा जाता है जिसमें अनामिका और अंगूठे को छोड़कर बाकी तीन उँगलियों को एक मुद्रा के रूप में अपने चेहरे के पास स्थित कर लेते हैं जिसका अभिप्राय यह है कि संवाद का यह अंश छिपाकर बोला जा रहा है।

प्रायः संस्कृत नाटकों में इस प्रकार की संवाद युक्तियाँ बहुत छोटे-छोटे संवादों के रूप में हमारे सामने आती हैं। विशाखदत्त का *मुद्राराक्षस* और भवभूति का *उत्तररामचरित* इसके अपवाद स्वरूप कहे जा सकते हैं। उनमें काफ़ी बड़े-बड़े एकालापों से हमारा साक्षात्कार होता है। ऐसे लम्बे एकालाप हमें शेक्सपीयर के नाटकों में बार-बार मिलते हैं जिन्हें सोलोलॉकी के नाम से जाना जाता है। ऐसा कहा जाता है कि शेक्सपीयर के रंगमंच में इन्हें बोलने के लिए मंच के अगले हिस्से में स्थित दो ऊँचे-ऊँचे स्तम्भ रहते थे जिनके आसपास के क्षेत्र में चरित्र कभी बैठकर, कभी खड़े होकर और कभी घूम-घूमकर दर्शकों के साथ अपने मनोभावों को शेयर करता था। इसी का एक दूसरा रूप बाद में मोलियर के यहाँ भी मिलता है जहाँ एकालाप तो हैं और वे लम्बे-लम्बे भी हैं, लेकिन पात्र उन्हें दर्शकों से कम और अपने आप से ज़्यादा कहता दिखाई देता है। यह अलग बात है कि अन्ततः वे सुनाए दर्शकों को ही जाते हैं। यदि हम बहुत पहले के लिखे यूनानी नाटकों का उदाहरण भी लें तो वहाँ भी भरत जैसी संवाद युक्तियों के अर्थ में तो नहीं लेकिन शेक्सपीयर और मोलियर से मिलते जुलते एकालाप, आत्मालाप अथवा मोनोलॉग अवश्य मिल जाएँगे। *राजा इडिपस* में अन्त में इडिपस द्वारा अपनी आँखें फोड़ लेने या उससे भी पहले रानी योकास्टा द्वारा खुदकुशी कर लेने का विवरण मंच पर किसी दूसरे व्यक्ति द्वारा ही दिया जाता है। यूनानी नाटकों के ये प्रसंग भरत की संवाद युक्तियों से भले ही पूरा मेल न खाते हों लेकिन उनके द्वारा निर्दिष्ट निषिद्ध दृश्यों की श्रेणी में अवश्य रखे जा सकते हैं। यह बात काफ़ी रोचक जान पड़ती है कि भरत और अरस्तू लगभग एक दूसरे के आसपास ही पैदा हुए, अपने शास्त्रों की रचना भी लगभग एक ही समय में की और निषिद्ध दृश्यों को न दिखाए जाने के बारे में उनके विचार एकदम एक दूसरे से मिलते जुलते हैं। यही कारण है कि निषिद्ध दृश्यों को लेकर उन्होंने दिखाने के बजाय किसी पात्र द्वारा वर्णित का प्रावधान किया है और इस तरह से उन वास्तविक दृश्यों की वीभत्सता को लगभग समाप्त कर दिया है।

भरत से मिलती जुलती संवाद युक्ति यदि किसी आधुनिक भारतीय नाटक में तलाश करनी हो तो निश्चित रूप से विजय तेंदुलकर के नाटक *खामोश! अदालत जारी है* का उदाहरण देना होगा। नाटक के अन्त में न्यायाधीश फैसला देने से पहले मुख्य अभियुक्त वेणारे से पूछते हैं कि उसे कुछ कहना है या नहीं, जो इस बीच गहरी निद्रा में लीन हो चुकी थी और उसके द्वारा बोला गया लगभग 10-15 मिनट लम्बा संवाद उसके भीतर की वह अभिव्यक्ति है जिसे वह नाटक के दौरान बोलना चाहती रही थी लेकिन कभी भी कह नहीं पायी थी।

उपर्युक्त सारे उदाहरण इसी बात की पुष्टि करते हैं कि नाटक के संवाद यदि मात्र सीधे और सपाट स्वर में लिखे अथवा बोल दिए जाएँ तो वे दर्शकों को कभी बाँधकर नहीं रख सकते। ये जब तक टेढ़े मेढ़े, ऊबड़ खाबड़ और लक्षणा व्यंजना से युक्त नहीं होंगे उनमें कोई नाटकीयता पैदा नहीं होगी। ऐसे में भरत की ये चारों नाट्य युक्तियाँ उसके अपने युग के नाटकों के लिए नहीं, वरन् आज के नाटकों के लिए भी सार्थक और उपयोगी साबित हो सकती हैं।

दृश्य निषेध

आज हमारे लिए यह निर्देश अस्वाभाविक हो सकता है कि मंच पर कुछ दृश्यों को दिखाए जाने का निषेध कर दिया जाए। इसी का एक दूसरा पक्ष यह भी है कि हम चाहें न चाहें, प्रदर्शनकारी कलाओं के लिए 1876 से लागू द परफॉर्मेन्स एक्ट का इस्तेमाल आज भी व्यवस्था द्वारा किसी भी मंच प्रस्तुति के लिए किया जा सकता है। फ़िल्मों के लिए अलग से सेंसर बोर्ड की स्थापना की गई थी और जब तक वह बोर्ड अनुमति नहीं देता किसी भी फिल्म का सार्वजनिक प्रदर्शन नहीं किया जा सकता। इन दोनों प्रशासकीय व्यवस्थाओं के अतिरिक्त अदृश्य रूप से एक सामाजिक अथवा तथाकथित नैतिक व्यवस्था भी सक्रिय रहती है जो जब चाहे किसी भी प्रकाशन, भाषण अथवा प्रदर्शन को रोक सकती है या रुकवा सकती है। इस समकालीन परिदृश्य की पृष्ठभूमि में हमें भरत द्वारा प्रस्तावित निषिद्ध दृश्य विधान बहुत ही सुलझा हुआ और सुचिंतित जान पड़ता है।

कुछ विशेष दृश्यों के निषेध का सबसे बड़ा कारण तो यही

जान पड़ता है कि जीवन को कभी भी मंच पर हू-ब-हू प्रस्तुत नहीं किया जा सकता चाहे हम अपने प्रस्तुतीकरण में कितने भी यथार्थवादी क्यों ना हो जाएँ। बेशक भरत ने स्थान-स्थान पर रंगमंच के लिए अपनी यथार्थवादी सोच का परिचय भी दिया है लेकिन हर बार अन्त तक आते-आते स्पष्ट संकेत कर दिया है कि रंगकर्मी यदि नाट्यधर्मी पद्धति का ज़्यादा उपयोग करें तो उनके मंचन सुविधाजनक और विश्वसनीय होंगे। यह सही है कि नाट्यधर्मिता सुझाव, संकेत, प्रतीक और बिम्ब की रंगभाषा की तरफ़ ले जाती है जो रंगमंच के लिए बहुत ज़रूरी है। एक तो मंच का अपना कार्य स्थल क्षेत्रफल की दृष्टि से बहुत सीमित है, दूसरे नाटक की समयावधि बँधी हुई रहती है जिसमें उसे एक पूरे काल खंड को प्रस्तुत करना होता है और तीसरे जिन दृश्यों को मंच पर दिखाने का भरत ने निषेध किया है, वे स्वयं अपने आप में रोज़मर्रा की व्यावहारिक ज़िन्दगी से ज़्यादा जुड़े हैं। उन्हें उसी रूप में मंच पर प्रस्तुत करने में कोई नाटकीयता नहीं है।

अच्छा होगा कि आगे बढ़ने से पहले हम उन निषिद्ध दृश्यों की सूची से गुज़र जाएँ। उनके अनुसार रंगमंच पर उत्तमा और मध्यमा प्रकृति की स्त्री पात्र वस्त्र धारण करती, स्नान, लेप और चंदन लगाती, अंगराग लगाती और केश बाँधती न दिखाई जाए। वह खुले बदन अथवा मात्र एक कपड़ा पहने और ओठ रंगती हुई भी न दिखाई जाए। हाँ, निम्न वर्ग के स्त्री पात्र को ये कार्य करते दिखाया जा सकता है लेकिन अच्छा होगा कि अन्य किसी माध्यम से इन कार्यों की सूचना देकर निम्नवर्गीय स्त्री पात्रों से भी इन कार्यों को न कराया जाए।

यदि हम इस दृष्टि से संस्कृत नाटकों के आलेखों का अध्ययन करें तो हम पाएँगे कि लगभग हर नाटककार ने उपर्युक्त निर्देशों का ध्यानपूर्वक पालन किया है। यदि कोई ऐसा दृश्य आया भी है तो कई बार किसी दूसरे पात्र से इसकी सूचना दिलवा कर न दिखाने की समस्या को सुलझा लिया गया है। भास के नाटक *स्वप्नवासवदत्ता* में एक ऐसा दृश्य आता है जहाँ वासवदत्ता को यह सूचना मिलती है कि राजकुमारी पद्मावती शिरोवेदना से व्याकुल है और वह उसके माथे पर कोई लेप लगाने के लिए समुद्रगृह में प्रवेश करती है लेकिन भास बड़ी चतुराई से पूरे दृश्य का तेवर ही बदल डालते हैं और वहाँ वासवदत्ता को पद्मावती के स्थान पर राजा उदयन अर्धनिद्रा में लेटे हुए दिखाई पड़ते हैं और वह उन्हें पद्मावती समझकर उनके पार्श्व में लेट जाती है। यही वह मुख्य और केन्द्रीय दृश्य है जिसके कारण नाटक का नाम *स्वप्नवासवदत्ता* रखा गया है। यथार्थ क्या है और भ्रम क्या है—उसकी न जाने कितने कोणों से व्याख्या करने की दृष्टि से संस्कृत नाट्य परम्परा में इससे ज़्यादा नाटकीय दृश्य कोई दूसरा नहीं मिलेगा। यही स्थिति कुछ हद तक भवभूति

के नाटक *उत्तररामचरित* में भी उत्पन्न होती दिखाई देती है जब नाट्यमण्डली द्वारा रामकथा पर आधारित नाटक को देखते-देखते राम उसे वास्तविकता समझ बैठते हैं। अंग्रेज़ी के जगप्रसिद्ध नाटक *हैमलेट* में भी नाट्यमण्डली द्वारा प्रस्तुत नाटक में राजा की हत्या के प्रसंग को देखकर हैमलेट के चाचा की लगभग राम जैसी प्रतिक्रिया होती है।

निषिद्ध दृश्यों से सम्बद्ध निर्देशों से जुड़ा एक छोटा सा प्रसंग *अभिज्ञानशाकुन्तल* के आश्रम वाले पहले दृश्य में ही उपस्थित है, जब शकुन्तला अपनी सखियों से वक्षस्थल पर बँधे वल्कल को ढीला करने का आग्रह करती है लेकिन यहाँ भी कालिदास जैसे बड़े नाटककार ने वल्कल सचमुच में ढीला किए जाने की क्रिया शुरू होने से पहले ही सखियों के आपसी हास परिहास में विषय परिवर्तन करवा दिया है।

इसी कड़ी को थोड़ा और आगे बढ़ाया जाए तो भरत की अपेक्षा है कि नाटक में किसी पात्र को मंच पर सोते हुए न दिखाया जाए। यदि कहीं ऐसा प्रसंग आए भी तो नाटक के उस अंक को वहीं समाप्त कर दिया जाए और ऐसे कार्य व्यापारों की सूचना अगले अंक के आरम्भ में प्रवेशक अथवा विष्कम्भक जैसे सूच्य दृश्यों के माध्यम से दे दी जाए। यही कारण है कि जब भी किसी नाटक में नायक या नायिका के विश्राम या शयन का प्रसंग आता है तो प्रतिहारी या चेटी उन्हें शयन कक्ष का मार्ग दिखाती मंच से बाहर ले जाती है और अंक वहीं समाप्त कर दिया जाता है। यदि अगले अंक को दूसरी सुबह से ही आरम्भ होना है तो प्रायः इस प्रकार के संवाद मिल जाते हैं—महाराज या महारानी विश्राम कर चुकी होंगी। चलकर उन्हें यह शुभ समाचार दे दूँ।

सम्भव है कि किसी कारण से किसी पात्र को अकेले या किसी के साथ मंच पर सोते हुए दिखाना ही पड़े तो चुम्बन, आलिंगन, दंतक्षत, नखक्षत, वस्त्रों की गाँठ खोलना और स्तनमर्दन जैसी क्रियाओं से जुड़े अन्तरंग क्षणों का अभिनय बिलकुल न दिखाया जाए। इसी के साथ भरत भोजन और जलक्रीड़ा जैसे दृश्यों का भी निषेध करते हैं क्योंकि वह इन सब दृश्यों को दर्शकों की दृष्टि से लज्जाजनक मानते हैं क्योंकि दर्शक वर्ग में पिता, माँ, पुत्र और पुत्रवधू आदि सभी एक साथ बैठकर देख रहे होते हैं, अतः ऐसे दृश्यों को देखने का अनुभव असहज और असमंजसमय हो सकता है। यह ध्यान रहे कि दर्शकों में बच्चों की उपस्थिति का भरत ने कहीं भी उल्लेख नहीं किया है। यह सूचना इसलिए भी अलग से महत्त्व पा जाती है कि नाटक जैसी विधा दर्शक से सहृदय होने की अपेक्षा होने के साथ-साथ एक वयस्क दर्शक की भी माँग करती है। ज़्यादातर संस्कृत नाटकों में बच्चों की भूमिका का बहुत ही नाटकीय और कल्पनाशील उपयोग किया गया है, जैसे कि भास के *उरुभंग*,

कालिदास के *शाकुन्तल*, शूद्रक के *मृच्छकटिक*, विशाखदत्त के *मुद्राराक्षस* और भवभूति का *उत्तररामचरित* लेकिन बच्चों के लिए अलग से किसी नाटक का उल्लेख नहीं मिलता और न ही भरत ने दशरूपक विधान में किसी ऐसे रूपक का प्रावधान किया है जो मुख्य रूप से बाल पात्रों पर केन्द्रित हो। इसका एकमात्र कारण यही हो सकता है कि वे नाट्य रचना और प्रस्तुति के शुरुआती दिन रहे होंगे, अतः उस दौर में बाल नाटक जैसी स्वतन्त्र विधा की अपेक्षा करना ज़्यादती होगा। हाँ, अपवादस्वरूप भास के नाटक बालचरित का नाम लिया जा सकता है जिसकी कथा का आधार राम आदि पात्रों की बाल्यावस्था है लेकिन क्या इसे बाल अभिनेताओं द्वारा खेला जाता होगा, ऐसा निश्चित रूप से नहीं कहा जा सकता।

शयन को लेकर संस्कृत नाटकों में दो दृश्यों से साक्षात्कार होता है। पहला वही भास के *स्वप्नवासवदत्ता* में समुद्रगृह वाला दृश्य है, जिसमें उदयन सोए हुए हैं और वासवदत्ता उन्हें पद्मावती समझकर उनके साथ लेट जाती है। लेकिन यहाँ शयन से संबंधित किसी भी प्रणयक्रिया का कोई संकेत नहीं है। इसके विपरीत भास ने इस दृश्य को इतनी मार्मिकता और नाटकीयता से प्रस्तुत किया है कि यह दृश्य भास की नाट्यकला का बेजोड़ उदाहरण है। इसी के समकक्ष नाटकीय दृश्य शूद्रक के *मृच्छकटिक* में भी मिलता है जहाँ चारुदत्त और विदूषक साथ-साथ सो रहे हैं और शार्विलक सेंध लगाकर उनके घर में चोरी करने आता है। विदूषक सोते हुए ही आभूषणों की पोटली शार्विलक के हाथ में पकड़ा देता है, यह मानकर कि वह चारुदत्त को ही वह पोटली लौटा रहा है। हम अनुमान लगा सकते हैं कि जब यह दृश्य मंच पर उन दिनों खेला गया होगा तो दर्शकों के हास्य का पारावार नहीं रहा होगा। आज के दर्शक के लिए भी यह दृश्य उतना ही उन्मुक्त और उज्ज्वल हास्य लेकर आता है। हम यहाँ विशेष रूप से इस ओर ध्यान दिलाना चाहेंगे कि इन दोंनों दृश्यों में भरत के निर्देशों से जुड़ा तो कुछ भी घटित नहीं होता वरन् ये दोनों नाटकों की कथा में एक नाटकीय मोड़ लाते हैं।

ऐसा भी माना जाता है कि भरत ने मरने के दृश्य का भी मंच पर निषेध किया है लेकिन संयोग है कि भास और शूद्रक के यहाँ फिर ऐसे दृश्य मिल जाते हैं। भास के *उरुभंग* में दुर्योधन की मंच पर ही मृत्यु हो जाती है लेकिन भास ने उस मृत्यु से कुछ क्षण पहले ही दुर्योधन की संवेदनाओं का ऐसा सुन्दर चित्र प्रस्तुत किया है कि अन्ततः मृत्यु का दृश्य होते हुए भी शायद यही दृश्य अलग से उभरकर आता है। इस दृष्टि से शूद्रक भी भास से कहीं उन्नीस नहीं ठहरते। वह तो भास से भी एक कदम आगे बढ़कर वसन्तसेना की शकार के हाथों जघन्य हत्या के प्रसंग को मंच पर प्रदर्शित करते हैं लेकिन अन्ततः यह वीभत्स दृश्य बौद्ध भिक्षु के प्रवेश

के बाद कितना रोचक, *नाटकीय* और साथ-साथ कारुणिक हो उठता है, यह शूद्रक के बूते की ही बात थी। मृत्यु से जुड़े दो दृश्यों की चर्चा और की जा सकती है। पहला तो *मृच्छकटिक* में ही उपलब्ध है जहाँ चारुदत्त को वसन्तसेना की हत्या के अपराधी के रूप में फाँसी देने के लिए श्मशान गृह में लाया जा रहा है। विशाखदत्त के नाटक *मुद्राराक्षस* में राक्षस को लेकर ऐसा दृश्य सुखान्त में परिवर्तित हो जाता है। भारतेन्दु ने *अंधेर नगरी* में राजा को फाँसी पर चढ़ाए जाने के दृश्य को दिखाया है लेकिन ऐसी नाटकीय स्थिति उत्पन्न होती है कि फाँसी जैसा करुण प्रसंग हास्य रस में बदल जाता है। मंच पर मृत्यु के लिए भारतीय नाटकों में भास के बाद यदि किसी नाटक का नाम लेना चाहें तो आग़ा हश्र कश्मीरी के *रुस्तम सोहराब* का वह दृश्य याद आता है जब बाप अपने ही बेटे के सीने में खंजर भोंक देता है और जब उसे सोहराब के साथ अपने रिश्ते की सच्चाई का पता चलता है तो वह फूट-फूट कर विलाप करता है।

पश्चिमी नाटककारों में शेक्सपीयर के *जूलियस सीज़र* में ब्रूटस द्वारा मंच पर सीज़र की हत्या, उन्नीसवीं सदी के जर्मन नाटककार जॉर्ज बुखनर के *दाँतों की मौत* में दाँतों और उसके साथियों को गिलोटिन पर गला काटकर मार देने का दृश्य और बीसवीं सदी में पीटर वाइस के *मरात साद में* मरात की हत्या—ये कुछ ऐसे दृश्य हैं जो मृत्यु जैसे वीभत्स दृश्यों को भी उन नाटकों के ही नहीं पूरे रंगमंचीय इतिहास के यादगार दृश्य बना डालते हैं। मध्यकाल के पश्चिमी रंगमंच में किसी नाटक में ईसा को सूली पर चढ़ाए जाने के प्रसंग को इस सीमा तक यथार्थवादी बना दिया गया था कि ईसा की भूमिका करने वाला अभिनेता मरते-मरते बचा था। यदि ऐसे नाटकों का नाम लेना हो जिनमें ऐसे एक नहीं, अनेक दृश्य भरे पड़े हैं तो कन्नड़ में गिरीश करनाड के *तुगलक़* और सुरेन्द्र वर्मा के *छोटे सैयद बड़े सैयद* का उल्लेख किया जा सकता है। यह बताने की ज़रूरत नहीं होनी चाहिए कि दोनों ही ऐतिहासिक नाटक हैं और इतिहास में ऐसी घटनाओं की बेशुमार भरमार रहती है।

क्या कारण है कि भरत द्वारा निषेध किए जाने के बावजूद भारतीय नाटककार हत्या और मृत्यु जैसे दृश्यों को नाटक में स्थान देने का अवसर छोड़ते नहीं। पश्चिम में आरम्भ से ही दुःखान्त नाटकों की अवधारणा विद्यमान थी। इसलिए उधर के नाटकों में यदि ऐसे दृश्य मिल जाते हैं तो ये उनके दृष्टिकोण से नितान्त स्वाभाविक है लेकिन हमारे यहाँ करुण रस की अवधारणा होने के बाद भी संस्कृत नाटकों में मुश्किल से *उरुभंग* और *उत्तररामचरित* का नाम लिया जा सकता है। भास के बारे में यह पहले से प्रचलित है कि वह ऐसे नाटककार हैं जो *नाट्यशास्त्र* की सीमाओं को भी लाँघकर निकल जाते हैं और यही बात शूद्रक और विशाखदत्त जैसे नाटककारों

के बारे में भी बेझिझक कही जा सकती है। मुझे लगता है कि ऐसे दृश्यों को नाटकों में दिखाने का उद्देश्य यही था और शायद आज भी है कि दर्शकों पर असर डालने वाले ऐसे ही दृश्य हुआ करते हैं। *रामायण* में राम के वनवास चले जाने पर दशरथ विलाप और युद्धभूमि में लक्ष्मण के मूर्च्छित हो जाने पर राम विलाप जैसे दृश्यों को देखने के लिए आज भी दर्शकों की सबसे ज़्यादा भीड़ जुटती है। एक अभिनेता को भी अपनी अभिनय क्षमताओं और सम्भावनाओं को ज़्यादा से ज़्यादा उजागर करने का अवसर ऐसे ही दृश्यों में मिलता है। आए दिन किसी नाटक अथवा फ़िल्म में ऐसे दृश्यों के बाद दर्शकों की कुछ ऐसी प्रतिक्रिया होती है कि फलां अभिनेता ने उस दृश्य में ऐसा अभिनय किया कि उसने मरने में भी जान डाल दी। यही कारण है कि ऐसे दृश्य हमारी स्मृति में वर्षों तक सुरक्षित रहते हैं।

लेकिन भरत ने ऐसे दृश्यों का निषेध क्यों किया होगा इसके एक कारण का उल्लेख हम आरम्भ में ही कर चुके हैं कि रंगमंच पर जीवन की हू-ब-हू प्रस्तुति कभी नहीं की जा सकती। इससे भी बड़ा और दूसरा कारण भरत और भारतीय नाट्य परम्परा में पहले से उपस्थित है कि हमारे यहाँ पश्चिमी अवधारणा कि "जीवन में ऐसा होता है" के बजाय "जीवन ऐसा होना चाहिए" पर ज़्यादा आग्रह रहा है। यही कारण है कि यथार्थवादी प्रस्तुति शैली के विरोध में नाट्यधर्मी शैली को अपनाने का प्रचलन रहा है जिसमें प्राथमिकता इस बात की रहती है कि हर दृश्य को सौन्दर्यमूलक दृष्टि से संयोजित किया जाए अर्थात् सबसे पहले वह देखने में दर्शकों को सुन्दर और मनमोहक लगे, उसके बाद कुछ और। *नाट्यशास्त्र* के सारे नियमों, व्याकरण और अवधारणाओं के पीछे भी लगातार यही धारणा काम कर रही है। मसलन प्रेक्षागृह ऐसा होना चाहिए, नायिका ऐसी होनी चाहिए और यहाँ तक कि दर्शक भी ऐसा होना चाहिए। यह दृष्टि भेद ही पूर्व और पश्चिम के रंगमंच की मूल प्रकृति के अन्तर को पूरी तरह से स्पष्ट कर देता है।

दर्शकों के रंगमंचीय अनुभव की प्रक्रिया से देखा जाए तो भी भरत के कुछ विशेष दृश्यों को प्रस्तुत करने के निषेध का एक और तर्क दिया जा सकता है। 19-20वीं शताब्दी के पाश्चात्य रंगमंच में मंचसज्जा के नाम पर एक ऐसा दौर आया जब यथार्थ के नाम पर कसाई की दुकान के दृश्य में बकरों के कटे हुए धड़ लटका दिए गए और दर्शकों ने उन्हें सिरे से नकार दिया। हिंसा को अतिरंजना की सीमा तक चित्रित करने वाली फिल्मों का जो हश्र हुआ वह आज भी हमारे सामने है। हमें इस तथ्य को आत्मसात करना होगा कि कला में जीवन की अभिव्यक्ति को दर्शक सदैव जीवन से अलग रंगभाषा में देखना चाहता है और निषिद्ध दृश्यविधान इसी चिन्तन का निचोड़ है।

वृत्ति प्रवृत्ति-मानुषी सिद्धि दैवी सिद्धि-आविद्ध सुकुमार

हमने एक अलग आलेख द्वैत की उपस्थिति में भरत द्वारा उल्लेखित बहुत सी ऐसी अवधारणाओं के विषय में चर्चा की है जो एक जैसी लगने के बावजूद अपनी अर्थ छायाओं में एक दूसरे से नितांत भिन्न हैं। उदाहरण के लिए रस और भाव, लोकधर्मी और नाट्यधर्मी, वृत्ति और प्रवृत्ति, मानुषी सिद्धि और दैवी सिद्धि, आविद्ध और सुकुमार जैसे संयुक्त शब्दों के पीछे भरत की दृष्टि एक जैसा होते हुए भी हमेशा उनके पारस्परिक अन्तर को स्पष्ट करने पर रही है। जहाँ तक रस और भाव तथा लोकधर्मी और नाट्यधर्मी का प्रश्न है हम उनकी चर्चा रस और धर्मिता से संबद्ध आलेखों में अलग से कर चुके हैं। अतः उनको यहाँ दोहराने का कोई लाभ नहीं। प्रस्तुत आलेख में हम केवल शेष तीन अवधारणाओं अर्थात् वृत्ति प्रवृत्ति, मानुषी सिद्धि, दैवी सिद्धि तथा आविद्ध सुकुमार को अपने अध्ययन का आधार बनाएँगे।

सबसे पहले हम वृत्ति शब्द को लें। शब्दकोश के अनुसार इस शब्द के कई अर्थ किए जा सकते हैं। वह कार्य जिसके द्वारा जीविका का निर्वाह होता हो, वह धन जो किसी दीन या छात्र आदि को बराबर उसके सहायतार्थ दिया जाए, सूत्रों आदि का वह विवरण या व्याख्या जो उनका अर्थ स्पष्ट करने के लिए की जाती है, योग के अनुसार चित्त की अवस्था जो पाँच प्रकार की मानी गई है–क्षिप्त, मूढ़, विक्षिप्त, एकाग्र और निरुद्ध। व्यापार, कार्य, स्वभाव, चेष्टा, प्रकृति, संहार करने का एक प्रकार का शस्त्र आदि। ज़ाहिर है कि ये सभी अर्थ जीवन के अन्य क्षेत्रों के लिए तो सार्थक हैं लेकिन नाटक की दृष्टि से हमें इनकी कोई उपयोगिता नज़र नहीं आती। यदि हम इस सन्दर्भ में भरत की स्थापना पर विचार करें तो वृत्ति का अर्थ बिलकुल स्पष्ट हो जाएगा अर्थात् नाटकों में विषय के अनुसार वर्णन करने की शैली। भरत ने चार वृत्तियों की अवधारणा की है। भारती वृत्ति, आरभटी वृत्ति, कैशिकी वृत्ति और सात्वति वृत्ति। भारती वृत्ति ऐसे नाटकों से संबद्ध है, जिनमें वाचिक का प्राधान्य रहता है। भारती का एक अर्थ वाक अथवा वाणी है जो सीधे-सीधे शब्दों पर आश्रित है। आरभटी वृत्ति का समावेश उन नाटकों में किया जाता है, जहाँ अंग संचालन का ज़्यादा से ज़्यादा प्रयोग किया जाए। कैशिकी वृत्ति मुख्य रूप से उन नाटकों का अर्थ देती है, जिनमें पात्रों की केश सज्जा, वेशभूषा, आभूषण, अंग रचना के साथ-साथ मंच उपकरणों का भी अधिक से अधिक इस्तेमाल किया जाए। सात्वती वृत्ति को अलग से स्पष्ट करने की ज़रूरत नहीं क्योंकि सात्वत्ती शब्द में उसका अर्थ समाहित है अर्थात् ऐसा नाटक जिसमें अभिनेताओं द्वारा सूक्ष्म से सूक्ष्म अभिनय प्रस्तुत किया जाए।

यह तो था नाटक के अर्थ में वृत्तियों का शब्दार्थ विवेचन। लेकिन वृत्तियाँ मात्र विषय वर्णन की शैली से ही जुड़ी हुई नहीं हैं। इससे भी ज़्यादा वे चार प्रकार के अभिनय के साथ भी गहरा सम्बन्ध रखती हैं। चार प्रकार का अभिनय और चार प्रकार की वृत्तियाँ। दोनों एक-दूसरे से घुली मिली हैं। वाचिक अभिनय और भारती वृत्ति, अंगिक अभिनय और आरभटी वृत्ति, आहार्य अभिनय और कैशिकी वृत्ति और अन्त में सात्त्विक अभिनय और सात्वती वृत्ति। कोई भी पूछ सकता है कि जब भरत ने पहले ही चार प्रकार के अभिनयों पर विस्तारपूर्वक लिखा है तो फिर अलग से वृत्तियों पर चर्चा करने की क्या ज़रूरत। यदि हम छठे अध्याय में भरत द्वारा प्रस्तुत नाट्य तत्त्वों को देखें तो वहाँ अभिनय और वृत्ति और प्रवृत्ति तीनों अलग-अलग स्वतन्त्र तत्त्वों के रूप में उपस्थित हैं। इससे साफ़ ज़ाहिर है कि भरत के लिए जितना महत्त्व अभिनय का है उससे कहीं कम वृत्ति का नहीं। इसीलिए जब-जब किसी अभिनय विशेष से समन्वित होकर किसी नाटक को प्रस्तुत किया जाता है तो हम एकदम से पहचान सकते हैं कि उसमें किस वृत्ति का प्राधान्य है। यह हमेशा सम्भव

है कि किसी नाटक में चारों प्रकार के अभिनय का योगदान हो। लेकिन फिर भी कम से कम अभिनय का एक प्रकार प्रमुखता लिए हुए होगा और हम उसे उसकी वृत्ति के माध्यम से जानेंगे। यह ऐसा ही है जैसे कि एक नाटक में बहुत से रसों की उपस्थिति रहती है लेकिन फिर भी उनमें से एक रस को मुख्य रस के रूप में जाना जाता है। यहाँ उस कहानी को भी दुबारा से याद कर सकते हैं जिसके कारण कैशिकी वृत्ति का जन्म हुआ। जैसा कि हम जानते हैं कि भरत के पहले नाटक *समुद्र मंथन* के पहले मंचन में आरभटी वृत्ति की प्रमुखता थी। इसीलिए आमंत्रित दर्शकों ने उसमें कैशिकी वृत्ति अर्थात् सुन्दर केश सज्जा, वेशभूषा, अलंकार आदि तत्त्वों को जोड़ने का आग्रह किया ताकि प्रस्तुति को ज़्यादा से ज़्यादा चित्ताकर्षक बनाया जा सके।

अब हम प्रवृत्ति पर अच्छी तरह से टिप्पणी कर सकते हैं। वृत्ति के सन्दर्भ में प्रवृत्ति का अर्थ है वह तत्त्व जो वृत्ति के स्वभाव को और ज़्यादा मुखर करे। यदि दूसरे शब्दों में कहा जाए तो वृत्ति आन्तरिक चरित्र से सम्बद्ध है और प्रवृत्ति उसके बाहरी आचरण, बोलचाल, रखरखाव अर्थात् कुल मिलाकर हमें प्रत्यक्ष दीखने वाली शारीरिक अभिव्यक्ति। इसे हम एक उदाहरण से समझ सकते हैं। मान लीजिए—हम एक ऐसा नाटक देख रहे हैं जो कैशिकी वृत्ति पर आधारित है लेकिन उसका परिवेश किस प्रदेश, क्षेत्र अथवा भूखण्ड से संबंधित है इसकी जानकारी हमें प्रवृत्ति से ही मिलेगी। जिस प्रकार अभिनय के चार भेद हैं, वृत्ति को भी चार भागों में बाँटा गया है, उसी प्रकार भरत ने प्रवृत्ति में भी चार प्रकार निरूपित किए हैं—आवंती, दक्षिणात्य, औद्रमागधी तथा पांचाली। जैसा कि इनके नाम से ही स्पष्ट है—ये चारों प्रवृत्तियाँ हमारे देश के चार मुख्य क्षेत्रों का प्रतिनिधित्व करती हैं। उत्तर क्षेत्र, दक्षिण क्षेत्र, पूर्व क्षेत्र और पश्चिम क्षेत्र। जब भी किसी नाटक में किसी क्षेत्र विशेष के पात्र अपनी बोली और भाषा में वार्तालाप करेंगे, उस क्षेत्र की वेशभूषा में होंगे, उनका लहजा और उच्चारण उस क्षेत्र विशेष की प्रकृति से समाविष्ट होगा तो हमें यह जानने में कभी भी कोई कठिनाई नहीं होगी कि उस नाटक में मुख्य रूप से किस प्रवृत्ति का प्रयोग किया गया है। इस प्रकार हम देखते हैं कि वृत्ति और प्रवृत्ति में बहुत ही घनिष्ठ सम्बन्ध है। मानों ये दोनों एक ही सिक्के के दो पहलू हैं। चारों प्रवृत्तियाँ अपने नाम के अनुरूप देश की चार दिशाओं का भी परिचय कराती हैं। देखा जाए तो भरत ने प्रवृत्तियों के माध्यम से कितने विशाल भूभाग को अपने अध्ययन की परिधि में समेट लिया है। यह विशालता वृत्ति विवेचन में उतनी दिखाई नहीं देती लेकिन प्रवृत्तियों की परिकल्पना निश्चय ही ज़्यादा प्रखर है। यह नितांत सम्भव है कि बहुत दूर तक किसी नाटक में एक अभिनेता का कोई भी संवाद न हो। लेकिन इसके बावजूद

उसके पहनावे, उसकी चाल ढाल, उसकी कद काठी और उसके रूप रंग से हम तुरंत पहचान सकते हैं कि वह पात्र कहाँ का रहने वाला है अर्थात् वह अपने साथ किस प्रवृत्ति के तत्त्वों को लेकर चल रहा है। एक दूसरे रूप में वृत्ति और प्रवृत्ति का आपसी सम्बन्ध रस और भाव की अवधारणा के माध्यम से भी समझा जा सकता है। भाव हम सबके भीतर स्थायी रूप से स्थित रहते हैं और नाटक के प्रदर्शन के दौरान उनकी अभिव्यक्ति रस निष्पत्ति के रूप में होती है। इस तरह से भाव और वृत्ति तथा रस और प्रवृत्ति का संयुक्त अध्ययन किया जा सकता है। कहा तो यह जाना चाहिए कि अन्ततः प्रवृत्ति ही वह तत्त्व है जो भाव को उद्दीप्त करके रस की कोटि तक पहुँचाने का काम करता है। इस दृष्टि से हम वृत्ति को आलम्बन और प्रवृत्ति को उद्दीपन भी मान सकते हैं।

हम अच्छी तरह से जानते हैं कि किसी भी नाट्य प्रयोग की सार्थकता अन्ततः दर्शकों द्वारा उसकी सम्पूर्ण स्वीकृति में निहित होती है। भरत ने दर्शकों की इस स्वीकृति को सिद्धि का नाम दिया है, जिसका शाब्दिक अर्थ है उपलब्धि अथवा सफलता। हम सभी जो रंगकर्मी हैं उनकी लगातार यही कोशिश रहती है कि हम जो नाट्य प्रस्तुति करने जा रहे हैं वह ज़्यादा से ज़्यादा लोगों तक पहुँचे, उसे ज़्यादा से ज़्यादा दर्शकों का प्रोत्साहन और सराहना मिले और उसे करने के बाद हम अपने भीतर तो सुकून महसूस करें ही, हमसे भी ज़्यादा हमारी प्रस्तुति दर्शकों को भी आनंदित और आह्लादित करने के साथ-साथ उन्हें विचार के लिए भी प्रेरित करे। कोई भी समय और युग रहा हो, मुझे नहीं लगता कि नाटक और रंगमंच का इससे अलग कोई और उद्देश्य हो सकता है।

भरत ने नाट्य प्रस्तुति की इस सिद्धि के दो प्रकार बताए हैं। मानुषी सिद्धि और दैवी सिद्धि। इनमें भी मानुषी सिद्धि के दस अंग हैं और दैवी सिद्धि को दो प्रकार का माना गया है। इसमें कोई संदेह नहीं कि ये दोनों सिद्धियाँ नाट्य प्रयोग में अभिनेताओं के वाचिक, आंगिक, आहार्य और सात्विक अभिनय द्वारा अभिव्यक्त विभिन्न भावों के कारण सम्भव होती हैं। इससे भी ज़्यादा इन भावों को दर्शक किस रूप में लेते हैं और अपनी प्रतिक्रिया ज़ाहिर करते हैं—इसी से सिद्धि के स्वरूप का अभिज्ञान होता है। उदाहरण के लिए दर्शकों का मुस्कुराना, हँसना, वाह-वाह कहना, दुख भरा उच्छ्वास करना और दृश्य, संवाद अथवा हरकत पर ज़ोर-ज़ोर से चिल्लाना मानुषी सिद्धि के लक्षण हैं। इसी तरह से दर्शकों का पुलकित होना, रोमांचित होना, प्रेक्षागृह में खड़े हो जाना, वस्त्र या अंगूठी उतार कर अभिनेता की ओर फेंक देना—ये सारी क्रियाएँ प्रतिक्रियाएँ भी मानुषी सिद्धि के अन्तर्गत आती हैं। इसके विपरीत जब प्रेक्षागृह में न कोई शब्द हो, न कोई क्षोभ, न कोई उत्पात, चाहे प्रेक्षागृह दर्शकों से

खचाखच भरा हो तो ऐसी स्थिति में नाटक के प्रदर्शन को दैवी सिद्धि से सम्पन्न मानना चाहिए। यदि ध्यान से देखें तो भरत ने सीधे-सीधे दो तरह के नाट्य प्रयोगों की ओर चुपके से संकेत कर दिया है। एक नाट्य प्रयोग वह जो शायद अपनी विषय वस्तु में हल्का फुलका या प्रहसन की श्रेणी में आता है जिसे देखकर हम हँसी से लोट पोट हो जाते हैं अथवा अपनी प्रतिक्रिया को बहुत ज़ोर शोर से व्यक्त करते हैं। दूसरा शायद वह नाटक जिसके प्रभाव से हम स्तब्ध रह जाते हैं और हमारे मुख से एक शब्द नहीं निकलता। नाटक देखने के बाद हम चुपचाप बाहर निकल आते हैं और शायद काफ़ी देर तक किसी के साथ भी उस विषय में कोई संवाद या वार्तालाप नहीं कर पाते। ये सही है कि दोनों प्रकार की सिद्धियाँ नाटक की सफलता की सूचक हैं। लेकिन साथ-साथ वह यह भी स्पष्ट संकेत कर देती हैं कि अन्ततः कौन से नाटक का जनमानस पर ज़्यादा गहरा असर पड़ता है। हम अपने अनुभव से जानते हैं कि कॉमेडी अथवा फ़ार्स भी हमें बहुत अच्छे लगते हैं और ट्रेजडी अथवा इससे मिलते जुलते गहरे मानवीय अनुभव से भरपूर नाटक शायद हमें उससे भी ज़्यादा अच्छे लगते हैं क्योंकि वे हमारे भीतर तक जाकर एक गहरा असर छोड़ते हैं। यह उचित ही है कि भरत ने एक प्रतिक्रिया को मानुषी और दूसरी को दैवी सिद्धि का नाम दिया है। कहने का आशय यही है कि यद्यपि दोनों तरह की सिद्धियाँ नाटक की सफलता का ही संकेत करती हैं लेकिन इसमें कोई दो राय नहीं हो सकती कि मानुषी सिद्धि से युक्त सफलता बाहरी, शारीरिक चेष्टाओं और प्रतिक्रियाओं पर आधारित है और दैवी सिद्धि से युक्त सफलता आंतरिक रंगानुभव से सम्बद्ध है, जिसे शब्दों में व्यक्त नहीं किया जा सकता। क्या इसीलिए भरत ने मानुषी और दैवी जैसे शब्दों की परिकल्पना की है।

लेकिन भरत इस विषय में भी सचेत हैं कि मात्र दर्शकों की प्रतिक्रिया को ही किसी प्रस्तुति की सिद्धि का अन्तिम निर्णायक नहीं माना जा सकता। प्रायः देखा गया है कि दर्शकों की प्रतिक्रियाएँ प्रायोजित भी हुआ करती हैं। यही कारण है कि भरत ने हर प्रस्तुति की समीक्षा करने के लिए प्राश्निक की अपेक्षा की है। ये प्राश्निक आधुनिक रंगमंच में नाट्य समारोहों एवं प्रतियोगिताओं के अवसर पर उपस्थित रहने वाले निर्णायकों के समान होते थे। यही नहीं, भरत के रंगमंच के समकालीन यूनानी रंगमंच में भी वार्षिक नाट्य समारोह के अवसर पर इस तरह के निर्णायकों की परिकल्पना की गई है। ये निर्णायक श्रेष्ठ अभिनेता, श्रेष्ठ नाटककार, श्रेष्ठ नाट्यमण्डली आदि के लिए पुरस्कारों का चयन किया करते थे। यद्यपि हमारे यहाँ *नाट्यशास्त्र* में इस तरह के पुरस्कारों अथवा सम्मान का कोई उल्लेख नहीं मिलता लेकिन फिर भी हम नाटकों की सिद्धि का निर्णय लिए जाने से इस नतीजे पर पहुँच

ही सकते हैं कि शायद सिद्धि के साथ-साथ नाट्य प्रस्तुति में अभिनेताओं और नेपथ्यकर्मियों को अवश्य पुरस्कृत किया जाता होगा। ये कहने की ज़रूरत नहीं कि प्राश्निक ऐसे लोग होते थे जो नाट्यकला के पूर्ण मर्मज्ञ हों।

अब हम अपने आलेख के अन्तिम द्वैत अर्थात् सुकुमार और आविद्ध जैसे शब्दों पर आ पहुँचे हैं। वास्तव में ये दोनों शब्द नाट्य प्रयोग के दो ऐसे प्रकारों की तरफ़ संकेत करते हैं जो लोकधर्मी में भी हो सकते हैं और नाट्यधर्मी में भी। इसी तरह भारती वृत्ति, आरभटी वृत्ति, कैशिकी वृत्ति और सात्वती वृत्ति से संयुक्त नाट्य प्रस्तुतियों में भी इनका हस्तक्षेप बराबर देखा जा सकता है। सुकुमार का अर्थ है ऐसी प्रस्तुति जिसमें बहुत ही कोमल हावभाव और अंग संचालन किया गया हो और आविद्ध का अर्थ है जिसमें उद्धत और कठोर गति विधान को सँजोया गया हो। भरत ने दशरूपक के अलग-अलग रूपकों को इस प्रयोग की दृष्टि से दो भागों में बाँटा है। उनके अनुसार नाटक, प्रकरण, भाण, वीथि तथा अंक—ये पाँच प्रकार के रूपक सुकुमार कहलाते हैं। इनका मुख्य रस शृंगार होता है। इसी तरह डिम, समवकार, व्यायोग और ईहामृग—ये रूपक आविद्ध की श्रेणी में रखे गए हैं। इनमें पात्रों के रूप में मनुष्यों की अपेक्षा दैवीय चरित्रों की बहुलता रहती है। अपने शीर्षक के अनुरूप आविद्ध में मारकाट, भागदौड़ और बल-सौष्ठव जैसे तत्त्वों का प्रयोग किया जाता है।

ध्यान रहे कि भरत ने प्रहसन जैसे रूपक को किसी भी श्रेणी में नहीं रखा है। यह सही है कि उसमें भी हास्य के साथ-साथ शृंगार रस रहता है। लेकिन वह इतना सुकुमार और कोमल नहीं होता कि उसे उस कोटि में रखा जा सके। इसी प्रकार उसके गति विधान अथवा अंग संचालन में आविद्ध जैसी कठोरता भी नहीं होती। इसलिए वह उस संज्ञा से भी वंचित रह जाता है। कहना होगा कि प्रहसन अपने आप में एक विशिष्ट रूपक बन जाता है।

क्या हम इन प्रयोगों के नामों के जन्म की सम्भावना भरत द्वारा प्रस्तुत अन्य शब्दावलियों के साथ जोड़ सकते हैं? उदाहरण के लिए चारी और महाचारी अथवा लास्य और ताण्डव जैसे शब्दों की उपस्थिति। हम जानते हैं कि पूर्वरंग में ही सूत्रधार दर्शकों के समक्ष चारी और महाचारी गतियों का प्रदर्शन करता है। यह एक तरह का पूर्व संकेत है कि होने वाले नाट्य प्रयोग में इनमें से किसी एक पक्ष की प्रधानता हो सकती है। प्रकारान्तर से लास्य और ताण्डव शब्द भी नाट्य प्रयोग की इसी विशिष्टता को व्यंजित करते हैं।

इस प्रकार हम देखते हैं कि सुकुमार और आविद्ध अन्ततः नाट्य प्रस्तुति की उस मूल प्रकृति अथवा विशेषता को रेखांकित करते हैं जो हमें किसी भी शैली से युक्त नाटक में अलग से दिख जाती है।

नाटक का पृथ्वी पर लौटना

नाट्यशास्त्र के अन्तिम अध्याय में भरत पुनः एक कथा के माध्यम से नाट्यविद्या के स्वर्ग से पृथ्वी पर लौटने का विवरण प्रस्तुत करते हैं और इस तरह से अपने शास्त्र का समाहार उसी बिन्दु पर आकर करते हैं जिससे उन्होंने उसका आरम्भ किया था अर्थात् किस तरह से नाट्यविद्या जैसी उच्च विद्या धीरे-धीरे अपने पतन की ओर बढ़ती है। यदि हमें याद हो तो *नाट्यशास्त्र* का पहला अध्याय नाटक के जन्म के बहाने से नाट्यजगत की इसी अवनति की ओर संकेत करता है जिसे देखकर भरत जैसे आचार्य को *नाट्यशास्त्र* रचने की ज़रूरत पड़ी। इस तरह से *नाट्यशास्त्र* की कहानी का जो फ़्लैशबैक पहले अध्याय से शुरू होता है वह उसके अन्तिम अध्याय में अपनी पूर्णता को प्राप्त करता है। इस दृष्टि से यह शास्त्र अपने नियमों, सिद्धान्तों और अवधारणाओं को एक कहानी के माध्यम से हमारे सामने प्रस्तुत करता है। यदि हम इस शास्त्र को अपने स्वयं के जीवन और व्यवहार से जोड़कर देखें तो हमें इसकी सारी सामग्री

बहुत ही सहज, सरल और अपने आस-पास की लगेगी।

भरत ने इस अध्याय को *नाट्यावतरण* की संज्ञा से अभिहित किया है। भरत के अनुसार नाट्यावतरण में वह नाट्यकला के स्वर्ग से निष्कासित होने की कहानी सुनाते हैं। हमें याद है कि पहले अध्याय में जब ब्रह्मा ने *नाट्यशास्त्र* के प्रयोग के लिए देवताओं को आमंत्रित किया था तो उन्होंने आरम्भ में ही अपनी असमर्थता व्यक्त कर दी थी। इस पर ब्रह्मा ने *नाट्यशास्त्र* भरतमुनि को सौंपते हुए आदेश दिया कि वह अपने सौ पुत्रों (शिष्यों) के साथ इस शास्त्र को आधार बनाकर नाट्य प्रस्तुति तैयार करें। इस कहानी से यह साफ़ ज़ाहिर है कि नाट्यकला को अन्ततः मनुष्य जैसे जीवंत प्राणी द्वारा ही संपन्न होना है चाहे उसके दर्शक देवी देवता और दूसरे मुनिजन क्यों न रहे हों। क्या हम ये मान लें कि नाट्य जैसी विधा के पृथ्वी पर लौटने से पहले भरत ने जितने भी नाटक प्रस्तुत किए उनका मंचन स्वर्ग लोक में हुआ था। लेकिन आज का तार्किक मन इस तथ्य को स्वीकार करना नहीं चाहता। तब नाट्यावतरण की इस कहानी को किस परिप्रेक्ष्य में व्याख्यायित किया जाए?

आइए पहले हम उस कहानी को ही पूरी तरह से जान लें।

> "मेरे ये (सौ) पुत्र नाट्यवेद सीखकर अपने प्रहसनों के प्रयोग से लोक को व्यथित करने लगे। कुछ समय बाद उन्होंने ग्राम्य धर्म से युक्त शिल्पक का प्रयोग किया जिसमें ऋषियों पर सामूहिक रूप से व्यंग्य था। उन्होंने वह अश्राव्य, दुराचार से युक्त, ग्राम्यधर्म से प्रवर्तित, निष्ठुर और अप्रासंगिक काव्य समाज के आगे प्रस्तुत कर दिया। उसे सुन भयंकर रोष से काँपते हुए आग की भाँति जलते हुए मुनियों ने क्रुद्ध होकर उन भरत पुत्रों से कहा—हे द्विजो, तुम लोगों ने हमारी यह हास्यास्पद नकल करके ठीक नहीं किया। यह अपमान हमें स्वीकार नहीं है। चूँकि तुम लोग ज्ञान के मद से मतवाले होकर ढीठ हो गए हो। अतः तुम लोगों का यह कुज्ञान नष्ट हो जाएगा। ऋषियों और ब्राह्मणों के समवाय में तुम लोगों के लिए आहुति नहीं दी जाएगी तथा तुम लोग शूद्रों के समान आचार वाले हो जाओगे। उग्र तेज वाले मुनियों के ये वचन सुनकर दुःखी होकर वे लोग मेरे पास आए और मुझसे बोले—आपने तो हमारा नाश करवा दिया। इस नाट्यदोष के कारण हम शूद्रों के समान आचार वाले हो गए हैं।
>
> मैंने भी सांत्वना देकर उनसे कहा—हे निष्पाप पुत्रो, क्रोध मत करो। हमारे लिए यही विधि का विधान था। मुनियों का वचन कभी झूठा नहीं होगा। उसके कारण तुम लोग विनाश के लिए मन मत बनाओ। हमें ब्रह्मा के द्वारा प्रवर्तित इस नाट्य का ज्ञान शिष्यों तथा अन्य लोगों को प्रयोग के द्वारा देना

है। यह नाट्य बड़ी कठिनाई से प्रवर्तित हुआ है। इसका नाश नहीं होना चाहिए। यह महान आश्रय वाला, महान पुण्य वाला (पवित्र) तथा वेद अंगों और उपांगों से जन्मा है।

कुछ समय पश्चात–नहुष नामक राजा ने अपनी नीति, बुद्धि और पराक्रम से स्वर्ग का राज्य प्राप्त कर लिया। देवों से सम्पत्ति प्राप्त करते हुए वह (उन पर) राज्य करने लगा। (स्वर्ग में) गांधर्व (संगीत, नृत्य) तथा नाट्य को देखकर वह इन विद्याओं को पृथ्वी पर लाने के लिए चिंतित हुआ। उस राजा ने देवताओं से अंजलि बाँधकर नाट्य प्रयोग के लिए कहा–अप्सराओं के साथ मेरे घर में भी नाट्य हो। तब बृहस्पति को आगे करके देवों ने उसे उत्तर किया–अप्सराओं का मनुष्यों से मेल सम्भव नहीं है। पर आप स्वर्ग के शासक हैं अतः हम हितकारक और उचित उपाय बताते हैं। यहाँ से (नाट्य के) आचार्य पृथ्वी पर जाकर आपका (नाट्य प्रयोग सिखाने का) प्रिय कार्य करें। तब नहुष ने हाथ जोड़कर मुझसे कहा–हे भगवान मैं इस नाट्य को पृथ्वी पर प्रतिष्ठित देखना चाहता हूँ। मेरे पितामह (पुरूरवा) के घर उस समय यह अन्तःपुर के लोगों में पितामह की प्रेरणा से उर्वशी के द्वारा प्रचारित किया गया था। अब यह लुप्त हो गया। अतः हम चाहते हैं कि यह फिर से प्रकाशित हो और फिर से इसका प्रयोग पृथ्वी पर किया जाय। शुभ अवसर, यज्ञ की क्रिया आदि में मंगल के रूप में इस नाट्य का प्रयोग हो।

मैंने राजा नहुष से कहा–ऐसा ही होगा, फिर अपने पुत्रों को बुलाकर देवों सहित सांत्वनापूर्वक उनसे कहा–ये राजा नहुष हाथ जोड़कर हमसे प्रार्थना कर रहे हैं। तुम लोग नाट्य के प्रयोग के लिए धरती पर जाओ।

इसका समुचित प्रयोग करके हम ऋषियों के श्राप का अन्त कर देंगे और ब्राह्मणों तथा राजाओं की निंदा के पात्र न रहेंगे।

हम सबके तथा महात्मा नहुष के लिए ब्रह्मा ने आप्तोपदेश से सिद्ध होने वाला यह नाट्य बताया है। इस नाट्यशास्त्र में जो बातें छूट गई हैं उन्हें प्रयोग निर्देश के साथ कारिकाओं और निरुक्त के द्वारा (मेरे शिष्य) कोहल अपने उत्तरतंत्र (कोहलीय नाट्यशास्त्र) में बताएँगे। तब वे भरतपुत्र पृथ्वी पर नहुष के घर जाकर क्रमानुसार अनेक प्रकार से (अन्तःपुर की) स्त्रियों से प्रयोग कराने लगे। इस तरह मेरे शिष्यों ने पृथ्वी पर इस नाट्य को उतारा और इस भरतवंश और इसके भविष्य को बचाया।"

उपर्युक्त कहानी की पृष्ठभूमि में हम नाट्यावतरण को कई दृष्टियों से व्याख्यायित कर सकते हैं। एक स्थूल अर्थ तो यही समझ में आता है कि नाट्यकला

का स्वर्गलोक से मृत्युलोक में आना, जिसके विषय में हम कहानी से पहले भी संकेत कर चुके हैं। क्या स्वर्गलोक रंगमंच की उच्चता का सूचक नहीं है? और पृथ्वी पर लौटने को उसका पतन मान लिया जाय? यदि हम रंगमंच का इतिहास उठाकर देखें तो आदिम रंगमंच में अभिनीत कहानियों में भी रंगमंच की पतनोन्मुख प्रवृत्तियों के रुझान दिखाई देने लगते हैं। हमें ज्ञात है कि मानवीय सभ्यता की पहली अवस्था शिकार युग में जब आदिम रंगमंच का जन्म हुआ तो उसकी कहानियाँ आदमी द्वारा ख़तरनाक जंगली जानवर के शिकार से संबंधित हुआ करती थीं। यदि आदमी ने वह लड़ाई जीत ली तो उसके लिए वह जीत का उत्सव और जानवर के लिए शोक का अवसर होता था। लेकिन यदि परिणाम ठीक इसके विपरीत होता था तो मनुष्य के लिए त्रासदी की शुरुआत यहीं से हुई। इसी तरह से अचानक एक दिन ऐसे नाटकों को खेलते-खेलते ख़तरनाक जानवर की भूमिका करने वाले अभिनेता का पैर फिसल गया और वह धड़ाम से ज़मीन पर गिर पड़ा। उसका गिरना था कि सारा दर्शक समूह ज़ोर से हँस पड़ा। बस फिर क्या था! उस अभिनेता को यह गुर मिल गया कि दर्शकों को ज़्यादा कैसे हँसाया जा सके और उसने उल्टी सीधी हरकतों को अपनी प्रस्तुति में इस्तेमाल करना शुरू कर दिया। बेशक रंगमंच में त्रासदी के विरोध में कॉमेडी का उदय अवश्य हुआ लेकिन सच्चाई यह भी है कि उसी के साथ-साथ रंगमंच कब पतन की ओर अग्रसर हो जाए इसके संकेत भी मिलने शुरू हो गए थे।

शायद कॉमेडी अथवा हास्य नाटक की प्रस्तुति में अतिरंजना का तत्त्व अनिवार्य रूप से शामिल रहता है। दूसरी तरफ़ हास्य नाटक वह विद्या भी है जो समाज में व्याप्त झूठ, पाखण्ड और भ्रष्टाचार जैसी बुराइयों पर व्यंग कर सकती है। नाटक को छूट है कि वह विदूषक के माध्यम से सामने बैठे दर्शकों पर तीखा कटाक्ष कर सकता है। कॉमेडी नाटकों को छोड़ दें तो भी संस्कृत नाटक, शेक्सपीयर के नाटक और पारसी नाटकों में अलग से विदूषक की परिकल्पना इसीलिए की गई है। मोलियर जैसे नाटककार ने अपने हास्य व्यंग्य के नाटकों से तत्कालीन फ्रांसीसी समाज के उच्च और सम्भ्रांत वर्ग की ख़ूब जमकर ख़बर ली है। इन सारे उदाहरणों को देने का एक मात्र उद्देश्य यही है कि इस शैली में जब भी कोई नाटक खेला जाएगा, उसमें निश्चित रूप से भदेसपन आएगा क्योंकि दर्शकों का उन्मुक्त अट्टहास अभिनेता को और बढ़ चढ़कर अभिनय करने के लिए उकसा देता है और यहीं से उस ख़तरे के बिन्दु की शुरुआत होती है, जिसकी तरफ़ हम बार-बार संकेत कर रहे हैं।

भरत ने भी दशरूपक विधान में जब प्रहसन का प्रावधान किया था तो उसे तनिक भी अंदेशा नहीं रहा होगा कि अन्ततः रूपक का यही भेद नाट्य विधा के

पतन के लिए ज़िम्मेदार होगा। भरत ने अन्तिम अध्याय में पहले प्रहसन और उसके बाद किसी शिल्पक के मंचित किए जाने का उल्लेख किया है। शिल्पक शायद कोई उपरूपक रहा होगा लेकिन वह निश्चित रूप से ग्राम्य अर्थात् निम्न और शूद्र भावनाओं और हरकतों से ओतप्रोत होगा। यही कारण है कि इस प्रकार के नाट्य प्रयोगों के मंचन से दर्शक दीर्घा में बैठे ज्ञानी मुनिजन क्रोधित हो उठे होंगे और उन्होंने नाट्य विधा के विनाश के लिए शाप दे दिया होगा। यह प्रतिक्रिया उनकी तरफ़ से सहज और स्वाभाविक थी। हम स्वयं ही आज किसी ऐसे नाट्य प्रदर्शन में बैठे हों जहाँ अभिनेताओं द्वारा दर्शकों को ज़बर्दस्ती हँसाने के लिए ऊटपटांग हरकतें की जाने लगें तो हमारी अपनी प्रतिक्रिया भी लगभग वैसी ही होगी।

क्या इसी तरह की घटनाओं के कारण नाट्य विधा को कभी भी एक शुद्ध कला का दर्जा नहीं दिया गया? दूसरी तरफ़ ये भी सच है कि नाट्यविधा की सारी कोशिश उस शुद्धता और उच्चता को पाने की रहती है। इसी के लिए अभिनेता की तैयारी के दौरान मानसिक एवं शारीरिक अभ्यास का प्रावधान किया जाता है ताकि हम अपने मन, मस्तिष्क और शरीर पर इतना नियंत्रण कर लें कि नाटक की प्रस्तुति के दौरान सदा उसकी निश्चित सीमा के भीतर ही रहें और इधर-उधर बहक और भटक न जाएँ। ये सारी बातें कहने और सुनने में जितनी अच्छी लगती हैं, उनका पालन करना उतना ही कठिन होता है। क्या हमें कालिदास के नाटक *विक्रमोर्वशी* का वह प्रसंग याद नहीं है जिसमें नाटक के मंचन के दौरान उर्वशी जैसी समर्थ अभिनेत्री नाट्य प्रस्तुति के दौरान अपने किसी संवाद में इन्द्र की बजाय भूलवश पुरुरवा का नाम बोल जाती है जिसके कारण उसे धरती पर जाने का शाप मिलता है। इसी से मिलती-जुलती एक और कहानी गुजरात की भवई नाट्यशैली में जसमा ओढ़न के वेश में मिलती है। क़िस्सा यूँ है कि नाला ऋषि जंगल में घोर तप कर रहे हैं जिससे इन्द्र को लगता है कि शायद उनका यह तप उसका सिंहासन पाने के लिए है। वह बहुत सी अप्सराओं को उनका तप भंग करने के लिए धरती पर भेजते हैं, जिनमें सबसे सुन्दर अप्सरा है कामकुण्डला। अप्सराएँ नाला ऋषि का तप भंग करने में सफल हो जाती हैं, जिससे क्रोधित होकर नाला ऋषि कामकुण्डला को धरती पर जन्म लेने का शाप देते हैं। विश्वामित्र और मेनका की कहानी जगत प्रसिद्ध है जिसकी परिणति शकुन्तला के जन्म के रूप में हुई और कालिदास उसी शकुन्तला की कहानी को आधार बनाकर *अभिज्ञानशाकुन्तल* जैसे मार्मिक नाटक की रचना कर सके।

ये सारे तथ्य और सूचनाएँ इस बात की साक्षी हैं कि जब-जब हम अपने माध्यम की निश्चित सीमाओं को तोड़कर भटक जाते हैं तो उसका उस माध्यग की

अधोगति के लिए काफ़ी बड़ा हिस्सा रहता है। रंगमंच जैसी विधा में तो इस पतन की आहट बराबर मौजूद रहती है क्योंकि यह एक जीवंत माध्यम है। एक समूह को साथ लेकर चलता है और एक समूह को संबोधित होता है। इसे दोहराने की ज़रूरत नहीं कि इस प्रक्रिया में बहुत कुछ ऐसा घटित हो सकता है जिसकी पहले से कोई सम्भावना न हो। जब इस तरह का अघटित बार-बार घटित होने लगता है तब समझ लेना चाहिए कि नाटक जैसे माध्यम के बुरे दिन आ गए हैं।

भरत ने तो रंगमंच की इस अधोगति के लिए मात्र एक कारण का उल्लेख किया है और वह था अभिनेताओं द्वारा दर्शकों और सामाजिकों का उपहास उड़ाया जाना। यदि हम अपने समय में झाँकने की कोशिश करें तो हमें और भी बहुत से कारण मिल जाएँगे। हमने बार-बार बड़ी से बड़ी नाट्य संस्थाओं को टूटते बिखरते देखा है, जिसके कारण सिर्फ़ नाट्यमण्डली को ही नहीं वरन् रंगमंच की गुणवत्ता को भी नुकसान पहुँचा। बंगाल में बहुरूपी जैसी नाट्यमण्डली का उदाहरण हमारे सामने है। हिन्दी रंगमंच में अनामिका, दिशांतर और सम्भव जैसी मण्डलियों का इतिहास भी इससे अलग नहीं है। यदि थोड़ा पीछे जाएँ तो पारसी नाट्य मण्डलियों के साथ भी लगभग ऐसा ही घटित हुआ। शायद यह कथन सही जान पड़ता है कि नाटक और रंगमंच जैसा माध्यम हमेशा तरह-तरह की बाधाओं और व्यवधानों से घिरा रहता है। यह बात भरत द्वारा मंचित पहले नाटक से लेकर आज तक बार-बार दोहराई जाती रही है। दूसरी तरफ़ रंगमंच माध्यम में वह प्राणशक्ति भी मौजूद है कि हर बार पूरी तरह से समाप्त होने के बाद वह पुनः उठ खड़ा होता है। इसीलिए उसकी तुलना अग्नि पक्षी से की गई है जो आग में जलकर भस्म हो जाता है और उसी राख में से पुनः जन्म लेता है। भरत ने भी नाट्यावतरण की कहानी में अप्रत्यक्ष रूप से इसी तरफ़ संकेत किया है। उनके अनुसार नाटक जैसा माध्यम बेशक स्वर्ग से धरती पर आने के लिए शापित हुआ लेकिन उनका विश्वास है कि वह धरती पर भी अपनी उस गुणवत्ता को प्राप्त होगा जिसे उनकी भाषा में स्वर्ग की संज्ञा दी गई है। यदि हम रंगमंच के भरत परवर्ती इतिहास पर ग़ौर करें तो हमें उनकी आस्था पर विश्वास न करने का कोई कारण नज़र नहीं आता।

नाटकों में नाट्यशास्त्र

अभिज्ञानशाकुन्तल

चौथी शताब्दी ई.पू. से सोलहवीं सदी तक फैले दो हज़ार वर्षों के लम्बे अन्तराल में यदि संस्कृत नाटकों के लेखन की विशद परम्परा दिखाई देती है तो उसी के समान्तर उनके मंचन के प्रयोगों का भी संकेत मिलता है। नाटककारों में एक छोर पर अश्वघोष से आरम्भ होकर भास, कालिदास, शूद्रक, विशाखदत्त, श्रीहर्ष, भवभूति, बोधायन, महेन्द्र विक्रम और वत्सराज जैसे जाने पहचाने नाम हैं तो आगे भी भारतेन्दु हरिश्चन्द्र द्वारा उल्लिखित अनगिनत संस्कृत नाटककारों के और उनकी रचनाओं के नाम मिलते हैं। प्रायः ऐसा माना जाता रहा है कि लगभग आठ सौ, एक हज़ार ई. के आसपास संस्कृत नाटकों के मंचन और प्रस्तुति की परम्परा समाप्त होने लगी और उसका स्थान लोक रंगमंच ने ले लिया। लेकिन यह धारणा एक अर्धसत्य के रूप में ही स्वीकार की जा सकती है। यदि दक्षिण भारत के केरल प्रदेश में आज तक लगभग भरत द्वारा निर्दिष्ट मंच से मिलते जुलते बन्द प्रेक्षागृह

में कूडियाट्टम् शैली में अनवरत रूप से संस्कृत नाटकों का मंचन होता आ रहा है, तो कोई कारण नहीं कि देश के दूसरे भागों में भी यह परम्परा अजस्र रूप में विद्यमान रही हो। आवश्यकता इस बात की है कि हम शोध एवं अनुसंधान के माध्यम से उन लुप्त हो गई कड़ियों को आपस में जोड़ने का प्रयत्न करें। दरअसल यह सारी मुश्किल भी स्वयं अपने इतिहास को पश्चिम की दृष्टि से देखने के कारण हुई है। यदि पश्चिम में पाँचवीं सदी के उत्तरार्द्ध में रोम साम्राज्य के पतन के बाद रंगमंच के, आगामी पाँच सौ वर्षों तक, कोई चिह्न दिखाई नहीं पड़ते तो औपनिवेशिक दास्ता के चलते यह कैसे सम्भव था कि यहाँ उस रंगधारा का निरन्तर प्रवाह सिद्ध किया जा सकता।

यही कारण है कि बेशक संस्कृत नाटकों के मंचन लगातार होते रहे, लेकिन वास्तव में वे होते कैसे थे, इसके कोई दस्तावेज़ नहीं मिलते। यों हमारे यहाँ नाटकों के व्यावहारिक और सैद्धान्तिक—दोनों पक्षों के आधार ग्रन्थ के रूप में भरत का *नाट्यशास्त्र* अवश्य विद्यमान है, लेकिन वह भी इस दिशा में बहुत दूर तक हमारी मदद नहीं करता क्योंकि एक तो *नाट्यशास्त्र* को ही कालान्तर में नाटक से ज़्यादा काव्यशास्त्र का ग्रन्थ मान लिया गया। दूसरे नाटक और रंगमंच से जुड़ी जो भी सामग्री *नाट्यशास्त्र* में मिलती है, वह इतनी बिखरी हुई और टुकड़ों-टुकड़ों में मिलती है कि उसके आधार पर उस युग में सचमुच उन नाटकों का मंचन कैसे होता होगा, इसका अनुमान लगाना मुश्किल ही है। इसीलिए संस्कृत नाटकों के मंचन के लिए कभी हम लोक नाट्य शैलियों की तरफ़ लौटते हैं, कभी पाश्चात्य रंगमंच से सूत्र ग्रहण करते हैं और कभी प्रयोग के नाम पर कुछ भी ऊलजुलूल प्रस्तुत कर देते हैं। हम यह भूल जाते हैं कि स्वयं नाटकों में ही उनके तत्कालीन मंचन को लेकर इतने संकेत प्राप्त होते हैं कि हमें अलग से किसी बाहरी शैली की सहायता लेना ज़रूरी नहीं जान पड़ता। इस तथ्य को दोहराने की ज़रूरत नहीं कि अन्ततः नाटकों में उपलब्ध युक्तियाँ, रूढ़ियाँ और शैलियाँ *नाट्यशास्त्र* पर ही आधारित हैं। अतः प्रकारान्तर से हम *नाट्यशास्त्र* में बिखरी सामग्री को एक नाटक के आलेख के रूप में एक ही स्थान पर एकत्रित पाते हैं। यह अद्भुत संयोग है कि लगभग दो हज़ार वर्षों में जितने भी नाटक लिखे गए वे समय के अन्तराल में बेशक एक-दूसरे से न जाने कितनी शताब्दियाँ आगे पीछे हों, लेकिन मंच रूढ़ियों के रूप में उनमें समानता दिखाई पड़ती है। क्या यह समानता इस तथ्य की सूचक नहीं कि इन नाटकों का लेखन और मंचन सदैव एक-दूसरे से जुड़ा रहा है और साथ-साथ होता रहा है। इसमें कोई सन्देह नहीं कि यह समानता उनके शास्त्र पर आधारित होने के कारण भी दिखाई पड़ती है अथवा यह भी नितान्त सम्भव है कि इन्हीं में से कुछ को आधार बनाकर भरत ने अपने *नाट्यशास्त्र* की रचना की हो। भास के विषय में

तो प्रायः यह कहा ही जाता है कि उन्हीं नाटकों में उपलब्ध सामग्री के आधार पर *नाट्यशास्त्र* की रचना हुई। पश्चिम में तो यह तथ्य इतिहास सम्मत है कि जब अरस्तू ने अपने *काव्यशास्त्र* की रचना की, तब तक यूनान के सभी बड़े-बड़े नाटककारों की रचनाओं का लेखन और मंचन हो चुका था। दरअसल शास्त्र और प्रयोग का यह सम्बन्ध हमेशा से इतिहास में मौजूद रहता है और नाटकों की लम्बी परम्परा व प्रयोग के बाद ही शास्त्र की रचना हुआ करती है। अतः यदि किसी संस्कृत नाटक की नाट्यशास्त्रीय प्रस्तुति की भी आज पुनर्रचना करनी हो तो *नाट्यशास्त्र* से भी ज़्यादा स्वयं नाटक के आलेख को ही आधार बनाना होगा। यह अलग बात है कि भास, शूद्रक और विशाखदत्त ऐसे नाटककार हैं जो नाट्यशास्त्र की सीमाओं को भी लाँघ जाते हैं और अपनी निजी पहचान प्रस्तुत करते हैं।

आइए, कालिदास के *अभिज्ञानशाकुन्तल* के माध्यम से उसकी नाट्यशास्त्रीय प्रस्तुति की परम्परा और प्रयोग की सम्भावना और परिकल्पना पर विचार विमर्श किया जाए। लेकिन प्रस्तुति परिकल्पना की ओर बढ़ने से पहले थोड़ा सोच विचार इस दिशा में भी कर लिया जाए कि आख़िर इस नाटक में ऐसा क्या है, जो आज भी हमें अपनी ओर आकर्षित करता रहता है। यदि कालिदास का रचनाकाल ईसा की चौथी शताब्दी में चन्द्रगुप्त विक्रमादित्य के समान्तर माना जाता है तो यह नाटक संस्कृत नाटकों की लम्बी परम्परा के लगभग मध्य में पड़ता है। इससे पहले अश्वघोष, भास, सौमिहल, कविपुत्र और बाद में शूद्रक, विशाखदत्त, श्रीहर्ष और भवभूति जैसे नाटककार आते हैं। कुछ विद्वान तो शूद्रक को भी कालिदास से पहले का नाटककार मानते हैं लेकिन यह इतिहास सम्मत नहीं है।

कालिदास अपने इस नाटक के कथ्य, शीर्षक और शिल्प व संरचना के लिए काफ़ी दूर तक भास के *स्वप्नवासवदत्ता* के ऋणी हैं। दोनों नाटकों के शीर्षकों की समानता अनायास ही ध्यान आकृष्ट कर लेती है। संस्कृत नाट्य साहित्य में कुछ नाटक और भी हैं जिनके शीर्षक उतने ही सांकेतिक, प्रतीकात्मक और व्यंजनापरक हैं, जितने इन दोनों के। उदाहरणार्थ शूद्रक का *मृच्छकटिक*, विशाखदत्त का *मुद्राराक्षस* और बोधायन का *भगवद्ज्जुकम्*। लेकिन जितनी सांकेतिकता भास के *स्वप्नवासवदत्ता* और कालिदास के *अभिज्ञानशाकुन्तल* में मिलती है, वह अन्यत्र दुर्लभ है। शकुन्तला की स्मृति हो जाना अथवा शकुन्तला को ही स्मृति आना। शकुन्तला के बहाने से दुष्यन्त को अभिज्ञान होना अथवा दुष्यन्त के अभिज्ञान के साथ-साथ शकुन्तला को भी अहसास होना। अभिज्ञान ही अपने आप में शकुन्तला का पर्याय है या फिर शकुन्तला अभिज्ञान की—इस प्रकार मात्र शीर्षक की ही विविध व्याख्याएँ की जा सकती हैं। ठीक इसी परिप्रेक्ष्य में हम *स्वप्नवासवदत्ता* को भी व्याख्यायित कर सकते हैं।

लेकिन शीर्षक से भी ज़्यादा यह नाटक अपने कथ्य में गहराई से भरा-पूरा है। सतही तौर पर देखने से यह नाटक भी संस्कृत के दूसरे नाटकों की तरह एक सामान्य सी प्रेम कहानी जान पड़ेगा जिसमें नायक की पहले से कई पत्नियाँ होते हुए भी वह एक नई नायिका के साथ प्रेम का श्रीगणेश करता है और वह प्रेम एक लम्बे अन्तराल के बाद अपनी पूर्णता को पहुँचता है। लेकिन जितनी सतही यह प्रेम कहानी जान पड़ती है, उतनी है नहीं। शायद किसी विद्वान अध्येता ने इस तथ्य की ओर ध्यान नहीं दिया कि पूरे संस्कृत साहित्य में, कम से कम कालिदास के तीनों नाटकों में, यही एक अकेला ऐसा नाटक है जिसमें नायक की पहली पत्नियाँ कभी मंच पर नहीं आतीं अर्थात् नाटककार ने अपनी ओर से उस स्थूल तनाव और संघर्ष की सम्भावना को पहले ही नकार दिया है, जो प्रायः ऐसी प्रेम कहानियों में स्वाभाविक रूप से आ जाता है। न ही यहाँ शकार जैसा प्रतिनायक है, जो प्रत्यक्ष रूप से प्रेम कहानी में व्यवधान उपस्थित कर सके। इसमें कोई सन्देह नहीं कि यहाँ दुर्वासा का शाप और अँगूठी का खोना–दो ऐसी नाटकीय युक्तियाँ हैं; जो इस प्रेम कहानी में अवरोध उत्पन्न करती हैं लेकिन यदि तनिक भी गहराई से विचार किया जाए तो पता चलेगा कि दोनों युक्तियों को नेपथ्य में घटित होते हुए दिखाकर नाटककार ने उनकी उस क्षण की नाटकीयता को कम से कम करने की कोशिश की है, जब उनसे सम्बद्ध घटनाएँ घटित होती हैं। ज़रा कल्पना कीजिए, यदि कालिदास दुर्वासावाले दृश्य को मंच पर ले जाते तो वह ,अपने प्रभाव से आगे आनेवाले दृश्यों का न केवल पूरा आभास दे देता वरन् नाटक के चरमोत्कर्ष को भी निहायत कमज़ोर बना देता। यही बात अँगूठी के विषय में भी कही जा सकती है–जब ये दोनों प्रसंग नाटक के चौथे अंक में प्रियम्वदा अनसूया के परस्पर संवादों में यूँ ही उल्लेखित होकर रह जाते हैं, तब हम उस जटिल नाटकीय स्थितियों के लिए कभी भी तैयार नहीं होते, जो भवितव्य हैं।

नाटक का कथ्य प्रेम है लेकिन उसका कैसा सहज स्वीकार और ज़रूरत पड़ने पर अस्वीकार भी–शकुन्तला और दुष्यन्त की आपस में स्वीकृति और गान्धर्व विवाह के रूप में परिणति। प्रियम्वदा अनसूया द्वारा समर्थित और सबसे बड़ी बात यह कि कण्व जैसे ऋषि मुनि द्वारा भी समाचार पाते ही उसका हर तरह से अनुमोदन। यही कारण है कि आज से पन्द्रह सोलह सौ वर्ष पूर्व की रचना में प्रेम की ऐसी स्वीकृति कितनी आधुनिक और समकालीन जान पड़ती है। भारतीय साहित्य में तो ऐसा सहज स्वीकार दुर्लभ है ही, अपने आप को विकसित और आधुनिक माननेवाले पश्चिम के साहित्य में भी यह कहीं दिखाई नहीं पड़ता। कहने का तात्पर्य यह है कि नाटककार ने जानबूझकर किसी ऐसे बाहरी तत्त्व, स्थिति या घटना को छोड़ दिया

लगता है, जो तात्कालिक नाटकीयता पैदा कर दे। इसके विपरीत उसने प्रेम को ही निहायत सूक्ष्म एवं आन्तरिक स्तर पर परखने का प्रयत्न किया है।

वस्तुतः यह प्रेम प्रसंग एक अनवरत यात्रा के समान है। एक स्तर पर यह यात्रा राजभवन से आश्रम, आश्रम से राजभवन, राजभवन से आकाशमार्ग और पुनः आश्रम तक पहुँचती है तो दूसरी और आश्रम से राजभवन और पुनः आश्रम तक पूरी होती है। एक स्तर पर इस यात्रा में दुष्यन्त के साथ सदा एक रथ होता है तो शकुन्तला यह यात्रा अपने पैरों यानी अपने बलबूते पर करती है। इस यात्रा में कई दूसरे तत्त्व स्वयं ही सम्मिलित हो जाते हैं–दुष्यन्त के आगे-आगे दौड़ता मृग, शकुन्तला के साथ-साथ पला, उसे विदाई देता मृग और अन्त में सिंह शावक। दुष्यन्त के हाथ से अँगूठी का प्रियम्वदा अनसूया के पास पहुँचना, वहाँ से राजपुरुषों के पास से होते हुए पुनः राजा के पास पहुँच जाना। राक्षसों के उत्पात यदि पहली बार दुष्यन्त और शकुन्तला के समागम का कारण बनते हैं तो एक लम्बे वियोग के पश्चात पुनः उन दोनों के अन्तिम मिलन का अवसर प्रदान करते हैं। प्रेम का पहला स्वीकार और अस्वीकार यदि आश्रम एवं राजभवन में घटित होता है जो इसी भूमि पर अवस्थित हैं तो प्रेम का अन्तिम स्वीकार आकाशमार्ग में स्थित आश्रम में सम्पन्न होता है अर्थात् दोनों ही पक्ष अपनी-अपनी ज़मीन छोड़कर एक तटस्थ भूमि पर मिलते हैं, जहाँ किसी भी प्रकार की असहमति, असहयोग की सम्भावना ही नहीं है। दूसरे रूप में देखें तो दुष्यन्त को भी अपने चारित्रिक स्वभाव का बहुत-सा ऐसा अंश छोड़ना पड़ता है जो अनचाहा है और शकुन्तला को भी। प्रेम की विरहाग्नि में दोनों को तड़पना पड़ता है, तभी दोनों उसमें से खरे सोने की तरह बाहर आते हैं। यह है प्रेम जैसे सामान्य और शाश्वत कथ्य की पराकाष्ठा और गहराई।

मात्र कथ्य के स्तर पर ही नहीं, अपने शिल्प और संरचना के स्तर पर भी *अभिज्ञानशाकुन्तल* बिलकुल आज का नाटक लगता है। कहा जाता है कि समय, स्थान और कार्य-व्यापार की अन्विति नाट्य साहित्य को अरस्तू की देन है। लेकिन कालिदास के इस नाटक में भी वह अद्भुत रूप में उपस्थित है। नाटक के पहले चार अंक महर्षि कण्व के आश्रम के बाहर और भीतर स्थित हैं तो अगले दो अंक राजभवन के बाहर और भीतर। अन्तिम अंक पुनः एक आश्रम में ही स्थापित किया गया है। स्थान की अन्विति को थोड़ी देर के लिए छोड़ भी दिया जाए, कार्य व्यापार की अन्विति तो देखते ही बनती है। सात अंकों के नाटक में मात्र एक कहानी है, जिसके इर्द-गिर्द सारा कार्य व्यापार केन्द्रित है। यूनानी नाटकों के सन्दर्भ में कार्य व्यापार की अन्विति समझ में आती है क्योंकि पूरे नाटक में मात्र एक अंक ही हुआ करता था। लेकिन सात अंकों तक एक ही कथा को विकसित कर ले जाना

कालिदास के रचना कौशल का अप्रतिम उदाहरण है। समय की अन्विति पूरे नाटक में तो नहीं, हाँ प्रत्येक अंक में अवश्य मिलती है जहाँ हर बार अंक की शुरुआत सुबह-सुबह होती है और संध्या के आगमन के साथ अंक का अवसान होता है। क्या इस सम्भावना की खोजबीन करना एक रोचक जानकारी और अध्ययन का विषय नहीं होगा कि यदि एक ओर नाटककार ने भरत और *नाट्यशास्त्र* का गहराई से मन्थन किया है तो दूसरी ओर वह अरस्तू के *काव्यशास्त्र* से भी अपरिचित नहीं था। कम से कम यह तथ्य तो स्वीकृत है कि कालिदास के अपने समय में भी अरस्तू के *काव्यशास्त्र* और यूनानी नाटकों की प्रतियाँ हमारे देश में उपलब्ध थीं।

एक और दृष्टि से भी शाकुंतल के महत्त्व को रेखांकित किया जा सकता है। आज रंगमंच में जिस प्रकार के 'फ्यूज़न', 'सिंथेसिस' और मिश्रण की चर्चा हो रही है, यह नाटक उसकी भी एक बानगी प्रस्तुत करता है। देसी और मार्गी, लोकधर्मी और शास्त्रीय, ग्रामीण और नागर, पूर्व और पश्चिम—किसी भी दृष्टिकोण से विचार करें, यह नाटक उसकी एक निश्चित आधार भूमि प्रस्तुत करता है। यों तो यह श्रेय आज तक शूद्रक के *मृच्छकटिक* को दिया जाता रहा है कि राज्य, समाज और परिवार के जितने भी विविध रूप, रंग और रेखाएँ हो सकती हैं, वे सभी शूद्रक के इस नाटक में पहली बार दिखाई पड़ते हैं। लेकिन यदि ध्यान से इस बात पर ग़ौर किया जाए तो पता चलेगा कि *मृच्छकटिक* के ये सभी विविध चित्र केवल नगरीय परिवेश से सम्बद्ध हैं—जबकि शाकुंतल का परिवेश जितना ग्रामीण है, उतना ही शहरी भी, जितना सहज एवं अनौपचारिक है उतना ही औपचारिक भी। *शाकुन्तल* का नागरिक श्याल और उसके दो सहयोगी क्या अनायास ही *मृच्छकटिक* के शकार और वीरक चन्दनक की याद नहीं दिला देते। श्याल और शकार के नाम की समानता तो अपनी जगह है ही, श्याल का बहनोई के रूप में सम्बोधित किया जाना क्या उस शाश्वत तथ्य की ओर संकेत नहीं करता कि व्यवस्था चाहे कोई भी हो, उससे जुड़े सगे सम्बन्धी हमेशा ही इस ताक में लगे रहते हैं कि घूस, रिश्वत और दूसरे अनैतिक कृत्यों से जितना धन बटोरा जा सके, बटोर लिया जाए।

मैं नहीं समझता कि अब अलग से *शाकुन्तल* के आलेख की *नाट्यशास्त्र* के लक्षणों के आधार पर किसी विवेचन की आवश्यकता शेष रह जाती है। यदि हम अपने समय के अनुकूल उसकी सार्थकता एवं समकालीनता पर विचार कर सकते हैं तो यह तो सहज स्वीकार्य है कि दशरूपक के आधार पर *शाकुन्तल* एक नाटक है, उसका मुख्य रस शृंगार है, वह पाँच अर्थ प्रकृतियों, पाँच कार्यावस्थाओं और पाँच सन्धियों से युक्त है, सभी वृत्तियों और प्रवृत्तियों से समन्वित है और अन्ततः लोकधर्मी नाट्यधर्मी शैलियों को समेटे हुए है। इसीलिए अपने समय में यदि यह

नाटक बार-बार मंच पर प्रस्तुत किया जाता रहा तो आधुनिक युग में भी पिछले डेढ़ सौ वर्षों में न जाने कितनी प्रस्तुतियाँ हो चुकी हैं इस नाटक की—पारसी नाटक मण्डलियों ने इसे प्रस्तुत किया, लोक रंगमंच पर इसका प्रयोग किया गया, पृथ्वीराज कपूर ने इसे नाटक के रूप में खेला तो शान्ताराम ने इस पर फ़िल्म बनाई। संस्कृत, हिन्दी, उर्दू समेत सभी भारतीय भाषाओं में मंचन हुआ तो चीन, फ्रांस, जर्मनी, अमेरिका, डेनमार्क जैसे देशों में भी बार-बार इसे प्रस्तुत किया गया। ये सारी सूचनाएँ इस तथ्य को और भी पुष्ट करती हैं कि यह नाटक पूर्व और पश्चिम के रंगनिर्देशकों को समान रूप से मंच प्रस्तुति के लिए प्रेरित करता रहा है। अतः उपर्युक्त सम्पूर्ण पृष्ठभूमि के बाद अब *अभिज्ञानशाकुन्तल* की परम्परा और प्रयोग को समेटते हुए एक नाट्यशास्त्रीय प्रस्तुति पर विशद विचार और विश्लेषण किया जा सकता है।

आरम्भ में ही यह बता देना आवश्यक है कि उपर्युक्त मंच प्रस्तुति की परिकल्पना भरत द्वारा अभिकल्पित विकृष्ट मध्यम नाट्यमण्डप पर की जा रही है। दर्शक दीर्घा के ठीक सामने पहला धरातल रंगपीठ, रंगपीठ पर लगभग नौ इंच ऊँचा रंगशीर्ष और रंगशीर्ष के बीचों-बीच पुनः उतनी ही ऊँचाई पर बनी एक वेदिका, जिसका शास्त्रीय नाम कुतप है। प्रदर्शन के दौरान इस पर आरम्भ से अन्त तक गायक, संगीतकार एवं अन्य वादक बैठते थे। वेदिका के दोनों कोनों पर रंगशीर्ष पर पिछली दीवार में नेपथ्य से मंच पर प्रवेश प्रस्थान के लिए दो द्वार, जिन पर यवनिका पड़ी रहती थी। रंगपीठ के दोनों सिरों पर चार-चार स्तम्भों से घिरे दो विशेष क्षेत्र, जिन्हें मत्तवारिणी के नाम से जाना जाता है। दर्शक और अभिनेता का आपस में सीधा, प्रत्यक्ष और एकतरफ़ा सम्बन्ध जैसा कि आजकल रंगद्वारी प्रेक्षागृह में दिखाई पड़ता है। इस मूल अभिकल्पन के अतिरिक्त मंच किसी भी प्रकार की मंचसज्जा अथवा दृश्यबन्ध से रहित। हाँ, आवश्यकता पड़ने पर कभी-कभार कोई मंच उपकरण लाया, ले जाया जा सकता है अन्यथा मंच पर जो भी अभिनय क्षेत्र उपलब्ध है, वह पूरी तरह से अभिनेता के लिए सुरक्षित है।

पहले अंक की शुरुआत का परिवेश तपोवन के पास की भूमि तथा ऋषि कण्व का आश्रम है। स्पष्ट है कि पूरे अंक के बीच कम से कम दो क्षेत्रों की कल्पना की गई है—एक बाहरी और दूसरा भीतरी। सबसे पहले नान्दी स्वर उभरता है। यह नान्दी नाटककार अपने आराध्य देवी देवता की अयर्थना में नाटक के प्रारम्भ में रखता है—एक प्रकार की मंगल कामना है यह नाटक के पात्रों के लिए भी और दर्शकों के लिए भी। कालिदास के पहले नाटककारों ने नान्दी को नहीं दिया है, विशेष रूप से भास ने। इससे यह अनुमान लगाया जा सकता है कि उस समय नान्दी मण्डली के सदस्यों के बीच नेपथ्य में ही सम्पन्न हो जाया करती होगी। कालिदास ने उसे

मंच पर स्थान दिया है। यद्यपि तब भी यह स्पष्ट नहीं है कि उसे कौन लोग गा रहे हैं? क्या नाटक के सभी पात्र? क्या मात्र वेदिका पर बैठे गायक, वादक और संगीतकार? नान्दी से पहले पूर्वरंग के अन्तर्गत दी हुई गतिविधियों के अनुसार उस समय मंच पर कम से कम तीन पात्र उपस्थित हैं—स्वयं सूत्रधार, नटी और विदूषक अथवा परिपर्श्वक जो मंच की पूजा से जुड़े कई अनुष्ठानों को पूरा करते थे। सम्भव है कि इसके बाद नटी और उसका सहयोगी प्रस्थान कर जाते थे, नान्दी अभी भी नेपथ्य में ही होती रही होगी और उसके तुरन्त बाद सूत्रधार नटी को पुनः मंच पर बुलाता है। इस प्रकार आज हमारे सामने दो विकल्प सहज ही उपलब्ध हैं—नाटक के आरम्भ में सभी पात्र मंच पर प्रवेश करके नान्दी पाठ करें और फिर लौट जाएँ अथवा मात्र मंच पर पहले से बैठी संगीत मण्डली उसका गायन करे। आज तक जितनी भी प्रस्तुतियाँ देखने का अवसर मिला है, उनमें पहले विकल्प का ही प्रयोग किया गया है क्योंकि इतने सारे पात्रों की उपस्थिति से मंच आरम्भ में ही भरा-पूरा लगने लगता है और दर्शकों के साथ एक अन्तरंग रिश्ता स्थापित हो जाता है।

नान्दी के बाद प्रस्तावना संस्कृत नाटकों की मंच प्रस्तुति का एक महत्त्वपूर्ण अंग हुआ करता था। नान्दी को बेशक नाटककारों ने अपने नाटकों में स्थान न दिया हो, लेकिन प्रस्तावना या स्थापना हरेक नाटककार ने रखा है और कई बार तो उसका बहुत ही नाटकीय प्रयोग किया है। उदाहरण के लिए भास प्रायः अपने हर नाटक के आरम्भ को अधिक से अधिक रोचक बनाने के लिए प्रस्तावना को बीच में ही अधूरा छोड़कर नेपथ्य में हुई किसी घटना को मंच पर ले आते हैं। इसके विपरीत कालिदास प्रस्तावना में सारी सूचनाएँ देते हैं ज़रूर जैसे कि नाटक कहाँ खेला जा रहा है, नाटककार का नाम क्या है, नाटक का नाम क्या है और उसकी कथा क्या है लेकिन प्रस्तावना के अन्त तक आते आते वह भी उसे नाटक के मुख्य कार्य व्यापार से जोड़ देते हैं। बहरहाल, उस युग में तो प्रस्तावना की उपस्थिति समझ में आती है, जब यह सम्भव नहीं था कि नाटक से जुड़ी सारी सूचनाएँ हस्तलिखित प्रतियों के माध्यम से सभी दर्शकों को वितरित की जा सकें। आज तो पहले से प्रकाशित और दर्शकों में वितरित नाटक की स्मारिका यह काम बख़ूबी कर सकती है, फिर भी हरेक निर्देशक इस प्रस्तावना को अपने प्रदर्शन का हिस्सा अवश्य ही बनाता है। आख़िर क्यों? इसका भी एक गहरा कारण है। दर्शक द्वारा सारी सूचनाओं को जान लेने के बाद वह नाटक की कहानी से ज़्यादा अभिनेता विशेष की अभिनय कला पर ध्यान केन्द्रित करेगा। यह मात्र संयोग या अकारण नहीं है कि जिस अलगाव के सिद्धान्त की स्थापना ब्रेष्ट बीसवीं शताब्दी में आकर करते हैं, वह हमारी अपनी नाट्य परम्परा में कथागायन और प्रस्तावना जैसी युक्तियों में पिछले दो हज़ार

साल से प्रयोग में आता रहा है। इसीलिए वह आज के निर्देशक को भी संस्कृत नाटक के अनिवार्य अंग के रूप में जान पड़ता है।

वास्तव में नान्दी और प्रस्तावना तो पूर्वरंग के ही अन्तिम दो अंग होते हैं। भरत के अनुसार नाटक की प्रस्तुति दो भागों में बँटी रहती थी—पूर्वरंग और प्रयोग। पूर्वरंग नाट्यमण्डली के अपने व्यवहार का हिस्सा था इसलिए नाटककारों ने अपनी रचनाओं में उसे छोड़ दिया है। पूर्वरंग के अन्तर्गत वे सब कार्यकलाप आते हैं, जो नाटक की मंच प्रस्तुति से जुड़े हो सकते हैं। मंच उपकरणों एवं वाद्य यन्त्रों का मंच पर लाकर रखा जाना, गायकों, वादकों और संगीतकारों का मंच पर आकर स्थान ग्रहण करना, गायकों द्वारा स्वर संधान, वादकों द्वारा अपने यन्त्रों को साधना, हाथ से बजाए जानेवाले वाद्य, वायु से बजनेवाले यन्त्र—सबका आपस में मिलकर नाटक के संगीत का अभ्यास करना, सूत्रधार नटी आदि का मंच पर प्रवेश, मंच के चारों कोनों की पूजा, मंच के मध्य में जर्जर ध्वज की स्थापना, मंच पर उपस्थित तीनों पात्रों का त्रिगत के नाम से आशु संवाद, सूत्रधार द्वारा चारी और महाचारी पदगतियों द्वारा लास्य व तांडव गतियों का प्रदर्शन—इनमें से शुरू की गतिविधियाँ, जिनमें दृश्य के नाम पर कुछ नहीं है रंगपटी के पीछे और बाक़ी सारे कलाप दर्शकों के सामने। ये सब कुछ इसलिए कि पहले से आए दर्शकों के मनोरंजन के लिए कुछ होता रहे, धीरे-धीरे दर्शकों को उस भाव भूमि एवं मूड में लाया जाए और मुख्य नाटक के प्रयोग के लिए एक उचित और अनुकूल वातावरण तैयार किया जाए। इसीलिए पूर्वरंग का प्रावधान रखते हुए भी भरत इसके लिए सचेत हैं कि यह न तो बहुत छोटा हो और न बहुत लम्बा। क्या आज भी हम परोक्ष अपरोक्ष रूप में उपर्युक्त पूर्तरंग की प्रक्रिया से नहीं गुज़रते, चाहे उसका स्वरूप कितना ही क्यों न बदल गया हो?

उस समय तो पूर्वरंग की एक और पक्ष से भी अनिवार्यता थी। नाटक पूरी तरह से शास्त्र पर आधारित है और हरेक नाटक में काम करनेवाले अभिनेता शास्त्र के जानकार हैं, अतः अलग से किसी पूर्वाभ्यास की आवश्यकता नहीं हुआ करती थी। पूर्वरंग के माध्यम से वे सभी प्रदर्शन के दिन एकत्रित होकर नाटक के संवाद, गीत, संगीत एवं गतियों को दोहरा लिया करते थे।

इसीलिए मुख्य नाटक का प्रयोग उस पहले दृश्य से आरम्भ होता है जो ठीक प्रस्तावना के बाद आता है और जिसमें नाटक की कहानी से जुड़े पात्र प्रवेश करते हैं। यों तो मुख्य पात्रों के मंच पर प्रवेश प्रस्थान के लिए भी भरत ने अलग से ध्रुवा गीतों का प्रावधान किया है। लेकिन नाटककारों ने उन्हें भी अपनी रचना का हिस्सा नहीं बनाया। ये गीत भी वस्तुतः नाट्य मण्डलियों की अपनी उपज हुआ करते थे और उनका एकमात्र उद्देश्य था कि मुख्य पात्र के प्रवेश के लिए दर्शकों को

अतिरिक्त रूप से सजग कर दिया जाए।

शाकुन्तल का पहला दृश्य ही इतना महत्त्वपूर्ण है कि वह नाटक की सम्भावित प्रस्तुतिशैली को एकदम से स्थापित कर देता है और वह है "धनुष चढ़ाए और सारथि के साथ रथ में हरिण का पीछा करते राजा दुष्यन्त का प्रवेश।" इस दृश्य को हम किसी भी यथार्थवादी पद्धति से करना चाहें तो वह कभी सम्भव नहीं है। इसीलिए भरत ने तत्कालीन नाटकों की परम्परा में से ही नाट्यधर्मी पद्धति को खोज निकाला अर्थात् मंच पर न कोई सचमुच का रथ है न कोई वास्तविक हरिण है, फिर भी पात्रों की गतियों, मुद्राओं एवं चर्याओं से मृग का सम्पूर्ण चित्र प्रस्तुत कर दिया जाए। कल्पना की जा सकती है कि एक ख़ाली मंच पर मात्र पात्रों की वेशभूषा, रूपसज्जा, पद संचालन, हस्त मुद्राओं के साथ-साथ संवादों की अदायगी से कितना अभिराम दृश्य जगत उपस्थित हो जाता होगा। पात्रों की गतियाँ और मुद्राएँ भले ही नृत्यवत् हैं लेकिन वे नृत्य नहीं हैं। यहाँ आंगिक और आहार्य के साथ-साथ वाचिक का निर्वाह भी अभिनेता को ही करना है। यही वाचिक और शब्द तब भी काम में आते हैं जब उसी ख़ाली मंच पर मात्र एक संवाद से कि "यह रहा आश्रम। अब मैं अन्दर प्रवेश करता हूँ।" पूरा का पूरा मंच एक आश्रम में परिवर्तित हो जाता है। एक मंच निर्देश बार-बार संस्कृत नाटकों में आता है और वह है–'घूमकर और देखकर' अर्थात् जब भी कोई नया क्षेत्र स्थापित करना है तो पात्र मंच पर घूमेगा और अपने अगले संवाद से उस क्षेत्र का परिचय दे देगा। दर्शक इस रूढ़ि के इतने अभ्यस्त थे कि उन्हें एक ख़ाली स्पेस में भी पूरा दृश्य और उससे जुड़ी साज सज्जा दिखाई पड़ने लगती थी। क्या यही पद्धति यूनानी और यहाँ तक कि शेक्सपीयर के नाटकों में भी नहीं अपनाई जाती थी?

यही नाट्यधर्मी प्रस्तुतिशैली शकुन्तला और उसकी सखियों द्वारा वृक्ष सींचने के अभिनय में भी प्रयोग में आती है और इसका सहारा तब भी लिया जाता है, जब एक भौंरा शकुन्तला के ऊपर मँडराने लगता है और वह उसे हटाने का अभिनय करती है अर्थात् मंच हर बार किसी भी तरह की बाह्य साजसज्जा से मुक्त है और उसे पात्रों के वाचिक और आंगिक अभिनय के भीतर से साकार होना है।

उपर्युक्त दृश्यों में ही कालिदास कितनी कुशलता से और बिना बताए *नाट्यशास्त्र* की एक और पद्धति का परिचय भी दे जाते हैं और वह है कक्ष विभाग यानी एक ही समय में मंच के अलग-अलग हिस्सों में समान्तर एवं स्वतन्त्र कार्य व्यापार–यहाँ एक क्षेत्र दुष्यन्त का है, एक क्षेत्र शकुन्तला और उसकी सखियों का है। जब दुष्यन्त के संवाद हैं तो सम्भव है कि दूसरा क्षेत्र स्थिर हो या जब शकुन्तला और उसकी सखियों के संवाद हैं तो दुष्यन्त स्थिर हो। इसी का दूसरा रूप यह भी

हो सकता है कि एक क्षेत्र में संवाद हों और दूसरे में मात्र मौन गतिविधान हो। यही दोनों अलग कार्यक्षेत्र कितनी सहजता से पुनः एक सामान्य कार्यक्षेत्र में लौट आते हैं, जब भौरे को हटाने के क्रम में दुष्यन्त ठीक शकुन्तला के सामने पहुँच जाते हैं। अंक के अन्त में जब शकुन्तला के पैर में नई कुशा का एक काँटा गड़ जाता है और उसका वल्कल शाखा में उलझ जाता है--क्या तब भी उसी सांकेतिकता की अपेक्षा नहीं, जिसके विषय में हम अब तक बात करते आए हैं?

संस्कृत नाटकों की एक और युक्ति ऐसी है जो बार-बार प्रयोग में आती है और शाकुन्तल भी इसका अपवाद नहीं है। वह है किसी भी नए पात्र को बाहर लेने जाना और तुरन्त उसे साथ लेकर मंच पर प्रवेश करना -हमारा आज का बौद्धिक रवैया सवाल कर बैठता है कि यह कैसे सम्भव है? लेकिन यदि हम अपनी परम्परा में कथावाचन एवं गायन की शैलियों के भीतर झाँककर देखें तो ऐसे प्रश्न और उनके पीछे के लॉजिक आप ही आप पीछे छूट जाते हैं। क्या वामन के अवतार रूप में विष्णु ने केवल तीन क़दमों में ही पूरी सृष्टि को नहीं नाप लिया था? गणेश ने मात्र अपने माता पिता की परिक्रमा को पूरे संसार की परिक्रमा से नहीं जोड़ दिया था? यदि हम मिथक में, लोककथा में ऐसे अंशों को स्वीकार कर सकते हैं तो उन नाटकों में आए ऐसे अंशों को सहज रूप में लेने में इतनी आपत्ति क्यों, जो स्वयं उन्हीं मिथकों पर आधारित हैं?

कभी-कभी ऐसे मंच निर्देशों को सामने पाकर सचमुच दुविधा खड़ी हो जाती है। शाकुन्तल के तीसरे अंक में दुष्यन्त का यह संवाद है--"ओह ! आँखें जैसे सार्थक हो उठीं ! यह रही वह सामने फलों से ढँके शिलाखंड पर। सखियाँ इसकी परिचर्या कर रही हैं। तो यहीं लताओं के पीछे छिपा इनकी अन्तरंग बातें सुनता हूँ।"

इसके साथ का मंच निर्देश है--देखता हुआ खड़ा रहता है। निर्दिष्ट रूप में सखियों के साथ शकुन्तला का प्रवेश।

जिज्ञासा यह होती है कि शकुन्तला का मंच पर यह प्रवेश कैसे कराया होगा? क्या दुष्यन्त के संवाद के बाद शकुन्तला और उसकी सखियाँ प्रवेश करके शिलाखंड पर आकर बैठ गई होंगी? इसमें कोई सन्देह नहीं कि संस्कृत नाट्य परम्परा की नाट्यधर्मिता के अनुकूल इस प्रवेश में यथार्थ का कोई भ्रम उत्पन्न करने पर आग्रह नहीं है लेकिन सौन्दर्य की दृष्टि से यह प्रवेश बिलकुल सपाट जान पड़ेगा।

इसीलिए मंच के प्रवेश द्वारों पर पड़ी दो यवनिकाओं--पटी व अपटी के अतिरिक्त भरत ने एक तीसरी चलायमान पटी का भी संकेत किया है, जिसे आज हम अपनी लोक परम्पराओं में रंगपटी के नाम से भी जानते हैं। यह रंगपटी संस्कृत नाटकों की मंच प्रस्तुति में कई रूपों में काम में लाई जाती थी। सबसे पहले तो पूर्वरंग के उन आरम्भिक कार्यकलापों को छिपाने के लिए, जो श्रव्य मात्र होते थे। फिर

किसी दृश्य की पृष्ठभूमि के रूप में कोई चित्र उपस्थित करना हो तो दो पारिपार्श्विक बड़ी सहजता से इसे लेकर खड़े हो सकते थे। अन्ततः सबसे ज़्यादा नाटकीय उपयोग उपर्युक्त प्रकार के प्रवेश के लिए किया जाता था। इसकी भी दो परिकल्पनाएँ की जा सकती हैं—पहली यह कि जब तक दुष्यन्त का संवाद चल रहा है, शकुन्तला और उसकी सखियाँ रंगपटी के पीछे-पीछे प्रवेश कर शिलाखण्ड पर अपना स्थान ग्रहण कर लें और दुष्यन्त के संवाद समाप्त होने तक रंगपटी लौट जाए और वे सभी निर्दिष्ट स्थिति में बैठी दिखाई पड़ें।

दूसरा और इससे भी ज़्यादा रोचक, आकर्षक और उत्सुकता से भरा विकल्प यह हो सकता था कि अंक के आरम्भ से ही शकुन्तला और उसकी सखियाँ शिलाखण्ड पर आसीन हैं और रंगपटी से ढकी हुई हैं। ज्यों ही दुष्यन्त का संवाद शुरू होता है, रंगपटी उसके अनुसार धीरे-धीरे हटती जाती है।

नाटक का चौथा अंक एक बार फिर ज़्यादा से ज़्यादा अभिनय की उसी सांकेतिक, प्रतीकात्मक, शास्त्रीय और चित्र पद्धति की ओर मुड़ता है, जहाँ शकुन्तला की आश्रम से विदाई होती है। प्रकृति के मानवीकरण के माध्यम से अभिनेताओं की गतियों, मुद्राओं एवं हाव-भाव से ही पेड़ पौधों, जीव जन्तुओं को मंच पर जीवन्त रूप में प्रस्तुत कर दिया गया है।

हाँ, अंक के आरम्भ में अनसूया और प्रियम्वदा के विष्कम्भक के बाद सोकर उठे कण्व शिष्य का प्रवेश है और उसके तुरन्त बाद एक मंच निर्देश है—बिना पट परिवर्तन के प्रवेश करके अनसूया का संवाद। पूरे नाटक में अकेला यही मंच निर्देश ऐसा है जो थोड़ा उलझन में डालनेवाला है। विष्कम्भक के बाद दोनों सखियों के जाने का कहीं कोई संकेत नहीं है। ऐसी स्थिति में वे दोनों एक स्थान पर स्थिर हो सकती हैं और शिष्य के संवाद के बाद अनसूया गतिमान हो सकती है। यदि वे विष्कम्भक के बाद प्रस्थान कर चुकी हैं तो कालिदास अनसूया के पुनः प्रवेश के लिए किस प्रकार के पट परिवर्तन का संकेत कर रहे हैं, जबकि और कहीं भी किसी पात्र प्रवेश के लिए इस प्रकार के पट परिवर्तन का प्रावधान नहीं किया गया है। सम्भवतः इसी तरह के मंच निर्देशों के कारण कुछ विद्वान संस्कृत मंच पर रंगपीठ और रंगशीर्ष के बीच भी कम से कम तीन भागों में विभाजित यवनिका की कल्पना करते हैं किन्तु इससे सहमत नहीं हुआ जा सकता। यहाँ शायद कालिदास का मन्तव्य मात्र इतना रहा होगा कि किसी नए कार्यक्षेत्र की संवाद के माध्यम से सूचना देने के बजाय सीधे अनसूया का प्रवेश करा दिया गया है। ऐसा ही प्रवेश छठे अंक में कंचुकी का भी दिखाया गया है।

नाटक के चौथे अंक की समाप्ति यदि नाटक के पूर्वार्द्ध के अन्त की सूचना

है तो नाटक की कथा और उसके परिवेश परिवर्तन की सूचना भी प्रस्तुत करती है। नाटक पहली बार राजभवन और राजमार्ग पर पहुँचता है और नाटक की सभी अप्रत्याशित घटनाएँ अगले तीन अंकों में ही घटित होती हैं। नाटक पहले चार अंकों में जहाँ बहुत मन्थर गति से शकुन्तला की विदाई के दृश्य तक पहुँचता है, वहीं अन्तिम तीन अंकों को उतनी ही तीव्र गति से आगे बढ़ाता है। एक प्रकार से नैसर्गिक एवं प्राकृतिक और राजसी जीवन पद्धति का कंट्रास्ट तो प्रस्तुत करता ही है, उससे भी ज़्यादा नाटक के शिल्प और संरचना पर नाटककार की अचूक पकड़ का भी परिचायक है यह भाग। इस भाग में अभिनय की जटिलता, सूक्ष्मता और विशिष्टता के प्रसंग में दो अंशों का अवश्य उल्लेख किया जाना चाहिए—पहला राजभवन में दूर कहीं से गाए जाते किसी गीत को सुनकर दुष्यन्त के ऊपर स्मृतिहीनता का उन्मन भाव छा जाना और दूसरा मिश्रकेशी द्वारा तिरस्कारिणी विद्या से अपने को अदृश्य करना। इसमें कोई दो राय नहीं हो सकतीं कि उपर्युक्त दोनों प्रसंगों के लिए अभिनेता निश्चित रूप से किसी ऐसी मुद्रा को प्रयोग में लाते होंगे जो नाटक के दूसरे अंशों से बिलकुल अलग दिखाई पड़े।

इस प्रकार हम देखते हैं कि वाचिक, आंगिक, आहार्य और अन्ततः सात्त्विक अभिनय के भीतर से गुज़रते हुए *शाकुन्तल* की एक नाट्यशास्त्रीय प्रस्तुति की परिकल्पना की जा सकती है जो उसकी तत्कालीन मंच परम्परा व प्रयोग से तो सम्बद्ध है ही, आज के रंगमंच से भी उतना ही समीप्य रखती है। इसमें कोई सन्देह नहीं कि प्रस्तुति शैली की दृष्टि से यह पूरी तरह से नाट्यधर्मी है लेकिन इसका अर्थ यह नहीं कि यहाँ लोकधर्मी पद्धति के लिए कोई स्थान नहीं। नाटक में स्थान-स्थान पर सुबह, रात्रि, सन्ध्या इत्यादि समय सूचक निर्देश नाटककार के व्यावहारिक एवं दैनंदिन गतिविधियों के साथ गूढ़ सम्बन्ध का परिचय देते हैं तो उनके अनुकूल पात्रों की वेशभूषा का भी संकेत देते हैं। मैंने जान बूझकर पूरे आलेख में इसका कहीं कोई संकेत नहीं किया है कि अन्ततः नाटक का कौन सा दृश्य कहाँ खेला गया होगा? रंगशीर्ष, रंगपीठ एवं मत्तवारिणी की अपनी निस्संगता एवं उन्मुक्तता हमें पर्याप्त अवकाश एवं सम्भावनाएँ प्रस्तुत करती है कि हम अलग-अलग दृश्यों को कभी एक साथ, कभी समानान्तर, कभी अकेले सम्पूर्ण अभिनय क्षेत्र में संयोजित कर सकें। यहाँ तक कि नेपथ्य से मंच पर आनेवाले मात्र दो द्वारों को ही कितनी तरह से बहुआयामी रूप में प्रयोग किया जा सकता था—एक द्वार सदैव प्रवेश के लिए, दूसरा सदैव प्रस्थान के लिए। या जिस द्वार को प्रवेश के लिए चुनें, उसी से प्रस्थान करें। यह भी नहीं तो एक द्वार पूरी तरह से उच्च्व वर्ग के पात्रों के लिए। क्या संस्कृत नाट्य परम्परा के ही समानान्तर यूनानी परम्परा में ऐसे ही प्रवेश प्रस्थान का प्रावधान नहीं

हुआ करता था? भरत के मंच पर प्रवेश द्वारों पर पड़ी यवनिकाएँ भी पात्र के अभिनय का ही हिस्सा बन जाया करती थीं, जब पात्र अपनी मनःस्थिति के अनुसार उन्हें एक ओर हटाते या झटकते थे। इस सूचना को अलग से देने की ज़रूरत नहीं कि प्रत्येक अंक की समाप्ति पर मंच पर उपस्थित सभी पात्र मंच से प्रस्थान कर लेते थे, नाटक का आरम्भ यदि नान्दी पाठ या ऐसे ही किसी दूसरे गीत से होता था तो उसका अन्त भरत वाक्य से होता था। नाटकों में एक साथ गद्य-पद्य का प्रयोग, सूच्य दृश्यों के रूप में अर्थोपक्षेपकों की उपस्थिति और स्वगत, जनांतिक, अपवारित और आकाशभाषित जैसी नाटकीय युक्तियाँ भी नाटक की प्रस्तुतिशैली में स्वयमेव समाहित हो जाती हैं।

लेकिन उपर्युक्त सम्पूर्ण विचरण, विवेचन एवं विश्लेषण से यह निष्कर्ष निकाल लेना नितान्त भ्रामक होगा कि संस्कृत नाटकों की प्रस्तुति मात्र कुछ युक्तियों, रूढ़ियों, रीतियों में उलझकर रह जानेवाली तकनीकी, शास्त्रीय पद्धति का पुंज मात्र होकर रह जाती है। ये सब कुछ होते हुए भी अन्ततः ये नाटक अभिनेता से पात्रों के अनुकूल उसी भावप्रवणता एवं संवेदना की माँग करते हैं, जो भरत के रस सिद्धान्त की धुरी है और जिसमें दर्शकों के साथ उसका तादात्म्य स्थापित होता है। यदि वहाँ दर्शक से सहृदय होने की अपेक्षा है तो अभिनेता से भी उसी धरातल पर और उसी अनुपात में अन्यथा साधारणीकरण की अवस्था तक कैसे पहुँचा जा सकेगा। संक्षेप में शाकुन्तल की नाट्यशास्त्रीय प्रस्तुति भी एक सम्पूर्ण जीवन दृष्टि एवं अनुभव को आत्मसात करके ही अभिनेता द्वारा एक विशेष फार्म अथवा शैली में प्रस्तुत की जाती थी और इस तरह वह हमें अपने आज के रंगानुभव एवं प्रक्रिया से कहीं भी अलग नहीं जान पड़ती।

मृच्छकटिक

संस्कृत नाटकों की लगभग एक हज़ार वर्ष लम्बी नाट्य-परम्परा में महाकवि शूद्रक की रचना *मृच्छकटिक* अपना अद्वितीय स्थान रखती है। *मृच्छकटिक* अर्थात् *मिट्टी की गाड़ी* जिसमें एक ओर चारुदत्त और वसन्तसेना की प्रेम कथा है तो दूसरी ओर उसकी पृष्ठभूमि में तत्कालीन राजनीतिक, सामाजिक एवं धार्मिक परिस्थितियों का ऐसा सशक्त और जीवन्त चित्रण है कि वह इस नाटक को अनायास ही प्रत्येक युग के लिए आश्चर्यजनक रूप से समसामयिक बना डालता है। चोर, जुआरी, राजा का साला, शरीर की मालिश करनेवाला और रिश्वतख़ोर कर्मचारी और इन सबके साथ-साथ राजसत्ता को पलटने में सफल लोकक्रान्ति—ये सभी तत्त्व मिलकर इस नाटक को एक ऐसा कलेवर प्रदान करते हैं, जो सम्भवतः पूरे भारतीय नाट्य-साहित्य में दुर्लभ है। *मृच्छकटिक* के रचयिता शूद्रक वास्तव में कौन थे, कब पैदा हुए थे,

इसके विषय में आज तक कोई ऐतिहासिक प्रमाण नहीं मिला है। रचना के आरम्भ में प्रस्तावना को आधार बनाया जाए, तो शूद्रक सम्भवतः एक राजा थे, लेकिन वह कहाँ के राजा थे, इसका कोई भी संकेत नहीं मिलता। कुछ विद्वान उन्हें भास और कालिदास के बीच के समय में रखते हैं तो दूसरे विद्वान उन्हें कालिदास और हर्ष के बीच में स्थित करते हैं। इसमें तो कोई सन्देह नहीं कि शूद्रक, भास के पश्चात रहे होंगे क्योंकि दरिद्रचारुदत्त के नाम से जिस अपूर्ण नाटक के मात्र चार अंक मिलते हैं; उसके रचयिता भास माने जाते हैं। पहले चार अंकों तक *दरिद्रचारुदत्त* और *मृच्छकटिक* की कहानी लगभग एक दूसरे से मिलती जुलती है। अतः यह अनुमान लगाया जा सकता है कि शूद्रक ने *मृच्छकटिक* की रचना के मूल स्रोत के रूप में *दरिद्रचारुदत्त* को ही आधार बनाया होगा। इस तर्क से हम इस निर्णय पर तो पहुँच ही सकते हैं कि शूद्रक निश्चित रूप से भास के परवर्ती नाटककार हैं। मेरे विचार में वह कालिदास के भी परवर्ती नाटककार माने जा सकते हैं। इस स्थापना के प्रमाण के रूप में *अभिज्ञानशाकुन्तल* के छठे अंक को लिया जा सकता है, जिसमें धीवर के आने, दो राजकर्मचारियों द्वारा उससे किसी तरह की रिश्वत ऐंठने और राजकर्मचारियों का राजा के श्यालक से अपना सम्बन्ध जताने के प्रसंग से शूद्रक को निश्चय ही *मृच्छकटिक* के अनेक पात्रों को रचने की प्रेरणा मिली होगी। ऐतिहासिक प्रमाण के रूप में भी शूद्रक कालिदास के बाद के उस समय से ज़्यादा सम्बद्ध प्रतीत होते हैं, जब समाज में बौद्ध धर्म की प्रतिष्ठा धीरे-धीरे कम होने लगी थी और एक स्तर पर उसका उपहास भी किया जाने लगा था। क्या इसे महज़ संयोग ही माना जाए कि *भगवद्ज्जुकम, मत्तविलास* जैसे प्रहसनों में भी बौद्धधर्म के प्रति ऐसा ही व्यवहार मिलता है जैसा कि *मृच्छकटिक* में दिखाया गया है। इसे एक और रूप में यूँ भी व्याख्यायित किया जा सकता है कि नाटककार ने ब्राह्मण धर्म और बौद्ध धर्म के आपसी संघर्ष को भी पृष्ठभूमि के रूप में प्रस्तुत किया है, जिसमें कहीं-न-कहीं पुनः ब्राह्मण धर्म का पलड़ा ही भारी दिखाई पड़ता है। यदि ऐतिहासिक दृष्टि से विचार करें तो यह समय छठी शताब्दी से लेकर एक हज़ार ई. तक के बीच का समय माना जा सकता है। इन सारे अन्तःसाक्ष्यों के सन्दर्भ में शूद्रक निश्चित रूप से कालिदास के भी परवर्ती ठहरते हैं।

शूद्रक कोई भी रहे हों, कहीं भी पैदा हुए हों और उनका रचनाकाल जो भी रहा हो, इसमें कोई सन्देह नहीं कि *मृच्छकटिक* के रूप में उन्होंने जो रचना प्रस्तुत की है वह अपने कथ्य, शिल्प, संरचना और रंगमंचीय दृष्टि से बेजोड़ है। नाटक का कथ्य क्या है इस विषय में हम नाटक के आरम्भ में ही चर्चा कर चुके हैं। इससे भी ज़्यादा आकर्षक है रचना का शीर्षक मृच्छकटिक अर्थात्, मिट्टी की गाड़ी। देखने

में शीर्षक जितना सतही और सपाट लगता है, उतना ही भीतर से कहीं सूक्ष्म, गहरा और सांकेतिक भी है। संस्कृत नाट्य साहित्य में आरम्भ से ही स्वप्नवासवदत्ता, अभिज्ञानशाकुन्तल, मुद्राराक्षस जैसे शीर्षकों की लम्बी परम्परा मिलती है, जो अपनी अर्थछायाओं में दोहरे-तिहरे आयामों को समेटे हुए हैं। *मृच्छकटिक* भी एक ऐसा ही शीर्षक है। *मृच्छकटिक* अर्थात् *मिट्टी की गाड़ी*—यह मिट्टी की गाड़ी क्या है और किसका प्रतीक है? क्या चारुदत्त के दरिद्र होते जाने का प्रतीक है अथवा धनी-मानी वसन्तसेना द्वारा अपनी सारी धन-सम्पत्ति छोड़कर दरिद्र चारुदत्त के साथ चल देने से इसका सम्बन्ध जोड़ा जाए? या चारुदत्त के पुत्र रोहसेन के पास पहले से उपलब्ध *मिट्टी की गाड़ी* और उसके सोने की गाड़ी लेने की ज़िद से इसका सम्बन्ध जोड़ा जाए। क्या नाटक के उत्तरार्ध में गाड़ियों की अदला बदली से तेज़ी से घटित हो जानेवाले घटनाक्रम के रूप में उसे देखा जाए? या राजा पालक द्वारा आर्यक को बन्दी बनाने और फिर आर्यक द्वारा शर्विलक के सहयोग से पुनः राज्य-प्राप्ति के प्रतीक के रूप में *मिट्टी की गाड़ी* का अध्ययन किया जाए? और अन्त में इन सबसे अलग मिट्टी की गाड़ी को जीवन की एक ऐसी जटिल यात्रा के समान्तर के रूप में विश्लेषित किया जाए जिसमें अनगिनत रंग, रूप और रेखाएँ एक दूसरे में गुँथी हुई दिखाई पड़ती हैं।

संरचना के स्तर पर *मृच्छकटिक नाट्यशास्त्र* में विवेचित दशरूपक के अन्तर्गत प्रकरण का उदाहरण प्रस्तुत करता है। *नाट्यशास्त्र* के नियमों के अनुसार प्रकरण की कथा रचनाकार की अपनी कल्पना हुआ करती है। उसका मुख्य रस शृंगार, वृत्ति कैशिकी और उसमें प्रायः एक ब्राह्मण नायक और एक गणिका की प्रेम कहानी हुआ करती है। आज तक किसी सम्पूर्ण प्रकरण के रूप में किसी और रचना की प्रतिलिपि प्राप्त नहीं हुई है। अतः उसके अभाव में उपर्युक्त नियमों का एक मात्र उदाहरण *मृच्छकटिक* को ही माना जा सकता है। लेकिन *मृच्छकटिक* की विशेषता यह है कि वह प्रकरण होते हुए भी दशरूपक के शेष नौ भेदों को अपने में समोए हुए है। वह एक साथ प्रहसन भी है, अंक भी है, व्यायोग भी है, वीथि भी है और नाटक भी है। इन सारे भेदों के लक्षण इतने स्पष्ट रूप में संस्कृत के और किसी नाटक में नहीं मिलते। *मृच्छकटिक* का नायक चारुदत्त एक धीरललित नायक है, जिसकी संगीत में रुचि ही नहीं, सम्भवतः वह स्वयं भी कुशल गायक और संगीतकार है। यह तथ्य विदूषक मैत्रेय के साथ गायक रेभिल की संगीत सभा से लौटते समय उसके वार्तालाप और शर्विलक द्वारा उसके घर में रखे वाद्य यन्त्रों के विवरण से भी प्रमाणित हो जाता है। वसन्तसेना द्वारा प्रस्तुत नृत्य को देखकर ही चारुदत्त के हृदय में उसके प्रति प्रेम जाग्रत होता है। इससे भी कलाओं के प्रति उसके रुझान की पुष्टि

हो जाती है। इस प्रकार *मृच्छकटिक* अपनी संरचना में दो समान्तर प्रस्तुत करता है—एक है चारुदत्त और वसन्तसेना की ललित और कोमल प्रेम कहानी और दूसरा है—चोरों, जुआरियों, भ्रष्टाचार, रिश्वतख़ोर कर्मचारियों के बीच से उभरता तत्कालीन सामाजिक यथार्थ—ये दोनों समान्तर एक-दूसरे से बार-बार टकराते हैं और इसी टकराहट में से वे घटनाएँ जन्म लेती हैं जो कहानी को अनगिनत धाराओं में बहा ले जाती हैं।

नाटक का आरम्भ नान्दीपाठ से होता है। यह नान्दीपाठ नाटककार द्वारा उस देवता की स्तुति में गाया जाता था, जिसका नाटककार स्वयं उपासक होता था। *मृच्छकटिक* का रचनाकार शूद्रक शिव का उपासक है, अतः स्वाभाविक है कि नान्दीपाठ उनको ही समर्पित किया गया है। *नाट्यशास्त्र* में वर्णित नाट्य प्रस्तुति के दो भाग पूर्वरंग और प्रयोग में से नान्दीपाठ और प्रस्तावना जो कि उसके बाद सूत्रधार और नटी के बीच के संवाद के रूप में सम्पन्न होती है, नाटककारों द्वारा नाटक के आलेख के रूप में ही दे दिए जाते थे। यद्यपि भास जैसे पूर्ववर्ती नाटककारों ने नान्दीपाठ को नेपथ्य में ही रखा था और उसके बाद सूत्रधार मंच पर प्रवेश किया करता था, लेकिन उसके बाद के सभी नाटककारों—कालिदास, शूद्रक, विशाखदत्त और भवभूति आदि ने नान्दीपाठ को मंच पर ही दिखाया है और इसीलिए उसे लिखित रूप में प्रस्तुत करने की अनिवार्यता अनुभव की गई।

पूर्वरंग का अन्तिम भाग प्रस्तावना हुआ करता था, जिसमें सूत्रधार और नटी अथवा सूत्रधार और पारिपार्श्विक अथवा सूत्रधार और विदूषक के पारस्परिक संवाद से कम-से-कम निम्नलिखित सूचनाएँ दर्शकों तक अवश्य सम्प्रेषित की जाती थीं। नाटककार का नाम और संक्षिप्त परिचय, नाटक का नाम और उसकी कथा का संक्षिप्त परिचय, नाटक को प्रस्तुत किए जाने का समय, स्थान और अवसर, नाटक के प्रायोजक के विषय में सूचना—यह सब इसलिए आवश्यक था क्योंकि प्रेक्षागृह में बैठे तीन-चार सौ दर्शकों के लिए नाटक की स्मारिका की इतनी हस्तलिखित प्रतियाँ तैयार करना काफ़ी श्रमसाध्य कार्य था। अतः नाटककारों ने प्रस्तावना को भी नाटक के आलेख का ही हिस्सा बनाकर समस्या का समाधान कर दिया और साथ ही साथ उसे एक नाटकीयता भी प्रदान कर दी। *मृच्छकटिक* की प्रस्तावना भी इन सब बातों का अपवाद नहीं है। नाटक का पहला अंक ही उसकी रंगमंचीय प्रस्तुति अथवा अध्ययन की पहली चिरपरिचित रूढ़ि का परिचय दे देता है। उदाहरण के लिए विदूषक का प्रवेश और अपने एकालाप के बाद चारुदत्त से मिलने की सूचना और इसी सन्दर्भ में नाटककार द्वारा एक छोटा-सा मंच निर्देश—'घूमकर देखता है और उसी के साथ चारुदत्त और रदनिका का प्रवेश।' एक साथ दो क्षेत्रों में

कार्य-व्यापार को स्थापित किया जा सकता था और एक क्षेत्र से दूसरे क्षेत्र तक जाने के लिए पात्र को वर्तुलाकार गति में जाना होता था। आगे जाकर इसी अंक में वसन्तसेना के प्रवेश और उसके पीछे-पीछे विट, शकार, चेट की भाग-दौड़ से मंच पर एक तीसरा कार्यक्षेत्र स्थापित हो जाता है और जब तक वसन्तसेना चारुदत्त के घर में प्रवेश नहीं करती तब तक इस कार्यक्षेत्र में स्वतन्त्र रूप से कार्य-व्यापार चलता रहता है। इस प्रकार पहले अंक में ही एक साथ तीन-चार कार्यक्षेत्र स्थापित हो जाते हैं। इस रूढ़ि को कक्ष विभाग कहा जाता है। जब एक कक्ष में कार्य व्यापार चल रहा होता है तो दूसरे कक्ष स्थिर हो सकते थे अथवा उस दौरान उनमें मूक अभिनय हो सकता था और कई बार एकाधिक कक्ष साथ-साथ भी क्रियाशील हो सकते थे। मंच पर कोई मुख्य यवनिका नहीं हुआ करती थी इसलिए हर अंक के अन्त में मंच पर उपस्थित सभी पात्र प्रस्थान कर लेते थे। इससे दर्शकों को अंक समाप्ति की सूचना मिल जाया करती थी। नाटक का दूसरा अंक *मृच्छकटिक* के रंगमंचीय अध्ययन की एक और बहुत ही रोचक युक्ति का परिचय प्रस्तुत करता है। उदाहरण के लिए इस दृश्य का अध्ययन किया जाए :

"चेटी (आती हुई) : माँ ने सन्देश देकर आर्या के पास भेजा है। तो अन्दर आर्या के पास चलूँ। (घूमकर और देखकर) आर्या ये बैठी हैं। मन लगाए जाने क्या लिख रही हैं। तो पास चलूँ। (*उत्कंठित भाव से आसन पर बैठी वसन्तसेना का प्रवेश। पास में मदनिका बैठी है।*)"

जिज्ञासा होती है कि उत्कंठित भाव से आसन पर बैठी वसन्तसेना और मदनिका का प्रवेश मंच पर कैसे हुआ होगा ? क्या वे दोनों सहज भाव से चलकर आई होंगी और अपने कार्यक्षेत्र में स्थित हो गई होंगी? क्या सचमुच में उन्हें वर्णित स्थिति में उठाकर लाया गया होगा और मंच पर बिठाया गया होगा? स्वाभाविक है कि ये दोनों विकल्प नाटकीय तो बिलकुल ही नहीं हैं, बल्कि पूरी तरह से बनावटी जान पड़ते हैं। संस्कृत रंगमंच ने इस तरह की प्रवेश की स्थितियों के लिए एक बहुत ही नाटकीय प्रावधान किया था और वह यह कि वसन्तसेना और मदनिका एक चलायमान यवनिका जिसे रंगपटी कहा जाता है, के पीछे पहले से ही वर्णित स्थिति में बैठी होंगी और ज्यों ही चेटी मंच पर घूमकर उन्हें देखने की सूचना देती है उस यवनिका को उनके सामने से हटा लिया जाता था। इस यवनिका अथवा रंगपटी को दो लोग पकड़े रहते थे।

इसी अंक में हमें संवाहक के एक संवाद से दो-तीन और नाट्य युक्तियों का पता चलता है जिनमें से एक है—स्वगत अर्थात् अपने आपसे बात करना और यह मान लेना कि मंच पर उपस्थित दूसरे पात्र उसे सुन नहीं रहे हैं। उदाहरण के लिए

संवाहक का यह संवाद :

"संवाहक–(स्वगत) *आर्या ने किस चतुराई से मना किया है ! तो मैं इनके उपकार का प्रतिदान कैसे दूँ?* (प्रकट) आर्ये, द्यूतकर ने मेरा जो अपमान किया है, इसके कारण अब मैं बौद्ध भिक्षु बन जाऊँगा। आप इस बात का स्मरण रखें कि जुआरी संवाहक बौद्ध भिक्षु बन गया था।"

इस प्रकार स्वगत और प्रकट के माध्यम से पात्र के आन्तरिक और बाहरी सोच की जानकारी बड़ी आसानी से मिल जाती है। यह ऐसी युक्ति है जो मात्र संस्कृत नाटकों में ही नहीं वरन् संसार की हर भाषा के नाटक में आरम्भ से ही प्रचलित है।

इसी से मिलती जुलती एक और युक्ति है–आकाशभाषित–जिसके माध्यम से दर्शकों तक कोई ऐसी सूचना पहुँचाई जा सकती थी जो मंच पर घटित न होकर नेपथ्य में हुई हो। इस युक्ति में पात्र मानो दर्शकदीर्घा में बैठे किसी अनुपस्थित दर्शक से स्वयं ही प्रश्न पूछता था और स्वयं ही इसका उत्तर भी देता था। इस सन्दर्भ में संवाहक का ही एक और संवाद :

"संवाहक–(सुनकर) अरे ! यह क्या? (आकाश की ओर देखकर) क्या कहा? वसन्तसेना का खुँटमोडक नामक दुष्ट हाथी बिगड़ उठा है?"

नाटक का तीसरा अंक आंगिक अभिनय का एक उत्कृष्ट उदाहरण प्रस्तुत करता है; जब शर्विलक चारुदत्त के घर में सेंध लगाने का नाट्याभिनय करता है। मंच पर कोई दीवार नहीं है, कोई उपकरण नहीं है और न ही सेंध लगाने का कोई यन्त्र-मात्र हस्त मुद्राओं, गतियों और संवादों के माध्यम से सेंध लगाने के दृश्य को साकार कर दिया गया है। यह पूरा दृश्य *नाट्यशास्त्र* में वर्णित शास्त्रीय मुद्राओं और गतियों का लेखा-जोखा तो प्रस्तुत करता ही है, इसके साथ ही चित्राभिनय का भी एक आदर्श उदाहरण है। नाटक के चौथे अंक में वसन्तसेना के सात प्रकोष्ठवाले घर का जैसा दृश्यात्मक विवरण दिया गया है वह भी विदूषक की आंगिक चेष्टाओं द्वारा ही सम्भव किया जा सकता है। इसी से मिलता-जुलता समाधान मंच पर गाड़ी लाने के प्रसंग में किया जा सकता है। क्या हम यह मान लें कि जब भी नाटक का मंचन हुआ होगा, सचमुच की गाड़ी को मंच पर लाया गया होगा? यदि इस तर्क को स्वीकार कर लिया जाए तब तो नाटक में वर्णित प्रत्येक उपकरण अथवा सामग्री को मंच पर लाना पड़ेगा। ऐसी स्थिति में संस्कृत नाटक की प्रस्तुति नाट्यधर्मी न रहकर पूरी तरह से यथार्थवादी होती चली जाएगी जिसकी कि अपेक्षा ही नहीं है।

नाटक के सातवें अंक में पुष्पकरंडक उद्यान के विवरण में पुनः आंगिक अभिनय के माध्यम से ही उसका एक सम्पूर्ण वातावरण तैयार हो जाता है। नाटक के नवें अंक में *मृच्छकटिक* यथार्थवाद से जुड़े एक और भ्रम को अपनी स्वनिर्मित

नाटकीय युक्ति के माध्यम से पुनः तोड़ देता है। उदाहरण के लिए इस संवाद अंश को देखा जा सकता है :

अधिकरणिक—"हाँ ! शोधनक, जाकर वसन्तसेना की माता को बुला लाओ। देखो, वह उद्विग्न न हों।"

शोधनक—"मैं आदेश का पालन करूँगा।

(बाहर आकर वसन्तसेना की माता के साथ आता है।)

आइए, आर्ये, इधर से आइए।"

आज जब हम इस संवाद-अंश को पढ़ते हैं, तो यह बात स्वीकार करने में थोड़ी दुविधा महसूस होती है कि कैसे शोधनक बाहर जाकर उसी क्षण वसन्तसेना की माता के साथ वापस आ सकता है। स्वाभाविक है कि इस तरह की दुविधा के पीछे हमारा आज का वह बौद्धिक तर्क काम कर रहा है, जिसके कारण हम शोधनक के जाने और आने के बीच कुछ न कुछ समय के अन्तराल का अवश्य ही प्रावधान रखना चाहेंगे। लेकिन संस्कृत नाटक के पाठक और उससे भी ज़्यादा दर्शक के लिए इस नाटकीय कार्य व्यापार को इसी रूप में स्वीकार करने में कोई दुविधा नहीं थी। *मृच्छकटिक* के दसवें अंक में हम संस्कृत नाटक के रंगमंचीय अध्ययन की फिर एक नई रूढ़ि से परिचित होते हैं। इस अंक में बार-बार नेपथ्य में कोलाहल होता है और कोई न कोई सूचना नेपथ्य से ही वाचिक के माध्यम से मंच पर पहुँचाई जाती है। नेपथ्य से दी जानेवाली इस प्रकार की सभी सूचनाएँ चूलिका कहलाती हैं।

जिस तरह नाटक का आरम्भ नान्दीपाठ जैसे एक गीत से होता है, उसी तरह नाटक का अन्त भी एक गीत के साथ ही होता है जिसे भरतवाक्य कहा जाता है। इस गीत से दर्शकों को नाटक के अन्त की सूचना मिल जाती थी। नाटककार ने *मृच्छकटिक* के दस अंकों में नाटक की पूरी कहानी का जिस तरह से संयोजन और विभाजन किया है, वह भी ध्यान देने योग्य है। सबसे पहले तो उसने हर अंक को कथानुसार एक शीर्षक दिया है। उदाहरण के लिए पहले अंक का शीर्षक है—अलंकार विन्यास और इसमें घटित होनेवाली कहानी संक्षेप में इस प्रकार है—सूत्रधार और नटी के परस्पर संवाद से तथा मैत्रेय और पुनः चारुदत्त द्वारा निर्धनता का वर्णन। विट, चेट, शकार का वसन्तसेना का पीछा करना और रात के अँधेरे में वसन्तसेना का चारुदत्त के घर में प्रवेश। धरोहर के रूप में चारुदत्त को अपने आभूषण रखने के लिए देना। द्यूतकर संवाहक नामक दूसरे अंक में वसन्तसेना और चेटी का (चारुदत्त को लेकर) परस्पर संवाद, द्यूताध्यक्ष माथुर एवं संवाहक का वाद विवाद। संवाहक का वसन्तसेना के घर में प्रवेश करना तथा वसन्तसेना का एक कंगन देकर संवाहक को द्यूताध्यक्ष के कर्ज़ से मुक्त कराना। सन्धिच्छेद नामक तीसरे अंक में संगीतप्रेमी

चारुदत्त रेभिल के संगीत की प्रशंसा करता है। तथाकथित ब्राह्मणत्व का प्रभाव इस अंक में है जब विदूषक पैर धोने से इनकार करता है। नींव खोदकर शर्विलक चारुदत्त के घर में प्रवेश करता है। शर्विलक चोरी तो अवश्य करता है किन्तु इस वक़्त उसे भी अपना ब्राह्मणत्व याद आ जाता है। धूता विदूषक को रत्नावली का दान करती है। मदनिका, शर्विलक नामक चौथे अंक में शर्विलक मदनिका को छुड़ाने के लिए जाता है। मदनिका खुश होने की बजाय शर्विलक के इस कार्य पर अफ़सोस ज़ाहिर करती है। दीवार के पीछे छुपकर वसन्तसेना उन दोनों की बातें सुन लेती है। वसन्तसेना मदनिका को दासत्व से मुक्त कर देती है। विदूषक वसन्तसेना के यहाँ जाता है और धरोहर के बदले में रत्नावली देता है। वसन्तसेना चारुदत्त से मिलने के लिए आती है। दुर्दिन नामक पाँचवें अंक में कुम्भीपाक प्रवेश कर वसन्तसेना के आने की सूचना देता है। वसन्तसेना चारुदत्त को रत्नावली वापस करती है तथा स्वयं भी वही बहाना करती है जो चारुदत्त ने किया था अर्थात् जुए में धरोहर को हारने का बहाना। अंक के अन्त में वसन्तसेना रत्नावली को लेकर रोष प्रकट करती है।

प्रवहण-विपर्यय नामक छठे अंक में वसन्तसेना रत्नावली धूता को देने के लिए कहती है। रदनिका चारुदत्त के बच्चे को लेकर प्रवेश करती है जब वह सोने की गाड़ी के लिए मचलता है। वसन्तसेना पुनः चारुदत्त के निर्धन हो जाने पर अफ़सोस ज़ाहिर करती है। इसी अंक में गाड़ी का बदलना यानी वसन्तसेना की गाड़ी पर आर्यक आ जाता है और वसन्तसेना दूसरी गाड़ी पर बैठकर शकार के उद्यान तक पहुँच जाती है। आर्यकापहरण नामक सातवें अंक में आर्यक गाड़ी में बैठकर चारुदत्त के पास पहुच जाता है और चारुदत्त उसे अभय देता है। वसन्तसेना-मोटन नामक आठवें अंक में शर्विलक जो कि बौद्ध भिक्षु बन चुका है, शकार के उद्यान में प्रवेश कर जाता है। उसी समय ग़लती से वसन्तसेना की गाड़ी उद्यान में आ जाती है। यथासम्भव विट वसन्तसेना को बचाने का प्रयास करता है। शकार वसन्तसेना को गला दबाकर मारता है। यह समझने पर कि वह मर चुकी है, पत्तियों से ढँक देता है। भिक्षु वसन्तसेना को प्राणदान देता है। व्यवहार नामक नवें अंक में शकार अपना आरोप चारुदत्त के ऊपर लगा देता है। वसन्तसेना की मृत्यु का समाचार सुनकर उसकी वृद्धा माँ विलाप करती है। प्रतिकूल परिस्थितियाँ होने के कारण चारुदत्त दोषमुक्त नहीं हो पाता है। संहार नामक दसवें अंक में चंडाल चारुदत्त को मृत्युदंड देने के लिए ले जाते हैं। रोहसेन अपने पिता तथा विदूषक अपने मित्र चारुदत्त के लिए विलाप करता है। इसी विषम परिस्थिति में शर्विलक तथा वसन्तसेना प्रवेश करते हैं। वसन्तसेना को जीवित देखकर चारुदत्त को मुक्त कर दिया जाता है। आर्यक राजा का तख़्ता पलट देता है। राजा पालक को परास्त कर राज्य पर अधिकार

कर लेता है। नाटक के इस अन्तिम अंक में अन्ततः चारुदत्त शकार को माफ़ कर देता है।

यहीं पर हमारे सामने यह प्रश्न भी उठता है कि जब पहली बार तत्कालीन युग में *मृच्छकटिक* की प्रस्तुति मंचित की गई होगी तो उसका मंच विधान क्या रहा होगा? यदि हम *नाट्यशास्त्र* को अपना आधार बनाएँ तो निश्चित ही भरत द्वारा दूसरे अध्याय में निर्दिष्ट विकृष्ट मध्यम नाट्यमण्डप में ही *मृच्छकटिक* जैसे प्रकरण की प्रस्तुति का मंचन हुआ होगा। यदि हम उसके स्वरूप का अध्ययन करें तो दर्शकों की ओर से देखने पर उसमें तीन धरातल दिखाई पड़ते हैं—पहला रंगपीठ, दूसरा रंगशीर्ष और तीसरा रंगशीर्ष के ऊपर कुतप या वेदिका—जिस पर नाटक की प्रस्तुति के दौरान शुरू से लेकर आख़िर तक गायक-वादक और दूसरे संगीतकार बैठते थे। वेदिका के पीछे एक दीवार जिसमें नेपथ्य से मंच पर आने के लिए दाएँ-बाएँ एक-एक प्रवेश-द्वार रहता था। उस पर परदे पड़े होते थे, जिसे पटी-अपटी कहा जाता था। ये परदे अभिनेता के मंच पर प्रवेश और प्रस्थान के क्षण में उसके अभिनय का ही हिस्सा बन जाते थे अर्थात् यदि कोई पात्र क्रोध में मंच पर प्रवेश करता है तो वह परदे को झटके से एक तरफ़ खींचकर आता था। इसी प्रकार कोई शान्त प्रकृति का पात्र बहुत धीरे-धीरे परदे को एक ओर सरकाकर मंच पर प्रवेश करता था। मंच किसी भी तरह की दृश्य सज्जा से रहित होता था। नाटक में वर्णित किसी भी परिसर, क्षेत्र, दृश्य अथवा परिवेश को पात्र अपने संवादों, गतियों और मुद्राओं के माध्यम से दर्शकों तक सम्प्रेषित करता था। इसीलिए हमें संस्कृत नाटक में बार-बार इस प्रकार के मंच निर्देश मिलते हैं, "वह रहा चारुदत्त का घर अथवा वह रहा वसन्तसेना का घर।"

पहले अभिनेता यह संवाद बोलता है और फिर घर की भौगोलिक स्थिति के अनुसार आंगिक अभिनय के द्वारा उसमें प्रवेश करता है अर्थात् पात्र को देहरी लाँघकर जाना पड़ता है या सीढ़ियाँ चढ़कर? जैसा घर वैसा गतिविधान। वाचिक अभिनय से ही जुड़े हुए दो और विकल्प अभिनेता के पास मौज़ूद थे। वे हैं—अपवारित और जनांतिक। अपवारित युक्ति में यदि किसी दृश्य में मंच पर बहुत पात्र एक साथ खड़े हों और किसी एक पात्र को अपने मन की बात दर्शकों को बतानी हो तो वह उस भीड़ से थोड़ा सा अलग हटकर सीधे दर्शकों से संवाद करता है और दूसरे सभी पात्र उसे न सुनने का अभिनय करते हैं। इसी प्रकार जनांतिक युक्ति में भीड़ से अलग हटकर यदि कोई पात्र कोई संवाद करता है और उसे भीड़ में खड़ा कोई दूसरा पात्र सुनने का। *मृच्छकटिक* के तीसरे और नवें अंक में इस प्रकार के अनेक प्रसंग मिल जाएँगे।

यह दोहराने की ज़रूरत नहीं कि दूसरे संस्कृत नाटकों की तरह *मृच्छकटिक* में भी संवादों में गद्य और पद्य का प्रयोग किया गया है। ऐसा माना जाता है कि गद्य में लोकधर्मी अर्थात् एक सहज, सुगम और स्थानीय अभिनय शैली और पद्य में मुद्राओं और गतियों से परिपुष्ट शास्त्रीय अभिनय शैली का प्रयोग किया जाता था। *मृच्छकटिक* में शकार द्वारा वसन्तसेना का पीछा किए जाने, चारुदत्त और वसन्तसेना के वर्षा में भीगने के दृश्य, गाड़ियों की अदला-बदली के दृश्यों में निश्चय ही नाट्यधर्मी शैली का प्रयोग किया गया होगा।

मृच्छकटिक में चारुदत्त के बेटे रोहसेन से जुड़े हुए दो-तीन दृश्य इस दृष्टि से अवश्य ही रेखांकित किए जाने चाहिएँ कि प्रायः सभी सुप्रसिद्ध संस्कृत नाटकों में इस प्रकार के दृश्य बार-बार आते हैं। यदि उदाहरण प्रस्तुत करना ही है तो भास के नाटक *उरुभंग* में दुर्योधन और उसके बेटे दुर्जय, *अभिज्ञानशाकुन्तल* में दुष्यन्त और उसके बेटे भरत, *मुद्राराक्षस* में जौहरी चन्दनदास और उसके बेटे के दृश्यों के नाम लिए जा सकते हैं। ये सारे दृश्य संस्कृत रंगमंच में बाल कलाकारों की महत्त्वपूर्ण उपस्थिति को दर्ज करते हैं। साथ ही कहानी के घटना-क्रम में आनेवाले जटिल प्रसंगों को नाटकीयता प्रदान करते हैं। इस प्रकार हम देखते हैं कि संस्कृत नाट्य साहित्य में *मृच्छकटिक* एक ऐसी रचना के रूप में सामने आता है, जो शास्त्रीय पक्ष की दृष्टि से तो सम्पूर्ण है ही, रंगमंचीय अध्ययन की दृष्टि से भी निर्देशक के लिए नई-नई सम्भावनाओं को प्रस्तुत करता है। एक तो अपने कथ्य में ही इतना समकालीन जान पड़ता है कि हम जिस युग और काल में भी उसे प्रस्तुत करें वह उतना ही सार्थक रहेगा। दूसरे अपनी संरचना में भी एक तरफ यदि वह शास्त्रीयता से पूरी तरह बँधा हुआ है तो दूसरी तरफ़ इतना लचीला भी है कि उसे किसी भी शैली में प्रस्तुत किया जा सकता है—यह तथ्य समय-समय पर *मृच्छकटिक* की विभिन्न प्रस्तुतियों से प्रमाणित हो चुका है।

स्वप्नवासवदत्ता

नाट्यशास्त्र के नियमों और रूढ़ियों को लेकर संस्कृत भाषा के नाटककारों ने अपने नाटकों में कितनी तरह के प्रयोग किए हैं इसके लिए हमें सबसे पहले भास ही दिखाई पड़ते हैं। एक तो वह ऐतिहासिक क्रम में भी अश्वघोष के बाद पहले नाटककार हैं जिनके तेरह नाटक एक साथ मिलते हैं। दूसरे भास ने अपने परवर्ती नाटककारों को कई रूपों में प्रभावित किया है। सबसे पहले हम नाटक के शीर्षक को लें। *स्वप्नवासवदत्ता* ऐसा सांकेतिक शीर्षक है जिससे कम से कम तीन नाटकों के शीर्षक प्रभावित जान पड़ते हैं—*अभिज्ञानशाकुन्तल, मृच्छकटिक* और *मुद्राराक्षस*।

केवल शीर्षक ही नहीं *स्वप्नवासवदत्ता* और *अभिज्ञानशाकुन्तल* कथानक और दृश्य संयोजन में भी एक-दूसरे से मिलते-जुलते हैं।

हम आरम्भ से लेकर अन्त तक *स्वप्नवासवदत्ता* के शास्त्रीय अध्ययन की शुरुआत करते हैं। पहला ही रंग निर्देश अर्थात् नान्दी के बाद सूत्रधार का प्रवेश भास की निजी पहचान को स्थापित कर देता है। भास अकेले ऐसे नाटककार हैं जिन्होंने अपने किसी भी नाटक में नान्दीपाठ को मंच पर प्रस्तुत नहीं किया। क्या इसका एक कारण यह हो सकता है कि भास *नाट्यशास्त्र* से पहले के रचनाकार हैं अथवा वह इतने मौलिक रचनाकार हैं कि *नाट्यशास्त्र* के उपस्थित होते हुए भी वह अपनी सुविधा से उसके नियमों और रूढ़ियों को जैसा चाहे प्रयोग में लाते हैं। भास *नाट्यशास्त्र* से पहले रहे हों या बाद में हम नान्दीपाठ के मंच पर न दिए जाने का एक और कारण ढूँढ़ सकते हैं। वह यह है कि भास सीधे नाटक के मुख्य कार्य व्यापार पर आना चाहते हैं। इसीलिए उनके नाटकों में प्रस्तावना भी कभी पूरी नहीं हो पाती और हर बार नेपथ्य की कोई घोषणा या कोलाहल उसमें व्यवधान डाल देता है। वास्तव में व्यवधान की परिकल्पना भी भास के नाट्य कौशल का परिचय देती है क्योंकि जब हम किसी सूचना को अधूरा छोड़ देते हैं तो दर्शकों की उत्सुकता और ज़्यादा बढ़ जाती है और इस उत्सुकता को भास सूत्रधार की बजाय नाटक के पात्रों के प्रवेश अथवा प्रस्थान से बराबर जागरूक रखते हैं। यदि हम भास के समकालीन यूनानी नाटककारों के नाटकों का अवलोकन करें तो हमें वहाँ पर भी छोटे से रंग निर्देश के बाद सीधे कार्य व्यापार से साक्षात्कार होता है। यही बात शेक्सपीयर और मोलियर जैसे परवर्ती नाटककारों में भी दिखाई पड़ती है। इस प्रकार हम देखते हैं कि भास नान्दीपाठ और प्रस्तावना को रखते अवश्य हैं लेकिन उसे बहुत जल्दी ही बीच में छोड़कर केन्द्रीय कार्य व्यापार की तरफ़ बढ़ जाते हैं। यह इसी से स्पष्ट है कि पहला अंक अभी आरम्भ भी नहीं होता कि हमें मगध राजा के स्वकीय भटों के प्रवेश की सूचना मिल जाती है और पहले अंक की शुरुआत ठीक उनके प्रवेश के साथ होती है।

पहले अंक के दूसरे रंगनिर्देश में हमें आहार्य अभिनय से संबंधित एक महत्त्वपूर्ण सूचना मिलती है, अर्थात् संन्यासी के वेश में यौगन्धरायण और अवन्तिका के वेश में वासवदत्ता का प्रवेश। यह रंग निर्देश स्पष्ट कर देता है कि यौगन्धरायण और वासवदत्ता दोनों अपने मूल वेश से अलग कोई दूसरा वेश धारण किए हुए हैं। यहीं पर यौगन्धरायण से संबंधित एक छोटा सा रंग निर्देश और है—जब वह (कान देकर) अपने संवाद की शुरुआत करते हैं। ये अलग से बताने की ज़रूरत नहीं कि इस क्षण मंच पर दो कक्ष विभाग स्थापित हो चुके हैं—एक राजकीय भटों का राजमार्ग

और दूसरा उसी राजमार्ग से ज़रा परे हटकर यौगन्धरायण और वासवदत्ता की अपनी परिधि। ये दोनों कक्ष तभी एक हो पाते हैं जब कंचुकी के प्रवेश के बाद उसके वार्तालाप से प्रभावित होकर यौगन्धरायण और वासवदत्ता उनके पास पहुँचते हैं।

ज्योंही यौगन्धरायण को आश्रम में राजकुमारी पद्मावती के आने की सूचना मिलती है तो उन्हें पुष्पक-भद्रादि ज्योतिषियों की भविष्यवाणी की याद आ जाती हैः मगधतनया राजा उदयन की महिषी बनेगी। सत्य है कि द्वेष हो या प्रेम भी पर चित्त ही एक भावना का मूल है। न जाने क्यों मगध कन्या वत्स कुल की वधू होगी, इसी सुखकर कल्पना से उग रहा मम हृदय में इक मधुर अपनापन।

यह अद्‌भुत संयोग है कि जिस तरह की भविष्यवाणियों का प्रयोग ईसापूर्व में यूनानी नाटकों में हुआ है उसका एक समान्तर भास के यहाँ भी देखा जा सकता है। कुछ हद तक कालिदास के *अभिज्ञानशाकुन्तल* में दुर्वासा द्वारा दिए गए शाप में भी इस भविष्यवाणी से साम्यता दिखाई पड़ती है। विशाखदत्त का मुद्राराक्षस ऐसी बातों से भरा पड़ा है। लेकिन मानना पड़ेगा कि भास इस दृष्टि से पहले नाटककार हैं जिन्होंने भविष्यवाणी को नाटकीयता प्रदान की है।

इसी दृश्य में हम पुनः एक नए रंग निर्देश से आमने-सामने होते हैं और वह है "बैठी हुई तापसी का प्रवेश।" प्रायः संस्कृत के नाटकों में पात्रों के प्रवेश की एक अद्‌भुत तकनीक दिखाई पड़ती है जब कोई पात्र विशेष बैठे हुए दिखाई देता है अथवा प्रवेश करता है। हम *अभिज्ञानशाकुन्तल* वाले आलेख में इस तरह के प्रवेश और स्थिति के विषय में बहुत विस्तार से चर्चा कर चुके हैं। इसलिए यहाँ उसे दोहराने का कोई अर्थ नहीं होगा। इसमें कोई संदेह नहीं कि नाटकों में प्राप्त इस तरह का रंगनिर्देश पात्रों के प्रवेश अथवा प्रस्थान को लेकर अनेक सम्भावनाओं के द्वार खोल देता है।

ब्रह्मचारी के प्रवेश से मंच पर एक नया कक्ष स्थापित होता है। किन्तु कुछ क्षणों पश्चात वह ब्रह्मचारी भी उसी मुख्य कक्ष के साथ जुड़ जाता है। पहले अंक का अन्त इस बात की सूचना देता है कि संध्या का समय हो गया है। इस प्रकार यह पूरा अंक सुबह से आरम्भ होकर संध्या में समाप्त हो जाता है। यह भी एक शास्त्रीय रूढ़ि थी कि एक अंक में अधिक से अधिक एक दिन की घटनाओं का समावेश किया जाना चाहिए। इस दृष्टि से संस्कृत नाटक भी यूनानी नाटकों से मिलते-जुलते हैं क्योंकि उनमें भी एक अंक की समय सीमा सुबह से सायं तक होती थी। यह अलग बात है कि यूनानी नाटक होते ही एक अंक में थे और संस्कृत नाटकों के हर अंक में इस रूढ़ि का पालन किया जाता था। दूसरे अंक में आरम्भ में ही एक चेटी का प्रवेश है। उसके संवाद से हमें पता चलता है कि आज कुमारी

पद्मावती माधवी लता मण्डल में गेंद खेलने में मगन हैं। बेशक ये बहुत ही छोटा सा संवाद अंश है लेकिन तब भी इसमें नाट्य संरचना से संबंधित दो चीज़ों पर ध्यान दिया देना चाहिए। पहली, चेटी का कुंजरिके से संवाद जो वहाँ उपस्थित नहीं है। कुंजरिके से प्रश्न और उसका उत्तर दोनों ही चेटी स्वयं बोलती है। संवाद रूढ़ि की दृष्टि से इस युक्ति को आकाशभाषित कहा जाता है जब कोई पात्र मंच पर अनुपस्थित किसी दूसरे पात्र से संवाद करे और उसके द्वारा दिए गए उत्तर को भी स्वयं ही बोले। इसी प्रकार जब कोई एक पात्र किसी अंक के प्रारंभ में ही प्रवेश करके दर्शकों को कोई सूचना देकर प्रस्थान कर जाए तो ऐसा प्रवेश अंकमुख अथवा अंकास्य कहलाता है। ऐसे दृश्यों की परिकल्पना शास्त्र में इसलिए की गई ताकि सूचना के माध्यम से जो कुछ घटित हो चुका है या घटित हो रहा है, उसे दर्शकों तक किसी एक पात्र के माध्यम से पहुँचा दिया जाए। भास ने यहाँ भी सूचना से आगे बढ़कर उसे दृश्य रूप में दिखाने की कोशिश की है जब गेंद खेलती हुई पद्मावती का वासवदत्ता तथा अन्य सखियों के साथ प्रवेश होता है।

तीसरे अंक के शुरू में भास एक बार फिर अंकमुख का प्रयोग करते हैं जब विचारमग्न वासवदत्ता का प्रवेश होता है। उसके संवाद से हमें ज्ञात होता है कि नेपथ्य में विवाह समारोह का कोलाहल और लोगों की भीड़ है। प्रायः इस तरह की नेपथ्य सूचनाएँ नाटक में निम्न वर्ग के पात्रों द्वारा दी जाती हैं लेकिन भास ने पहली बार नायिका के माध्यम से यह कार्य सम्पन्न कराया है। ऐसा करने के पीछे भास का अपना एक ख़ास मन्तव्य जान पड़ता है। यदि उन्होंने विवाह की चहल पहल और कोलाहल की सूचना चेटी से दिलवा दी होती तो हम कभी भी वासवदत्ता की मनःस्थिति का साक्षात्कार न कर पाते। स्वयं वासवदत्ता को मंच पर लाकर नाटककार ने भीड़ से अलग एक पात्र की मनःस्थिति का बहुत मार्मिक चित्रण किया है। इसी अंक में कुछ देर बाद चेटी के प्रवेश और संवाद से वासवदत्ता की वेशभूषा के विषय में फिर जानकारी मिलती है। इस सूचना के माध्यम से यह स्पष्ट हो जाता है कि उन दिनों भी नाट्य मंचन के दौरान अलग-अलग दृश्यों के लिए अलग वेशभूषा का प्रावधान अवश्य रहता होगा।

इस अंक में हमें संस्कृत नाटकों में कभी कभार प्रयोग में आने वाले मंच उपकरणों की जानकारी भी मिलती है। उदाहरण के लिए चेटी द्वारा दी गई औषधियों के पात्र, फूल और डोरी इत्यादि। यहीं हम पिछले अंक में पद्मावती के हाथ में ली हुई गेंद को भी याद कर सकते हैं। नाटक का यह तीसरा अंक इस दृष्टि से अद्भुत है कि इसकी शुरुआत भी वासवदत्ता के अकेलेपन से होती है और इसका अन्त भी वासवदत्ता के अकेले रह जाने के साथ होता है। लगता ही नहीं कि हम किसी दो-ढाई

हज़ार वर्ष पूर्व के नाटक को पढ़ रहे हैं। वासवदत्ता के एकांत संवाद हमें कहीं भी किसी आधुनिक चरित्र से अलग नहीं लगते। चाहे वह मल्लिका हो, सुन्दरी हो अथवा सावित्री हो। अपने इन्हीं गुणों के कारण भास हर युग के लिए समकालीन हो जाते हैं।

चौथे अंक के प्रारंभ में भास ने विदूषक द्वारा प्रस्तुत अंकमुख के माध्यम से उदयन के विवाह समारोह से संबंधित सारी सूचनाएँ संप्रेषित कर दी हैं। यद्यपि इस अंक की शुरुआत अकेले पात्र के अंकमुख नामक सूच्य दृश्य से होती है लेकिन तुरंत ही चेटी के प्रवेश के बाद उन दोनों के संवादों के माध्यमों से यह दृश्य प्रवेशक नाम के सूच्य दृश्य में परिवर्तित हो जाता है। आवश्यक सूचनाएँ देने के बाद दोनों मंच से प्रस्थान कर जाते हैं और पद्मावती एवं वासवदत्ता के आते ही यह पूरा कार्य क्षेत्र प्रमवदन में बदल जाता है। यह शास्त्र की बहुत ही जानी पहचानी नाटकीय युक्ति है कि जब भी मंच का कोई कार्य क्षेत्र पूरी तरह से ख़ाली हो जाता है तो नए पात्रों के आगमन के साथ उसे एक नए कार्य क्षेत्र के रूप में देखा जा सकता था। नए कार्य क्षेत्र की सूचना भी हमें किसी न किसी पात्र के संवादों के माध्यमों से ही मिलती है। इस दृश्य में भी पद्मावती और वासवदत्ता के आते ही चेटी का यह पूछना कि "आप प्रमवदन में कैसे पधारी?" उस निसंग कक्ष के नए रूप को स्थापित कर देता है।

यह अंक पद्मावती और वासवदत्ता तथा उदयन और विदूषक को मंच पर एक साथ दो अलग-अलग कक्षों में स्थापित करता है। लगभग इसी तरह के दृश्य की परिकल्पना कालिदास ने अपने नाटक *अभिज्ञानशाकुन्तल* में भी की है। कई बार तो ऐसा लगता है कि भास के इस दृश्य और कालिदास के इसी से मिलते जुलते दृश्य मानों दो अलग-अलग नाटकों के दृश्य नहीं वरन एक ही नाटक के दो संस्करण हैं। पहली बार इस अंक में राजा और विदूषक वाले प्रसंग में (दोनों घूमते हैं) जैसे रंग निर्देश से हम संस्कृत नाटकों में बार-बार प्रयोग में आने वाले मंचीय गति विधान से रूबरू होते हैं। जब भी किसी पात्र को एक स्थान से दूसरे स्थन तक जाना होता था तो वह पूरे मंच का चक्कर लगाकर वहाँ तक पहुँचता था। मंच पर परिक्रमा के माध्यम से दूरी को तय करना हर नाटक में दिखाई देता रहता है।

इस दृश्य में भी अन्ततः दोनों कक्ष एक हो जाते हैं जब पहले विदूषक और बाद में वासवदत्ता के प्रस्थान के बाद पद्मावती उदयन के पास आती है। इससे पहले दो अलग-अलग कार्य क्षेत्र किस तरह से एक नाटकीय विरोधाभास और समानान्तर प्रस्तुत करते हैं यह देखते ही बनता है। पद्मावती और वासवदत्ता, उदयन और विदूषक की उपस्थिति से परिचित हैं। लेकिन उदयन और विदूषक नहीं जानते कि

वे दोनों भी वहाँ उपस्थित हैं, ऐसे में हम स्वयं ही उस नाटकीयता का अनुमान लगा सकते हैं कि उदयन द्वारा वासवदत्ता और पद्मावती के विषय में बोले गए संवादों का स्वयं उन पात्रों पर क्या असर पड़ रहा होगा। एक कुशल नाटककार प्रायः ऐसे दृश्यों की रचना करने के लिए लालायित रहा करता है। भास इस काम में सबसे आगे हैं। उनके इसी नाटक में ऐसे दृश्य बार-बार आते हैं। एक बार पुनः इस दृश्य का अन्त लगभग अपराह्न में होता है।

पाँचवें अंक के आरम्भ में पद्मनिका और मधुकरिका के बहाने से भास ने राजकुमारी पद्मावती की शिरोवेदना का समाचार हम तक पहुँचाया है। यह छोटा सा दृश्य दो पात्रों के बीच सम्पन्न होता है अतः इसे प्रवेशक का नाम दिया गया है। बाद में विदूषक भी इस दृश्य में सम्मिलित हो जाता है।

वास्तव में यही वह अंक है जिसमें घटित घटनाओं के कारण नाटक का शीर्षक *स्वप्नवासवदत्ता* रखा गया है। प्रवेशक के बाद का पूरा दृश्य समुद्रगृह में स्थित है। समुद्रगृह को कार्यव्यापार के परिवेश के रूप में रखे जाने का बहुत बड़ा नाटकीय अर्थ है। समुद्रगृह अर्थात् महल का सबसे नीचा तल। दूसरे शब्दों में हमारे हृदय का अन्तरतम पक्ष। पद्मावती की शिरोवेदना के बहाने से राजा उदयन और वासवदत्ता का आकस्मिक मिलन। राजा नींद में हैं और जब वह सपने में वासवदत्ता का नाम लेता है, उस क्षण जीती जागती वासवदत्ता भी वहाँ उपस्थित है। इस पूरे दृश्य की किन अर्थों में व्याख्या की जाए? क्या यह वास्तविकता है अथवा वास्तविकता का भ्रम। उदयन के लिए स्वप्न में देखी गई वासवदत्ता वास्तविकता है या उसके सामने खड़ी वासवदत्ता। जो वासवदत्ता नाटक के आरम्भ से उदयन के साथ-साथ है लेकिन फिर भी कभी उसे दिखाई नहीं दी, वह अन्ततः स्वप्न में ही दीख पड़ती है। जबकि सच्चाई यह है कि वह वहाँ जीती जागती खड़ी है और इसके बावजूद उसके लिए वह भ्रम है।

हमें एक रंग निर्देश की तरफ़ बहुत पहले संकेत करना चाहिए था। प्रायः संस्कृत नाटकों में हम देखते हैं कि जब भी किसी मुख्य पात्र को किसी स्थान विशेष तक पहुँचना होता है तो वह अपने साथ वाले पात्र से आग्रह करता है कि उसे वहाँ तक का रास्ता दिखा दिया जाए। इस तरह का संवाद आज के पाठक या रंगकर्मी को बड़ा अजीब लगता है। उसके मन में प्रश्न उठता है कि स्वयं घर में रहने वाला व्यक्ति अपने घर के भूगोल से परिचित क्यों नहीं है? यह प्रश्न दूसरे नाटकों के बारे में सही जान पड़ सकता है लेकिन *स्वप्नवासवदत्ता* के साथ ऐसी स्थिति नहीं है। हम शायद भूल गए हैं कि यह अंक अथवा इसके पहले के सारे अंक उदयन के अपने महल या राजदरबार में नहीं वरन मगध राज्य में स्थापित किए गए हैं। अतः उदयन

का यह पूछना स्वाभाविक जान पड़ता है कि समुद्रगृह तक कैसे पहुँचा जाए? लेकिन जब *अभिज्ञानशाकुन्तल* जैसे नाटक में राजा दुष्यन्त अपने ही महल में प्रतिहारी से शयनकक्ष अथवा किसी और स्थान का रास्ता पूछते हैं तो उसके पीछे क्या कारण हो सकता है? मुझे लगता है कि जिस तरह की औपचारिक व्यवस्था, जो कि राजा जैसे नायक के साथ स्वयं चली आती है उसमें आगे-आगे चलने वाले पात्र मार्गदर्शन करते ही हैं। इससे भी ज़्यादा विश्वसनीय एक और सम्भावना दिखाई पड़ती है और वह इस रूप में कि जब वह पात्र 'इधर से आएँ आर्य' कहकर आगे-आगे चलता है तो उनके मंचीय गति विधान का क्या रूप होगा? उसके विषय में दर्शकों की उत्सुकता बनी रहती है।

अंक के अन्त में भास ने पुनः एक ऐसे समाचार का सृजन किया है जिसके कारण पहले से उपस्थित वातावरण एक झटके में नया रूप ग्रहण कर लेता है। कहाँ तो वासवदत्ता को लेकर उदयन की चिन्ता और प्रलाप और कहाँ अपने शत्रु आरुणि पर आक्रमण करने के लिए तुरंत सन्नद्ध हो जाना। इस प्रकार के नाटकीय परिवर्तनों से भास ने अब तक नाटक की मंथर गति को एकदम से पलट दिया है। हम आरम्भ से देखते आए हैं कि एक तरफ़ नाटक में घटनाएँ तेज़ी के साथ घट जाती हैं जैसे यौगन्धरायण और वासवदत्ता का आश्रम में आना। उसी समय पद्मावती का आश्रम में प्रवेश और यौगन्धरायण का पद्मावती के विषय में ज्योतिषियों की भविष्यवाणी का स्मरण। वासवदत्ता को पद्मावती के संरक्षण गें छोड़ देना। उदयन का पद्मावती से विवाह करना और फिर भी वासवदत्ता को भुला न पाना। अब एक तरफ़ ये एक के बाद एक तेज़ी से घटित होती हुई कहानी और साथ-साथ उसके कारण उदयन, वासवदत्ता और पद्मावती के आपसी सम्बन्धों की धीरे-धीरे चलने वाली कहानी और अन्त में सेना लेकर युद्ध के लिए प्रस्थान जैसा अचानक निश्चय। इसमें कोई सन्देह नहीं कि इस तरह का अप्रत्याशित परिवर्तन दर्शकों को स्तब्ध कर सकता है। संस्कृत के प्रायः सभी नाटककार शास्त्र के अनुसार निर्वाह करते हुए भी कभी-कभी बहुत सी नाटकीय युक्तियाँ ढूँढ़ लाते थे। उदाहरण के लिए *मृच्छकटिक* में गाड़ियों की अदला बदली अथवा *अभिज्ञानशाकुन्तल* में अँगूठी का अँगुली से फिसलकर मछली के पेट में चले जाना—ऐसे ही सुप्रसिद्ध प्रसंग हैं।

नाटक का छठा अंक फिर से उदयन के अपने राज्य वत्स देश में स्थित है। इसके आरम्भ में विष्कम्भक नामक सूच्य दृश्य है जिसमें कंचुकी और प्रतिहारी राजा उदयन की खोई हुई वीणा के मिलने और राजा उदयन द्वारा उसे देखते ही उद्विग्न हो उठने की सूचनाएँ देते हैं। इस दृश्य का नाम मिश्र विष्कम्भक इसलिए रखा गया है क्योंकि इसमें कंचुकी जैसे वृद्ध और आदरास्पद पात्र तथा प्रतिहारी के बीच संवाद

घटित होता है अर्थात् एक पात्र ऊँचे पद पर है और दूसरा निचले स्तर पर। इस प्रकार दोनों के मिश्रण से जो दृश्य बनता है वह मिश्र कहलाता है।

सूच्य दृश्य के बाद घोषवती वीणा के साथ राजा उदयन का प्रवेश है और उसका एक लम्बा एकालाप। यद्यपि उसके साथ विदूषक भी वहाँ उपस्थित है लेकिन उससे राजा की मनोदशा में कोई विशेष अन्तर नहीं पड़ता। हम समझते हैं कि यूनानी नाटकों अथवा शेक्सपीयर के नाटकों के समान संस्कृत नाटकों में भी बहुत बार एकालाप मिल जाते हैं। विशाखदत्त का नाटक *मुद्राराक्षस* चाणक्य के लम्बे-लम्बे आत्मालापों से भरा पड़ा है। आख़िर प्राचीन शास्त्रीय नाटकों में इस तरह के एकालापों की ज़रूरत क्यों पड़ती होगी? प्राचीन ही क्यों यदि हम अपने समय के नाटकों को देखें तो उनमें भी ऐसे संवाद बार-बार मिलते हैं। शायद नाटककार द्वारा इन्हें लिखने के पीछे एक ही कारण होता है कि उनके माध्यम से वह पात्रों की अपनी आंतरिक स्थिति का बहुत अच्छा चित्र प्रस्तुत कर सकता है, जिसे दूसरे पात्रों के माध्यम से कभी प्रस्तुत नहीं किया जा सकता। एकालाप के बाद पुनः नाटक सामूहिक दृश्य की तरफ़ लौटता है और उदयन धीरे-धीरे वह सब कुछ प्राप्त करते जाते हैं जिसे उन्होंने खो दिया था। यहीं पर पहली बार चित्र के माध्यम से पद्‌मावती को भी वासवदत्ता के असली स्वरूप का परिचय मिलता है। नाटक की कहानी में चित्र का प्रयोग नाटक में तो एक नाटकीय स्थिति पैदा करता ही है इससे भी ज़्यादा वह रंगमंच और चित्रकला के पारस्परिक सम्बन्धों को भी उद्‌घाटित करता है। यह संयोग मात्र नहीं है कि लगभग सभी संस्कृत नाटकों में चित्र कथा को एक नया मोड़ देने का काम करते हैं। भास के दूसरे नाटक प्रतिमा नाटक में जब भरत अपने ननिहाल से लौटते हैं और अपने मृत पिता दशरथ और राम के वनवास चले जाने के दृश्यों को चित्रों में देखते हैं तो एक बड़ा कारुणिक परिवेश तैयार हो जाता है। जिस तरह *स्वप्नवासवदत्ता* में वासवदत्ता का चित्र एक महत्त्वपूर्ण भूमिका अदा करता है उसी प्रकार *अभिज्ञानशाकुन्तल* में शकुन्तला के चित्र को देखकर दुष्यन्त की भी कमोबेश वही स्थिति हो जाती है।

नाटक के अन्त में स्वयं यौगन्धरायण का एक ब्राह्मण के वेश में राजा के दरबार में पहुँचना, अपनी बहन वासवदत्ता को ले जाने का आग्रह करना और राजा द्वारा वासवदत्ता का मुखावरण हटवा देना—ये सभी नाटकीय तीव्रता से भरपूर दृश्य है। कभी-कभी यह दृश्य *अभिज्ञानशाकुन्तल* के पाँचवें अंक की याद दिलाता है जब शकुन्तला को भी दुष्यन्त के सामने अपना मुखावरण हटाना पड़ता है। लेकिन एक जैसे लगने वाले दृश्य होते हुए भी दोनों की परिणति अलग-अलग होती है। *स्वप्नवासवदत्ता* में उदयन तुरंत वासवदत्ता को पहचान जाते हैं और *अभिज्ञानशाकुन्तल*

में दुष्यन्त चाहते हुए भी ऐसा नहीं कर पाता। परिणाम यह होता है कि उदयन और वासवदत्ता का मिलन हो जाता है और दुष्यन्त शकुन्तला को अन्तिम मिलन के लिए बहुत दिनों तक प्रतीक्षा करनी पड़ती है। वास्तव में मुखावरण के माध्यम से जहाँ *स्वप्नवासवदत्ता* नाटक का अन्त हो जाता है वहाँ *अभिज्ञानशाकुन्तल* नाटक की वास्तविक शुरुआत होती है। एक नाटक में वियोग की लम्बी प्रतीक्षा के बाद संयोग का आगमन होता है तो दूसरे नाटक में संयोग की लम्बी अवधि के बाद वियोग की शुरुआत होती है। इस तरह ये दोनों नाटक प्रेम कथा के दो अलग-अलग छोर प्रस्तुत करते हैं। हमें यह दोहराने की ज़रूरत नहीं कि *स्वप्नवासवदत्ता नाट्यशास्त्र* का पूरी तरह से पालन न करते हुए भी दशरूपक में विवेचित नाटक के सभी गुणों से परिपुष्ट है। छह अंक, मुख्य रस शृंगार, धीरललित नायक, पाँच अर्थ प्रकृतियाँ, पाँच कार्यावस्थाओं और पाँच संधियों से युक्त *स्वप्नवासवदत्ता* दशरूपक की सबसे अच्छी कोटि नाटक का प्रतिनिधित्व करता है। इसकी कथा प्रख्यात है, साथ-साथ भास ने कुछ नई बातों को भी सम्मिलित किया है। ब्रह्मचारी के दृश्य अथवा बहेलिए द्वारा वीणा को पाने का दृश्य ऐसे ही प्रसंग हैं। वीणा की प्राप्ति राजा उदयन के लिए ठीक वैसा ही दृश्य है जैसा दुष्यन्त के लिए मछुआरे के माध्यम से अपनी अँगूठी को प्राप्त करना। दोनों घटनाओं में यह साम्यता भी है कि चाहे वीणा हो या अँगूठी, उनके असली स्वामी वे स्वयं होते हैं जिनके पास ये चीज़ें खो जाने के बाद भी लौटकर आ जाती हैं। लौटकर लाने वाले माध्यमों में भी अद्भुत साम्यता है। वीणा एक बहेलिए द्वारा और अँगूठी एक मछुआरे द्वारा पहुँचाई जाती है अर्थात् कहीं न कहीं संभ्रांत वर्ग और प्रकृति से जुड़े लोगों के बीच एक अन्तरंग सम्बन्ध स्थापित होता है। क्या इसे भी कहना होगा कि ये दोनों घटनाएँ राजाओं के अपने-अपने दरबार में घटित होती हैं और घटित होने की प्रक्रिया भी लगभग एक जैसी है। *स्वप्नवासवदत्ता* में बहेलिए को पकड़कर बुलवाया जाता है और *अभिज्ञानशाकुन्तल* में मछुआरे को भी राजा के सैनिक पकड़कर दरबार में लाते हैं। यह अलग बात है कि दुष्यन्त उस मछुआरे को उपहार स्वरूप कुछ मुद्राएँ देने का आदेश करते हैं लेकिन उदयन के यहाँ ऐसा कुछ नहीं होता।

स्वप्नवासवदत्ता के शास्त्रीय अध्ययन से बहुत सी बातें बिलकुल स्पष्ट हो जाती हैं। सबसे पहली तो यही कि इस नाटक ने अपने बाद में आने वाले लगभग हर नाटक पर कथ्य और शिल्प सरंचना की दृष्टि से गहरा असर डाला है। कोई और नाटककार भले ही स्वीकार न करे लेकिन कालिदास ने अपने नाटक *मालविकाग्निमित्र* के आरम्भ में ही भास की महानता को स्वीकार किया है। हम सभी जानते हैं कि *मालविकाग्निमित्र* कालिदास का पहला नाटक था और वहीं से उनके द्वारा भास का

प्रभाव ग्रहण करने की सूचना मिलने लगती है। दूसरी तरफ़ शास्त्र से जितनी स्वतन्त्रता भास ने ली है उतनी शायद ही किसी और नाटककार ने ली हो। विशाखदत्त के *मुद्राराक्षस* को अथवा शूद्रक के *मृच्छकटिक* को अपवाद माना जा सकता है। लेकिन इस अपवाद का श्रेय भी हमें भास को ही देना होगा क्योंकि *दरिद्रचारुदत्त* जैसी रचना भास बहुत पहले लिख चुके थे, जिसके हमारे पास उपलब्ध चार अंकों को शूद्रक ने शब्द दर शब्द दोहरा दिया है। ये सारे तथ्य अन्ततः नाटककार के रूप में भास की मौलिकता, मार्मिकता और प्रामाणिकता को सिद्ध करते हैं।

भारतीय रंग परम्परा में अभिनय के बदलते प्रतिमान

रंगमंच का सबसे ज़्यादा प्रमुख, अनिवार्य और अपरिहार्य तत्त्व है—अभिनय। अतः कोई आश्चर्य नहीं कि रंगमंच के इतिहास में अभिनय की परिभाषा, स्वरूप और प्रक्रिया को लेकर सबसे ज़्यादा चर्चा हुई है, होती रहती है और आज तक जारी है। पश्चिम में अरस्तू के 'कला जीवन की अनुकृति' से शुरू होकर अभिनय को सच, झूठ, करने, होने, हो जाने—न जाने कितने कोणों से जाँचा-परखा गया है, लेकिन एक बात पर सभी मतामत और परिभाषाएँ एकमत हैं कि मंच पर अभिनेता द्वारा दर्शक के लिए जो कुछ भी प्रस्तुत किया जा रहा है, वह दर्शक के लिए तो विश्वसनीय होना ही चाहिए। उससे भी पहले वह स्वयं अभिनेता के लिए भी उतना ही विश्वसनीय होना चाहिए अर्थात् वह मंच पर जो कुछ भी प्रस्तुत कर रहा है, उसे स्वयं अपने लिए वह विश्वसनीय लगना चाहिए, फिर कोई कारण नहीं कि वह उसे किसी भी रूप, आकार एवं शैली में

प्रस्तुत करे, दर्शकों के लिए भी वह उतना ही विश्वसनीय होगा।

भारतीय रंग परम्परा में भी अभिनय को लेकर प्राचीन काल से ही चर्चा परिचर्चा होती रही है और कई मायनों में तो यह पश्चिम से भी ज़्यादा जटिल रूप में सामने आती है। संसार के दूसरे देशों की तरह ही भारत में भी अभिनय का विधिवत विकास हुआ है—आदिम मनुष्य की ध्वनियों एवं हाव भाव की मुद्राओं से किसी घटना के सुनाने, दिखाने और फिर उसका अभिनटन करने के लम्बे इतिहास में ही अभिनय कला का एक स्वतन्त्र एवं सम्पूर्ण कला के रूप में विकास होता गया। वाचिक और लिखित शब्द के आने के बाद अभिनय के बीज पहले महाकाव्यों को गाकर सुनाने की परम्परा के रूप में और बाद में उन्हीं महाकाव्यों पर आधारित नाटकों के मंचन के माध्यम से पूर्व और पश्चिम दोनों रंग-परम्पराओं के इतिहास में लगभग एक साथ अथवा कुछ पहले या बाद में अभिनय की जो विकास प्रक्रिया सामने आई, उससे हम सभी परिचित हैं।

हमारे यहाँ अभिनय की सबसे पहली परिभाषा भरत के *नाट्यशास्त्र* में उपलब्ध है, जो स्वयं अभिनय शब्द में ही समाहित है—अभि+नी+यच् अर्थात् अभि उपसर्ग नी धातु और यच् प्रत्यय के संयोग से अभिनय शब्द बना है, जिसका अर्थ है सामने लेकर जाना। इस अर्थ में यह परिभाषा एकदम साफ़, स्पष्ट एवं सीधे-सीधे इस कला के उद्देश्य को संप्रेषित कर देती है और वह यह है कि अभिनय एक ऐसी कला या माध्यम है जिसकी सहायता से अभिनेता नाटककार के शब्दों, विचारों अथवा कहानी को सामने बैठे दर्शकों तक पहुँचाता है। भरत द्वारा प्रतिपादित अभिनय की इस व्याख्या में अनायास ही रंगमंच के सभी तत्त्व सम्मिलित हो जाते हैं—नाटककार अथवा नाटक, स्वयं अभिनेता एवं उसका माध्यम अर्थात् उसकी वाणी और शरीर, एक प्रदर्शन स्थल, जहाँ वह अपनी कला का प्रदर्शन कर रहा है और अन्त में सामने बैठे दर्शक। एक दूसरे रूप में लिखित या मौखिक शब्द के जीवित तत्त्व अभिनेता के माध्यम से उतने ही जीवंत दर्शकों तक पहुँचने की प्रक्रिया का नाम है—अभिनय। बेशक, यह प्रक्रिया शब्द के मात्र वाचन अथवा गायन में भी घटित होती है, लेकिन जब तक उसमें अभिनटन का चाक्षुष दृश्यत्व सम्मिलित न हो, वह अभिनय नहीं कहला सकती अर्थात् अभिनय के साथ अनिवार्यतः उसके प्रदर्शन की शर्त भी जुड़ी हुई है। अतः यह सहज स्वाभाविक ही है कि नाटक, साहित्य की दूसरी विधाओं से अलग, तभी अपनी पूर्णता को प्राप्त करता है, जब वह अपने प्रदर्शित रूप में दर्शकों के सामने प्रस्तुत होता है।

यहाँ तक तो सभी कुछ सहज गम्य है लेकिन कठिनाई तब पैदा होती है, जब भरत चार प्रकार के अलग-अलग अभिनयों का विवेचन करते हैं—वाचिक अभिनय,

आंगिक अभिनय, आहार्य अभिनय और सात्विक अभिनय। यदि हम इन्हें अभिनय के अलग-अलग अंगों के रूप में समझने की चेष्टा करें तो भरत का विवेचन अत्यंत सहज लगता है अर्थात् अभिनय कला वाणी, शरीर, शरीर की वेशभूषा, अलंकरण, रूपसज्जा इत्यादि, प्रदर्शन में प्रयोग की गई कोई विशेष शैली और इन सबको मिलाकर सात्विक यानी सूक्ष्म अभिनय, जिसे भरत ने सामान्य अभिनय भी कहा है। यदि हम उन्हें अंगों के रूप में स्वीकार न करके अभिनय की चार अवस्थाओं के रूप में देखें तो भी बात एकदम समझ में आती है। वाचिक अभिनय अर्थात् अभिनय की पहली अवस्था या चरण, जब अभिनेताओं की मण्डली आपस में बैठकर नाटक को पढ़ती है, उसकी कहानी, शब्दों एवं अर्थों को बोलने एवं रंगभाषण के माध्यम से हृदयंगम करती है। यह पूरी प्रक्रिया अभिनय के वाचिक पक्ष से संबद्ध है।

आंगिक अभिनय वह दूसरी अवस्था है जब अभिनेता अपनी गतियों, मुद्राओं एवं हाव-भाव से नाटक के वाचिक को एक दृश्य, एक रूप और एक आकार देना आरम्भ करते हैं। वाचिक के साथ आंगिक के जुड़ने से नाटक स्वयमेव दृश्यत्व ग्रहण करने लगता है।

आहार्य अभिनय स्वाभाविक रूप में वह तीसरा चरण है, जब अभिनेता नाटक के लिए अनुकूल वेशभूषा, आभूषण अलंकरण, उपकरणों का पहले अभ्यास के तौर पर और अन्त में वास्तविक प्रदर्शन के दिन प्रयोग करते हैं।

और अन्त में सात्विक अभिनय सम्भवतः वह सबसे ऊँची और श्रेष्ठ अवस्था है अभिनय की, जिसमें अभिनेता से अपेक्षा की जाती है कि वह वाचिक, आंगिक एवं आहार्य के साथ इस प्रकार समाहित होकर एकाकार हो जाए कि अभिनय के दौरान ये भेद अपने स्वतन्त्र रूप में अलग-अलग न दिखाई पड़ें वरन् एक सामान्य तत्त्व के रूप में दिखाई दें। यह तभी सम्भव है जब अभिनेता बाहरी तत्त्वों को छोड़कर सूक्ष्म एवं आंतरिक अभिनय की तरफ़ बढ़े यानी अपनी कला से अभिनय का निचोड़ या सार प्रस्तुत करे। इसीलिए इस अवस्था का नाम सात्विक अभिनय रखा गया है और इसे सबसे ज़्यादा महत्त्वपूर्ण माना गया है।

चित्राभिनय को अभिनय के किसी स्वतन्त्र अंग के रूप में नहीं बल्कि मंच पर कभी-कभी उस परिवेश स्थान या वातावरण से जुड़े गतिविधान में उल्लेखित किया गया है, जैसे पर्वत पर चढ़ने का अभिनय, समुद्र में तैरने का अभिनय आदि। देखा जाए तो यह भी आंगिक अभिनय के अन्तर्गत ही आता है लेकिन यहाँ भरत का तात्पर्य सम्भवतः ऐसे गतिविधान से रहा होगा, जिसकी मुद्राएँ शास्त्रीय अथवा रूढ़ न होकर मात्र एक चित्र का-सा आभास देने तक आवश्यक रही होंगी।

वाचिक, आंगिक एवं आहार्य यदि परस्पर घुल-मिलकर सात्विक यानी

सामान्य अभिनय की ओर बढ़ते हैं, तो सात्विक को सामान्य कहे जाने की एक और व्याख्या भी प्रस्तुत की जा सकती है और वह यह कि सात्विक वह तत्त्व है, जो बाक़ी सारे अभिनयों में सामान्य या आवश्यक रूप में उपस्थित रहना ही चाहिए। कहने का तात्पर्य यह है कि अभिनेता का वाचिक भी सात्विक हो, आंगिक भी सात्विक हो और आहार्य भी सात्विक हो तभी प्रदर्शन के दौरान दर्शक के साथ वह तन्मयता, तादात्म्यता एवं विश्वसनीयता बनेगी जिसकी अभिनेता को अपेक्षा रहती है।

क्या भरत द्वारा प्रस्तुत चतुर्मुखी अभिनय की उपर्युक्त व्याख्या हमें आज अपने ज़्यादा निकट, समीचीन और समकालीन नहीं जान पड़ती? क्या किसी भी नाटक में किसी पात्र या भूमिका की तैयारी की जिस सहज प्रक्रिया से आज का अभिनेता गुज़रता है, वह इस व्याख्या के उसी क्रमिक विकास को प्रस्तुत नहीं करती?

अभिनयों के भेद-प्रभेद से भरत कहीं एक और संकेत भी देते से लगते हैं—वाचिक अभिनय यानी शायद उन नाटकों में अभिनय, जो वाचिक की बहुलता पर आधारित हों। क्या आज भी हम कभी-कभी किसी नाटक को देखकर ऐसी प्रतिक्रिया नहीं देते कि उसमें व्यर्थ का शब्द जाल बहुत था। आंगिक अभिनय शायद वे नाटक जो नृत्य नाटकों की श्रेणी में रखे जा सकें और आहार्य अर्थात् जिसमें किन्हीं विशेष नेपथ्य से जुड़े तत्त्वों पर आग्रह हो। पश्चिम में ऐसी अभिव्यक्ति प्रायः सुनाई पड़ती है, जैसे कॉस्ट्यूम ड्रामा अथवा पीरियड प्ले आदि। बहरहाल, हम चाहे कितनी भी तरह से इन अभिनयों की व्याख्या करें, एक बात निश्चित है कि भरत का सम्पूर्ण विवेचन आज के अभिनेता की दृष्टि से भी नितांत आधुनिक, सार्थक एवं समकालीन जान पड़ता है। इसके पश्चात भरत ने इन चारों शीर्षकों के अन्तर्गत जो चर्चा की है, वह तो और भी समसामयिक है, इसीलिए उसे यहाँ उल्लेख करने की कोई आवश्यकता नहीं रह जाती। संक्षेप में, वाचिक के अन्तर्गत वाणी के उद्गम स्थल, अभिधा, लक्षणा, व्यंजना, अलग-अलग सुर इत्यादि; आंगिक में शरीर के अलग-अलग अंगों उपांगों की मुद्राएँ एवं उनके अर्थ, आहार्य में मंच-उपकरण बनाने की विभिन्न विधियाँ और सात्विक में विशेष रूप में स्वेद, स्तंभ, मूर्च्छा, अश्रु आदि अभिनय की सूक्ष्म अभिव्यक्तियों का वर्णन है।

यहाँ उपर्युक्त वर्णन की अपेक्षा इस बात पर विचार किया जाना चाहिए कि तत्कालीन नाटकों के प्रदर्शन में अभिनय की रचना प्रक्रिया क्या रहती होगी और वह मंच पर दृश्य रूप में क्या आकार ग्रहण करती होगी। इस दृष्टि से भरत ने पहले तो दो धर्मिताओं का उल्लेख किया है, जो लोकधर्मी एवं नाट्यधर्मी के नाम से अभिहित की गई हैं। जैसा कि इनके नाम से ही स्पष्ट है, लोकधर्मी में अभिनेता

अपनी रोज़मर्रा की ज़िंदगी से जुड़ी मुद्राओं, चर्याओं, हाव भाव एवं आवाज़ का प्रयोग करता होगा। यह अनुमान सहज ही लगाया जा सकता है कि अभिनय की यह शैली विशेष रूप से गद्य के प्रयोग में काम आती होगी, जिसका एक और संकेत तत्कालीन बोलचाल की बोलियों एवं भाषाओं की नाटकों में उपस्थिति से भी मिलता है, जैसे–प्राकृत, पालि, अपभ्रंश इत्यादि। यहाँ तक कि कुछ पात्रों के लिए तो इन्हीं बोलियों-भाषाओं में संवाद करने का नियम था। इसके विपरीत नाट्यधर्मी शैली अभिनेता वहाँ प्रयोग में लाते होंगे, जहाँ काव्य की उपस्थिति है क्योंकि उसके माध्यम से अपने हृदय के भावों की आंतरिक अभिव्यक्ति मुद्राओं एवं गतियों में साकार करते होंगे; गीत, संगीत एवं नृत्य का अधिकाधिक सहारा लेते होंगे और अपने अभिनय में सम्पूर्ण रूप से सांकेतिक एवं अमूर्त हो उठते होंगे, जो मात्र मुद्राओं एवं गतियों में निहित अर्थ छायाओं एवं ध्वनियों के माध्यम से दर्शक तक पहुँचता होगा। यहीं पर यह चर्चा करना भी अप्रासंगिक नहीं होगा कि पश्चिम और पूर्व की अभिनय प्रक्रिया के सन्दर्भ में विवेचन करते हुए रंग-चिंतकों एवं आलोचकों ने दो अलग-अलग अवधारणाएँ प्रस्तुत की हैं–उनके अनुसार पश्चिम का अभिनय चरित्रपरक अर्थात् रिप्रेज़ेंटेशनल है और भारत की रंग परम्परा में अभिनय प्रस्तुति परक अर्थात् प्रेज़ेंटेशनल है। इसको यों भी समझ सकते हैं कि पश्चिम का अभिनेता एक चरित्र या भूमिका की तैयारी के लिए बाकायदा उस चरित्र को उसकी वेशभूषा, हाव भाव, बोलने का ढंग एवं सोच के स्तर पर स्वयं पर आरोपित करता है, अथवा हू-ब-हू बिलकुल वैसा ही मंच पर दिखने का अभिनय करता है, जबकि हमारे यहाँ अभिनेता की एक पात्र के रूप में कल्पना की गई है, जिसमें कोई भी सामग्री डाल दो, वह उसी सामग्री का पात्र कहलाने लगेगा। उदाहरण के लिए एक खाली गिलास में दूध रखा है, तो वह दूध का गिलास है। उसमें से दूध निकालकर कोई दूसरा पेय उसमें डाल दिया तो वह उस पेय का गिलास कहलाने लगेगा यानी पात्र के अपने स्वरूप में कोई परिवर्तन नहीं होगा, जबकि पश्चिमी दृष्टि से सामग्री में भी परिवर्तन होगा और पात्र के स्वरूप में भी। लेकिन अपने यहाँ वेशभूषा, रूपसज्जा, मुद्राएँ एवं गतियाँ पहले से निश्चित एवं नियमबद्ध होने के कारण कोई भी अभिनेता उस पात्र को अभिनीत करें, दर्शक तुरंत पहचान लेंगे कि वह कौन-सा पात्र कर रहा है। उसे अलग से कोई चरित्र चित्रण करने की आवश्यकता नहीं है।

मुझे लगता है कि इस प्रकार की अवधारणाओं के पीछे यथार्थवादी अभिनय एवं शैलीबद्ध अभिनय–इन दो शैलियों को अलग-अलग देखने से पैदा हुई भ्रांति उत्तरदायी है। यह सही है कि यथार्थवाद दिन-प्रतिदिन के व्यवहार से संबद्ध है लेकिन मंच पर क्या वह हू-ब-हू उसी रूप में आता है? यदि ऐसा होता तो फिर

नाटक देखने की क्या ज़रूरत है? क्या मंच पर प्रस्तुत यथार्थवाद भी वास्तविक यथार्थवाद नहीं वरन् अभिनय की एक शैली ही है। दूसरी ओर शैलीबद्ध अभिनय को मात्र एक रूढ़ि, युक्ति अथवा व्याकरण के ही रूप में स्वीकार कर लेने से यह भ्रांति उत्पन्न हो गई है कि उसके लिए किसी चरित्र-निर्माण, उसकी संवेदना एवं अनुभूति की कोई आवश्यकता नहीं है। यदि इसे स्वीकार कर लिया जाए तब तो संगीत एवं नृत्य जैसी कलाओं में प्रत्येक राग एवं मुद्रा पहले से निश्चित है, तो फिर क्यों एक गायक अथवा नर्तक की प्रस्तुति दूसरे से अलग हो जाती है? क्या इसमें गायक अथवा नर्तक की अपनी भावाभिव्यक्ति की उस निजी प्रक्रिया का योगदान नहीं है, जिसमें से अभिनेता भी गुज़रता है, चाहे वह यथार्थवादी नाटक में अभिनय करे अथवा शैलीबद्ध नाटक में?

यदि हम भरत के अभिनय सिद्धान्तों एवं प्रक्रिया को मात्र तकनीकी, रूढ़, नियमबद्ध और रीतिबद्ध मानकर ही विवेचित करते रहेंगे तो रस निष्पत्ति को कहाँ स्थान देंगे, जिसका मूल मंत्र ही यही है कि 'तत्र भावानुभाव संचारी भाव योगाद्ररसनिष्पत्तिः' अर्थात् वहाँ भाव, अनुभाव, संचारीभाव के योग से रस निष्पत्ति होती है। इस सूत्र में 'वहाँ' किसके लिए प्रयोग किया गया है? निश्चित रूप से अभिनेता के लिए जो पहले स्वयं किसी अनुभव एवं अनुभूति से गुज़रता है और फिर उसे दर्शक तक पहुँचाता है। यदि अभिनेता मुद्राओं और गतियों के तकनीकी जाल तक ही सीमित होकर रह जाएगा तो वह अपने प्रदर्शन को रस की कोटि तक कैसे पहुँचाएगा? वस्तुतः, हमारी परम्परा में अभिनय को प्रस्तुतिपरक के रूप में लेने का अर्थ ही यही है कि सब कुछ पहले से निश्चित होने के बावजूद दर्शक यही देखने के लिए आता है कि कोई विशेष अभिनेता किसी विशेष पात्र को कितने नए ढंग, रंग और रूप में प्रस्तुत कर रहा है। इसीलिए रंगमंच को पूरी तरह से अभिनेता का माध्यम और *नाट्यशास्त्र* को उसकी डायरी के रूप में मान्यता दी गई है। हाँ, रस प्रक्रिया में इस बात को रेखांकित करना नितांत आवश्यक है कि जब अभिनेता का भाव या अनुभूति उस पूरी प्रक्रिया से गुज़रकर दर्शकों तक पहुँचती है तो वह मात्र उसके अपने तक सीमित नहीं रह जाती वरन् एक ऐसे सार्वजनीन अनुभव में परिवर्तित हो जाती है, जिसे परवर्ती आचार्यों ने साधारणीकरण की संज्ञा दी है। यदि ऐसा न होता तो भरत के रस सिद्धान्त की कोई सार्थकता ही नहीं रह जाती। मैं तो यहाँ तक कहना चाहूँगा कि भरत का रस सिद्धान्त ही क्यों, अरस्तू का विरेचन सिद्धान्त, यथार्थवादी नाटकों में अभिनय का प्रभाव, ब्रेष्ट का महाकाव्यात्मक रंगमंच—क्या सबका मूल उद्देश्य यही नहीं है कि अन्ततः रंगमंच अभिनेता के व्यक्तिगत अनुभव से शुरू होकर उसे एक ऐसे विशाल एवं अमूर्त अनुभव में तबदील कर देता है जो सार्वजनिक हो, सर्वग्राह्य

हो और सचमुच में ब्रह्मानंद को पाने के आस्वाद जैसा हो। भरत के अभिनय सिद्धान्त का सारे का सारा आग्रह नाट्यधर्मी पर होने के बाद भी वह लोकधर्मी अथवा आज की भाषा में कहें तो वह यथार्थवादी दृष्टि कहीं छूटती नहीं, जब वह विस्तारपूर्वक इन पक्षों का विवेचन करते हैं कि प्रत्येक अलग-अलग रस का मूल रंग कौन-सा है, प्रत्येक पात्र को किस प्रकार की वेशभूषा धारण करनी चाहिए, नाटक में कौन सी भूमिका किस प्रकार के व्यक्तित्त्व वाले अभिनेता को देनी चाहिए। क्या ये सारे विवरण चरित्र निर्माण और उसे ज़्यादा से ज़्यादा प्रामाणिक और विश्वसनीय बनाने की उसी रचना प्रक्रिया से संबद्ध नहीं हैं, जिनके माध्यम से आज का अभिनेता भी गुज़रता है। संक्षेप में, उपर्युक्त सारे प्रश्नों, जिज्ञासाओं और विवेचना को यों समेटा जा सकता है कि किसी भी भूमिका को तैयार करते समय अभिनेता की आंतरिक यात्रा एक जैसी ही रहती है, यद्यपि बाहरी स्तर पर वह अपनी अभिव्यक्ति अलग-अलग रूप और शैली में करती है, जिसके लिए हमारे यहाँ दो विकल्प *नाट्यशास्त्र* के समय से ही प्रस्तुत हैं—लोकधर्मी और नाट्यधर्मी। इन्हीं दोनों शैलियों को विश्व की विभिन्न रंग परम्पराओं के सन्दर्भ में भी बड़ी आसानी से व्याख्यायित किया जा सकता है।

भारतीय अभिनेता की लंबी रंगयात्रा में यह तथ्य बहुत दिलचस्प जान पड़ता है कि अन्ततः उसकी सारी कोशिश उस शास्त्र, उस नियमबद्धता एवं रूढ़िबद्धता से मुक्ति पाने की है, जिसमें उसे भारतीय रंगमंच के उदयकाल में ही बाँध दिया गया था। उसका सौभाग्य रहा कि उसे यह अवसर एक सामूहिक कला से जुड़े रहने के कारण एक हज़ार ईस्वी के आसपास ही मिल गया, जबकि उसी के समानांतर दूसरी ऐकांतिक कलाएँ जैसे नृत्य और संगीत आज भी उसी शास्त्र में आबद्ध हैं, जहाँ से इन तीनों कलाओं की शुरुआत हुई थी। बेशक, इसके लिए तत्कालीन राजनीतिक परिस्थितियाँ भी उतनी ही ज़िम्मेदार हैं, लेकिन इस बात से भी इनकार नहीं किया जा सकता कि रंगमंच वस्तुतः एक ऐसी गतिशील, प्रगतिशील और सार्वजनिक कला है, जिसे दिन प्रतिदिन बदलते समाज के साथ अपने आपको बदलना पड़ता है, बल्कि कई अर्थों में समाज से भी आगे बढ़कर उसका पथ प्रदर्शक बनना पड़ता है।

इसीलिए संस्कृत रंग परम्परा का अवसान मानो भारतीय अभिनेता की मुक्ति के लिए वरदान साबित हुआ। यह मुक्ति उसे एक नहीं, अनेक स्तरों पर मिली। लिखित आलेख से मुक्ति, एक ही भाषा से मुक्ति, एक ही शैली से मुक्ति, सीमित दर्शक समुदाय से मुक्ति और एक अर्थ में शैक्षणिक प्रशिक्षण से मुक्ति। इसमें कोई सन्देह नहीं कि इस मुक्ति की प्रक्रिया में उसे बहुत कुछ खोना भी पड़ा, जिसमें सबसे

बड़ी थी—आर्थिक सुरक्षा एवं संरक्षण। लेकिन उसके बरक्स जो कुछ उसने पाया, वह निश्चित रूप से उस खोने से ज़्यादा बढ़कर मूल्यवान है। पहली बार अभिनेता को अपने परिवार के स्तर पर मान्यता मिली, यहाँ तक कि पूरे के पूरे परिवार ने रंगकर्म को अपनी आजीविका एवं साधना का अंग बना लिया। उसे जीवनभर एक ही स्थान और संस्था की बजाय पूरे देश के भ्रमण का अनुभव मिला और पहली बार अपनी कल्पना, आशु अभिनय, प्रदर्शन स्थल के खुलेपन और एक विशाल दर्शक समुदाय के साथ जुड़ने का अहसास हुआ। इन सब बातों ने मिलकर मध्यकालीन अभिनेता के व्यक्तित्त्व एवं कृतित्त्व में एक ऐसे खुलेपन का विस्तार हुआ, जो पश्चिम के अभिनेता के लिए सम्भव नहीं था। इससे भी बढ़कर एक और दूसरे रूप में भी उसके अभिनय में निखार आया। उसने शास्त्र से मुक्ति तो पाई, लेकिन शास्त्र की कुछ चीज़ें अनायास ही पीढ़ी-दर-पीढ़ी उसके साथ चलती भी रहीं, जिनके साथ उसकी अपनी क्षेत्रीय और लोक शैलियों ने मिलकर उसकी कला को और पुख़्ता कर दिया। उदाहरण के लिए शास्त्रीय रंगमंच का ख़ाली और निस्संग प्रदर्शन-स्थल, मंच पर शुरू से लेकर आख़िर तक उपस्थित संगीतमण्डली, मंच पर बार-बार कुछ गोलाकार गतियों से ही नाटक के परिवेश, स्थान और कार्य-व्यापार परिवर्तन की सूचना, नाटक में हर तरह की सम सामयिकता और तात्कालिकता के बावजूद उसकी कहानी के तत्त्व को शुरू से लेकर अन्त तक पकड़े रहना।

देखा जाए तो एक हज़ार ईस्वी से लगभग सत्रहवीं शताब्दी तक का समय भारतीय रंग परम्परा में अभिनय के उत्कर्ष का सबसे सुंदर और सुदीर्घ पड़ाव है। इतना ही नहीं, सबसे ज़्यादा प्रयोगवादी भी, जिसमें भारत की ही दो नाट्य परम्पराओं—शास्त्रीय यानी नागर और लोक यानी देसी कलाओं के आपसी सिंथेसिस से अनजाने ही अभिनय की एक नई शैली का जन्म हो रहा था, जो न तो पूरी तरह से शैलीबद्ध है, न पूरी तरह से यथार्थवादी है और किसी भी रूप में विदेशी तो है ही नहीं। क्या आज के भारतीय रंगमंच को किसी ऐसी ही अभिनय शैली एवं प्रस्तुति शैली की अपेक्षा नहीं, जो हमारी अपनी ही रंग परम्पराओं से सहज रूप में पाई जा सके? क्या आधुनिक रंगमंच के पहले भारतीय नाटककार और अभिनेता-निर्देशक भारतेन्दु ने इसी रास्ते की तलाश नहीं कर ली थी? दुर्भाग्य से, अल्पायु में ही उनकी मृत्यु ने इस दिशा में आगे होने वाले प्रयोगों से हमें आज से सौ-डेढ़ सौ साल पहले ही वंचित कर दिया। भरत के चहुँमुखी अभिनय की वास्तविक छटा मध्यकाल में ही दीख पड़ती है—वाचिक के उदाहरण के रूप में उत्तर भारत की अधिकांश लोकशैलियाँ, विशेष रूप से रामलीला, नौटंकी, भाँड और स्वांग, आंगिक के उदाहरण के लिए यक्षगान, आहार्य के प्रतीक के रूप में कथकलि और सात्विक की दृष्टि से

कूडियाट्टम। यदि सात-आठ सौ वर्ष तक ये सारी लोक शैलियाँ लगातार जीवित रहीं और आज भी हैं और वह भी संस्कृत या शास्त्रीय रंगमंच की तरह बिना किसी राजकीय संरक्षण के, तो इससे इन शैलियों की शक्ति, जीवंतता और जनमानस पर पड़े गहरे प्रभाव का सहज ही अनुमान नहीं लगाया जा सकता? इस दृष्टि से तो यह रंग-परम्परा शास्त्रीय शैली से भी अधिक प्रभावकारी सिद्ध हुई है। हमें लोक रंगशैली एवं अभिनय की इसी आत्मा एवं शक्ति को आज के रंगमंच में पाने, पकड़ने और जोड़ने की कोशिश करनी चाहिए, जबकि हम सदा उनके बाहरी उपादानों यानी गीत, संगीत एवं नृत्य में ही उलझकर समय नष्ट करते रहे हैं। हमें इस दिशा में गंभीर विचार-विमर्श करना चाहिए कि क्या लोक शैलियाँ मात्र अपने गीत, संगीत या नृत्य की वजह से जीवित रही हैं अथवा लोक अभिनेताओं की उस बहुमुखी प्रतिभा के बल पर, जिसका ये तत्त्व मात्र एक छोटा-सा अंश हैं? आज हम ब्रेष्ट के *खड़िया का घेरा* में तो इस सिद्धान्त का ज़ोर-शोर से पोषण करते हैं कि ज़मीन का स्वामी उसे ही होना चाहिए, जो उसे जोतता है, न कि वह जो उसका मात्र उत्तराधिकार से स्वामी है। यही बात *जसमा ओढ़न* में जब कामकुंडला जैसी अप्सरा कहती है और स्वर्ग छोड़कर इसी धरती पर रहने की बात करती है, तब हम उसे धर्म एवं मिथक के लबादे में लपेटकर ख़ारिज कर देते हैं। इसी प्रकार शेक्सपीयर के *हैमलेट* में नाटक के भीतर नाटक वाले दृश्य में उसे देखने वाले दर्शकों यानी नाटक के पात्रों पर उसका जो प्रभाव पड़ता है, उस पर जमकर चर्चा होती है लेकिन उससे भी सात-आठ सौ वर्ष पहले भवभूति जब अपने नाटक *उत्तररामचरित* में भी नाटक के भीतर नाटक वाला दृश्य प्रस्तुत करते हैं और उसका नाटक के दर्शक पात्र पर और भी गहरा असर होता है, तो शायद किसी को उस प्रसंग की याद भी नहीं आती? इससे भी पूर्व भास के नाटक *प्रतिमा नाटक* का तो उल्लेखमात्र ही पर्याप्त है।

यहाँ इस प्रसंग पर अलग से कोई विशेष चर्चा करने की आवश्यकता नहीं रह जाती कि लोक रंग परम्परा के अभिनेता की रचना प्रक्रिया क्या रहती होगी, फिर भी कुछ संकेत ग्रहण किए जा सकते हैं। सबसे पहले तो यही कि लिखित आलेख के अभाव में पीढ़ी-दर-पीढ़ी किसी विधिवत् प्रशिक्षण के तहत नहीं वरन् एक मौखिक परम्परा के रूप में नाटक की कहानी का बाहरी ढाँचा एक-दूसरे तक पहुँचता गया होगा और इसमें अभिनेता की अपनी तात्कालिक सूझ-बूझ और कल्पना ने भी उसमें बहुत कुछ जोड़ दिया होगा। इसीलिए मध्यकाल में जहाँ रंगमंच में अभिनेता उसका केन्द्रीय तत्त्व हो गया, वहीं एक और भी महत्त्वपूर्ण तत्त्व का विकास हुआ, जिसे आज हम सूत्रधार के नाम से जानते हैं। यह सूत्रधार शास्त्रीय नाट्य परम्परा में भी रहता था, लेकिन वहाँ उसका मात्र इतना ही काम है कि नाटक के आरम्भ में उसका

परिचय देकर प्रस्थान कर लेना। लोक रंगमंच में उसकी मंच पर आद्यंत उपस्थिति एक ऐसे प्रस्तुति के नियामक की सूचना देती है, जिसे पाश्चात्य नाट्य परम्परा में निर्देशक के नाम से जाना गया, जो हमारी अपनी लोक रंग-परम्परा में न जाने कब से विद्यमान है। वह कथा को आगे बढ़ाता है, यदि किसी दृश्य को करते-करते अभिनेता बहुत दूर निकल जाएँ तो उन्हें लौटाकर मूल कहानी पर केन्द्रित करता है, कभी-कभार स्वयं भी किसी भूमिका में उतर आता है और तात्कालिक एवं समसामयिक सामाजिक, राजनीतिक स्थितियों पर टिप्पणियाँ तो करता ही है। क्या ब्रेष्ट के अभिनय दर्शन में अलगाव का सिद्धान्त यही नहीं है? चूँकि हर नए सिद्धान्त, हर नई अवधारणा और हर नए दर्शन को पश्चिम से ही आयातित होना है, तो फिर यहाँ सब कुछ पहले से उपस्थित हो भी, क्या अन्तर पड़ता है? इसमें कोई संदेह नहीं कि शास्त्रीय के बाद लोक रंग ने भारतीय अभिनय की यात्रा में अपना विशेष योगदान दिया और हमें उसी परिप्रेक्ष्य में उसके महत्त्व को आँकना चाहिए।

भारतीय रंगमंच में अभिनय का तीसरा पड़ाव तब आता है, जब उन्नीसवीं सदी के उत्तरार्द्ध में अंग्रेज़ी शासन के प्रभाव स्वरूप आगामी लगभग सौ वर्षों तक पारसी रंगमंच, कंपनी थिएटर अथवा शुद्ध व्यावसायिक रंगकर्म का जन्म, पोषण और प्रचलन रहता है। इसमें कोई संदेह नहीं कि इस रंगमंच के कर्ता-धर्ता लोगों का एकमात्र उद्देश्य पैसा कमाना था, लेकिन जहाँ तक अभिनेता की कला के विकास का प्रश्न है, निश्चित ही पारसी रंगमंच ने उसमें अपना विशेष योगदान दिया। सबसे पहले तो रंगमंच को शास्त्रीय रंगमंच की तरह मात्र नागर अथवा बुद्धिजीवी वर्ग के लिए नहीं और न ही लोक रंगमंच की तरह केवल ग्रामीण आदमी के खाँचे में फिट करके देखने की बजाय उसे एक साथ सभी तरह के दर्शकों के लिए ग्राह्य बनाने की दिशा में पहल की। इससे भी आगे शास्त्रीय और लोक रंगमंच में उपस्थित जन समुदाय से भी बड़े दर्शक समूह के लिए अपनी अभिनय कला का विस्तार किया। यहाँ तक कि अतिरंजना की सीमाओं को छूने के बावजूद आवाज़ एवं रंगभाषण की सीमा को कहाँ तक बढ़ाया जा सकता है और भावना और संवेदना के स्तर पर उसका कितना गहरा असर पैदा किया जा सकता है—उन दिनों के दर्शक आज भी उसका ज़िक्र करते थकते नहीं हैं। पहली बार भारतीय रंगमंच में स्वयं अभिनेता से ही अभिनय के साथ-साथ गाने की भी अपेक्षा की जाने लगी, क्योंकि मंच पर शुरू से लेकर आख़िर तक बैठे गायक और वादक यहाँ नदारद थे। कोरस की बजाय व्यक्तिगत गायन और बाद में युगल गीत के जन्म का श्रेय भी इस परम्परा को है।

यह सत्य है कि पैसे कमाने के शुद्ध व्यापारिक दृष्टिकोण ने नाटकों के उस

साहित्यिक पक्ष को गौण बना दिया, जो तत्कालीन नाटककारों यथा भारतेन्दु, प्रसाद, माधव शुक्ल की रचनाओं में दीख पड़ता हैं। लेकिन सभी पारसी नाटकों के विषय में यह बात नहीं की जा सकती। आग़ा हश्र कश्मीरी के यहाँ *यहूदी की लड़की* और *रुस्तम सोहराब* जैसे उच्चकोटि के गहरे त्रासद नाटक मौजूद हैं, जो यूनानी त्रासदियों का-सा अनुभव प्रदान करते हैं तो *सीता वनवास* जैसा करुण और मार्मिक हिन्दी नाटक भी उपस्थित है जो भवभूति के *उत्तररामचरित* की याद दिलाता है। इसी प्रकार राधेश्याम कथावाचक का *वीर अभिमन्यु* और *भक्त प्रहलाद* तथा नारायण प्रसाद बेताव का *महाभारत* आदि—धर्मवीर भारती के *अंधायुग* से पहले युद्ध की विभीषिका और परिणाम पर प्रश्न उठाने वाली नितांत मौलिक साहित्यिक रचनाएँ हैं। लेकिन यहाँ प्रश्न आलेख से भी ज़्यादा उस अभिनय शैली की खोज का था, जो भारतीय परम्पराओं यथा शास्त्रीय एवं लोक और पाश्चात्य के अद्भुत मिश्रण से तैयार होकर भी अपनी एक अलग ही पहचान बनाने में सफल हुई। इस अभिनय शैली में न तो शास्त्रीय रंगमंच जैसी जटिल एवं अमूर्त गतियाँ एवं मुद्राएँ थीं और न ही लोक रंगमंच की मौखिक आलेख पर आधारित स्वछंदता वरन् एक ऐसी नई शैली जो लिखित आलेख के ढाँचे में बँधी होने के बावजूद अपनी प्रस्तुति में एक सहज शैलीबद्धता लिए हुई थी। एक ओर मंच पर पैदा किए जा सकने वाले तमाम तकनीकी प्रभावों के कारण यथार्थ का भ्रम उत्पन्न करने का आग्रह था, तो दूसरी ओर रँगे हुए परदों के इस्तेमाल के सामने अभिनेताओं द्वारा भावों और संवेगों की अतिरंजित अभिव्यक्ति उसी क्षण यथार्थ के उस भ्रम को तोड़ भी डालती थी।

यथार्थ के इस भ्रम के टूटने की अन्तिम परिणति तब होती थी, जब किसी दृश्य के असर से भाव-विह्वल होकर दर्शक कह उठते थे—'वंस मोर...वंस मोर' और मंच पर उपस्थित अभिनेता उस दृश्य की पुनरावृत्ति करने लगते थे। भारतीय परम्परा में एलीएनेशन अथवा अलगाव की उपस्थिति का इससे बड़ा उदाहरण और क्या हो सकता है? यह सहज स्वाभाविक ही है कि आधुनिक अभिनेता की रचना प्रक्रिया और प्रशिक्षण के सन्दर्भ में पारसी अभिनेता की भूमिका पर पुनर्विचार हो रहा है। इसमें कोई संदेह नहीं कि बेशक साहित्य के पण्डित आलोचकों ने इस परम्परा के लगभग सभी नाटकों को अनदेखा-सा कर दिया लेकिन संवादों की भाषा, उच्चारण, रंगभाषण एवं अभिनय की अन्तहीन क्षमताओं, सम्भावनाओं एवं विकल्पों की दृष्टि से इन सौ वर्षों में प्रचलित अभिनय परम्परा को सही रूप में रेखांकित किया जाना चाहिए।

इस शताब्दी के पिछले पचास वर्ष यदि भारत की आज़ादी के पचास वर्षों की दृष्टि से महत्त्वपूर्ण हैं तो भारतीय अभिनेता की अनवरत यात्रा के रूप में भी कम

महत्त्व नहीं रखते। आज के अभिनेता के सामने यदि एक तरफ़ पिछले तीन हज़ार वर्षों के रंगमंचीय इतिहास में उपलब्ध शास्त्रीय, लोक, यथार्थवादी, अभिव्यंजनावादी, अमूर्त और असंगत, मनोशारीरिक और महाकाव्यात्मक अर्थात् अभिनय की अनंत दिशाओं का भंडार उपस्थित है, वहीं यह भी उतना ही क्रूर एवं नंगा सच है कि आज न तो किसी एक विकल्प से काम चलने वाला है और न ही इस बात के लिए बहस की गुंजाइश और अवकाश है कि उपर्युक्त सभी विकल्पों के प्रयोग से एक नई अभिनय शैली का निर्माण कर लिया जाए। मेरे विचार में आज के अभिनेता के सामने अपने पूर्ववर्ती अभिनेताओं की अपेक्षा ज़्यादा बड़ी चुनौतियाँ हैं। इससे पहले का अभिनेता एक काल-विशेष में प्रचलित, स्वीकृत और व्याख्यायित अभिनय शैली और परम्परा से बखूबी अपना काम चला लेता था। एक मायने में अभिनय उसे विरासत में प्राप्त हो जाता था, जहाँ नाटक के मौखिक आलेख के साथ-साथ ही उसे मंचित करने की विधि-प्रविधि और अभिनय की परम्परा भी पीढ़ी दर पीढ़ी सहज ही उपलब्ध हो जाती है, लेकिन आज के अभिनेता के न तो अपने परिवार में यह परम्परा नियमित स्तर पर उपलब्ध है और न ही अपने परिवार के बाहर ही यह विकल्प उस रूप में उपलब्ध है। एक प्रकार का शून्य है उसके समक्ष। देखा जाए तो यह स्थिति एक प्रकार से बहुत ही सकारात्मक स्थिति है, क्योंकि आज अभिनेता बिना किसी पूर्वग्रह के किसी भी दिशा में अपनी पगडंडी की शुरुआत कर सकता है, वह उपर्युक्त सारे विकल्पों को बारी-बारी से आज़माकर अपने लिए एक विकल्प चुन सकता है और अन्ततः एक सम्भावना यह भी बनती है कि वह पहले तो सोच-विचार कर एक पूरी प्रक्रिया के भीतर से गुज़रते हुए अपने को न्यूट्रल करे और फिर जो कुछ वह सहज रूप से अपने भीतर ले सके, उसे स्वीकार करता चले।

हाँ, एक बात उसे सदैव ध्यान में रखनी होगी कि आख़िर वह जो कुछ भी कर रहा है या करना चाहता है, वह दर्शकों के लिए भी उतना ही संप्रेषणीय होना चाहिए—इस प्रकार अभिनय के जो नए प्रतिमान बनेंगे, वे सचमुच में भविष्य के रंगमंच की भी एक ठोस तस्वीर प्रस्तुत करेंगे।

भारतेन्दु का नाट्यशास्त्र

भरत के *नाट्यशास्त्र* का रचनाकाल ईसा पूर्व चौथी शताब्दी से चौथी ईसवी के बीच माना जाता रहा है। सुविधा के लिए यदि हम ईसा की चौथी ईसवी को भी उसके रचनाकाल की अन्तिम सीमा मान लें तो इसके आगे के पन्द्रह सौ वर्षों में *नाट्यशास्त्र* को आधार बनाकर *अभिनव भारती, दशरूपक, अभिनय दर्पण, साहित्य दर्पण, ध्वन्यालोक* इत्यादि जितने भी शास्त्रीय ग्रन्थों की रचना हुई, वे सब मूलतः संस्कृत भाषा के थे। इस बीच संस्कृत से इतर किसी भी लोक, क्षेत्रीय बोली अथवा भाषा में नाट्य और रंगमंच विषयक ग्रन्थ की रचना की कोई प्रामाणिक जानकारी उपलब्ध नहीं है। इस परिप्रेक्ष्य में यह तथ्य काफ़ी महत्त्वपूर्ण हो जाता है कि पहली बार सन् 1883 में भारतेन्दु हरिश्चन्द्र ने *नाटक अथवा दृश्यकाव्य सिद्धान्त-विवेचन* शीर्षक से संस्कृत से अलग हिन्दी भाषा में लगभग पच्चीस पृष्ठों में एक लम्बा निबन्ध लिखा और प्रकाशित कराया। इतिहासकारों ने प्रायः इस निबन्ध की चर्चा करके हाशिए

पर ही छोड़ दिया और अधिकतर भारतेन्दु के रचनाकार वाले व्यक्तित्व पर ही केन्द्रित रहे। एक दृष्टि से देखा जाए तो यह निबन्ध उनके समस्त रचनात्मक लेखन के बाद लिखी गई सैद्धान्तिक कृति है अर्थात् कम से कम पन्द्रह बीस वर्ष तक लगातार नाटकों को लिखने, उनमें अभिनय करने, उनका निर्देशन करने, पूरे देश के अलग-अलग भागों में होनेवाली नाट्य गतिविधियों को साक्षात् देखने, भारतीय और विदेशी नाटकों का अनुवाद करने के विशद अनुभव के पश्चात् इस निबन्ध का प्रणयन हुआ है। एक बार फिर से इस बात की पुष्टि होती है कि किसी भी सैद्धान्तिक कृति की रचना शून्य में नहीं हुआ करती वरन् उसके पीछे व्यावहारिक रंगकर्म की एक लम्बी परम्परा और प्रयोग का योगदान होता है। इसी के साथ यदि स्वयं भारतेन्दु द्वारा उपक्रम में उल्लिखित *दशरूपक, भारतीय नाट्यशास्त्र, साहित्य दर्पण, काव्य प्रकाश, विलसंस हिन्दू थिएटर्स, लाइफ ऑफ दी एमीनेंट पर्सन्स, ड्रामेटिस्ट एंड नावेलिस्ट, हिस्ट्री दि इटालिक थिएटर्स* और *आर्य दर्शन* जैसे ग्रन्थों की सूची को भी शामिल कर लिया जाए तो भारतेन्दु के प्रगाढ़ अध्ययन का अनायास ही संकेत मिल जाता है।

यहीं पर थोड़ा रुककर एक और तथ्य का भी उल्लेख कर लिया जाए और वह यह कि भरत के बाद भारतेन्दु ही पहले ऐसे व्यक्ति के रूप में सामने आते हैं जो स्वयं ही सिद्धान्तकार भी हों, रचनाकार भी हों और प्रयोक्ता भी हों। यहाँ तक कि पश्चिम में भी इस तरह के त्रिआयामी व्यक्तित्ववाला व्यक्ति बहुत वर्षों के बाद ब्रेष्ट के रूप में पैदा होता है। स्तानिस्लाव्स्की भी मात्र प्रयोक्ता और सिद्धान्तकार थे। भारतेन्दु का महत्त्व एक अर्थ में भरत से भी ज़्यादा आँका जा सकता है और वह इस तरह से कि स्वयं भरत ने तो किसी नाटक की रचना नहीं की। दूसरे, अपने समय में अपने नाटकों का प्रयोग भी किस प्रकार किया होगा, इस विषय में भी भरत का *नाट्यशास्त्र* कोई संकेत नहीं देता। इसके विपरीत भारतेन्दु न केवल एक शास्त्र की रचना करते हैं वरन् उस शास्त्र में विवेचित सिद्धान्तों के आधार पर नाटकों के प्रयोग कैसे किए जाएँ, इसकी भी बार-बार चर्चा करते हैं। तीसरी और सम्भवतः सबसे महत्त्वपूर्ण बात यही कही जा सकती है कि आज के भारतीय रंगमंच में जिस प्रकार से प्राचीन और आधुनिक, पूर्वी और पश्चिमी नाट्य परम्पराओं और रंग शैलियों के आपसी मेलजोल से जिस नए, ताज़े भारतीय रंगमंच की खोज का काम पूरे ज़ोर-शोर से किया जा रहा है, उसकी ठोस ज़मीन भारतेन्दु अपने इस निबन्ध के माध्यम से आज से 118 वर्ष पूर्व ही तैयार कर देते हैं।

इसमें कोई सन्देह नहीं कि इससे पूर्व पश्चिम में चौथी शताब्दी ईसवी पूर्व में अरस्तू का *काव्यशास्त्र* लिखा जा चुका था, सोलहवीं शताब्दी में यूरोप में आए

पुनर्जागरण काल के फलस्वरूप रोमन वास्तुकार वित्रुवियस की पुस्तक द *आर्किटेक्चरा* का पुनराविष्कार हो चुका था, कालिदास के नाटक *अभिज्ञान शाकुन्तल* का जर्मन भाषा में अनुवाद किया जा चुका था और जर्मन नाटककार व सिद्धान्तकार फेदेतेव द्वारा नाटक की संरचना और शिल्प को लेकर पर्याप्त विचार-विमर्श किया जा चुका था। इब्सन जैसे नाटककार का जन्म और उसके नाटकों का मंचन होने लगा था और भारत में भी अंग्रेजी नाटकों के प्रभाव में पारसी नाटक और रंगमंच की एक नई शैली लोक रंगमंच के बाद जन्म ले चुकी थी और जिन विदेशी भाषाओं की पुस्तकों का ज़िक्र स्वयं भारतेन्दु ने किया है वे तो उनके सामने मौजूद थीं ही। इतना सबकुछ होते हुए भी एक नया सिद्धान्त और शास्त्र रचने जैसा कार्य भारतेन्दु जैसा बहुमुखी व्यक्तित्व ही सम्पन्न कर सकता था। अतः भारतेन्दु के इस निबन्ध को भारतेन्दु का नाट्यशास्त्र अथवा भारतीय रंगमंच में पहले आधुनिक नाट्यशास्त्र की संज्ञा से अभिहित किया जाना चाहिए।

भारतेन्दु ने मात्र पच्चीस पृष्ठों की मुद्रित सामग्री में जिस संक्षिप्तता के साथ बहुविध सामग्री का विवेचन किया है, वह देखते ही बनता है। उदाहरण के लिए नाटक अथवा दृश्यकाव्य की परिभाषा, दशरूपक, उपरूपक, पाश्चात्य एवं भारतीय नाटक, नाटक रचना, मंच विधान, अभिनय, रस सिद्धान्त और नाटकों का संक्षिप्त इतिहास अर्थात् कोई भी विषय ऐसा नहीं है जो नाटक के सिद्धान्त और उसके प्रयोग पक्ष से अछूता रहा हो। नाटक अथवा दृश्यकाव्य की दृष्टि से काव्य के दो भेद, दृश्य और श्रव्य, की अवधारणा का जन्म सबसे पहले भारतेन्दु के यहाँ मिलता है। ध्यान रहे, तब तक ध्वनि अथवा रेडियो जैसे श्रव्य माध्यम का जन्म भी नहीं हुआ था। भारतेन्दु दृश्य श्रव्य, इन दो शब्दों की मात्र स्थापना ही नहीं करते बल्कि *अभिज्ञान शाकुन्तल* के एक ही उदाहरण से दोनों भेदों को बखूबी स्पष्ट करते हैं। इसी तरह से नाटक को साहित्य के रूप में न लेते हुए उसकी अर्थग्राहिता को रंगस्थ खेल के अन्तर्गत ही विश्लेषित करते हैं। प्राचीन समय में अभिनय के सन्दर्भ में नाट्य, नृत्य, नृत्त, ताण्डव और लास्य इन पाँच शब्दों की व्याख्या करने के पश्चात केवल नाट्य को नाटक के साथ जोड़कर देखने की दृष्टि नितान्त आधुनिक एवं मौलिक सोच-विचार का परिणाम है। प्रायः आज रंगमंच में गीत, संगीत और नृत्य को नाटक और रंगमंच का अनिवार्य अंग मान लिया जाता है। लेकिन यदि हम पहले भरत के *नाट्यशास्त्र* को और उसके बाद भारतेन्दु की इन स्थापनाओं को साक्ष्य के रूप में उपस्थित करें तो यह अवधारणा स्वयं ही खण्डित हो जाती है। नाट्य के अतिरिक्त बाकी चार भेदों को भारतेन्दु ने भी नाचनेवालों के लिए छोड़ दिया है। भारतेन्दु से पूर्व भरत ने भी नाटक में इन तत्त्वों का समावेश शिव के कहने पर ही किया था।

अतः रंगमंच अपने आप में एक पूर्ण, मौलिक और शुद्ध कला है, यह निष्कर्ष सहज ही निकाला जा सकता है, गीत, संगीत और नृत्य उसके सहायक तत्त्व भले हो जाएँ, वे उसके अनिवार्य तत्त्व नहीं हैं। क्या आज हमारे अपने समय में फिल्म को लेकर उसकी अपनी रंगमंच से अलग एक मौलिक भाषा और व्याकरण की दिशा में सोच-विचार नहीं हो रहा है?

दशरूपक, उपरूपक, नया नाटक, प्राचीन नाटक, कोई भी विषय-विवेचन क्यों न हो, भारतेन्दु ने हर परिभाषा को उसके उदाहरण से भी पुष्ट किया है। जहाँ उनके पास संस्कृत अथवा हिन्दी या किसी और भारतीय भाषा में कोई उदाहरण उपलब्ध नहीं है तो उन्होंने इस सूचना को भी महत्त्व दिया है। इस पूरे विवेचन में उनके तीन निष्कर्ष बहुत ही सार्थक दिखाई पड़ते हैं। एक तो यह कि आज न तो यह ज़रूरी है कि किसी नाटक की रचना में प्राचीन रीति का पूरी तरह से परित्याग कर दिया जाए और न ही इस बात की कोई गारंटी है कि जो कुछ आधुनिक है उसे दर्शक पूरी तरह से स्वीकार ही कर लेंगे। इससे मिलता-जुलता मत कालिदास जैसे नाटककार ने भी अपने नाटक *मालविकाग्निमित्र* में व्यक्त किया है। दूसरे, आज के नाटक में अस्वाभाविक लगने वाली सामग्री को बिलकुल भी प्रस्तुत न किया जाए और अलौकिक विषयों को आधार न बनाया जाए तो ज़्यादा अच्छा होगा। तीसरे और सम्भवतः सबसे महत्त्वपूर्ण निष्कर्ष के रूप में यह विचार कि संस्कृत नाटकों में उपलब्ध नाट्यालंकार, पंच सन्धि, प्रकरी अथवा ऐसे ही अन्य तत्त्वों की हिन्दी नाटकों की रचना में कोई आवश्यकता नहीं है। भरत मुनि ने संस्कृत नाटकों की रचना के सन्दर्भ में उपर्युक्त तत्त्वों का विवेचन, विश्लेषण किया था। आज उनमें से जो तत्त्व सीधे-सीधे हमारी नाट्य रचना से जुड़ते हैं, उनका उपयोग किया जाए और जिन्हें छोड़ा जा सकता हो उन्हें निःसंकोच छोड़ देना चाहिए। इस प्रकार कुल मिलाकर नए और पुराने के प्रयोग को लेकर भारतेन्दु के समन्वयवादी और सर्वग्राही दृष्टिकोण का पता चलता है।

नाटक की संरचना और शिल्प के बाद भारतेन्दु उसके मंचन और प्रस्तुति से सम्बन्धित तत्त्वों पर नई दृष्टि से चिन्तन करते हैं। यद्यपि उन्होंने बार-बार अपने विश्लेषण में चित्रपट द्वारा नदी, पर्वत, वन या उपवन दिखलाने का प्रावधान किया है लेकिन लगता है कि यह चित्रपट अथवा अन्तःपटी भरत द्वारा उल्लिखित रंगपटी नहीं है वरन् भारतेन्दु के अपने समय में प्रचलित पारसी रंगमंच के परदों की याद दिलाती है। यद्यपि वह स्वयं स्वीकार करते हैं कि स्वयं भरत ने भी चित्रपट द्वारा दृश्य और परिवेश दिखाने का कोई संकेत नहीं दिया है, फिर भी उनकी दुविधा यह है कि यह कैसे सम्भव हो सकता था कि एक ही रंगस्थल में एक ही समय में

अयोध्या का राजप्रासाद और वाल्मीकि का आश्रम एक साथ दिखाए जा सकते हैं। सम्भवतः भारतेन्दु भरत की कक्ष विभाग पद्धति से बहुत गहरे में परिचित नहीं थे अन्यथा वे ऐसी जिज्ञासा न करते। भारतेन्दु मंच पर एक ही समय में अलग-अलग अभिनय क्षेत्रों की सम्भावना की उपस्थिति से तो परिचित जान पड़ते हैं लेकिन उस सम्भावना का जो हल वे चित्रपट द्वारा प्रस्तुत करते हैं, उसे आंशिक रूप में ही स्वीकार किया जा सकता है। हाँ, यवनिका अथवा बाह्य पट्टी के रूप में जिस ड्राप सीन नामक परदे का उल्लेख भारतेन्दु कर रहे हैं वह आज के प्रोसीनियम अथवा रंगद्वारी मंच पर प्रस्तुत किया जानेवाला सामने का परदा है। स्वयं भारतेन्दु के समय में पारसी नाटक मण्डलियाँ इसका खुलकर इस्तेमाल कर रही थीं। नाटक के नेपथ्य से जुड़े एक और बहुत ही आवश्यक तत्त्व की आवश्यकता पर भारतेन्दु ने सबसे ज़्यादा बल दिया है और वह है एक रसज्ञ वेशविधायक। भारतेन्दु के समय में मंच सज्जा और आलोक सज्जा को लेकर भले ही बहुत गम्भीर सोच विचार शुरू न हुआ हो, यह बात तो निश्चित जान पड़ती है कि रूप सज्जा और वेशभूषा की दृष्टि से काफ़ी सोच विचार और व्यवहार की प्रक्रिया आरम्भ हो चुकी थी।

भारतेन्दु के अपने नाटक *सत्य हरिश्चन्द्र* में 'दरिद्र वेश से हरिश्चन्द्र का प्रवेश' जैसे रंग संकेत इस बात के प्रमाण जान पड़ते हैं। जिस प्रकार भारतेन्दु नाटक के मंचन को लेकर गहन मनन, चिन्तन करते हैं उससे भी कहीं ज़्यादा वह उसकी रचना को लेकर भी सजग दिखाई पड़ते हैं। इस दिशा में उनके कुछ निष्कर्ष तो निहायत ही उपयोगी और समकालीन जान पड़ते हैं। कुछ उदाहरण यहाँ उद्धृत करना अप्रासंगिक नहीं होगा–

1. नाटक लिखना आरम्भ करके, जो लोग उद्देश्यवस्तु परम्परा से चमत्कारजनक और मधुर अति वस्तु निर्वाचन करके भी स्वाभाविक सामग्री परितोष के प्रति दृष्टिपात नहीं करते, उनका नाटक, नाटकादि दृश्यकाव्य लिखने का प्रयास व्यर्थ है क्योंकि नाटक आख्यायिका की भाँति श्रव्य काव्य नहीं है।
2. पात्र की बात सुनकर उसके स्वभाव का परिचय ही नाटक का प्रधान अंग है।
3. थोड़ी सी बात में अधिक भाव की अवतारणा ही नाटक जीवन का महौषध है।

इसलिए उनका यह निष्कर्ष बिलकुल सही जान पड़ता है कि यदि किसी को नाटक लिखने की वासना हो तो नाटक किसको कहते हैं इसका तात्पर्य हृदयंगम करके नाटक रचयिता को सूक्ष्म रूप से ओत-प्रोत भाव में मनुष्य प्रकृति की आलोचना करनी चाहिए। यहाँ तक कि नाटक रचना में शैथिल्य दोष कभी भी न होना चाहिए। वह अपने मन्तव्य को एक उदाहरण द्वारा भी स्पष्ट करते हैं–शकुन्तला के पतिगृह जाने के अवसर पर कण्व ऋषि की चिर-परिचित प्रतिक्रिया, "हाय। हम

वनवासी तपस्वी हैं, सो जब हमारे हृदय में ऐसा वैकल्य होता है तो कन्या के वियोग के अभिनव दुख में बिचारे गृहस्थों की क्या दशा होती होगी।" इसके विषय में भारतेन्दु हरिश्चन्द्र की टिप्पणी पर विचार किया जाए—सहृदय पाठक! आप विवेचन करके देखिए कि इस स्थान में कविश्रेष्ठ कालिदास कुलपति कण्व ऋषि का रूप धारण करके ठीक उनका मानसिक भाव व्यक्त कर सके हैं कि नहीं?

इसके बदले कालिदास यदि कण्व ऋषि का छाती पीटकर रोना वर्णन करते तो उनके ऋषि जनोचित धैर्य की क्या दुर्दशा होती अथवा कण्व का शकुन्तला के जाने पर शोक ही न वर्णन करते तो कण्व का स्वभाव मनुष्य से कितना दूर जा पड़ता। इस सन्दर्भ में भारतेन्दु द्वारा नाटकों की रचना और मंचन से जुड़ी दो-तीन स्थापनाएँ अनायास ही ध्यान आकृष्ट कर लेती हैं। यथा वेश और वाणी दोनों ही पात्र की योग्यतानुसार होनी चाहिए। नाटक में विदूषक की अनिवार्यता का कोई अर्थ नहीं है, विशेष रूप से वीर या करुण रस के नाटकों में। अभिनय करते हुए कोई अभिनेता दर्शकों से कैसे सम्बन्ध स्थापित करे, इसको लेकर भी भारतेन्दु की दृष्टि बहुत सजग जान पड़ती है। जब वह स्पष्ट करते हैं कि यद्यपि परस्पर वार्ता करने में पात्रों को दर्शकों की ओर देखकर बोलना पड़ेगा लेकिन अभिनेता का कौशल इस बात में है कि पात्र दर्शकों की ओर देखें ज़रूर, किन्तु यह अहसास कभी न होने दे कि वह दर्शकों से बात कर रहा है। प्राचीन रंगमंच में पात्रों द्वारा दर्शकों को अपनी पीठ न दिखलाने का एक साधारण-सा नियम प्रचलित था। लेकिन भारतेन्दु ने इस नियम के शतशः पालन का विरोध किया है। उनका मानना है कि यदि किसी दृश्य में पात्र को सचमुच में दर्शकों की ओर पीठ करके खड़ा होना है और वह ऐसा न करें तो इससे ज़्यादा हास्यास्पद स्थिति और कोई नहीं हो सकती।

इसी सन्दर्भ में पात्रों के परस्पर कथोपकथन के विषय में भारतेन्दु के विचार द्रष्टव्य हैं अर्थात् पात्रगण आपस में जो वार्ता करें उनको कवि (रचयिता) निरे काव्य की भाँति न ग्रथित करे यथा, नायिका से नायक साधारण काव्य की भाँति 'तुम्हारे नेत्र कमल हैं, कुच कलश हैं,' इत्यादि न कहे। परस्पर वार्ता में हृदय के भावबोधक वाक्य ही करने योग्य हैं। किसी मनुष्य अथवा स्थानादि के वर्णन में लम्बी-चौड़ी काव्य रचना नाटक के लिए उपयोगी नहीं होती। इन सारी बातों से बार-बार भारतेन्दु की उस सहज और स्वाभाविक दृष्टि का पता चलता है जो नाटक की रचना और उसके प्रदर्शन में कभी भी अतिरंजित होकर अभिव्यक्त न होने पाए। क्या इसे मात्र संयोग मानकर छोड़ दिया जाए कि अभिनय को लेकर जिस आन्तरिक सत्य की तलाश पर बाद में स्तानिस्लाव्स्की, ब्रेष्ट और ग्रोतोव्स्की जैसे रंगचिन्तकों और प्रयोक्ताओं ने बार-बार ज़ोर दिया है, वह भारतेन्दु के यहाँ न जाने कब से उपस्थित

है और किसी विद्वान रंग अध्येता का इस ओर ध्यान नहीं गया। इतना ही नहीं, यह विचार इसलिए भी अवश्य रेखांकित किए जाने चाहिएँ क्योंकि जिस समय भारतेन्दु इन्हें व्यक्त कर रहे हैं उस समय मात्र शैलीबद्ध अभिनय का ही प्राधान्य था। चाहे वह पूर्व का रंगमंच हो अथवा पश्चिम का रंगमंच। यों पश्चिम में एलेक्जेंडर ड्यूमा जैसे उपन्यासकार और इब्सन जैसे नाटककारों द्वारा प्रकृतवाद, स्वाभाविकतावाद और अन्ततः यथार्थवाद की चर्चा और रचनाकर्म आरम्भ हो चुका था लेकिन भारतेन्दु उससे बहुत ज़्यादा परिचित होंगे, इसके विषय में निश्चित रूप से कुछ नहीं कहा जा सकता।

नाटक की रचना को लेकर भारतेन्दु की यह धारणा भी अत्यन्त महत्त्वपूर्ण है कि नाटक की कथा की रचना ऐसी विचित्र और पूर्वापरबद्ध होनी चाहिए कि जब तक अन्तिम अंक न पढ़ा जाए, यह बोध कदापि न हो कि नाटक समाप्त कैसे होगा। यह नहीं कि 'सीधा एक को बेटा हुआ, उसने यह किया वह किया।' प्रारम्भ में ही कहानी का मध्यबोध हो। आज नाटक के कथानक को लेकर जिस उत्सुकता, तनाव, संघर्ष और विकास की बात की जाती है, भारतेन्दु ने उसी से मिलते-जुलते विचार सहज रूप में ही प्रस्तुत कर दिए हैं। यूँ आज ऐसे मंच संकेत बहुत ही साधारण जान पड़ते हैं जैसे कि 'शोक, हर्ष, हास, क्रोध आदि के समय में पात्रों को स्वर भी घटाना बढ़ाना उचित है। जैसे स्वाभाविक स्वर बदलते हैं वैसे ही कृत्रिम भी बदलें। आज ही आप ऐसे स्वर में कहना चाहिए कि बोध हो कि धीरे-धीरे कहता है किन्तु तब भी इतना उच्च हो कि श्रोतागण निष्कंटक सुन लें।' लेकिन फिर भी इनसे यह जानकारी तो अवश्य मिलती है कि भारतेन्दु मात्र नाटक की रचना को लेकर ही नहीं उसके प्रयोग से जुड़े हर पक्ष को लेकर भी कितने जागरूक रहते थे। अपने इस निबन्ध के अन्तिम अध्याय के रूप में भारतेन्दु ने नाटक के जन्म से लेकर अपने समय तक के नाटकों का पूरा इतिहास और उनकी एक विस्तृत तालिका प्रस्तुत की है। उन्होंने ऐतिहासिक और साहित्यिक प्रमाणों के द्वारा इस तथ्य की पुष्टि की है कि सबसे पहले नाट्यकला का जन्म भारत में ही हुआ था। इसी के साथ उनकी दी हुई तालिका से एक तथ्य और उजागर होता है कि हमारे यहाँ संस्कृत नाट्य परम्परा के बाद मध्यकाल में नाटकों को लिखे जाने की परम्परा समाप्त हो गई, यह स्थापना बिलकुल निर्मूल है। वास्तव में इस तरह के निष्कर्ष पश्चिमी रंगमंच की देन हैं क्योंकि उनके यहाँ रोमन नाट्य परम्परा के बाद लगभग चौदहवीं-पन्द्रहवीं शताब्दी तक कोई लिखित नाटक नहीं मिलता। अतः उन्होंने मान लिया कि शायद दूसरे देशों के रंग इतिहास में भी ऐसा ही कुछ हुआ होगा। नाटकों की दी गई सूची में कहीं भी भास जैसे नाटककार का उल्लेख नहीं मिलता। यह बात काफ़ी रोचक और

स्वयंसिद्ध है कि तब तक भास के तेरह नाटकों की खोज ही नहीं हुई थी। फिर भी यदि भारतेन्दु कालिदास के *मालविकाग्निमित्र* से परिचित हैं तब वह भास के नाम से कैसे अपरिचित रह गए, इस पर ज़रूर आश्चर्य होता है। बहरहाल, इससे भी ज़्यादा गहरा और मार्मिक विवेचन इस इतिहास का वह हिस्सा है जहाँ भारतेन्दु संस्कृत नाटकों के हिन्दी भाषा में किए गए भ्रष्ट अनुवादों की जमकर खबर लेते हैं।

इस प्रकार यह पूरा निबन्ध भारतेन्दु के चिन्तक पक्ष का एक ऐसा चित्र प्रस्तुत करता है जिसे आज के रंगकर्मी के लिए जानना बहुत ही आवश्यक है। जितना एक नाटककार को इससे नाटक लिखने की दिशा में सहायता मिलती है, उससे कहीं ज़्यादा अभिनेता को नाटक की प्रस्तुति से सम्बद्ध जानकारी प्राप्त होती है और वह भी एक ऐसी सहज, सरल और व्यावहारिक भाषा में जो सीधे-सीधे सम्प्रेषित हो सके। क्या इस सम्पूर्ण विश्लेषण से ऐसा स्वयं में प्रमाणित नहीं हो जाता कि भारतेन्दु ने सदैव रंगकर्म में स्वाभाविकता और विश्वसनीयता पर बल दिया है, चाहे वह नाट्य रचना हो अथवा नाट्य मंचन? यही कारण है कि भारतेन्दु के इस निबन्ध 'नाटक अथवा दृश्य काव्य सिद्धान्त विवेचन' को आधुनिक भारतीय रंगमंच का पहला *नाट्यशास्त्र* कहा जाए तो अत्युक्ति न होगी।

नाटकों में प्रस्तावना

इस बात को दोहराने की ज़रूरत नहीं कि भरत ने *नाट्यशास्त्र* के पाँचवें अध्याय में पूर्वरंग के अन्तर्गत कम से कम उन्नीस और अधिक से अधिक इक्कीस-बाईस गतिविधियों का विस्तारपूर्वक उल्लेख किया है। इस तथ्य का दूसरा पहलू यह है कि संस्कृत के लगभग सभी नाटककारों ने मात्र अन्तिम दो गतिविधियों—नान्दीपाठ और प्रस्तावना को अपने नाटकों में आलेख के रूप में स्थान दिया है। इससे साफ़ ज़ाहिर है कि शेष सारी गतिविधियाँ नाटककारों की बजाय नाट्यमण्डलियों के अभ्यास का अभिन्न अंग थीं और वे उन्हें हर प्रदर्शन से पहले सम्पन्न करती थीं। अतः यह स्वाभाविक था कि नाटककारों को उन्हें अपने नाटकों का अनिवार्य अंग बनाने की आवश्यकता अनुभव नहीं हुई। पूर्वरंग शब्द का अर्थ भी यही है कि मुख्य नाटक आरम्भ होने से पहले के कार्य व्यापार जिनके विषय में हम पूर्वरंग वाले आलेख में पहले ही चर्चा कर चुके हैं। लेकिन यह जानना बेहद ज़रूरी है कि नाटककारों ने अन्तिम दो

विधियों को अपने नाटकों में क्यों स्थान दिया? सीधा सादा उत्तर यही है कि नान्दीपाठ के माध्यम से नाटककार के अपने उपास्य देवी-देवता का परिचय मिल जाता है और प्रस्तावना में नाटक का नाम, नाटक कहाँ प्रस्तुत किया जा रहा है और नाटक के कथानक की संक्षिप्त सी जानकारी मिल जाती है।

हम नान्दीपाठ को छोड़ भी दें, लेकिन यदि नाटकों में उपलब्ध प्रस्तावना पर गहराई से विचार किया जाए तो बहुत से ऐसे सत्यों और तथ्यों का पता चलता है जिनकी ओर शायद हम लोगों का ध्यान नहीं गया और यदि गया भी तो उन्हें गम्भीरता से नहीं लिया गया। सबसे पहले यही महत्त्वपूर्ण बात है कि नाटककारों ने भले ही नान्दीपाठ को भी अपने नाटकों में न रखा हो किन्तु वे प्रस्तावना को छोड़ने का लोभ संवरण नहीं कर सके। रूपक चाहे कोई भी रहा हो, चाहे उसमें मात्र एक ही अंक क्यों न हो, उसका आरम्भ प्रस्तावना से ही होता है। एकमात्र अपवाद भाण को कहा जा सकता है और वह इसलिए कि उसमें मात्र एक पात्र हुआ करता है। यदि उसमें प्रस्तावना को रख दिया जाता तो बाद में उस एक पात्र का प्रभाव और महत्ता कम हो जाती।

क्या इसे एक संयोग माना जाए कि संस्कृत नाटकों के समकालीन यूनानी नाट्य परम्परा में भी हर नाटक के आरम्भ में एक प्रोलॉग अर्थात् प्रस्तावना हुआ करती थी? मौखिक रूप में ही सही, हमारे लोक नाटकों में भी प्रस्तावना हमेशा से विद्यमान है। संस्कृत या लोकनाटकों से प्रेरित और प्रभावित आधुनिक नाटकों में भी प्रस्तावना की उपस्थिति अनिवार्य रूप से रहती है। यदि एक बार फिर से पश्चिम की तरफ़ जाएँ तो बीसवीं शती के सबसे महत्त्वपूर्ण चिन्तक और नाटककार ब्रेष्ट ने अपने अलगाववाद के सिद्धान्त की स्थापना के लिए प्रस्तावना का एक नए रूप में प्रयोग किया। उपर्युक्त सभी नाटककारों और नाट्यपरम्पराओं के बारे में यह कहा जा सकता है कि ये सभी अपनी मूल प्रकृति में नाट्यधर्मी अर्थात् प्रस्तुतिपरक हैं, अतः यह ज़रूरी हो जाता है कि नाटक के आरम्भ में प्रस्तावना के माध्यम से नाटक की कथा का परिचय दर्शकों को दे दिया जाए ताकि उनका सारा ध्यान इस पर केन्द्रित हो सके कि नाट्यमण्डली विशेष उस परिचित कथा को किस नई दृष्टि और अवधारणा के साथ प्रस्तुत करती है। जिस अलगाव तत्त्व को ब्रेष्ट ने आधुनिक युग में प्राप्त किया वह हमारी शास्त्रीय और लोक नाट्यपरम्परा में पिछले दो हज़ार वर्षों से विद्यमान है। हम सभी इस बात से भली-भाँति परिचित हैं कि अन्ततः ब्रेष्ट को भी अपनी प्रस्तुति शैली और सिद्धान्त के लिए चीनी अभिनेता ली फेंग के मुद्रागत सांकेतिक अभिनय से ही प्रेरणा मिली थी।

यह सही है कि प्रस्तावना संस्कृत के हर नाटक में मिलती है लेकिन हर बार

वह एक नए रूप में हमारे सामने आती है। उसके कितने अलग-अलग रूप हो सकते हैं, इसके लिए हमने भास के तेरह नाटकों, कालिदास के तीन नाटकों, शूद्रक, श्रीहर्ष, विशाखदत्त और भवभूति के एक-एक नाटक को अपने अध्ययन का आधार बनाया है। इस प्रकार कुल मिलाकर छः नाटककारों के बीस नाटकों की प्रस्तावना के भीतर से गुज़रते हुए हमारे सामने एक बहुअर्थी, बहुआयामी और विविधवर्णी चित्र उभरकर आता है।

सबसे पहले हम भास के नाटकों को लें। इस विषय में बहुत कुछ लिखा जा चुका है कि उनके नाटकों में नान्दीपाठ होता ही नहीं और सूत्रधार सदा नान्दीपाठ के बाद प्रवेश करता है। यदि हम *नाट्यशास्त्र* को प्रमाण मानें तो प्रस्तावना का अनुष्ठान सूत्रधार नहीं स्थापक सम्पन्न करता है जो वेशभूषा, हाव-भाव और चाल-ढाल में सूत्रधार जैसा ही होता है। लेकिन नाटककारों ने सूत्रधार के माध्यम से ही नाटक का आरम्भ कराया है। यह उचित भी था क्योंकि पूर्वरंग की सबसे महत्त्वपूर्ण गतिविधियों को सूत्रधार ही मंच पर कार्यान्वित करता है। अतः नाटककारों को यह सही नहीं लगा होगा कि मात्र प्रस्तावना के लिए स्थापक को लाया जाए जबकि नान्दीपाठ तक सूत्रधार मंच पर ही उपस्थित है। एक व्यावहारिक कारण यह भी था कि एक छोटे से प्रवेश के लिए एक नए अभिनेता का प्रयोग न किया जाए। इससे रस भंग होने की भी सम्भावना थी। ऐसी स्थिति में सबसे अच्छा विकल्प यही हो सकता था कि मंच पर पहले से उपस्थित सूत्रधार ही प्रस्तावना के रूप में नाटक की कथा को आगे बढाए और उसकी समाप्ति पर प्रस्थान करे।

इसमें कोई दो राय नहीं कि सूत्रधार को इतना महत्त्व भास ने ही पहली बार दिया। क्या यही कारण तो नहीं कि भरत ने सूत्रधार से अलग स्थापक नाम के पात्र को प्रतिष्ठित करने की कोशिश की? इतिहास साक्षी है कि भास के परवर्ती सभी नाटककारों ने भी इस दिशा में उनका ही अनुसरण किया और एक बार फिर से सिद्धान्तकार की अपेक्षा रचनाकार को महत्त्व दिया। भास ने नान्दीपाठ को कभी मंच पर नहीं दिखाया, यह तथ्य उन्हें भरत का पूर्ववर्ती प्रमाणित करने के लिए पर्याप्त है। यदि उन्हें भरत का परवर्ती मानें तो निश्चित रूप से वह बड़े नाटककार हैं जो अपने सामने शास्त्र की उपस्थिति के बावजूद रचनाकर्म के क्षणों में उसे भूल जाते हैं। यही नहीं, वह सूत्रधार के माध्यम से प्रस्तावना आरम्भ अवश्य करते हैं लेकिन नेपथ्य में घटित किसी शोर-शराबे के कारण वह बीच में ही छूट जाती है और मुख्य कथा में जा मिलती है। भास ने अपने तेरह नाटकों की प्रस्तावना में मात्र तीन बार नाटक शब्द का प्रयोग किया है। उनमें भी एक बार रूपक के भेद के रूप में नहीं, एक कहावत या अलंकार के रूप में। उदाहरण के लिए दूतघटोत्कच के मंगलाचरण

में यह श्लोक—संसार का जो निरन्तर नाटक तंत्र चलता रहता है, उसकी प्रस्तावना और समाप्ति के वही एकमात्र सूत्रधार हैं।

प्रतिज्ञायौगंधरायण में भी नाटक प्रस्तुत किए जाने की सूचना है, जिसे दूतवाक्य में भी दोहराया गया है।

भरत द्वारा निरूपित दशरूपक के लक्षणों के आधार पर प्रतिज्ञायौगंधरायण को छोड़कर कोई भी नाटक की कोटि में नहीं आता लेकिन भास ने हर बार नाटक शब्द का प्रयोग किया है। सम्भव है कि तब तक दशरूपक की अवधारणा का जन्म न हुआ हो। यदि ऐसा है तो हमें इसे स्वीकार करने में आपत्ति नहीं होनी चाहिए कि शायद दशरूपक की परिकल्पना के समय भरत के सामने भास के ही नाटक रहे होंगे। भास के नाटकों में नान्दी भले ही न हो लेकिन सूत्रधार के मंगलाचरण में वह नाटक के सभी पात्रों का परिचय दे डालते हैं, जबकि श्लोक का वास्तविक अर्थ कुछ और होता है। भास की इस विशेषता को मोहन राकेश ने भी कालिदास के अभिज्ञानशाकुन्तल के हिन्दी रूपांतर शाकुन्तल की भूमिका में स्वीकार किया है। यह सही है कि भास के नाटकों की प्रस्तावना कभी सूत्रधार और नटी के द्वारा और कभी सूत्रधार और पारिपार्श्विक द्वारा सम्पन्न की जाती है। उदाहरण के लिए प्रतिज्ञायौगंधरायण और प्रतिमानाटक में सूत्रधार और नटी नाटक का परिचय देने आते हैं क्योंकि कथ्य की दृष्टि से दोनों नाटक मानव हृदय के सूक्ष्म और मार्मिक प्रसंगों से सम्बद्ध हैं। अच्छा होता यदि *स्वप्नवासवदत्ता* का आरम्भ भी सूत्रधार और नटी द्वारा हुआ होता लेकिन भास ने यहाँ केवल सूत्रधार को रखा है। हम चाहें तो इस निर्णय के लिए भी एक कारण खोजा जा सकता है और वह है कि *स्वप्नवासवदत्ता* नाटक प्रतिज्ञायौगंधरायण के आगे की कड़ी है, इसलिए नाटककार ने पुनः सूत्रधार और नटी को लाना उचित नहीं समझा। अकेले सूत्रधार का प्रवेश मध्यम व्यायोग में भी रेखांकित किया जा सकता है। मेरे विचार में अकेले सूत्रधार के प्रवेश के साथ नाटककार का एकमात्र मन्तव्य यही हो सकता है कि नाटक के मुख्य कार्यव्यापार को जल्द से जल्द शुरू किया जाए। भास तो यों भी नाटक की मुख्य कथा पर पहुँचने के लिए सदा उतावले रहते हैं। जब अकेला सूत्रधार मंच पर हो तो यह काम और आसान हो जाता है।

यह भी अपने आप में एक बड़ी विडम्बना है कि जिस नाटक की प्रस्तावना को भास ने बड़े मनोयोग और धैर्यपूर्वक लिखा है, वह चारुदत्त अथवा दरिद्रचारुदत्त नामक एक अधूरी रचना है जिसके मात्र चार अंक उपलब्ध हैं। आज तक इस प्रश्न का कोई उत्तर नहीं मिला है कि भास की यह रचना अधूरी क्यों रह गई? क्या इसे वह अपने जीवनकाल के अन्तिम क्षणों में लिख रहे थे और इसी दौरान वह काल

कवलित हो गए? ऐसे बहुत से रचनाकार हैं जिनकी अकाल मृत्यु के कारण उनकी बहुत सी रचनाएँ अपूर्ण रह गईं। हमारे अपने समय में जयशंकर प्रसाद और मोहन राकेश ऐसे ही दो रचनाकार हैं। प्रसाद अपना एक उपन्यास *कंकाल* अधूरा छोड़ गए और मोहन राकेश अपने अन्तिम नाटक *पैर तले की ज़मीन* का पहला भाग ही लिख पाए थे। इसे भी एक अद्भुत संयोग के रूप में लिया जा सकता है कि भास के नाटक *चारुदत्त* और मोहन राकेश के नाटक *पैर तले की ज़मीन* को उनके परवर्ती और समकालीन रचनाकारों ने पूरा किया। यदि शूद्रक का *मृच्छकटिक* इस सत्य का सबसे उत्कृष्ट उदाहरण है कि पहले से उपलब्ध *चारुदत्त* के चार अंकों का शब्द-दर-शब्द अनुसरण करने के बाद भी अगले छः अंकों की जिस तरह से परिकल्पना की है, उसके कारण *मृच्छकटिक* पूर्णतः मौलिक रचना का आस्वाद देती है। इसी के समांतर यदि हम कमलेश्वर द्वारा मोहन राकेश के अधूरे नाटक का दूसरा भाग पढ़ें तो हमें निराशा ही हाथ लगती है।

भास की इस रचना के अधूरे रह जाने का एक और कारण भी सम्भव है। पहली बार भास एक व्यापारी और गणिका से सम्बद्ध कथानक को नाटक की स्रोत सामग्री के रूप में ले रहे थे जो पूरी तरह से परिकल्पित थी। इससे पहले भास ने जितने भी नाटक लिखे थे उनमें से एकाध को छोड़कर सभी *रामायण, महाभारत* जैसे चिरपरिचित महाकाव्यों पर आधारित थे। यह अलग बात है कि उन्होंने चिरपरिचित कथानकों को भी नए आयाम दिए। लेकिन तत्कालीन दर्शक समुदाय ने शायद उन्हें खुले मन से स्वीकार नहीं किया। यह बात सहज ही समझ में आती है कि जब उस युग के दर्शक *रामायण, महाभारत* जैसे काव्यों पर आधारित नाटकों की नई परिकल्पना को लेकर उत्सुक नहीं हो सके तो चारुदत्त जैसे बोल्ड कथ्य के लिए कहाँ तैयार हो पाते। सम्भव है भास ने कुछ लोगों के सामने उसका पाठ किया हो और उनकी निराशाजनक प्रतिक्रिया के फलस्वरूप उन्होंने इसके लेखन को बीच में ही रोक दिया हो।

यदि हम लौटकर चारुदत्त की प्रस्तावना की तरफ़ आएँ तो कई जानकारियों से पहली बार साक्षात्कार होता है। एक बार फिर से इस बात को दोहराना पड़ता है कि भास के समय तक निश्चित रूप से अलग अलग तरह के नाटकों का नामकरण नहीं हुआ था, तभी भास ने इस रचना के लिए नाटक अथवा प्रकरण किसी भी संज्ञा का प्रयोग नहीं किया। शायद भास की इस रचना को सामने पाकर ही भरत ने प्रकरण रूपक की कल्पना की होगी क्योंकि भास से पहले किसी नाटककार द्वारा ऐसे कथानक को रचना का स्रोत बनाने की सूचना नहीं मिलती। यहाँ तक कि भास के परवर्ती किसी नाटककार के यहाँ भी ऐसा कथानक नहीं मिलता। यदि है भी तो

मात्र *भगवद्ज्जुकम्* जैसे प्रहसन में। यही कारण है कि जब शूद्रक ने *मृच्छकटिक* लिखा तो प्रस्तावना में स्पष्ट कहा गया कि आज *मृच्छकटिक* नामक प्रकरण का अभिनय किया जाना है। क्या यह सूचना इस तथ्य को प्रमाणित करने के लिए पर्याप्त नहीं कि भास और शूद्रक के बीच समय का एक लम्बा अन्तराल है और इस बीच *नाट्यशास्त्र* के एक विषय के रूप में दशरूपक रचा जा चुका होगा जिसमें प्रकरण भी सम्मिलित था। यहाँ इस तथ्य को भी याद कर लेना ज़रूरी है कि मात्र भास ही ऐसे नाटककार हैं जिनके नाटकों की प्रतियाँ हमें सबसे बाद में मिलीं। हम इस निष्कर्ष पर तो पहुँच ही सकते हैं कि भास को जानबूझकर हाशिए पर धकेल दिया होगा। उनके नाटक उत्तर भारत की बजाय दक्षिण भारत में प्राप्त हुए—यह स्थानांतरण भी प्रकारांतर से उसी अवहेलना की ओर संकेत करता है जो उन्हें झेलनी पड़ी होगी। हमें कालिदास का आभारी होना चाहिए कि न जाने कितनी शताब्दियों बाद उन्होंने अपने पहले नाटक *मालविकाग्निमित्र* की प्रस्तावना में उनके महत्त्व को स्वीकार किया।

शायद इसका श्रेय भी भास को दिया जाना चाहिए कि उन्होंने नाटकों की प्रस्तावना को किसी उत्सव या अनुष्ठान के प्रसंग से जोड़ने की शुरुआत की। नाटक जैसी विधा के लिए ऐसा ठीक ही था क्योंकि नाटक का मंचन स्वयं में एक सामाजिक उत्सव की तरह होता है जिसमें एक बड़ा दर्शक समूह भाग लेता है। अतः प्रस्तावना ऐसा अवसर प्रदान करती है कि उस उत्सव का वातावरण पहले से तैयार कर दिया जाए। चारुदत्त की प्रस्तावना से पहली बार पता चलता है कि भास हास्य रस के भी कितने गहरे चितेरे थे। यह सत्य है कि उन्होंने अलग से किसी प्रहसन की रचना नहीं की लेकिन राजा के साले शकार जैसे पात्र की सृष्टि उनकी अद्भुत मौलिकता एवं कल्पनाशीलता की परिचायक है जिसे आगे चलकर शूद्रक ने *मृच्छकटिक* में सम्पूर्णता प्रदान की।

यह कहने की आवश्यकता नहीं कि भास द्वारा प्रस्तावना के लिए प्रायः स्थापना शब्द का प्रयोग उन्हें स्वयमेव दूसरे नाटककारों से अलग खड़ा कर देता है। यह भी भास की निजी विशेषता है कि पहली बार इतनी लम्बी प्रस्तावना देने के बावजूद उन्होंने नाटक की कथा का कोई सूत्र प्रस्तुत नहीं किया, सिवाय इस सूचना के, कि चारुदत्त का मित्र आर्य मैत्रेय इधर आ रहा है। लगभग ऐसी ही सूचनाएँ उनकी बाक़ी रचनाओं में भी मिलती हैं अर्थात् भास ने न तो कभी रचना का नाम दिया न उस दर्शक वर्ग का कोई परिचय जिसके सामने वह नाटक खेला जा रहा है और सबसे बड़ी बात यह है कि कहीं भी नाटककार का नाम नहीं दिया। इतनी सारी सूचनाओं की अनुपस्थिति के बाद भी भास ने अपने परवर्ती नाटककारों को

जितना प्रेरित और प्रभावित किया, उसकी कोई तुलना नहीं की जा सकती।

भास के परिप्रेक्ष्य में बार-बार शूद्रक के *मृच्छकटिक* की चर्चा होती रही है तो पहले उसी की प्रस्तावना को ले लिया जाए। यह पहले ही कहा जा चुका है कि शूद्रक ने चारुदत्त के पहले चार अंकों का ज्यों का त्यों उल्था कर दिया है लेकिन जहाँ तक शूद्रक की प्रस्तावना का प्रश्न है, निश्चित रूप से उन्होंने कई मौलिक उद्‌भावनाएँ की हैं। एक तो यही कि वह भास के विरोध में नान्दीपाठ को मंच पर लाते हैं जिससे हम जान पाते हैं कि शूद्रक भी शिव के उपासक हैं। भास ने तो नान्दीपाठ रखा ही नहीं, लेकिन उनके बाद के जितने नाटककार हैं, उन सभी ने शिव की उपासना में ही नान्दीपाठ किया है। चाहे वह कालिदास हों, श्रीहर्ष हों, विशाखदत्त हों और भवभूति हों। इसका क्या कारण हो सकता है कि एक साथ इतने नाटककार शिव के उपासक हैं। एक तो शायद यही कि शिव स्वयं नटराज हैं और नाट्य कला के लास्य और तांडव दोनों रूपों के धारक हैं। दूसरी सम्भावना यह भी हो सकती है कि जिस युग की ये नाटककार देन हैं, तब तक वैष्णव धर्म की बजाय शैव धर्म का डंका बजने लगा था।

प्रस्तावना में शूद्रक का पहला रंगनिर्देश ही एक अलग शुरुआत को सूचित करता है। भास के नाटक में भी सूत्रधार नान्दी के बाद प्रवेश करता है लेकिन वहाँ नान्दी मंच पर सम्पन्न नहीं होती, अतः निहितार्थ यह है कि नेपथ्य में नान्दी के बाद सूत्रधार मंच पर आता है। लेकिन *मृच्छकटिक* में नान्दीपाठ मंच पर होता है तो उसे कौन वाचित कर रहा है—सूत्रधार अथवा मंच पर पहले से उपस्थित गायक मण्डली? यदि सूत्रधार तो फिर प्रवेश का रंग-निर्देश क्यों? यदि गायक मण्डली तो सूत्रधार का प्रवेश उचित ठहराया जा सकता है। कहीं शूद्रक *नाट्यशास्त्र* की परम्परा का पालन न कर रहे हों, जिसके अनुसार सूत्रधार के प्रस्थान के बाद स्थापक का प्रवेश होता है। इसे पुनः बताने की ज़रूरत नहीं कि प्रायः सभी नाटककारों ने स्थापक की अपेक्षा सूत्रधार शब्द का ही इस्तेमाल किया है। यहाँ तक कि भास ने भी सूत्रधार को मुखरित किया है, बेशक उनके यहाँ प्रस्तावना प्रायः स्थापना के नाम से जानी जाती है।

सूत्रधार के पहले संवाद में ही शूद्रक अपने नाट्य कौशल का परिचय दे डालते हैं जब वह कहता है, अब बस करो भाई, नहीं तो परिषद के लोग ऊबकर उठ जाएँगे।

दर्शकों को लेकर ऐसी टिप्पणी पहले से वह हास्यमय व आनन्दमय परिवेश तैयार कर देती है जो इस रचना के रसास्वादन के लिए आवश्यक है। यहीं पहली बार हम जान पाते हैं कि *मृच्छकटिक* एक प्रकरण है। ध्यान दिया जाए कि उसके लिए नाटक शब्द का प्रयोग नहीं किया गया। इससे यह स्पष्ट हो जाता है कि इन

दोनों में पर्याप्त भेद है।

मृच्छकटिक की प्रस्तावना सम्पूर्ण संस्कृत नाट्य साहित्य में अकेली ऐसी प्रस्तावना है जिसमें उसके रचयिता का इतना विस्तृत जीवनवृत्त दिया गया है और उसकी मृत्यु की भी सूचना दे दी गई है। इसी के साथ रचना की कथावस्तु को भी उतने ही विस्तार से दिया गया है। इन दोनों वर्णितों को पढ़कर ऐसा लगता है कि रचनाकार और रचना का पूरा परिचय देने के बाद शूद्रक हमें अब नाटक की कहानी की अपेक्षा उसकी प्रस्तुति पर ध्यान केन्द्रित करने के लिए कह रहे हैं।

भास के सूत्रधार को भी शूद्रक ने अपनी तूलिका से नए रूप-रंग दिए हैं। उनका सूत्रधार नटी का पति मात्र ही नहीं है, वह स्वयं एक कुशल गायक और संगीतकार है। चारुदत्त का सूत्रधार बिन कारण भूख से बेहाल है लेकिन शूद्रक ने संगीतोपासना को उसकी असह्य भूख के कारण के रूप में प्रस्तुत किया है। इसी प्रकार दोनों के प्रस्थान भी अलग अलग ढंग से दर्शाए गए हैं। भास का सूत्रधार मैत्रेय को निमंत्रित करने के बाद बाहर चला जाता है किन्तु *मृच्छकटिक* का सूत्रधार मैत्रेय के मना करने पर किसी दूसरे ब्राह्मण की खोज में निकल पड़ता है। चारुदत्त की प्रस्तावना से तो कम से कम नहीं पता चलता कि यह नाटक कहाँ घटित हो रहा है और किन पात्रों के बीच घटित होगा लेकिन शूद्रक ने अवन्तिपुरी यानी उज्जयिनी नगरी का वैभवपूर्ण चित्र प्रस्तुत कर दिया है जिसमें एक दरिद्र ब्राह्मण को खोज पाना भी दुर्लभ जान पड़ता है।

शूद्रक ने अपनी रचना की प्रस्तावना में दो परिवर्तन और किए हैं जिनकी तरफ़ ध्यान दिलाना आवश्यक है। पहला तो यही है कि उन्होंने न तो स्थापना और न ही प्रस्तावना शब्द का प्रयोग किया है वरन् इस पूरे प्रसंग को आमुख की संज्ञा दी है। लेकिन दूसरा परिवर्तन *मृच्छकटिक* की संवाद शैली की दृष्टि से अत्यन्त महत्त्वपूर्ण है और वह है अपनी पत्नी नटी के साथ वार्तालाप में प्राकृत का प्रयोग। शायद पहली बार किसी संस्कृत नाटक में ऐसा हुआ है कि मुख्य पुरुष पात्र और वह भी ब्राह्मण किसी नारी पात्र के साथ प्राकृत में बात करे। क्या ऐसा इसलिए कि *मृच्छकटिक* एक प्रकरण है और उसमें ऐसी स्वतन्त्रता ली जा सकती है? क्या इसलिए कि कथा में आगे आने वाले चोर, जुआरी, मालिश करने वाले, वेश्याएँ इत्यादि ठोस ज़मीन से जुड़े पात्रों की भरमार है तो उनकी भाषा की एक झलक सूत्रधार के इस वाक् परिवर्तन के बहाने से प्रस्तुत कर दी गई है।

इस प्रकार हम देखते हैं कि शूद्रक ने प्रस्तावना में भास से अलग अपनी कल्पना परिकल्पना से यह संकेत निश्चय ही दे दिया है कि भले ही वह पहले चार अंकों तक भास के एक-एक शब्द का अनुसरण करेंगे लेकिन उसके बाद

पाँचवें से दसवें अंक तक का ताना बाना ऐसा तैयार किया जाएगा कि पाठक अथवा दर्शक चारुदत्त को बिलकुल भूल जाएँ। इसमें कोई सन्देह नहीं कि शूद्रक मात्र संकेत ही नहीं देते, उसे सिद्ध करके भी दिखाते हैं। अब इसे क्या कहा जाए, कि *मृच्छकटिक* के रूप में उनकी एक ही रचना उपलब्ध है अन्यथा हम उनके और भी नाटकीय चमत्कारों से रूबरू हो पाते। यूँ *पद्मप्राभृतकम्* शीर्षक से उनका एक भाण अवश्य मिलता है लेकिन उस एक पात्रीय रूपक में न तो प्रस्तावना के लिए कोई स्थान था और न ही कथागत और शिल्पगत नवीन उद्‌भावनाओं के लिए। यही कारण है कि नाटकों की भीड़ में *मृच्छकटिक* अलग से दीख पड़ता है और हर युग के लिए उतना ही आधुनिक और समकालीन रहेगा जितना कि अपने समय में रहा होगा।

पहली बार कालिदास अपने तीन नाटकों में प्रस्तावना के तीन अलग-अलग रूप दिखाते हैं। नाटकों के क्रम में *मालविकाग्निमित्र* उनका पहला नाटक है। इसका आरम्भ नान्दीपाठ के बाद सूत्रधार के संवाद से होता है। सूत्रधार मंच पर उपस्थित अवश्य है लेकिन वह स्वयं नान्दीपाठ में भाग नहीं लेता क्योंकि उसका पहला संवाद स्वयं यह सिद्ध कर देता है—"नान्दीपाठ के अधिक विस्तार की आवश्यकता नहीं।" हमें समझ लेना चाहिए कि नान्दी का वाचन या गायन अन्ततः मंच पर स्थित गायक-वादक मण्डली करती थी जिसमें सूत्रधार एक नाटकीय युक्ति की तरह से हस्तक्षेप करता था ताकि जितनी शीघ्रता हो सके, दूसरी सूचनाएँ देकर मुख्य कथा की ओर बढ़ा जाए।

यह प्रस्तावना भास के नाटकों की भाँति सूत्रधार और पारिपार्श्विक के बीच घटित होती है लेकिन यह बिलकुल अलग किस्म की प्रस्तावना है। सही अर्थों में इसे इन दोनों के बीच एक बहस मुबाहिस के रूप में देखा जा सकता है। सूत्रधार विद्वानों की सभा के आदेश पर वसन्तोत्सव के अवसर पर महाकवि कालिदास के नाटक *मालविकाग्निमित्र* के अभिनय की सूचना देता है। इसके उत्तर में पारिपार्श्विक का मत है कि भास, सौमिल्ल और कविपुत्र जैसे बड़े कवियों के नाटकों की बजाय कालिदास जैसे नौसिखिए कवि का नाटक करना शोभा नहीं देता। यदि हम दोनों पात्रों के उपर्युक्त संवाद अंश के पीछे झाँकने की कोशिश करें तो उपपाठ के रूप में हमें कई छुपी हुई सूचनाएँ दीख जाएँगी। मसलन इस नाटक के मंचन तक कालिदास राजा विक्रमादित्य के यहाँ राजकवि के रूप में नामित नहीं हुए थे। उनसे बहुत पहले भास, सौमिल्ल और कविपुत्र जैसे बड़े नाटककार अपनी रचनाओं का लोहा मनवा चुके थे। हमारे यहाँ नाटककार को भी महाकवि की संज्ञा से अभिहित किया जाता था, यह पहली बार इस प्रस्तावना से जान पाते हैं। यह हम जानते ही

हैं कि हमारे यहाँ नाटक को दृश्यकाव्य की संज्ञा दी गई है। और सबसे बड़ी बात यह है कि कालिदास अपने पहले नाटक को एक व्यापक जनसमुदाय के सामने स्वीकृति दिलाने को प्रतिबद्ध हैं। इसीलिए उनका अगला संवाद एक अलग अर्थवत्ता ग्रहण कर लेता है जब वह स्पष्ट करते हैं कि "पुराने होने से ही न तो सब अच्छे हो जाते हैं, न नए होने से सब बुरे हो जाते हैं। विद्वान अथवा समझदार लोग दोनों के गुण दोषों का अच्छी तरह से परीक्षण करके अपने लिए सारतत्त्व ग्रहण कर लेते हैं और नासमझ लोग दूसरों का अन्धानुकरण करते हैं।

इस पूरे प्रकरण से स्पष्ट हो जाता है कि नए नाटककार को अपनी रचना की स्वीकृति के लिए भूमिका और पृष्ठभूमि तैयार करनी पड़ती थी। कालिदास इस तथ्य से भली-भाँति अवगत रहे होंगे कि भरत को अपने *नाट्यशास्त्र* की स्वीकृति के लिए क्या कुछ नहीं करना पड़ा था अथवा भास को अपने समय में कितना अपमान सहना पड़ा होगा। यह हमारा दुर्भाग्य है कि आज तक सौमिल्ल और कविपुत्र जैसे नाटककारों की कोई भी रचना प्राप्त नहीं हो सकी है। निश्चित है कि ये भी अपने युग के बड़े नाटककार रहे होंगे अन्यथा कालिदास जैसा नाटककार इनके नाम का उल्लेख क्यों करता? भरत ने अपने *नाट्यशास्त्र* को ब्रह्मा से जोड़ा था, यदि कालिदास ने अपनी पहली रचना को भास, सौमिल्ल और कविपुत्र जैसे नाटककारों से जोड़ दिया तो क्या आश्चर्य?

कालिदास के दूसरे नाटक विक्रमोर्वशी की प्रस्तावना बहुत लम्बी नहीं है लेकिन फिर भी उसमें भी बहुत कुछ नया खोजा जा सकता है। इस प्रस्तावना में पुनः पहले के कवियों द्वारा रचित नाटकों के मंचन का उल्लेख किया गया है। यद्यपि किसी नाटककार के नाम अथवा उसके नाटक के नाम का प्रत्यक्ष उल्लेख नहीं लेकिन इससे स्पष्ट है कि नाटकों के मंचन की अनवरत परम्परा न जाने कब से चली आ रही थी। इस नाटक का मुख्य रस श्रृंगार है–इसे भी कालिदास ने प्रस्तावना में ही कहलवा दिया है। विक्रमोर्वशी की प्रस्तुति के अवसर पर नाटककार में पहले जैसी निश्छलता या संकोच नहीं है। इसके विपरीत यह पूरे विश्वास के साथ अपने नए नाटक को लेकर उपस्थित हुए हैं। यह विश्वास इस बात का द्योतक है कि इस बीच उनके पहले नाटक *मालविकाग्निमित्र* और दूसरी काव्य रचनाओं को व्यापक जन स्वीकृति मिल चुकी होगी।

लेकिन जहाँ तक प्रस्तावना के शिल्प और संरचना का प्रश्न है, उसे एक बार फिर वह सूत्रधार और पारिपार्श्विक द्वारा ही निभाते हैं। हाँ, इस बार उनमें कोई बहस नहीं होती मानों पारिपार्श्विक कालिदास की नाट्यप्रतिभा के आगे नतमस्तक हो चुका हो। देखा जाए तो इस प्रस्तावना के लिए नाटककार भास के नाटकों की प्रस्तावना

से प्रेरित जान पड़ता है। प्रस्तावना को आरम्भ से अन्त तक ले जाने वाले कालिदास भी इस नाटक की प्रस्तावना को नेपथ्य से अप्सराओं का स्वर सुनकर बीच में ही छोड़ देते हैं और मुख्य कथा की तरफ़ बढ़ जाते हैं। यूँ तो *मालविकाग्निमित्र* और बाद में *शाकुन्तल* में भी नाटक के पात्रों के आगमन के लिए वह प्रस्तावना के अन्त तक आते आते एक भावभूमि तैयार कर देते हैं लेकिन जितनी नाटकीयता यहाँ उपस्थित है, वह बाक़ी दोनों नाटकों में उतनी दिखाई नहीं देती। इस बात को पुनः कहना चाहेंगे कि शायद *विक्रमोर्वशी* की रचना तक भी उन्हें राजकवि के पद पर सुशोभित नहीं किया गया था।

यह विश्वासपूर्वक कहा जा सकता है कि *अभिज्ञानशाकुन्तल* नाटक और उसकी प्रस्तावना कालिदास की कला का उत्कर्ष प्रस्तुत करते हैं। पहली बार कालिदास प्रस्तावना में सूत्रधार के साथ नटी को लाते हैं। इसी से साफ़ ज़ाहिर हो जाता है कि यह नाटक, उसके मंचन का स्थल और वहाँ उपस्थित दर्शक वर्ग उनके लिए कितना महत्त्व रखता है। यह सूचित करने की आवश्यकता नहीं कि कालिदास विक्रमादित्य की ओर से राजकवि मनोनीत किए जा चुके हैं। आज उन्हीं के सभागार में उनके नाटक *अभिज्ञानशाकुन्तल* की प्रस्तुति है जिसे देखने के लिए स्वयं राजा विक्रमादित्य पधार चुके हैं। थोड़ी देर के लिए हम यह मान भी लें कि पहले नाटक के मंचन के समय तक कालिदास विक्रमादित्य द्वारा सम्मानित किए जा चुके थे तो भी इस तथ्य से इनकार नहीं किया जा सकता कि आज पहली बार राजा विक्रमादित्य उनका कोई नाटक देखने आए हुए हैं। यदि ऐसा नहीं होता तो नाटककार पहले दो नाटकों की प्रस्तुति के समय भी उनके नाम का उल्लेख अवश्य करता। इसीलिए शाकुन्तल का चयन बहुत सोच समझकर किया गया है। नाटककार पूरी तरह से विश्वस्त हो जाना चाहता है कि उसके नए नाटक को इस विशेष दर्शक वर्ग से सराहना मिले। इसीलिए वह *मालविकाग्निमित्र* वाली शैली में विद्वानों के परितोष के बिना अपनी प्रयोग कुशलता को सार्थक नहीं मानता।

प्रस्तावना बहुत ही मंथर गति से आगे बढ़ती है। पहले सूत्रधार नटी से ग्रीष्म ऋतु से सम्बन्धित कोई गीत गाने को कहता है जिसे सुनकर सभा आनन्दित हो जाए। गीत सुनकर सभा के साथ-साथ स्वयं सूत्रधार भी अपनी सुधबुध खो बैठता है और नटी से पूछता है कि आज कौन सा नाटक अभिनीत किया जाए? नटी उसे याद दिलाती है कि वह स्वयं पहले ही यह आदेश दे चुके हैं कि आज *अभिज्ञानशाकुन्तल* नामक नए नाटक का अभिनय करना है। अन्ततः सूत्रधार इस संवाद के साथ वर्तमान में लौटता है—अरे, हाँ, अच्छा याद दिलाया।

मैं तो बिलकुल भूल ही गया था। क्योंकि–

तुम्हारे गीत की मनोहर लय
उसी तरह
अनायास
मन को खींच ले गई,
जैसे
यह तेज़ दौड़ता हरिण
राजा दुष्यन्त को
अपने पीछे-पीछे
खींचे लिए आता है।

इसके बाद सूत्रधार और नटी दोनों चले जाते हैं और प्रस्तावना समाप्त हो जाती है।

कालिदास ने सूत्रधार की स्थिति, संवाद और गीत से कई संकेत एक साथ दे दिए हैं। नटी एक कुशल गायिका है। इससे पता चलता है कि उस वक़्त अभिनेताओं के लिए गीत, संगीत और नृत्य में पारंगत होना कितना आवश्यक था। नाटक के कथ्य का पूरा आभास हरिण के रूपक से मिल जाता है अर्थात् जैसे इस क्षण हरिण ने दुष्यन्त को बाँध लिया है, उसी तरह मृगनयनी शकुन्तला के आकर्षण से भी दुष्यन्त बच नहीं सकेंगे। इसी रूपक में एक झीना-सा संकेत उस भावी घटना का भी दीख रहा है जब दुष्यन्त की स्मृति का लोप हो जाता है। आज हम रंगमंच में जिस सब टेक्स्ट या उपपाठ की चर्चा करते नहीं अघाते, वह कालिदास की इस प्रस्तावना में अपनी सम्पूर्णता में मौजूद है।

इस सारे विवेचन के बाद भी एक प्रश्न अनुत्तरित रह जाता है। अभी तक जितने नाटकों की प्रस्तावना पर विचार किया गया है उनके साथ इस प्रश्न से सम्बन्धित समस्या नहीं है, जो इस नाटक के साथ स्वयं चली आती है। हमने देखा है कि हर नाटक की प्रस्तावना में सामने बैठे दर्शकों को सम्बोधित किया गया है। उस सम्बोधन में कहीं भी यह संकेत नहीं है कि वे दर्शक कौन हैं और कहाँ सभागार में नाटक देखने के लिए एकत्रित हुए हैं। अतः इन नाटकों के साथ यह सुविधा है कि इन्हें बिना हेरफेर किए कहीं भी मंचित किया जा सकता था और आज भी किया जा सकता है। किन्तु *अभिज्ञानशाकुन्तल* के साथ ऐसा सम्भव नहीं है। उसका पहला प्रदर्शन विशेष रूप से राजा विक्रमादित्य की उपस्थिति में उन्हीं के सभागार में उपस्थित विद्वान और सम्मानित दर्शकों के सम्मुख किया गया था। प्रश्न यह है कि अपने समय में क्या यह नाटक मात्र एक बार ही प्रस्तुत किया

गया होगा? यदि ऐसा नहीं है तो फिर दूसरे प्रदर्शनों के अवसर पर क्या प्रस्तावना में कुछ परिवर्तन किए गए होंगे? आज भी जब-जब इस नाटक का प्रदर्शन किया गया है या किया जाता है तो प्रस्तावना ज्यों की त्यों प्रस्तुत कर दी जाती है जबकि पूर्वरंग का अंग होने के कारण यह विकल्प हमेशा से हमारे पास है कि हम समय और स्थिति के अनुसार दर्शक वर्ग से सम्बन्धित सूचनाएँ बदल सकते हैं। शायद एक प्रदर्शन में ऐसा परिवर्तन किया भी गया था। यह वाकया 1987 में प्रसन्ना द्वारा निर्देशित *अभिज्ञानशाकुन्तल* की प्रस्तुति में घटित हुआ था लेकिन उसके सन्दर्भ बिलकुल दूसरे थे। निर्देशक नाटक को एक शैली विशेष में करना चाह रहा था उसके कारण प्रस्तावना में मनवांछित परिवर्तन किए गए। हुआ यूँ कि सूत्रधार और नटी के वार्तालाप से पता चलता है कि नाट्यमण्डली अभिनेताओं के पारम्परिक वेशभूषा वाला बक्सा अपने साथ लाना भूल गए हैं, अतः तय किया जाता है कि सारे पात्र आधुनिक वेश में ही *शाकुन्तल* जैसे नाटक की प्रस्तुति करेंगे। देखा जाए तो इस प्रस्तावना में कालिदास के आलेख को पूरी तरह से छोड़ दिया गया है और निर्देशक की व्याख्यानुसार एक बिलकुल नया आलेख रच लिया गया है। हमारा प्रश्न यह है कि यदि आलेख कालिदास का ही रखा जाए तो आज उसमें परिवर्तन क्यों नहीं किया जाना चाहिए—कम से कम उपस्थित दर्शक वर्ग के परिचय के परिप्रेक्ष्य में।

लगभग यही स्थिति श्रीहर्ष अथवा हर्षवर्धन की रचना *रत्नावली* नाटिका के साथ उत्पन्न होती है। भरत के दशरूपक में नाटिका का कोई प्रावधान नहीं है लेकिन नाटककार ने नाटक के समांतर नाटिका नामक विधा का आविष्कार कर लिया है। नाटक से इसका मुख्य अन्तर यही है कि इसमें अपने नाम के अनुरूप नायिका प्रधान पात्र होती है। लेकिन किसी और नाटककार ने उन दिनों कोई नाटिका लिखी हो, ऐसा कोई उल्लेख नहीं मिलता। श्रीहर्ष की भी मात्र यही रचना हमें प्राप्त हुई है। इसलिए यह अनुमान करना कठिन है कि नाटक की तर्ज़ पर नाटिका उन दिनों कितनी लोकप्रिय हुई होगी। उन्नीसवीं शती के उत्तरार्द्ध में भारतेन्दु हरिश्चन्द्र ने अवश्य *चन्द्रावली* नाटिका की रचना की थी लेकिन वह भी बहुत ज़्यादा प्रचलित नहीं हो पाई।

बहरहाल, बात *रत्नावली* नाटिका की प्रस्तावना को लेकर शुरू हुई थी। भले ही श्रीहर्ष ने एक ही नाटिका लिखी हो और उसे बहुत ज़्यादा खेला भी न गया हो लेकिन उसकी प्रस्तावना अपना विशेष महत्त्व रखती है। शायद यह अकेली ऐसी रचना है जो किसी राजा द्वारा लिखी गई हो और वसन्तोत्सव के अवसर पर उसी रचयिता श्रीहर्ष के सभागार में प्रस्तुत की जा रही हो। कहने को शूद्रक भी एक राजा

थे लेकिन ऐसा संकेत कहीं नहीं मिलता कि उनकी रचना का मंचन उनके ही राजदबार में किया गया हो। शायद यह अपने ही सभागार में नाटिका के खेले जाने की सूचना पुनः इसकी पुष्टि करती है कि इसे अपने युग में बहुत ज़्यादा लोकप्रियता नहीं मिली होगी। एक कारण यह भी हो सकता है कि *प्रतिज्ञायौगंधरायण* और *स्वप्नवासवदत्ता* जैसे नाटकों के माध्यम से भास उदयन, वासवदत्ता और यौगंधरायण के कथानक को पहले ही स्थापित कर चुके थे। अतः उसी कथानक को एक परवर्ती नाटककार द्वारा उठाया जाना दर्शकों को स्वीकृत नहीं हुआ होगा। इतना ही नहीं भास की नाट्यकला के समक्ष श्रीहर्ष कहीं नहीं ठहरते। *रत्नावली* नाटिका का महत्त्व केवल इतना है कि नाटककार ने नायिका को केन्द्र में रखा है। इसके बावजूद भास की वासवदत्ता ज़्यादा मुखर होकर सामने आती है, बेशक वहाँ उदयन मुख्य पात्र के रूप में चित्रित किए गए हों।

प्रत्येक संस्कृत नाटक की तरह *रत्नावली* का अभिनय भी वसन्त के उत्सव पर किया जा रहा है। हम इस विषय में पहले भी कई बार लिख चुके हैं कि हमारे यहाँ उत्सव के दिनों में ही विशेष रूप से नाटकों का मंचन किया जाता था। लेकिन प्रायः वसन्त के अवसर पर ही क्यों? यदि हम *नाट्यशास्त्र* के पहले अध्याय का सन्दर्भ लें तो ब्रह्मा ने भरत को पहला नाटक वसन्त के दिन ही प्रस्तुत करने के लिए आदेश दिया था। वसन्त इन्द्र के राज्याभिषेक का उत्सव है और इन्द्र नाटक विधा का संरक्षक भी माना जाता है। तब से वसन्त के अवसर पर तो अवश्य नाटक खेलने की परम्परा का सूत्रपात हो गया। यदि हम संस्कृत नाट्य परम्परा के समकालीन यूनानी रंगमंच का अध्ययन करें तो वहाँ भी मार्च के अन्तिम सप्ताह में डायनोसिस देवता की पूजा से सम्बद्ध उत्सव के मौके पर ही नाटकों का मंचन किया जाता था।

यहीं प्रस्तावना में आए एक और शब्द पर भी टिप्पणी करना ज़रूरी है। प्रायः हर नाटक के आरम्भ में सूत्रधार द्वारा नाटक के अभिनय करने की बात कही गई है। अभिनय शब्द की उपस्थिति सबसे पहले शास्त्रीय रंगमंच में अभिनेता के महत्त्व को सूचित करती है। इससे यह भी संकेत मिलता है कि नाट्यकला अभिनय के माध्यम से सम्प्रेषित होती है, वह जीवन की हू-ब-हू अभिव्यक्ति कभी नहीं हो सकती और अन्ततः प्रस्तुति की नाट्यधर्मी शैली की भी सूचना मिलती है। इसी क्रम में दो प्रसंग और हैं जिनके उल्लेख के बिना यह चर्चा अधूरी रह जाएगी। पहला प्रसंग वहाँ आता है जब सूत्रधार नटी से कुछ गीत नृत्य प्रस्तुत करने के लिए कहता है और नटी अपनी बेटी को लेकर सूत्रधार द्वारा वचन द्वारा कहीं दूर देश में बैठे किसी युवक के साथ सम्बन्ध जोड़ देने के विषय में चिन्तित है। इससे हमें उस समय

प्रचलित उस सामाजिक रीति का पता चलता है जिसके कारण मात्र कह देने से ही बेटी-बेटों के रिश्ते तय हो जाते थे। मात्र उस युग में ही क्यों आज भी कई क्षेत्रों में ऐसी परम्पराएँ चलन में हैं। यदि हम रत्नावली नाटिका की दृष्टि से देखें तो उदयन द्वारा रत्नावली से विवाह किए जाने की भविष्यवाणी से इस प्रसंग का सम्बन्ध जोड़ा जा सकता है।

दूसरा प्रसंग प्रस्तावना के अन्त में नेपथ्य से किसी पात्र के संवाद को सुनकर सूत्रधार की प्रतिक्रिया से सम्बद्ध है जब वह कहता है—यह मेरा छोटा भाई, यौगंधरायण की भूमिका धारण कर आ ही गया। तो आओ, हम लोग भी वेश विन्यास के लिए तैयार हो जाएँ।

उपर्युक्त संवाद से हमें कई सूत्र अपने आप उपलब्ध हो जाते हैं—सूत्रधार नाटक का ही नहीं, नाट्यमण्डली का भी मुखिया होता था। उसका इतना प्रभाव होता था कि वह अपने छोटे भाई को मण्डली में नियुक्त कर सकता था और उसे मुख्य भूमिका भी दे सकता था। वह स्वयं भी कुशल अभिनेता होता था और प्रस्तावना के बाद किसी नई भूमिका में पुनः मंच पर आ सकता था। इससे भी ज़्यादा नाटकीय क्षण और स्थिति भवभूति के नाटक *उत्तररामचरित* की प्रस्तावना में दिखलाई पड़ती है। सबसे पहले नाटककार ने सूत्रधार के मुख से स्वयं अपना परिचय जिस अन्दाज़ में प्रस्तुत किया है, उसकी एक बानगी देखिए—कश्यपकुल-उजागर, अखिल-विद्या-सागर, जननि जातुकर्णी के पवित्र गर्भोत्पन्न, श्रीकण्ठ-पद-सम्पन्न जिनका नाम श्री भवभूति प्रसिद्ध है—"। यूँ तो नाटककारों ने अपने विषय में बहुत कम जानकारियाँ दी हैं फिर भी शूद्रक, विशाखदत्त और भवभूति तीन नाटककार ऐसे अवश्य हैं जिन्होंने प्रस्तावना में अपना पूरा पारिवारिक और यहाँ तक कि राजकीय परिचय भी दिया है। ऐसा शायद इसलिए है कि इन तीनों नाटककारों ने लीक से हटकर नई ज़मीन तोड़ने का काम किया है। अतः यह जरूरी था कि अपना पूरा परिचय दर्शकों के सामने प्रस्तुत किया जाए। इसमें कोई सन्देह नहीं कि ऐसी पहल भास न जाने कितनी शतियों पूर्व कर चुके थे लेकिन जहाँ तक अपने परिचय की बात है, वह बेहद संकोची रहे हैं।

भवभूति की प्रस्तावना में इस सत्य से भी साक्षात्कार होता है कि पहली बार कोई नाटककार अपने नाटक का सार्वजनिक प्रदर्शन कर रहा है। इससे पहले प्रायः सभी नाटककारों के दर्शक राजाओं के सभागारों में आमंत्रित दर्शक हुआ करते थे। लेकिन यहाँ दर्शकों के अभिवादन से ऐसा लगता है कि यह इस नाटक का विशेष रूप से प्रायोजित प्रदर्शन न होकर एक सार्वजनिक प्रदर्शन है। भवभूति का समय आठवीं शती के आरापास माना जाता है। यह वह समय है जब देश की राजसी

व्यवस्था के परिवर्तन की प्रक्रिया लगभग आरम्भ होने ही वाली थी। अतः कोई आश्चर्य नहीं कि भवभूति को अपने नाटक के प्रदर्शन के लिए कोई राजसी निमंत्रण न मिला हो।

यह अवश्य है कि भवभूति ने प्रस्तावना में ही एक ऐसी नाटकीय युक्ति का प्रयोग किया है जिसका कोई दूसरा उदाहरण नहीं मिलता। हम जानते हैं कि आरम्भ में सूत्रधार अपने समय के दर्शकों से सम्बोधित है अर्थात् वह स्वयं और उसके दर्शक एक ही समय के साक्षी हैं लेकिन अगले ही संवाद में सूत्रधार कार्यवश राम के समय की अयोध्या में स्थानांतरित हो जाता है। मंच पर खड़े-खड़े दर्शकों की आँखों के सामने और उन्हें सूचित करते हुए एक नई भूमिका में पदार्पण करना—इससे बढ़कर नाटकीयता और क्या हो सकती है? इसका एक हल्का-सा संकेत हम शूद्रक के *मृच्छकटिक* में भी देख चुके हैं जब सूत्रधार नटी के साथ प्राकृत में वार्तालाप करना आरम्भ कर देता है। मुझे लगता कि भवभूति इस युक्ति से हमें नाटक के भीतर नाटक का आभास दे रहे हैं जो आगे चलकर स्वयं उनके नाटक में होने वाला है, जब एक नाट्यमण्डली राम के दरबार में उन्हीं के जीवन पर आधारित नाटक का मंचन करती है। दूसरी तरफ़ यह प्रक्रिया ब्रेष्ट के अलगाववाद से भी कितनी मिलती जुलती है जहाँ पात्र पहले ही सूचित कर देता है कि वह आने वाले दृश्य में क्या करने जा रहा है। इतना ही नहीं, सूत्रधार का यह छोटा-सा प्रसंग एक बार फिर से संस्कृत नाट्य परम्परा में वाचिक और आंगिक के महत्त्व को रेखांकित करता है। ज़ाहिर है कि मंच पर वेश परिवर्तन करना सम्भव नहीं था, अतः सूत्रधार ने लहजे, उच्चारण और चाल ढ़ाल से ही स्वयं को एक नई भूमिका में स्थापित कर लिया होगा। वर्तमान से एक क्षण में सुदूर अतीत में लौट जाना—आज जिस तकनीक को हम फ्लैशबैक के नाम से जानते हैं, क्या इस युक्ति को उस दृष्टि से भी व्याख्यायित किया जा सकता है?

हम सभी जानते हैं कि विशाखदत्त का नाटक *मुद्राराक्षस* अपनी तरह का अकेला नाटक है। *नाट्यशास्त्र* के बाद की रचना होते हुए भी यह उससे बिलकुल अलग है। शृंगार, वीर या करुण में से कौनसा रस इस नाटक का मुख्य रस है—इसका कोई निश्चित निर्णय नहीं किया जा सकता। कहा तो यह जाना चाहिए कि भरत द्वारा निर्दिष्ट आठ रसों में से किसी भी रस को इसका मुख्य रस नहीं माना जा सकता। नाटक में कोई नायिका नहीं है और इसका नायक चाणक्य, चन्द्रगुप्त या राक्षस में से किसे माना जाए, इस प्रश्न का उत्तर देना भी बहुत मुश्किल है। चाहें तो इसे नायक-नायिका विहीन नाटक की संज्ञा दी जा सकती है। पहली बार पूरी तरह से एक राजनैतिक नाटक भी *मुद्राराक्षस* ही दिखाई पड़ता है। थोड़ी बहुत

राजनीति, भास और शूद्रक में भी दिखाई पड़ती है किन्तु उसके दाँवपेंच, षड्यन्त्र और कूटनीतियों का जीता-जागता दस्तावेज़ है *मुद्राराक्षस*।

जिस नाटक का कथ्य इतना ज़बर्दस्त है उसकी प्रस्तावना कैसी होगी, सहज ही यह अनुमान लगाया जा सकता है। पहली बार नाटक के मंचन के लिए रंगभूमि शब्द का प्रयोग किया गया है। पहली ही बार नान्दी नामक पात्र का भी उल्लेख है जो नान्दीपाठ करता है। इससे स्पष्ट है कि गायक मण्डली का एक सदस्य ही नान्दीपाठ करता था। यह भी सम्भव है कि आरम्भ में पूरी संगीत मण्डली नान्दीपाठ में हिस्सा लेती रही होगी और विशाखदत्त तक आते-आते यह कार्य किसी एक व्यक्ति को सौंप दिया गया होगा, जिसे नान्दी कहा जाने लगा।

विशाखदत्त की विशेषता यह है कि बेशक उन्होंने नान्दीपाठ में शिव और पार्वती की उपासना की है किन्तु उनकी नोक-झोंक के बहाने से नाटक के एक महत्त्वपूर्ण पात्र चन्द्रगुप्त को भी आरम्भ में ही स्थापित कर दिया है। मुझे नहीं लगता कि इतनी व्यंग्य और वक्रोक्ति से सराबोर प्रस्तावना किसी दूसरे नाटक में देखी जा सकती है। भतभूति की भाँति विशाखदत्त भी प्रस्तावना में अपनी वंशावली का पूरा परिचय देते हैं—सामन्त बटेश्वरदत्त के पौत्र और महाराज पृथु के पुत्र विशाखदत्त कवि। स्पष्ट है कि राजसी परिवार और पृष्ठभूमि से सम्बद्ध होने के कारण विशाखदत्त को राजनीति और राजतन्त्र की पूरी समझ थी और इसीलिए उन्होंने उसे अपने नाटक की विषयवस्तु बनाया। उनके अपने परिचय में एक और संकेत भी मिलता है और वह यूँ कि बेशक उनके पिता राजा के पद तक पहुँचे लेकिन विशाखदत्त ने राजनीति की बजाय साहित्य को अपना क्षेत्र बनाया और कवि के रूप में प्रसिद्धि पाई।

प्रस्तावना में एक बार फिर चन्द्रग्रहण के बहाने से चन्द्रगुप्त की ओर संकेत किया गया है और सूत्रधार द्वारा—

> चन्द्र बिम्ब पूरन भए क्रूर केतु हठ दाप।
> बल सों करिहैं ग्रास कह—
> नेपथ्य में
> हैं! मेरे जीते चन्द्र को कौन बल से ग्रस सकता है?
> जेहि बुध रच्छत आप।

इस श्लोक के बीच में ही नेपथ्य से आई घोषणा के फलस्वरूप सूत्रधार का सारा क्रम गड़बड़ा जाता है। नेपथ्य से कौन बोला—इसे निश्चित करने के लिए सूत्रधार एक फिर वही श्लोक उच्चरित करता है और इस बार फिर वही नेपथ्य संवाद सुनकर पहचान जाता है कि वह कौटिल्य अर्थात् चाणक्य की आवाज़ है।

किसी मुख्य पात्र के प्रथम प्रवेश के लिए इससे बढ़कर नाटकीय युक्ति कोई दूसरी नहीं हो सकती। प्रकारान्तर से यह प्रवेश नाटक में आगे आने वाली आकस्मिक और अद्‌भुत घटनाओं की पूर्वपीठिका है।

इस प्रकार हम देखते हैं कि संस्कृत नाटकों की प्रस्तावना मात्र नाटक का परिचय ही नहीं देती। वह इससे अलग भी ऐसे सत्य, तथ्य और सूचनाएँ प्रस्तुत करती है जिनके भीतर से गुज़रकर हमें नाटककारों, दर्शकों और तत्कालीन समाज की एक नई दुनिया से साक्षात्कार होता है जो नाटकों के रंगमंचीय अध्ययन के लिए नितान्त अपरिहार्य है।

छठे अध्याय का महत्त्व

हम आज तक *नाट्यशास्त्र* के छठे अध्याय को भरत के रस सिद्धान्त के विवेचन और विश्लेषण के रूप में ही जानते रहे हैं। लेकिन एक दूसरी दृष्टि से विचार किया जाए तो यह अध्याय रस के साथ-साथ आगे आने वाले सभी अध्यायों में प्रस्तुत विषयवस्तु की भूमिका के रूप में रेखांकित किया जा सकता है। अध्याय की शुरुआत ही रचनाकार ने नाट्य के ग्यारह तत्त्वों की चर्चा से की है। ये हैं—रस, भाव, अभिनय, धर्मी, वृत्ति, प्रवृत्ति, सिद्धि, स्वर, आतोद्य, गान और रंग अर्थात् नाट्यशाला। इसके बाद उसने इसी क्रम में एक-एक तत्त्व की परिभाषा और संक्षिप्त व्याख्या प्रस्तुत की है। आरम्भ में मात्र आठ रस, आठ स्थायी भाव और तैंतीस संचारी अथवा व्यभिचारी भाव गिनाने के बाद भरत बाकी के दस तत्त्वों की तरफ़ मुड़ जाते हैं और जब उनका परिचय पूरा हो जाता है तब वह पुनः रस की तरफ़ लौटते हैं और अध्याय के अन्त तक रस पर ही केन्द्रित रहते हैं। यही कारण है कि छठे अध्याय को रस का पर्यायवाची मान लिया गया है।

आज भी हमारे आधुनिक रंगमंच में अभिनेता के प्रशिक्षण में इन दो तत्त्वों पर सबसे ज़्यादा काम नहीं किया जाता? भारतीय परम्परा हो अथवा पश्चिमी परम्परा, अभिनेता की आवाज़ और उसका शरीर, ये दोनों तत्त्व अपना एक जैसा महत्त्व रखते हैं। हमारे यहाँ तो विशेष रूप से संस्कृत, लोक, पारसी और यहाँ तक कि यथार्थवादी नाटकों में भी अभिनेता की आवाज़ और उसकी देहभाषा को प्राथमिकता दी जाती है। यहीं थोड़ी देर के लिए आतोद्य पर भी चर्चा कर लें। आतोद्य से भरत का आशय उस पूरे वाद्यवृन्द से है जिसमें विभिन्न तरह के वाद्ययंत्र काम में लाए जाते हैं। उन्हें मुख्य रूप से चार श्रेणियों में रखा गया है—तत, अवनद्ध, घन और सुषिर। तत के अन्तर्गत वीणा, सितार, एकतारा आदि तार वाले यंत्र रखे गए हैं। अवनद्ध से तात्पर्य उन यंत्रों का है जो चमड़े से मढ़कर बनाए जाते हैं जैसे कि मृदंग, तबला, ढोलक और नगाड़ा इत्यादि। मंजीरा, झांझ, घुँघरू इत्यादि वाद्य घन के अन्तर्गत आते हैं। बाँसुरी, शहनाई आदि फूँक कर बजाए जाने वाले वाद्य सुषिर कहलाते हैं। यह प्रश्न पूछा जा सकता है कि वाद्यवृन्द तो एक बाहरी हस्तक्षेप है फिर इसे नाट्य के आवश्यक तत्त्व के रूप में लेने की क्या ज़रूरत थी? यदि हम नाट्य में नाटक और उसकी प्रस्तुति दोनों को मानकर चल रहे हैं तो आतोद्य अर्थात् वाद्यवृन्द की महत्ता स्वयंसिद्ध है।

यह दोहराने की ज़रूरत नहीं कि शास्त्रीय नाट्य परम्परा में संगीत मण्डली आरम्भ से लेकर अन्त तक मंच पर ही उपस्थित रहती थी। शास्त्रीय नाट्य परम्परा में ही क्यों, उसके बाद लोक नाट्य परम्परा और पारसी रंगमंच में भी यही स्थिति बरकरार रही। यह अलग बात है कि पारसी रंगमंच में संगीत मण्डली मंच पर न होकर मंच के सामने बैठने लगी। यह तथ्य अपने आप में रंगमंच में संगीत के महत्त्व को स्थापित करने के लिए काफ़ी है। संगीत का अर्थ सिर्फ गाना और बजाना ही नहीं होता, सही मायनों में वह संगीत से हटकर रंगसंगीत के रूप में परिवर्तित हो जाता है। नाट्य प्रस्तुति में संगीत कथा को आगे बढ़ाता है, किसी घटना पर टिप्पणी करता है, पात्रों के आंतरिक भावों को सामने लाता है, नाटक का मूड और परिवेश तैयार करता है, यहाँ तक कि नाटक में आए खामोशी के क्षणों को भी स्वर देता है। अतः एक अलग से दिखने वाला तत्त्व किस प्रकार प्रस्तुति का आंतरिक तत्त्व बन जाता है, यह देखते ही बनता है।

गीत संगीत को नाट्य के अनिवार्य तत्त्व के रूप में दिए जाने का एक और कारण भी भरत ने अपने शास्त्र के पहले अध्याय में ही दे दिया है। वह स्वयं ही कहते हैं कि उनकी पहली प्रस्तुति *समुद्रमंथन* किसी भी तरह के गीत संगीत से रहित थी, इसीलिए दर्शकों पर उसका यथोचित प्रभाव नहीं पड़ा। प्रस्तुति को देखने वाले दर्शकों के सुझाव पर भरत ने अपनी अगली प्रस्तुति *त्रिपुरदाह* में जब इन तत्त्वों को

जोड़ दिया तो प्रस्तुति का रंग ही बदल गया। तब से लेकर आज तक संगीत रंगमंच का एक अपरिहार्य तत्त्व है। ज़रूरी नहीं कि उसके लिए संगीत मण्डली को मंच पर ही बिठाया जाए। आज तो किसी नाट्य प्रस्तुति में संगीत के अनेक रूप दिखाई पड़ते हैं। वाद्यवृन्द मंच पर बैठा रह सकता है, नेपथ्य में हो सकता है, नाटक के पूरे संगीत को रिकॉर्ड करके प्रस्तुति में प्रयुक्त किया जा सकता है और गीत संगीत न भी हो तो भी मात्र ध्वनियों के कोलाज को संगीत का रूप दिया जा सकता है।

यह जानकारी भी काफ़ी रोचक जान पड़ती है कि भरत ने नाट्य तत्त्वों को जिस क्रम में रखा है, वह प्रस्तुति से आलेख की तरफ़ ले जाने वाला क्रम है। हम प्रायः अपने लेखन और विवेचन में जब भी नाटक जैसी विधा को लेते हैं तो हमेशा आलेख से प्रस्तुति की तरफ़ बढ़ते हैं जबकि ठीक इसका उलटा होना चाहिए। हम जब एक नाटक को देखते हैं तो सबसे पहले उसका अनुभव अर्थात् रसास्वादन करते हैं और यह रसास्वादन जिन दूसरे तत्त्वों से प्राप्त होता है वे हैं—भाव, अभिनय, धर्मी, वृत्ति, प्रवृत्ति, स्वर, आतोद्य, गान तथा रंग। यह कहने की ज़रूरत नहीं कि भरत का यह क्रम स्वयं ही प्रमाणित कर देता है कि वह वस्तुतः प्रस्तुति पर चर्चा के माध्यम से ही सारे तत्त्वों को एक के बाद एक विवेचित करते चले जाते हैं। आज साहित्य और रंगमंच की दुनिया में नाट्य प्रस्तुति की समीक्षा कैसे की जानी चाहिए, इस विषय में काफ़ी वाद विवाद होता रहता है। मैं समझता हूँ कि यदि हम इस सन्दर्भ में भरत के उपर्युक्त क्रम को ध्यान में रखें तो एक सही शुरुआत की जा सकती है।

रंगमंच के पाँच अनिवार्य तत्त्वों के रूप में आज हम आलेख, अभिनेता, स्थान, दर्शक और तकनीकी पक्षों की चर्चा करते हैं। क्या हमें नहीं लगता कि आधुनिक रंगमंच में बार बार चर्चा में आने वाले इन पाँचों शब्दों को भरत ने बहुत पहले ही अपने नाट्य तत्त्वों में समाहित कर लिया था। इसी बात को भरत पुनः एक बार अभिनय की परिभाषा करते समय भी हमारे सामने अप्रत्यक्ष रूप से प्रस्तुत करते हैं। अभिनय को एक ऐसी कला के रूप में लिया जाना जिसके माध्यम से नाटककार के शब्दों को सामने बैठे दर्शकों तक संप्रेषित किया जा सके—क्या इस परिभाषा में आलेख, अभिनेता, स्थान, दर्शक और तकनीकी चीज़ों की उपस्थिति अनायास ही अनुभूत नहीं होती जिसकी तरफ़ अभिनय से सम्बद्ध लेखों में भी ध्यान दिलाया गया है।

संक्षेप में छठा अध्याय आज की भाषा में *नाट्यशास्त्र* का एक ट्रेलर अथवा प्रोमो प्रस्तुत करता है, जिसमें उसकी कहानी या विषय की एक झलक बड़ी कुशलता से दिखा दी गई है और इस तरह से यह झलक *नाट्यशास्त्र* नामक फ़िल्म को सम्पूर्णता

में देखने के लिए उत्तेजित करती है। दूसरे शब्दों में छठे अध्याय को *नाट्यशास्त्र* जैसे भवन का प्रवेशद्वार अथवा रंगद्वार भी कहा जा सकता है। यह कहने की ज़रूरत नहीं कि रंगद्वार शब्द का प्रयोग भरत पूर्वरंग में भी कर चुके हैं और वहाँ भी उसका वही अर्थ है जिस अर्थ में हम यहाँ इस शब्द का प्रयोग कर रहे हैं अर्थात् नाट्य प्रस्तुति का धीरे धीरे दृश्यत्व की तरफ़ बढ़ना। क्या छठा अध्याय भी नाट्य तत्त्वों के भीतर से उसी दृश्यत्व की आहट नहीं देता?

वास्तव में यह दृश्यता ही वह मुख्य वस्तु है जिसे प्राप्त करने के लिए नाट्य तत्त्वों के भीतर से गुज़रना पड़ता है। यह दृश्यता अभिनय में आंगिक और आहार्य अभिनय के रूप में, लोकधर्मी और नाट्यधर्मी प्रस्तुति शैली के रूप में और कैशिकी वृत्ति के रूप में विशेष रूप से रेखांकित की जा सकती है और इनके साथ नाट्यशाला का अभिकल्पन तो पहले से ही हमारे सामने उपस्थित है। यही कारण है कि हमारी परम्परा में दृश्य श्रव्य काव्य या दृश्य काव्य जैसी संज्ञाओं से नाटक को अभिहित किया गया है। यही नहीं पश्चिम में अरस्तू ने अपने *काव्यशास्त्र* में भी नाटक के छह तत्त्वों में से एक स्पैकटेकल को माना है जिसका अर्थ है भव्यता और वह भव्यता दृश्यता के साथ गहरे में जुड़ी हुई है। स्वयं भरत की अपनी परिभाषा में भी क्रीड़नीयक जैसे शब्द का प्रयोग इसी दृश्यता की तरफ़ संकेत करता है। नाटक को एक क्रीड़ा अथवा एक खेल के रूप में लिए जाने के पीछे यही भाव है। इसी से मिलता जुलता एक और शब्द भी प्रचलन में है—लीला, जिसका अर्थ भी दृश्यता है। हमारे लोक नाट्य परम्पराओं में रासलीला, रामलीला और सुमाँग लीला जैसी शैलियाँ इसी कड़ी को आगे बढ़ाती है।

यहीं एक और महत्त्वपूर्ण तथ्य की ओर संकेत किया जाना चाहिए और वह है कि ये सारे तत्त्व अपनी पूर्णता के लिए किसी जीवन्त और मानवीय हस्तक्षेप की माँग करते हैं। कहने का तात्पर्य यह है कि बेशक पारिभाषिक शब्दों के रूप में ये मात्र अवधारणा की सूचना देते हैं लेकिन इनकी सार्थकता तभी है जब मंच पर उपस्थित अभिनेता मण्डली, संगीत मण्डली और प्रेक्षागृह में बैठे दर्शक पारस्परिक हस्तक्षेप से इन तत्त्वों को भी अपने जैसा ही जीवन्त बनाएँ अर्थात् भाव, अभिनय, स्वर, गान, धर्मी, वृत्ति, प्रवृत्ति के आपसी तालमेल से नाट्यशाला में बैठे दर्शकों द्वारा रसानुभूति की जा सके। रंगमंच जैसे माध्यम की विशेषता ही यही है कि उसमें अभिनेता और दर्शक दोनों पक्ष जीवन्त होते हैं और एक दूसरे को प्रस्तुति के दौरान प्रभावित करते रहते हैं। ज़ाहिर है इस आपसी लेनदेन में भरत द्वारा प्रतिपादित ग्यारह नाट्य तत्त्वों का अप्रतिम योगदान है।

यह बात भी स्वयंसिद्ध है कि नाटक को एक सामूहिक कला इसीलिए माना

गया है कि उसमें नाटककार से लेकर दर्शक तक के जितने भी सोपान मौजूद हैं, वे सब मिलकर एक बहुत बड़े पारिवारिक समूह में जुड़ जाते हैं। कल्पना कीजिए कि जिस नाटक को नाटककार अपने अकेलेपन में लिखता है जब उसका मंचन होता है तो उस रचना में असंख्य लोग शामिल हो जाते हैं। यूँ यह प्रक्रिया पुस्तक और उसके पाठकों, चित्रकला और उसके दर्शकों और फ़िल्म और उसके दर्शकों में भी मौजूद है लेकिन रंगमंच की प्रक्रिया इन सबसे अलग है और वह अलगाव मंच और मंच के सामने बैठे लोग—दोनों के स्वयं में जीवन्त होने के कारण पैदा होता है।

आज हम आधुनिक रंगमंच में जिस तरह की धारणाओं और अवधारणाओं का अवलोकन कर रहे हैं, वे अपने आरम्भिक किन्तु पूरी तरह से परिपक्व रूप में भरत के नाट्य तत्त्वों में परिलक्षित की जा सकती हैं। उदाहरण के लिए नाट्य प्रस्तुति की दो शैलियाँ अथवा चार वृत्तियाँ और चार प्रवृत्तियाँ उन्हीं नई-नई चीज़ों को खोजने की छटपटाहट का संकेत देती लगती हैं। आख़िर भरत भी तो नाटक और रंगमंच के उसी संक्रमण काल की देन हैं जब एक ओर नाटक का पतन हो रहा था और दूसरी तरफ़ एक नए नाटक, एक नए रंगमंच और एक नए शास्त्र का जन्म हो रहा था।

द्वैत की उपस्थिति

यदि हम एक और दृष्टि से *नाट्यशास्त्र* का अध्ययन करें तो हमें भरत द्वारा प्रस्तुत तथ्यों, सूचनाओं, अवधारणाओं और वर्गीकरणों में एक अद्‌भुत साम्यता से परिचय होता है। लगभग हर इस तरह की स्रोत सामग्री का आरम्भ मूल-रूप से दो, द्वैत अथवा द्वन्द्व भाव से होता है अर्थात् वह पहले हर विषय के कम से कम दो पक्ष सामने लाते हैं और इसके बाद उनके प्रस्थान या विस्तार की तरफ़ बढ़ते हैं। ऐसा भी नहीं कि यह प्रस्थान या विस्तार हर बार दो से आगे जाता हो। उसी तरह यह भी ज़रूरी नहीं कि वह हर बार मात्र दो तक सीमित रहे हों। लेकिन फिर भी इसमें कोई सन्देह नहीं कि उनके पूरे *नाट्यशास्त्र* में दो का पलड़ा ज़्यादा भारी दिखाई पड़ता है।

आइए, सबसे पहले हम *नाट्यशास्त्र* के पहले अध्याय से अन्तिम अध्याय तक की एक द्वैत सूची तैयार करने की कोशिश करें और उसके बाद इसका विवेचन और विश्लेषण करें कि भरत को इसकी प्रेरणा या स्रोत कहाँ से मिला होगा। पहले अध्याय में

दो नाटकों के मंचन की सूचना मिलती है—*अमृतमंथन* और *त्रिपुरदाह*। एक समवकार रूपक है और दूसरा डिम। आगे चलकर भरत ने दशरूपक के अन्तर्गत दस प्रकार के रूपकों की चर्चा की है। नाटकों की प्रस्तुति से जुड़े अनेक ऐसे शब्द हैं जिनकी सूचना पहले अध्याय में ही मिल जाती है। *अमृतमंथन* आरभटी वृत्ति का रूपक है तो *त्रिपुरदाह* कैशिक वृत्ति का। बाद में भरत भारती और सात्वती—दो वृत्तियों की परिकल्पना और प्रस्तुत करते हैं। इसी प्रकार प्रदर्शन स्थल के रूप में दो विकल्पों की जानकारी मिलती है—पहली प्रस्तुति वह खुले में मंचित करते हैं और दूसरी प्रस्तुति बंद प्रेक्षागृह में—क्या आज भी हमारे पास यही दो प्रकार के स्थान उपलब्ध नहीं हैं? फिर चाहे हम किसी प्रस्तुति को चारों तरफ़ बैठकर देखें, तीन तरफ़ बैठकर अथवा आमने-सामने बैठकर देखें।

दूसरा अध्याय अपने शीर्षक के अनुरूप कई द्वैत अवधारणाओं से भरा पड़ा है। पहले तो द्विभूमि शब्द जिसे लेकर आज भी विद्वान अध्येता अपनी नई-नई व्याख्या प्रस्तुत करते रहते हैं। प्रेक्षागृह के पूरे क्षेत्र के दो भाग—एक दर्शकों के लिए और एक मंच के लिए। मंच के पुनः दो भाग—एक अभिनय के लिए और दूसरा नेपथ्य के लिए। अभिनय के लिए निश्चित क्षेत्र के रंगपीठ और रंगशीर्ष दो मुख्य भाग, रंगशीर्ष की पिछली दीवार में दो द्वार, उन पर पटी-अपटी नाम से पड़े दो परदे। रंगपीठ के दोनों कोनों पर दो मत्तवारिणियाँ। रंगपीठ और रंगशीर्ष के रूप में ऊँचाई की दृष्टि से दो धरातल।

नाट्य प्रस्तुति के दो भाग—पूर्वरंग और प्रयोग। पूर्वरंग के भी दो प्रकार—शुद्ध पूर्वरंग और चित्र पूर्वरंग। पूर्वरंग की अनेक विधियों में दो सबसे महत्त्वपूर्ण—चारी और महाचारी जिनके माध्यम से सूत्रधार अपनी अभिनय क्षमता का दर्शकों को पहली बार परिचय देता है। पूर्वरंग की अन्तिम दो विधियों नांदीपाठ और प्रस्तावना को नाटककारों ने अपने नाटक के आलेख का अनिवार्य हिस्सा बनाया। प्रस्तुति शैली भी मात्र दो प्रकार की प्रस्तावित की गई है—नाट्यधर्मी और लोकधर्मी। शैली के भी पुनः दो रूप निर्धारित हैं—आबिद्ध और सुकुमार। इसी के साथ दो शब्दों पर और ध्यान दें—वृत्ति और प्रवृत्ति जो मुख्यतः दो हैं और फिर चार-चार में बँट जाती हैं।

रस निष्पत्ति के भी दो मूल तत्त्व—भाव और रस। निष्पत्ति प्रक्रिया में विभाव भी दो—आलम्बन विभाव और उद्दीपन विभाव। उनके समांतर पुनः दो भाव—अनुभाव और संचारी भाव।

दशरूपक में भी मुख्यता मात्र दो रूपकों को दी गई है—नाटक और प्रकरण। इनका इतिवृत्त अथवा कथानक भी दो भागों में विभाजित रहता है—आधिकारिक कथा और प्रासंगिक कथा। नाट्य प्रस्तुति की सफलता के भी दो प्रकार—मानुषि सिद्धि

और दैवी सिद्धि। नाट्य प्रस्तुति के दौरान नाट्य मण्डलियों द्वारा गाए जाने वाले स्वरचित गीत भी मुख्य रूप से दो प्रकार के होते थे—प्रावेशिक ध्रुवा गीत और प्रस्थान ध्रुवा गीत। नाटक में कभी सौन्दर्यशास्त्र और कभी कालखंड में घटित घटनाओं की सूचना देने के लिए भी मुख्य रूप से दो सूच्य दृश्यों की परिकल्पना की गई है—

विष्कम्भक और प्रवेशक। बाकी तो कभी नेपथ्य से सूचित, कभी अंक के आरम्भ में एक पात्र द्वारा सूचना देकर समाप्त हो जाते हैं।

इस प्रकार हम देखते हैं कि भरत का *नाट्यशास्त्र* शुरू से लेकर अन्त तक द्वैत भावना के द्वन्द्व से ओत-प्रोत है। यह अनुमान करने में मुश्किल नहीं होनी चाहिए कि द्वैत की यह स्थिति हमारी जीवन पद्धति और प्रकृति में सृष्टि के आरम्भ से विद्यमान रही है। सुख-दुःख, आशा-निराशा, जन्म-मृत्यु, बचपन-बुढ़ापा, अँधेरा-उजाला, धूप-छाँव, सूखा-बाढ़, गर्मी-सर्दी। धार्मिक विश्वासों अथवा आस्थाओं की ओर दृष्टिपात करें तो हिन्दू धर्म में वैष्णव—सनातन, बौद्ध में हीनयान-महायान, जैन में श्वेताम्बर-दिगम्बर, ईसाई में कैथोलिक-प्रोटेस्टेंट, सिक्ख में अकाली-निरंकारी, इस्लाम में शिया-सुन्नी। राजनीति में वामपंथ और दक्षिणपंथ, कंजर्वेटिव और लेबर, रिपब्लिकन और डेमोक्रेट—कहने का तात्पर्य यह है कि जीवन हो या प्रकृति, धर्म हो या राजनीति—हमें हर तरफ़ द्वैत भाव दिखलाई पड़ता है। ज़ाहिर है कि यह द्वैत भाव कभी एक दूसरे का पूरक, कभी एक दूसरे के विरोध में और कभी सकारात्मक और नकारात्मक रूपों में विद्यमान है। सहज और सरल शब्दों में कहा जाए तो यह द्वैत भाव जीवन के दो अतिवादी छोरों या ध्रुवों को प्रस्तुत करता है लेकिन हमारे लिए कभी यह सम्भव नहीं हो सकता कि हम किसी एक अतिवाद को पूरी तरह से आत्मसात कर सकें। मानव स्वभाव इतना जटिल है कि वह कभी भी किसी एक छोर के सहारे अपनी सार्थकता नहीं पा सकता, इसीलिए वह हमेशा दोनों छोरों के बीच दुविधाग्रस्त रहता है और यहीं से एक तीसरे विकल्प का जन्म होता है जिसे सुविधा के लिए मध्यम मार्ग की संज्ञा दी जा सकती है। हमने अभी तक जितने भी द्वैतों की चर्चा की है उन सबके बीच एक तीसरा तत्त्व मौजूद है जिसे कहीं मध्यम मार्ग, मध्यवर्ग, तीसरा विकल्प या तीसरी दुनिया भी कहा गया है।

यह देखकर सुखद आश्चर्य होता है कि भरत ने भी इस तीसरी सम्भावना के द्वार पूरी तरह से खुले रखे हैं। नाटक के कथानक में प्रख्यात और कल्पित के बीच मिश्रित के रूप में, रस निष्पत्ति में कोई एक मुख्य रस और बाकी एक-दो के मिश्रण के रूप में, अभिनय में किसी एक पक्ष की प्रधानता और बाकी पक्ष सहायक या मिश्रित रूप में—कितनी भी तरह से इस तीसरे तत्त्व की उपस्थिति पर विचार किया जाए, वह सदा दो छोरों या ध्रुवों के बीच एक पुल का काम करता है और इस तरह

से जीवन में संतुलन बनाए रखता है।

नाट्यशास्त्र में द्वैत के साथ यदि यह तीसरा पक्ष भी उपस्थित है तो यह स्वाभाविक है। नाटक विधा को कई तरह के उतार-चढ़ाव, ऊबड़-खाबड़, घात-प्रतिघात से गुज़रकर अन्ततः एक उपसंहार तक पहुँचना होता है। हम किसी भी नाटक के कथानक में इस प्रक्रिया को अनुभूत कर सकते हैं, चाहे हम उसे रसानुभूति या साधारणीकरण कहें या कैथारसिस—नाटक को देखने का सारतत्त्व यही है कि अन्ततः उसे एक संतुलन तक की यात्रा को पूरा करना होता है।

यह प्रश्न स्वाभाविक है कि नाट्य विधा के लिए संतुलन तक की यह यात्रा क्यों ज़रूरी है? इसका सबसे बड़ा कारण यही है कि वह एक जीवंत माध्यम है। यदि मनुष्य कभी भी यथास्थिति को स्वीकार नहीं कर सकता तो फिर नाटक के साथ भी यही प्रक्रिया सक्रिय रहती है। यह मूलतः अस्वीकार या प्रतिरोध का माध्यम है। इसीलिए दो बराबर की शक्तियों, विचारधाराओं अथवा अवधारणाओं की टकराहट से ही यह विधा जन्म लेती है जिसे हम नाटक कहते हैं अन्यथा इसका कोई कारण नहीं दिया जा सकता कि नाटक के इतिहास में शुरू से लेकर आज तक नायक और प्रतिनायक क्यों दो अनिवार्य तत्त्वों की तरह से उपस्थित रहे हैं। इसलिए यदि नाटक के शास्त्र में इस द्वैत को भरत ने विशेष रूप से रेखांकित किया है तो सहज स्वाभाविक है।

हम अपने समकालीन और आधुनिक रंगमंच में इस भाव को और तीव्रता से अनुभव कर सकते हैं—महज डेढ़ सौ साल पहले का पारसी रंगमंच क्या है? न पूरा शास्त्रीय, न पूरा लोक वरन् इन दोनों का मिश्रण। भारतेन्दु और प्रसाद के नाटक न पूरी तरह से भारतीय और न पूरी तरह से पाश्चात्य। क्या हम स्वयं अपने रंगमंच को किसी एक वर्ग तक सीमित रखकर उसकी विवेचन कर सकते हैं? सुविधा के लिए बेशक हम उसे प्रयोगशील रंगमंच कह लें लेकिन यह प्रयोगशीलता कहाँ से पैदा होती है? इसमें एक तरफ हमारी अपनी अब तक की पृष्ठभूमि और इतिहास सम्मिलित है तो दूसरी तरफ़ बाहरी प्रभावों और दबावों से भी हम अछूते नहीं रहे हैं। ऐसे में कोई भी प्रयोग जन्म लेगा तो ज़ाहिर है कि वह दोनों का मिश्रण ही होगा। मैं समझता हूँ कि हमारे अपने समय में हबीब तनवीर का नाटक *आगरा बाज़ार* इसका सबसे अच्छा उदाहरण है। उसके बाद तो ऐसे प्रयोगों की नाटक और रंगमंच के क्षेत्र में एक लम्बी सूची प्रस्तुत की जा सकती है। यदि भारतीय रंगमंच में प्राचीनकाल के किसी एक नाटक का नाम लेना हो तो मैं भास के *मध्यम व्यायोग* का उदाहरण देना चाहूँगा जिसमें भास ने तीन बेटों की कथा के माध्यम से एक प्रतीक या रूपक की रचना की है—बड़ा बेटा पिता को प्रिय है, छोटा बेटा माँ को

लेकिन अन्ततः मध्यम बेटा ही हर तरफ़ से तिरस्कृत होकर भीम और हिडिम्बा के मिलन के बीच एक पुल का काम करता है और नाटक की कथा को एक उपसंहार तक पहुँचाता है। भाव के परवर्ती नाटककार कालिदास ने अपने नाटक *मालविकाग्निमित्र* में इसी मध्यम मार्ग की एक दूसरी तरह से पुष्टि की है जब वह कहते हैं कि ज़रूरी नहीं है कि पुरानी होने से कोई चीज़ त्याज्य हो जाए और नई होने से उसे तुरंत स्वीकृति मिल ही जाए। वस्तुतः प्राचीन और नवीन के संयोग से ही एक ऐसी रचना का निर्माण किया जा सकता है जो सबकी स्वीकृति पा सके। जापान की नोह नाट्य परम्परा यदि मनुष्य की ज़मीन से आकाश तक की यात्रा-कथा प्रस्तुत करती है तो हमारे यहाँ भी आत्मा से परमात्मा, भीतर से बाहर और चरित्र से पात्र हो जाने की रचना प्रक्रिया में कहीं न कहीं द्वैत तत्त्व विद्यमान है जो तीसरे से मिश्रित होकर अन्ततः एक सम्पूर्ण में समाहित हो जाता है।

नाट्यशास्त्र बनाम काव्यशास्त्र

ऐसा बहुत कम होता है कि साहित्य अथवा कला के क्षेत्र में एक ही वक़्त के आसपास दो विद्वान आचार्य दो अलग-अलग देशों में एक साथ विद्यमान हों, नाट्य विधा पर एक जैसे शास्त्रीय ग्रन्थ की रचना करें और उनके विचार काफ़ी हद तक एक दूसरे से मिलते-जुलते भी हों। विशेष रूप से अपने-अपने नए सिद्धान्तों की स्थापना के सिलसिले में। ये आचार्य हैं हमारे देश के भरतमुनि जिन्होंने नाट्यकला पर पहली पुस्तक लिखी और दूसरे हैं यूनानी विद्वान अरस्तू जिन्होंने *द आर्ट ऑफ पोएटिक्स* अर्थात् *काव्यशास्त्र की कला* शीर्षक से यूनानी नाट्य विधा पर पहली पुस्तक लिखी। इससे भी बड़ा संयोग यह है कि अरस्तू का काल चौथी शताब्दी ईस्वी पूर्व ऐतिहासिक दृष्टि से निश्चित है क्योंकि 327 ईस्वी पूर्व में जब यूनानी शासक सिंकदर ने हमारे देश पर आक्रमण किया तो अरस्तू भी उसके गुरु के रूप में उसके साथ भारत आए थे।

दूसरी तरफ़ भरत का यद्यपि प्रामाणिक रूप से कोई समय

निश्चित नहीं है लेकिन फिर भी उनकी समय-सीमा ईसा से 400 वर्ष पूर्व से लेकर चौथी शताब्दी के बीच के लगभग 700-800 वर्षों के भीतर निश्चित की गई है। ऐसे में इस सम्भावना से भी इनकार नहीं किया जा सकता कि यदि तत्कालीन हिन्दू शासक पुरू अथवा पोरस और सिकंदर की आपसी मुलाक़ात हुई थी तो यह भी नितांत सम्भव है कि उसी तरह से भरत और अरस्तू के बीच भी कोई न कोई संवाद अपने-अपने विषयों को लेकर अवश्य हुआ हो। कम से कम उनके दो सिद्धान्तों रस और कैथारसिस को लेकर। ऐसी सम्भावना पर निश्चित रूप से विचार किया जा सकता है।

यह भी सही है कि जब दोनों अपने-अपने ग्रन्थों अथवा शास्त्र की रचना कर रहे थे तो उनके सामने एक लम्बी नाट्य परम्परा मौजूद थी जिसका पूरी तरह से अध्ययन और विश्लेषण करने के बाद उन्होंने एक नया व्याकरण प्रस्तुत किया जो बाद में अपने आप में शास्त्र कहलाया। भरत की पुस्तक का नाम तो *नाट्यशास्त्र* ही है, अरस्तू की रचना का शीर्षक बेशक *काव्यशास्त्र की कला* है लेकिन सच्चाई यह है कि वह भी अन्ततः नाट्यकला का ही एक शास्त्रीय ग्रन्थ है। यह अलग बात है कि अरस्तू के सामने अपनी पुस्तक लिखे जाने से पहले छठी शताब्दी ईस्वी पूर्व से लेकर लगभग पहली शताब्दी ईस्वी पूर्व के बीच लिखे गए, खेले गए नाटकों, नाटककारों और नाट्य भवनों के अवशेष प्रामाणिक और ऐतिहासिक रूप में उपस्थित थे। दूसरी तरफ़ भरत के सामने बेशक ऐसे कोई प्रमाण उपलब्ध न रहे हों, लेकिन यह निश्चित है कि यहाँ भी एक लम्बी नाट्य परम्परा अपने उत्कर्ष तक पहुँचकर भ्रष्ट होना शुरू हो चुकी थी जिसकी तरफ़ भरत ने *नाट्यशास्त्र* के पहले अध्याय में ही संकेत दे दिया है।

सबसे पहले हम दोनों आचार्यें द्वारा प्रतिपादित दो नाट्य सिद्धान्तों पर चर्चा कर लें जो अपने आप में नाट्यकला के भी सबसे पहले सिद्धान्तों के रूप में जाने जाते हैं। दोनों आचार्यों ने अपने-अपने सिद्धान्तो यथा रस और कैथारसिस की स्थापना नाटक के उद्देश्य के रूप में की है। कहने का तात्पर्य यह है कि अन्ततः नाटक की प्रस्तुति को देखते समय दर्शक अथवा प्रेक्षक किस प्रक्रिया से गुज़रता है या इसे इस तरह भी कहा जा सकता है कि नाटक का उद्देश्य मूल रूप से दर्शक का मनोरंजन करना है लेकिन अन्ततः उसे मात्र मनोरंजन के स्तर से ऊपर उठकर दर्शक के भीतर निखार लाना है। इसके लिए दोनों आचार्यों ने एक अनुभव प्रक्रिया का प्रावधान किया है। दोनों मानते हैं कि हमारे भीतर आदिकाल से कुछ आदिम अथवा स्थायी भाव स्थित हैं और नाट्य प्रदर्शन उन्हीं भावों को उद्दीप्त करके इस सीमा तक विस्तार दे देता है कि वे मात्र भाव न रहकर एक ऐसे आनंद अथवा आस्वाद

में परिणत हो जाते हैं कि हमारे भीतर के शूद्र और नकारात्मक भावों को बाहर निकाल फेंकते हैं और हमें अपने भीतर से शुद्धता और उच्चता की तरफ़ बढ़ने के लिए लगभग शून्य की स्थिति में ले आते हैं। भरत ने जहाँ ऐसे आठ स्थायी भावों की चर्चा की है जो कि रति, हास्य, उत्साह, क्रोध, विस्मय, जुगुप्सा, शोक और भय के नाम से जाने जाते हैं, वहाँ अरस्तू ने मुख्य रूप से दो आदिम भावों की बात की है जिन्हें उसने करुणा और भय का नाम दिया है।

भरत के स्थायी भाव और अरस्तू के आदिम भाव अपनी-अपनी प्रक्रिया से गुज़रकर कैसे अपने सिद्धान्त की पुष्टि और पराकाष्ठा तक पहुँचते हैं यह जानना बेहद ज़रूरी है। जहाँ तक भरत का सम्बन्ध है हम रस निष्पत्ति के रूप में उसकी प्रक्रिया की विस्तृत चर्चा पहले ही एक अलग अध्याय में कर चुके हैं, अतः उसको दोहराने का कोई लाभ नहीं। हाँ, जहाँ तक अरस्तू के कैथारसिस का प्रश्न है, यह शब्द मूलतः चिकित्सा शास्त्र से आया है, जिसका शाब्दिक अर्थ है शल्य क्रिया (सर्जरी) के बहाने से किसी शारीरिक विकार को शरीर से दूर करके उसका परिष्कार करना, लेकिन नाटक देखने के अर्थ में हम इसे इस रूप में परिभाषित कर सकते हैं कि यूनानी नाटकों में महान नायकों के पतन, यातना और पीड़ा के बहाने से उन्हें जो परिणाम भुगतने पड़ते हैं उन्हें देखकर भावावेश अथवा भावावेग की प्रक्रिया से दर्शकों के भीतर भय और करुणा के जो भी शूद्र से शूद्र भाव मौजूद हों वे अपने आप बहकर बाहर निकल जाएँ और वे भीतर से हल्के होकर अपने वास्तविक जीवन में उच्चतर भावों की ओर प्रेरित और अग्रसर हों।

क्या इसे भी हम एक संयोग मान सकते हैं कि यदि अरस्तू का कैथारसिस शब्द मूलतः चिकित्सा शास्त्र से लिया गया है तो भरत का रस या रसास्वादन या मात्र आस्वाद पाक शास्त्र से जुड़ा हुआ है, जब वह रस के आस्वादन की तुलना अलग-अलग व्यंजनों से तैयार उस भोज्य पदार्थ से करते हैं जिसे खाने के बाद परम तुष्टि का भाव पैदा होता है। बाहर से देखने पर दोनों सिद्धान्त लगभग एक ही उद्देश्य पूरा करते नज़र आते हैं। अर्थात् हमारी संवेदना को निम्न स्तर से उठाकर उच्च स्तर तक ले जाना अथवा हमारे आनंद को इस स्तर तक पहुँचाना मानो वह ब्रह्मा को पाने जैसा आनंद हो जाए। लेकिन दोनों की प्रक्रिया में एक मूलभूत अन्तर है। अरस्तू के यहाँ यह प्रक्रिया त्रासदी के माध्यम से सम्पन्न होती है जबकि भरत के यहाँ सुखांत के माध्यम से। इसके पीछे भी कहीं न कहीं दो अलग-अलग सभ्यताओं के अपने विश्वासों और आस्थाओं का प्रश्न जुड़ा है। पश्चिमी विचारधारा में जीवन का अन्त हो जाता है, जिसने बाद में वहाँ ईसाई धर्म के जन्म के लिए मूलमंत्र की तरह से काम किया। वहीं पूर्वी विचारधारा विशेष रूप से हिन्दू, बौद्ध और जैन धर्मों

में जीवन का अन्त नहीं होता, इसलिए यहाँ पर त्रासदी के बजाय आनंद पर ज़ोर दिया गया है। इसीलिए हमारे यहाँ नाटकों के सुखांत पर आग्रह रहा है। यह अलग बात है कि भरत ने रसों की व्याख्या में करुण को भी एक स्वतन्त्र रस के रूप में स्थान दिया है।

दोनों आचार्यों ने नाटक में कथानक को सबसे पहले और सबसे प्रमुख तत्त्व के रूप में मान्यता दी है। इसका एकमात्र कारण यही है कि यदि अरस्तू कला को जीवन की अनुकृति मानते हैं तो भरत भी लोकानुकीर्तन के रूप में प्रकारांतर से वही बात करते हैं। लेकिन जहाँ अरस्तू एक नाटक में मात्र एक कथा का प्रावधान करते हैं, वहाँ भरत एक ही नाटक में आधिकारिक और प्रासंगिक कथा के रूप में कई समांतर कथाओं के लिए द्वार खुले रखते हैं। यह शायद इसलिए कि ग्रीक नाटक प्रायः मात्र एक अंक के ही हुआ करते थे जबकि भरत की शास्त्रीय परम्परा में वे एक अंक से दस अंक तक के हो सकते हैं। ग्रीक नाटक त्रासदी और कौमुदी मात्र दो भागों में बाँटे गए हैं लेकिन भरत ने दशरूपक के रूप में कम से कम दस प्रकार की नाट्य रचनाओं की परिकल्पना की है। इसलिए उसके लिए यह ज़रूरी था कि अलग-अलग रूपक के लिए अंकों की संख्या में अन्तर रहे। लेकिन एक बात दोनों नाट्य परम्पराओं में एक समान है—अंकों की संख्या में भले ही अन्तर रहे लेकिन यह निश्चित है कि एक अंक में एक दिन की घटनाएँ ही दिखाई जाएँगी।

हाँ, संस्कृत नाटकों के दो अंकों के बीच में अन्तराल की कोई सीमा नहीं थी। नाटकों की संरचना को लेकर कुछ बातों की ओर फिर ध्यान जाता है। संस्कृत नाटकों के पूर्वरंग की तरह ग्रीक नाटकों में भी प्रोलोग के अन्तर्गत संगीतकारों और कोरस का प्रवेश और उनके एक शुरुआती वक्तव्य की परम्परा है जो हमें नाटक के कथानक की तरफ़ बढ़ाता है, जैसे कि हमारे यहाँ नांदीपाठ और प्रस्तावना की परिकल्पना की गई है। यह दोहराने की ज़रूरत नहीं है कि दोनों परम्पराओं के प्रस्तुति विधान में संगीत मण्डली के शुरू से लेकर अन्त तक मंच पर ही उपस्थित रहने का प्रावधान है। दोनों भाषाओं के नाटक अपने यहाँ के दो-दो महाकाव्यों से अपने कथा स्रोत ग्रहण करते हैं अवश्य लेकिन अपने शिल्प में फिर एक दूसरे से अलग हो जाते हैं। ग्रीक नाटक मात्र काव्य में लिखे गए हैं जबकि हमारे शास्त्रीय नाटकों में शुरू से पद्य और गद्य का चलन रहा है। इस अन्तर ने नाटकों के रचनात्मक शिल्प में तो अन्तर पैदा किया ही, उससे भी ज़्यादा उनकी प्रस्तुति शैली को भी प्रभावित किया। काव्य में लिखे जाने के कारण वे नाटक अनिवार्यतः मात्र नाट्यधर्मी शैली में ही खेले जा सकते थे और आज भी खेले जाते हैं लेकिन संस्कृत नाटक नाट्यधर्मी के साथ-साथ लोकधर्मी शैली को भी अपनाते थे। यही बात अरस्तू

की नाटक सम्बन्धी तीन अन्वितियों के बारे में भी कही जा सकती है। एक अंक में एक दिन की घटनाओं के समावेश को लेकर तो दोनों एक समान हैं लेकिन स्थान और कार्य-व्यापार भी मात्र एक रहे, इस पर दोनों आचार्य एकमत नहीं हैं। यों गहराई से देखा जाए तो इसमें भी कोई अन्तर-विरोध नहीं है। ग्रीक नाटक होते ही एक अंक के थे, अतः उनके लिए समय, स्थान और कार्य की अन्विति बनाकर रखना स्वाभाविक था लेकिन संस्कृत नाटकों की कथा कई-कई अंकों में फैली होने के कारण समय की अन्विति के अतिरिक्त किसी अन्विति का शतशः अनुकरण करने के लिए बाध्य न थी। क्या हम आधुनिक नाटकों में भी यही संरचना नहीं देखते? यहाँ तक कि कई बार तो यथार्थवादी नाटकों में भी अंक-दर-अंक दृश्यसज्जा बदल जा सकती है।

जब-जब संस्कृत नाटक भी मात्र एक अंक का होता है तो उसमें भी ये तीनों अन्वितियाँ पूरी तरह से विद्यमान रहती हैं और क्या संयोग है कि एकमात्र दुःखांत नाटक के रूप में भी उस नाटक का नाम लिया जाता है—वह है भास का *उरूभंग*। अपने कथानक और शिल्प में पूरी तरह से एक ग्रीक नाटक से मिलता-जुलता है। इसी साम्यता के किसी आधुनिक नाटक का नाम लेना हो तो *अंधायुग* इसका सबसे अच्छा उदाहरण है। एक तो पूरी तरह से काव्य में, ग्रीक नाटकों के कोरस की तर्ज पर दो प्रहरियों की परिकल्पना जो नाटक के कार्य-व्यापार पर टिप्पणी करते हैं, उसकी व्याख्या करते हैं और ज़रूरत पड़े तो चरित्रों से संवाद भी करते हैं। यह भी अलग से नोट किया जाना चाहिए कि *उरूभंग* और *अंधायुग* दोनों *महाभारत* महाकाव्य पर आधारित हैं और महाभारत युद्ध की अन्तिम संध्या को अपनी स्रोत सामग्री के रूप में लेते हैं।

ग्रीक नाटकों में इसलिए भी इन अन्वितियों की ज़रूरत पड़ी क्योंकि एक दिन में कम से कम चार नाटक दिखाए जाते थे। इसीलिए उनका कलेवर भी प्रायः एक अंक तक ही निश्चित रहा लेकिन हमारे यहाँ एक दिन में एक ही नाटक मंचित करने का प्रचलन था। नाटक के मंचित करने के समय को लेकर भी दोनों देशों में एक अलग तरह का साम्य दिखाई पड़ता है। यूनानी नाटक सूर्य की पहली किरण से सूर्य की अन्तिम किरण तक अर्थात् पूरे दिनभर खेले जाते थे। हमारे देश में भी *नाट्यशास्त्र* के अनुसार पूर्वाह्न, मध्याह्न, संध्या, रात्रि, अर्द्ध-रात्रि और ब्रह्म मुहूर्त यानी भोर में भी नाटक खेले जा सकते थे। लेकिन यह निश्चित था कि एक वक़्त में मात्र एक नाटक होगा। यहाँ यह जानकारी भी काफ़ी दिलचस्प होगी कि पिछले लगभग एक हज़ार सालों से चली आ रही मन्दिरों में संस्कृत नाटकों के मंचन की कूडियाट्टम शैली में एक नाटक के मंचन को सम्पूर्णता में करने में कई-कई दिन लग जाते हैं।

इस दृष्टि से यह शैली *रामायण* के मंचन की दस दिनों से लेकर चालीस दिनों तक होने वाली *रामलीला* की याद दिलाती है। ग्रीक नाटकों का मंचन सार्वजनिक त्योहार के रूप में बहुत बड़े जनसमूह के सामने खुले में किया जाता था। हमारे यहाँ लोक नाटक बेशक खुले में ही मंचित होते थे और आज भी लगभग वही स्थिति है लेकिन शास्त्रीय नाटक आरम्भ से ही बन्द प्रेक्षागृह में और सीमित दर्शक समुदाय के लिए किए जाते थे। आज कभी प्रयोग के नाम पर हम उनका खुले में भी मंचन कर लेते हैं। हम जानते हैं कि भरत ने भी अपने पहले नाटक का मंचन खुले में किया था लेकिन शास्त्रीय नाटकों के अभिनय में मुखौटों की अनुपस्थिति में जिस सूक्ष्मता और मार्मिकता की उपस्थिति रहती थी, उसके आस्वाद के लिए दर्शक से जिस सहृदयता की अपेक्षा थी, वह एक बन्द प्रेक्षागृह में ही शांतचित्त होकर बैठने से पाई जा सकती थी। एक तथ्य यह भी दोहराया जा सकता है कि ग्रीक नाटकों को देखने के लिए सरकारी स्तर पर अवकाश घोषित कर दिया जाता था लेकिन अपने देश में शास्त्रीय नाटक प्रायः प्रायोजित होते थे और इसीलिए उनका दर्शक वर्ग सीमित रहता था। इसीलिए अंग्रेज़ी के क्लासिकल शब्द की एक व्याख्या यह भी की गई है कि ये नाटक एक क्लास विशेष के लिए हुआ करते थे। यदि हम आज अपने यहाँ होने वाले शास्त्रीय संगीत और नृत्य के कार्यक्रमों की व्यवस्था को देखें तो बात समझ में आ जाएगी कि वे प्रायोजित होते हैं और उन्हें देखने वाला दर्शकवर्ग भी सीमित होता है। हम जीवन में भी देखते हैं कि शास्त्रीय कलाओं को सीखने वालों की संख्या कम रहती है तो उसी अनुपात में उनका रसास्वादन करने वाले भी सीमित, लेकिन ग्रीक नाटकों के साथ प्राचीनकाल में भी ऐसी कोई सीमा या बंधन नहीं रहा।

हम पहले भी इसका उल्लेख कर चुके हैं कि भरत ने नाटक के वाचिक अथवा आलेख को सबसे ज़्यादा महत्त्व दिया है। यहाँ तक कि उसे नाटक के शरीर की संज्ञा दी है। एक तरह से यह सही भी है क्योंकि यदि कोई आलेख नहीं होगा तो आंगिक, आहार्य और सात्विक अभिनय का क्या अस्तित्व रह जाएगा? यह शब्द ही यदि लिखित अथवा मुद्रित रूप में है तो सदियों तक सुरक्षित रह पाएगा अन्यथा आज के दूसरे माध्यम फ़िल्म, दूरदर्शन और यहाँ तक कि कम्प्यूटर में एकत्रित सामग्री का भी भविष्य कोई बहुत दूर तक नहीं जीवित रह पाता। अरस्तू ने भी डिक्शन के रूप में शब्द की इसी महत्ता को स्वीकार किया है। वहाँ तो शब्द का महत्त्व और भी बढ़ जाता है क्योंकि अभिनेताओं के चेहरे पर मुखौटा पड़ा होने से उसके पास एकमात्र माध्यम वाक् अथवा बोले जाने वाले शब्द और संवाद ही रह जाते हैं। जिन तक ये संवाद पहुँचाने होते थे, वह भी बहुत बड़ा जनसमुदाय होता था। ऐसे में

अभिनेता की ज़िम्मेदारी कितनी बढ़ जाती होगी यह कल्पना सहज ही की जा सकती है। उसे दर्शकों को नियन्त्रण में रखना है, अपने संवादों की अदायगी इस अंदाज़ में करनी है कि उन पर ज़्यादा असर पड़े और वे एक ऐसी अभिनय शैली को विकसित करने में भी मदद करें जो एक बड़े स्पेस को महज़ अपनी आवाज़, हस्त मुद्राओं और मंच पर संयोजित गतिविधान से एक ऐसी दृश्यता या भव्यता से भर दे जिसे अरस्तू ने नाटक के छः तत्त्वों में बराबर का दर्जा दिया है। इसी के साथ उसने विचार और संगीत पर भी उतना ही फोकस किया है। इसीलिए संगीतकार और कोरस प्रदर्शन के दौरान हमेशा आर्केस्ट्रा सर्कल में ही मौजूद रहते हैं। वे बीच-बीच में सर्कल पर बनी वेदी के चारों ओर नाचते हैं, गाते हैं, समूहन बनाते हैं और वहीं से दस-बारह फुट ऊँचे धरातल पर खड़े अभिनेताओं से संवाद करते हैं। देखा जाए तो भरत के प्रदर्शन में भी लगभग ऐसी ही विधियाँ अपनाई जाती थीं, बेशक वहाँ कोरस जैसी अलग से अभिनेताओं की मण्डली नहीं है लेकिन फिर भी गायकों-वादकों की एक अच्छी खासी संख्या मंच पर एक निश्चित स्थान पर आरम्भ से अन्त तक उपस्थित रहती है। नाटक के पूरे पार्श्व संगीत की रचना करती है, ध्रुवा गीतों के माध्यम से पात्रों के प्रवेश और प्रस्थान को विशेष रूप से रेखांकित करती है और यह भी सम्भव है कि कभी-कभार वे ग्रीक कोरस की भांति मंच पर खड़े पात्रों से संवाद करते हों। दोनों परम्पराओं में संगीत मण्डली और कोरस रहते हैं, उस स्थान विशेष का नाम अपनी-अपनी भाषा में संगीत स्थली कहलाता है। ग्रीक नाट्य मण्डप में उस स्थल के घेरे के बीच में उनके आराध्य देवता डायनोसिस की वेदी है तो भरत के प्रेक्षागृह में उस स्थान का एक नाम वेदिका ही है।

साहित्य, कला और रंगमंच जैसे माध्यम में प्रस्तुत कोई रचना विचार शून्य नहीं होती, इसे अलग से बताने की ज़रूरत नहीं है। अरस्तू के यहाँ विचार और हमारे यहाँ थीम, संदेश, अर्थ और उद्देश्य न जाने कितने अलग-अलग शब्दों से उसे परिभाषित किया गया है। यह भी बड़ी रोचक बात है कि अरस्तू ने *काव्यशास्त्र की कला* की रचना की शुरुआत अपने पूर्ववर्ती प्लेटो के इस विचार के विरोध में की थी कि 'काव्य कर्म एक प्रकार का जीवन से पलायन है' और उसके बहाने से वह अपने समय में प्रचलित एक समृद्ध नाट्य परम्परा के शास्त्र की रचना ही कर गए। दूसरी ओर भरत ने *नाट्यशास्त्र* नाट्यकला के प्रणयन और प्रशिक्षण के लिए लिखा था लेकिन कालान्तर में वह नाटक और रंगमंच से अलग साहित्य, संगीत और नृत्य का एक सैद्धांतिक ग्रन्थ होकर रह गया। यहाँ तक कि उसका रस सिद्धान्त भी नाटक से ज़्यादा साहित्य और विशेष रूप से काव्य में एक सैद्धांतिक तत्त्व होकर रह गया और परवर्ती आचार्यों के बीच विचार विमर्श की

सामग्री के रूप में विवेचित और विश्लेषित होता रहा और आज भी इस स्थिति में कोई बहुत बड़ा परिवर्तन नहीं हुआ है।

इतना हमें अवश्य याद रखना होगा कि चाहे इन दोनों पुस्तकों की रचना अपने से पूर्व घटित और लगभग समाप्त हो चुकी नाट्य परम्पराओं के एक सिद्धान्त शास्त्र के रूप में हुई है लेकिन इनमें कहीं भी उस दार्शनिकता पर अतिरिक्त आग्रह नहीं है, जिसे हम इन दोनों रचनाओं पर अपनी तरफ़ से थोप देने के लिए तैयार रहते हैं। इसके विपरीत ये दोनों शास्त्र नाट्यकला के उस व्यावहारिक पक्ष और अनुभव पर आधारित हैं जिनके भीतर से कोई भी अभिनेता और नाट्य मण्डली गुज़रती है। यदि हम चाहें तो आज भी इन दोनों शास्त्रों के आधार पर उनके अपने समय में प्रस्तुत किसी नाटक की पूरी प्रस्तुति परिकल्पना का एक प्रामाणिक चित्र उकेर सकते हैं और चाहे तो अपने हिसाब से उसे जैसे चाहे बदल भी सकते हैं। यह उन दिनों भी सम्भव था और आज तो सहज रूप में सम्पन्न किया जा सकता है। वास्तव में शास्त्र की रचना की ही इसलिए जाती है कि वह एक निश्चित व्याकरण तो लिखित रूप में तैयार करे ही लेकिन अपने आप में इतना लचीला भी हो कि जब चाहें तो एक नए शास्त्र में परिवर्तित भी हो जाए। भरत तो लगभग अपने शास्त्र के हर अध्याय में नाट्य प्रयोक्ताओं को इस बात की छूट देते हैं कि उनके द्वारा निर्दिष्ट, परिगणित और विवेचित सामग्री के अतिरिक्त वे अपनी नई परिकल्पनाओं की दिशा में आगे बढ़ सकते हैं।

नाट्यालेख की अनुपस्थिति

क्या यह तथ्य अपने आप में चौंकाने वाला नहीं है कि भरत का जो *नाट्यशास्त्र* हमारे यहाँ और दूसरी दुनिया में नाट्य विधा के सबसे प्राचीन, प्रामाणिक और विस्तृत शास्त्र ग्रन्थ के रूप में जाना जाता है, उसमें स्वयं उनके द्वारा मंचित समवकार रूपक *समुद्रमंथन* और डिम *त्रिपुरदाह* की चर्चा के अतिरिक्त कहीं भी और किसी भी अध्याय में किसी दूसरे नाट्यालेख का उल्लेख तक नहीं मिलता। इन दोनों रूपकों की चर्चा भी वह मात्र दो बार करते हैं—एक बार पहले अध्याय में और दूसरी बार चौथे अध्याय में। इन दोनों के नामोल्लेख भी इनके मंचन और प्रदर्शन के सन्दर्भ में ही मिलते हैं, लिखित रचना या आलेख के रूप में इनका कोई प्रमाण या अवशेष नहीं मिलता। क्या हम यह मान लें कि इन दोनों रूपकों की कथा हमारे मिथकों, लोकगाथाओं और इतिहास में इतनी चिर-परिचित रही है कि भरत को इनके लिए अलग से स्वतन्त्र आलेख रचने की ज़रूरत न पड़ी हो और उसने इनका मंचन एक इंप्रोवाइज़ेशन के

रूप में अपने सौ शिष्यों (पुत्रों) के साथ प्रशिक्षण के दौरान अभ्यास प्रस्तुतियों के रूप में किया हो। लेकिन जब भी इन दोनों रूपकों की प्रस्तुति का उल्लेख हुआ है, भरत ने इन्हें अपनी रचनाएँ माना है। यदि ऐसा है तो बाकी तैंतीस-चौंतीस अध्यायों में प्रस्तुति से जुड़े सभी पक्षों यथा रस, भाव, प्रस्तुति शैली, भूमिका वितरण, अभिनय और उसके सभी भेदों का विस्तृत विवेचन, प्रस्तुति की सफलता-असफलता और दशरूपकों का विवेचन किन नाट्यालेखों के आधार पर कर रहे हैं? उन्होंने अपनी दोनों रचनाओं *समुद्रमंथन* और *त्रिपुरदाह को* क्रमशः समवकार और डिम माना है तो इनके नामकरण का भी क्या आधार है? थोड़ी देर के लिए मान भी लिया जाए कि इनके नामकरण उनकी अपनी मौलिक परिकल्पना है तो बाक़ी आठ रूपकों के उदाहरण के लिए उन्होंने अपने किसी नाट्यालेख का नाम क्यों नहीं लिया? यदि उनके पास अपने रचे हुए आलेख नहीं थे तो उन्होंने अपने पूर्ववर्ती या समकालीन किस नाटककार की रचनाओं को *नाट्यशास्त्र* की रचना के लिए आधार बनाया होगा?

इससे भी ज़्यादा हैरत की बात यह है कि न तो भरत के परवर्ती किसी आचार्य और न अठारहवीं सदी के अन्तिम वर्षों से लेकर आज तक किसी अध्येता ने इस अनुपस्थिति को नोटिस में लिया। वे सभी भरत के रस सिद्धान्त, अभिनय सिद्धान्त, दशरूपक-उपरूपक और कुछ हद तक नाट्य मण्डप के गहन अध्ययन, मनन और चिन्तन में ही इतने उलझे रहे कि इस अपरिहार्य तत्त्व की तरफ़ उनका ध्यान ही नहीं गया कि सबसे पहले तो नाटक का आलेख चाहिए, उसके बाद ही इन बाक़ी सारे तत्त्वों की चर्चा का कोई औचित्य बनता है। इस विषय में विद्वानों के एक वर्ग का मत है कि भरत से पहले नाटकों के विधिवत् मंचन की कोई परम्परा नहीं थी, इसीलिए *नाट्यशास्त्र* के रूप में भरत ने एक शास्त्र की रचना की और उसके बाद नाटकों की रचना और प्रस्तुति का एक निश्चित दौर शुरू हुआ। ज़ाहिर है कि इस मत से सहमत नहीं हुआ जा सकता। इतिहास साक्षी है कि जब भी किसी नई अवधारणा, किसी नए सिद्धान्त और किसी नए शास्त्र की खोज या रचना हुई है तो उससे पहले उनसे मिलती-जुलती गतिविधियों की एक लम्बी परम्परा मौजूद हुआ करती है। क्या आर्किमिडीज़ पहली बार नहाने के लिए टब में आकर लेटा होगा? क्या न्यूटन के सामने पहली बार सेब पेड़ से टूटकर नीचे गिरा होगा? क्या जेम्स वाट से पहले कभी भाप ने किसी ढक्कन को उठाया ही न होगा? पाश्चात्य रंगमंच में जब ईसा से चौथी सदी पूर्व अरस्तू ने अपनी पुस्तक *काव्यशास्त्र की कला* की रचना की तो उसके सामने अपने से कम से कम दो सौ साल पहले की ग्रीक नाट्य परम्परा आलेखों और प्रेक्षागृहों के रूप

में उपस्थित थी, जिसे उसने आधारभूत सामग्री के रूप में इस्तेमाल किया। एक छोटी सी पुस्तक जिसके आज शायद पूरे अंश भी उपलब्ध नहीं है, उसमें कवि होमर, सोफोक्लीज़ के नाटक इडिपस, यूरिपिडीज़ और अरिस्तोफेनिस के नाटकों का भी उल्लेख मिलता है। इडिपस को तो उसने अपनी स्थापनाओं के लिए एक आदर्श प्रतिमान के रूप में प्रस्तुत किया है जिसे आधार बनाकर उसने अपने त्रासदी और उससे जुड़े कैथारसिस सिद्धान्त की अवधारणा को जन्म दिया। भरत के यहाँ रस सिद्धान्त की स्थापना के लिए ऐसे किसी नाट्यालेख की चर्चा दूर-दूर तक नहीं मिलती। यह सही है कि हमारे यहाँ भी कालिदास और भवभूति भरत के *नाट्यशास्त्र* में उल्लिखित नियमों, व्याकरण और सिद्धान्तों के सबसे बड़े आदर्श माने जाते हैं लेकिन वे भरत के परवर्ती नाटककार हैं। कालिदास अपने नाटक *विक्रमोर्वशीयम* और भवभूति *उत्तररामचरित* में बाकायदा भरत के नाम का उल्लेख करते हैं तो भरत के सामने कौन सी दुविधा हो सकती है कि उन्होंने अपने अतिरिक्त किसी और नाट्यालेख की चर्चा तक नहीं की।

नाट्य रचनाओं के सम्बन्ध में भरत ने *नाट्यशास्त्र* के पहले अध्याय में यह स्पष्ट संकेत दिया है कि पंचमवेद जैसे *नाट्यशास्त्र* की ज़रूरत ही इसलिए पड़ी कि समाज के सभी वर्गों के लोग जीवन के उच्च आदर्शों से विरक्त होकर ग्राम्य अथवा नीच प्रवृत्तियों की तरफ़ आकृष्ट होने लगे थे, ऐसे में उन्हें पुनः उसी रास्ते पर वापस लाने के लिए किसी ऐसे शास्त्र, वेद और इनके बहाने से एक ऐसे खेल की ज़रूरत थी जिसमें समाज के सभी वर्गों के लोग भाग ले सकें। अपने आप में कथा का यह हिस्सा इस तथ्य को पुष्ट करने के लिए पर्याप्त है कि भरत से पहले मनोरंजन के नाम पर जो भी गतिविधियाँ हो रही होंगी उनका स्तर नीचे गिरता चला गया होगा और उनमें नाटकों की भूमिका निश्चित रूप से सबसे ज़्यादा रही होगी। यदि ऐसा नहीं है तो फिर नाट्यवेद ही क्यों, संगीतशास्त्र क्यों नहीं, नृत्यशास्त्र क्यों नहीं। इसमें कोई दो राय नहीं कि संगीत और नृत्य को *नाट्यशास्त्र* में भी अनिवार्य अंगों के रूप में प्रमुखता दी गई है, लेकिन ग्रन्थ का नाम *नाट्यशास्त्र* स्वयं में इस सत्य को सिद्ध कर देता है कि उच्च आदर्शों और निम्न प्रवृत्तियों के बहाने से भरत अन्ततः तत्कालीन नाट्य मंचनों और प्रदर्शनों के गिरते स्तर का संकेत दे रहे हैं।

लेकिन यह जिज्ञासा फिर भी अनुत्तरित रह जाती है कि आख़िर भरत ने *नाट्यशास्त्र* से पहले अथवा *नाट्यशास्त्र* की विषयवस्तु के विवेचन में कहीं भी किसी नाट्यालेख के नाम का उल्लेख क्यों नहीं किया। मेरे विचार में इस अनुपस्थिति के पीछे एक कारण और खोजा जा सकता है। *नाट्यशास्त्र* के विद्वान

अध्येताओं में इस पर हमेशा बहस होती रही है कि भास जैसा नाटककार *नाट्यशास्त्र* के लिखे जाने से पहले पैदा हुआ अथवा उसके बाद। इस स्थापना के पक्ष और विपक्ष में अलग-अलग मत प्रस्तुत किए गए हैं। एक वर्ग का मानना है कि भास भी संस्कृत के दूसरे नाटककारों की तरह *नाट्यशास्त्र* की रचना के बाद ही पैदा हुए थे, लेकिन वह इतने बड़े नाटककार थे कि उन्होंने शास्त्र होते हुए भी शास्त्र से अधिक रचनात्मक सहजता और मौलिकता को ज़्यादा महत्त्व दिया और इस तरह उन्होंने जब चाहा *नाट्यशास्त्र* के नियमों का खुलकर उल्लंघन किया। इस दृष्टि से वह ग्रीक नाटककार यूरिपिडीज़ के समकक्ष ठहरते हैं जिनके नाटक अरस्तू के *काव्यशास्त्र* के नियमों पर पूरी तरह से खरे नहीं उतरते। यही कारण है कि न तो यूरिपिडीज़ को और न भास को अपने समय में वह मान-सम्मान मिला जिसके वे अधिकारी थे। लेकिन दूसरे वर्ग की मान्यता है कि भास *नाट्यशास्त्र* से पहले के रचनाकार हैं और उन्हीं के नाटकों की विषयवस्तु, शिल्प और संरचना को आधार बनाकर भरत ने अपने शास्त्र का ढाँचा तैयार किया। इस मत के पक्ष में कई ठोस प्रमाण प्रस्तुत किए जा सकते हैं। सबसे पहला है भास द्वारा रचित नाटकों की विपुल संख्या जिसमें से आज हमारे पास मात्र 13 नाटक विद्यमान हैं। ठीक ऐसा ही संयोग पश्चिम में सोफ़ोक्लीज़ और यूरिपिडीज़ के सन्दर्भ में भी दिखाई पड़ता है। सच्चाई यह है कि इन दोनों ने कम से कम 70-80 नाटकों की अलग-अलग रचना की जिनमें से आज कुल जमा 30-35 नाटक उपलब्ध हैं या उनका उल्लेख मिलता है।

क्या यही कल्पना हम भास को लेकर नहीं कर सकते? मान लीजिए उन्होंने 13 नाटक ही लिखे हों तब भी यह संख्या भरत के दशरूपक विधान सामग्री के लिए पर्याप्त है। भरत ने दशरूपक के अन्तर्गत नाटकों के जितने भी प्रकार बताए हैं उन सबके उदाहरण भास के यहाँ मौजूद हैं। चाहे वह अंक हो, डिम हो, व्यायोग हो, प्रकरण हो और नाटक हो। कई बार तो ऐसा लगता है कि भरत अलग-अलग रूपकों के जो लक्षण प्रस्तावित कर रहे हैं वह भास के नाटकों से ही लिए गए हैं। उदाहरण के लिए प्रकरण के लक्षण जिसमें कथा के रूप में दरिद्र व्यापारी और नगरवधू के आपसी प्रेम को आधार बनाया जाता है, उसका स्रोत भास द्वारा रचित *दरिद्रचारुदत्त* है। आलोचक कह सकते हैं कि यह लक्षण तो शूद्रक के *मृच्छकटिक* में भी मिलते हैं, लेकिन इस तथ्य को अलग से प्रमाणित करने की ज़रूरत नहीं है कि *दरिद्रचारुदत्त* पहले लिखा गया था जो आज मात्र चार अंकों में उपलब्ध है और शूद्रक ने उसी का दस अंकों में *मृच्छकटिक* के नाम से विस्तार किया।

भास के नाटकों को अपने अध्ययन का आधार बनाने के बावजूद भरत द्वारा

उनके नाम का उल्लेख न किए जाने के पीछे फिर एक और कारण दिखाई पड़ता है। ऐसा कहा जाता है कि भास समाज के निम्नवर्ग से सम्बद्ध थे और भरत ने *नाट्यशास्त्र* की रचना के लिए ब्रह्मा और देवताओं की कहानी के माध्यम से जो मिथक गढ़ा उसमें भास की उनके अपने नाम से उपस्थिति की कोई संगति नहीं बैठ सकती थी। एक तो भरत पहले ही अपने शास्त्र को समाज के सभी वर्गों के लिए स्वीकृत कराने की मुहिम में लगे हुए थे, ऐसे में यदि वह भास को अलग से श्रेय दे देते तो शायद उसका उल्टा असर पड़ता। हम स्वयं अपने समय में गाँधी और अम्बेडकर के सम्बन्ध में ठीक इसी प्रक्रिया को घटित होते देखते हैं। बेशक गाँधी जी ने हमेशा हरिजन, दलित अथवा समाज के निचले वर्ग के लोगों को ऊपर उठाने की बात की, लेकिन उन्होंने अपनी स्थापनाओं के प्रचार-प्रसार में कहीं भी डॉ. अम्बेडकर की उनके अपने नाम से चर्चा नहीं की। भरत का यह आग्रह और सोच रही होगी कि एक बार *नाट्यशास्त्र* को सामाजिक स्वीकृति मिल जाए तो फिर भास जैसे रचनाकारों को इतिहास में उनका निजी महत्त्व और पहचान मिलनी मुश्किल नहीं होगी। और हुआ भी ठीक वैसा ही।

आज हम जिस दृष्टि से भास के नाटकों का विवेचन और विश्लेषण करते हैं उसमें कई बार ऐसा लगता है कि वह शायद शूद्रक, कालिदास, विशाखदत्त और भवभूति से भी बड़े नाटककार हैं। स्वयं कालिदास ने अपने नाटक *मालविकाग्निमित्र* में भास को बहुत ही आदरपूर्वक याद किया है। यही भी कहा गया है कि यदि सम्पूर्ण संस्कृत नाट्य साहित्य को जला दिया जाए तब भी भास का *स्वप्नवासवदत्ता* ऐसा नाटक है जो उस अग्निकाण्ड में से पुनः पैदा हो जाएगा। इसका आशय यही है कि भास का यह नाटक अपने परवर्ती सभी बड़े नाटकों के लिए एक मील के पत्थर का काम करता है। चाहे वह *मृच्छकटिक* हो, *अभिज्ञानशाकुन्तल* हो, *मुद्राराक्षस* हो अथवा *उत्तररामचरित* हो। अतः यह समझने में कोई मुश्किल नहीं होनी चाहिए कि यदि भरत अपने नाटकों के अतिरिक्त किसी दूसरे नाटककार की रचनाओं को ज़्यादा महत्त्व दे देते तो सारा श्रेय उस दूसरे नाटककार को ही न मिल जाता।

एक मायने में यह ठीक ही कहा गया है कि भरत का *नाट्यशास्त्र* एक अभिनेता की नोटबुक है। उसका ज़्यादा हिस्सा अभिनेता की उस तैयारी से जुड़ा हुआ है जिसे स्तानिस्लाव्स्की ने भी *एन एक्टर प्रिपेयर्स* शीर्षक की संज्ञा दी है। यदि भरत ने *नाट्यशास्त्र* में अपने से अलग किसी और रचनाकारों के आलेखों की चर्चा नहीं की तो इसे मानव स्वभाव की एक सहज प्रवृत्ति माना जा सकता है। शायद ही कभी इतिहास में यह सम्भव हुआ हो कि जब-जब किसी मनुष्य ने किसी नए

सिद्धान्त की खोज की हो तो उसने अपने किसी पूर्ववर्ती को भी उसका श्रेय दिया हो। बीसवीं शताब्दी में ब्रेष्ट ही अकेले ऐसे सिद्धान्तकार दिखाई पड़ते हैं जिसने अपने अलगाव के सिद्धान्त की प्रेरणा के लिए चीनी अभिनेता ली-फेंग के प्रदर्शनों का आभार स्वीकार किया है। यदि भरत भी ऐसा उदाहरण प्रस्तुत करते तो *नाट्यशास्त्र* जैसे ग्रन्थ का महत्त्व कम नहीं हो जाता।

भरत वाक्य

नाट्यशास्त्र पर आधारित इतनी जीवन्त, सशक्त और नियमित नाट्य परम्परा एक हज़ार ईस्वी के आसपास शिथिल क्यों होती चली गई—इस विषय में रंगचिन्तक और अध्येता लगातार विचार करते रहे हैं। उनके अनुसार इस शास्त्रीय नाट्य परम्परा के अवसान का सबसे बड़ा कारण राजनीतिक है। इतिहास साक्षी है कि उत्तर भारत में पृथ्वीराज चौहान अन्तिम हिन्दू शासक था और उसके बाद एक के बाद एक मुस्लिम शासक जो बाहर से आए थे, यहाँ राज्य करते रहे जिसकी परिणति मुग़ल साम्राज्य में जाकर होती है और उसका भी 1857 में अन्त हो जाता है। इस तरह से पाँच-सात सौ वर्षों की अवधि में यहाँ ऐसे शासकों की सत्ता रही जिनके धर्म में लीला की कोई अवधारणा नहीं थी। लीला में किसी भी कला के सृजन में दृश्य, मूर्ति अथवा ठोस बिम्ब की अनिवार्य उपस्थिति रहती है। एक दूसरे रूप में लीला सामूहिकता को भी अपने में समेटे हुए है। इस्लाम में किसी भी दैविक व्यक्तित्व को

ठोस दृश्य रूप में दिखाए जाने पर प्रतिबंध है। ज़ाहिर है कि धार्मिक आस्था और विश्वासों ने सामाजिक जीवन पर भी असर डाला और रंगकर्म धीरे-धीरे पृष्ठभूमि में चला गया।

लेकिन इस परिवर्तित स्थिति से यह अर्थ कदापि न लिया जाए कि पश्चिम की तरह यहाँ भी रंगमंच के अंधकार युग का उदय हो गया। जहाँ तक नाट्य रचना का प्रश्न है, उसकी सूचनाएँ हमारे पास बराबर उपलब्ध हैं। हास्य चूड़ामणि, प्रबुद्ध रौहनेय जैसे नाटक उन्हीं दिनों की देन हैं। जहाँ तक नाट्य मंचन की परम्परा की बात है तो लगभग एक हज़ार ईस्वी से लेकर आज तक दक्षिण भारत के केरल प्रदेश में मन्दिरों में संस्कृत नाटकों का मंचन होता रहता है। यह खोज ज़रूर की जानी चाहिए कि जो शास्त्रीय नाट्य परम्परा सामाजिक गतिविधि के रूप में प्रचलित थी वह मन्दिरों में कैसे पहुँच गई? इसके दो विकल्प जान पड़ते हैं—एक सम्भावना तो यही है कि दक्षिण की यह परम्परा जिसे हम कूडियाट्टम के नाम से जानते हैं, शायद आरम्भ से ही उत्तर भारतीय रंगमंच से अलग अपनी स्वतन्त्र पहचान मन्दिर के माध्यम से स्थापित कर रही थी अर्थात् यह नाट्य परम्परा सामाजिक कम और धार्मिक आधार पर ज़्यादा आश्रित थी। मन्दिर से जुड़ने का एक अन्य कारण यह भी हो सकता है कि जिस तरह से इस्लाम धर्म ने नाटक जैसी सामूहिक और दृश्यता से भरपूर कला पर प्रतिबन्ध लगाने के लिए धर्म का सहारा लिया, उसी तरह से संस्कृत नाटकों के मंचन की दक्षिणी शैली ने भी अपनी सक्रियता बनाए रखने के लिए धर्म को ही आधार बनाया। भौगोलिक दृष्टि से भी भारत का दक्षिणी भाग तीन तरफ़ से समुद्र से घिरा है और इसलिए किसी भी प्रकार से बाहरी हस्तक्षेप से सुरक्षित था। यह अकारण नहीं कि नृत्य और संगीत की कई शास्त्रीय शैलियों का जन्म और पालन पोषण दक्षिण में ही हुआ। कूडियाट्टम भी इसका अपवाद नहीं है, यद्यपि यह उस रूप में शास्त्रीय नहीं है जिस रूप में आज हम शास्त्रीय शब्द का प्रयोग करते हैं। यह अलग बात है कि *नाट्यशास्त्र* की तरह उनके पास भी लिखित रूप में नाटकों को मंचित करने का शास्त्र है, जिसे आटा प्रकार के नाम से जाना जाता है।

हमें इस तथ्य को कभी नहीं भूलना चाहिए कि भास के तेरह नाटक पहली बार दक्षिण में ही मिले थे। इससे स्पष्ट है कि यह परम्परा भी बहुत पहले ही अस्तित्व में आ चुकी होगी। क्या यह उचित नहीं होगा कि हम भरत द्वारा निर्दिष्ट नाटकों के मंचन और कूडियाट्टम शैली का एक तुलनात्मक अध्ययन करें? यदि हम प्रेक्षागृह की दृष्टि से विचार करें तो विकृष्ट माध्यम नाट्यमण्डप और कूत्तम्पलम् (जहाँ कूडियाट्टम का प्रदर्शन होता है) अपने आकार-प्रकार में लगभग एक जैसे हैं। लेकिन जहाँ तक अभिनय शैली की बात है, दोनों परम्पराएँ एक दूसरे से बहुत अलग

जा पड़ती हैं। कूडियाट्टम मुख्यतः आंगिक है और वह भी काफ़ी हद तक स्थिर। यहाँ अंग संचालन की बजाय चेहरे के हाव भाव पर ज़्यादा आग्रह है। वाचिक या तो है ही नहीं और अगर है भी तो बहुत कम और वह एक विशेष लय में ही उच्चारित किया जाता है। यह अवश्य स्वीकार करना पड़ेगा कि जिस सात्विक अभिनय की भरत ने चर्चा की है, वह यहाँ भरपूर मात्रा में मौजूद है। नितान्त सम्भव है कि जिस तरह की राजनीतिक व्यवस्था कालांतर में स्थापित होती चली गई उसके बरक्स कूडियाट्टम जैसी अमूर्त दृश्यता से समाविष्ट शैली ही विकसित हो सकती थी। इसके समांतर हमें रंगमंच में अनेक मिल जायेंगे। उन्नीसवीं शताब्दी में उद्भूत पारसी रंगमंच के आज आसाम में मोबाइल थिएटर और आंध्र प्रदेश में सुरभि नाट्य मण्डली जैसे संस्करण उदाहरण के रूप में प्रस्तुत किए जा सकते हैं। प्रेरणा बेशक इन्हें पारसी रंगमंच से मिली हो लेकिन इसमें कोई दो राय नहीं कि अपने रूप रंग और आकार में इन्होंने अपनी एक निजी पहचान भी स्थापित की। शायद यही पारस्परिक सम्बन्ध संस्कृत की शास्त्रीय नाट्य परम्परा और कूडियाट्टम में भी खोजा जा सकता है।

तस्वीर का दूसरा पहलू यह भी है कि यदि मुस्लिम शासकों ने रंगमंच की अवहेलना की तो उन्होंने संगीत, नृत्य, साहित्य, चित्रकला और इतिहास लेखन जैसे माध्यमों को प्रोत्साहित भी किया। कारण स्वाभाविक है—उपर्युक्त सारी कलाएँ ऐकांतिक हैं और काफ़ी हद तक अमूर्त भी। उन्हें इन कलाओं से किसी तरह का कोई ख़तरा नहीं था जो शायद रंगमंच जैसे माध्यम से हो सकता था। यह बात बहुत बार कही जा चुकी है कि रंगमंच एक प्रतिरोध का माध्यम है और वह कभी भी यथास्थिति को स्वीकार नहीं कर सकता।

एक दूसरी सच्चाई यह भी है कि जिस इस्लाम धर्म ने रंगमंच को पीछे धकेलने की कोशिश की उसी धर्म से नाटककार, अभिनेता और निर्देशक बराबर रंगकर्म के लिए आगे आते रहे हैं। चाहे पारसी रंगमंच हो चाहे फ़िल्में हों और चाहे आधुनिक रंगमंच—मुस्लिम समुदाय की बहुतायत दीख पड़ती है। यह ठीक वैसा है जैसा हम ईसाई धर्म में भी पाते हैं। शायद इसका स्वाभाविक कारण यही है कि जिस धर्म अथवा व्यवस्था में रंगमंच अथवा किसी भी कला पर जितना ज़्यादा प्रतिबंध होगा वहाँ उन कलाओं के लिए उतनी ही ज़्यादा छटपटाहट होगी।

राजनीतिक कारण को थोड़ी देर के लिए छोड़ भी दें तो शास्त्रीय नाट्य परम्परा में स्वयं में इतने अन्तर्विरोध रहे हैं कि एक न एक दिन उसकी यह परिणति अवश्यम्भावी थी। सबसे पहले तो संस्कृत भाषा को ही लें। जब तक यह भाषा बोलचाल की भाषा रही इसका रंगमंच भी पल्लवित पुष्पित होता रहा। जैसे ही यह भाषा व्यवहार की भाषा न रहकर मात्र लिखित भाषा होकर रह गई तो उसका असर

रंगमंच पर पड़ना भी लाज़िमी था। जयशंकर प्रसाद ने अपने एक निबन्ध में भाषा के वाचिक गुण की शक्ति को स्वीकार किया है। उनके अनुसार हिन्दी के प्रचार-प्रसार के लिए नाटक जैसी विधा का सहारा लिया जाना चाहिए। इस सन्दर्भ में उन्होंने पारसी नाटकों और रंगमंच का भी उदाहरण दिया है। वास्तव में शब्द या वाचिक नाटक की सबसे बड़ी ताक़त है और यदि वही प्रयोग में न रहे तो क्या शेष रह जाता है। संस्कृत भाषा क्यों पृष्ठभूमि में चली गई–इसके ठोस कारण हैं। नाटकों में मात्र ब्राह्मण अथवा राजा, मंत्री, सेनापति जैसे उच्च पद और वर्ग के प्रतिनिधि ही संस्कृत में वार्तालाप कर सकते थे और शेष सभी पात्र, यहाँ तक कि नाटक की नायिका भी प्राकृत का प्रयोग करते थे। इससे सहज ही अनुमान लगाया जा सकता है कि संस्कृत भाषा समाज के कुछ गिने-चुने लोगों का माध्यम थी और जनमानस का साधन पालि, प्राकृत और अपभ्रंश जैसी तत्कालीन स्थानीय भाषाएँ थीं। इन स्थानीय भाषाओं की व्यापकता का लाभ उठाकर बौद्ध धर्म और जैन धर्म के प्रचारकों ने अपनी शिक्षाओं के प्रचार के लिए इन्हीं लोकभाषाओं को अपना माध्यम बनाया। परिणाम यह हुआ कि ये धर्म बहुत जल्दी ब्राह्मण धर्म के विरोध में समाज पर तो अपना वर्चस्व जमा ही बैठे, यहाँ तक कि राजकीय धर्म के रूप में भी प्रतिष्ठित हो गए। यदि विकसित लोक भाषाओं में भी संस्कृत भाषा के पतन में अपनी भूमिका निभाई। अकारण नहीं कि भक्तिकाल में पैदा हुए गुरुनानक, कबीर, तुकाराम, तुलसीदास, सूरदास, शंकराचार्य जैसे संतों और महात्माओं ने भी इन्हीं लोक स्थानीय और विकसित होती बोलियों, उपभाषाओं और भाषाओं को अपने प्रचार का माध्यम बनाया। हम आज भी देखते हैं, कि सरकार की तरफ़ से अपनी नीतियों, उपलब्धियों और संदेशों को जन-जन तक पहुँचाने के लिए नुक्कड़ नाटक जैसी विधा का प्रयोग किया जाता है जिसका आम आदमी से सीधा रिश्ता है।

इसे यूँ भी देखा जा सकता है कि शास्त्रीय कलाएँ हमेशा से एक अभिजात वर्ग के दायरे में ही सीमित रही हैं। संस्कृत नाट्य परम्परा भी इसका अपवाद नहीं। हम जानते हैं कि भरत ने अपना पहला नाटक खुले में एक विशाल दर्शक समुदाय के सामने किया था और उस प्रदर्शन में पैदा हुई तात्कालिक बाधाओं के चलते तुरन्त एक बन्द प्रेक्षागृह के निर्माण का आदेश दिया। ज़ाहिर है कि यह प्रेक्षागृह अपने आकार-प्रकार में एक सीमित दर्शक वर्ग के लिए था। यद्यपि भरत ने नाप के हिसाब से बड़े, मध्यम और छोटे आकार के नाट्य मण्डपों का प्रावधान अवश्य किया है लेकिन उसने जिस विकृष्ट मध्य नाट्यमण्डप को अपना आदर्श माना है, उसमें निश्चित रूप में सीमित दर्शक बैठ सकते थे। क्या यह अनुमान लगाना मुश्किल है कि जो नाट्य परम्परा मात्र कुछ लोगों के लिए हो, वह कितने दिनों तक सक्रिय

रह पाएगी? हम स्वयं अपने समय में शास्त्रीय संगीत और नृत्य के कार्यक्रमों में उपस्थित दर्शकों को देखकर भी अन्ततः उसी निष्कर्ष पर पहुँचेंगे। अंग्रेज़ी में क्लासिकल शब्द को इस रूप में भी परिभाषित किया गया है कि यह रंगमंच क्लासेज़ अर्थात् विशिष्ट दर्शक वर्ग के लिए किया जाता था। यह उस अर्थ में सार्वजनिक रंगमंच नहीं था जिस रूप में हम यूनानी रंगमंच शेक्सपीरियन रंगमंच और पारसी रंगमंच को जानते हैं। नाट्य प्रदर्शन प्रायः प्रायोजित होते थे। केवल आमंत्रित दर्शक ही प्रेक्षागृह में प्रवेश पाने के अधिकारी थे। ऐसी स्थिति में निश्चित रूप से इस शास्त्रीय नाट्य परम्परा के विरोध में एक दूसरी परम्परा ने भी जन्म लिया होगा। क्या उन्नीसवीं शताब्दी में अंग्रेज़ी रंगमंच के विरोध में उत्पन्न पारसी रंगमंच का इतिहास कहीं अलग है?

शायद एक व्यावहारिक कारण की तरफ़ कभी ध्यान नहीं दिया गया जो इस शास्त्रीय नाट्य परम्परा के अवसान का सबसे बड़ा कारण हो सकता है। क्या कारण है कि भरत द्वारा विवेचित प्रेक्षागृहों के प्रमाण स्वरूप आज तक कोई अवशेष प्राप्त नहीं हुआ है। कहने को विद्वानों ने उड़ीसा, मध्यप्रदेश और दक्षिण में कहीं खुदाई में मिले खँडहरों को भरत के नाट्य मण्डपों का पर्याय मान लिया है लेकिन यह तुलना या साम्यता बहुत दूर तक नहीं खींची जा सकती। मेरे विचार में किसी अवशेष के न मिलने के ठोस कारण यही हैं कि हमारे यहाँ नाट्य मंचनों की कभी भी कोई नियमित या निश्चित परम्परा नहीं रही जैसी कि हम यूनानी रंगमंच में पाते हैं। इसीलिए वहाँ स्थायी प्रेक्षागृह बनाए गए। इसके विपरीत हमारे यहाँ जब भी नाटकों का मंचन होता था उसी अवसर के लिए राजाओं के दरबार या महलों के सभागारों और प्रांगण में अस्थायी मंच बना लिए जाते थे, जिन्हें बाद में उखाड़ दिया जाता था। नाटकों की प्रस्तावना में दी गई सूचनाओं से इसकी पुष्टि हो जाती है। नाटकों के प्रदर्शन के समय मंच के निर्माण को प्रेक्षागृह के अलग-अलग आकारों की दृष्टि से भी समझा जा सकता है। नाटक का आलेख यह तय करेगा कि उसे कौन से मंच पर किया जाना है। यदि पहले से कोई स्थायी मंच बना दिया जाता तो उस पर हर तरह का नाटक कैसे खेला जा सकता था? यूनानी और शेक्सपीरियन रंगमंच के लिए स्थायी प्रेक्षागृह की अनिवार्यता इसीलिए थी क्योंकि उनके नाटक संरचना की दृष्टि से एक समान थे, चाहे उनके नाटककार अलग-अलग क्यों न हों? यही बात *अभिज्ञानशाकुन्तल* और *मुद्राराक्षस* के विषय में नहीं कही जा सकती। यदि उनकी संरचनाओ अलग-अलग है तो शायद उनका मंच भी एक दूसरे से अलग होगा। यहाँ एक बार फिर से प्रसाद की उस स्थापना को दोहराने की इच्छा महसूस होती है कि मंच के लिए नाटक नहीं वरन् नाटक के लिए रंगमंच होना चाहिए।

इस पूरी पृष्ठभूमि के बाद हमें इस निष्कर्ष पर पहुँचने में कोई मुश्किल नहीं होनी चाहिए कि जब स्थायी प्रेक्षागृहों के निर्माण का प्रावधान नहीं था तो ऐसे में वह नाट्य परम्परा भी स्थायी कैसे हो पाती? कुल जमा डेढ़ सौ साल पहले जन्में पारसी रंगमंच की समाप्ति के लिए भी स्थायी प्रेक्षागृहों के अभाव को काफ़ी हद तक ज़िम्मेदार ठहराया जा सकता है।

यदि हम रंगमंच के समाजशास्त्र का भी गहराई से अध्ययन करें तो हमें किसी भी नाट्य परम्परा के धीरे-धीरे मृतप्राय होते जाने की कहानी का ज्ञान हो सकता है। यह बात बहुत बार कही जा चुकी है कि रंगमंच एक सामूहिक कला है और इस समूह में स्त्री पुरुष सभी सम्मिलित होते हैं। हमारी नाट्य परम्परा में आरम्भ से ही स्त्रियों की उपस्थिति रही है। एक समूह में साथ-साथ काम करते हुए कब उनमें व्यक्तिगत सम्बन्ध स्थापित हो जाएँ, नहीं कहा जा सकता ऐसे में उनके मंचीय जीवन और सार्वजनिक जीवन में बहुत कम अन्तर रह जाता है। इसीलिए इसके विवेचन में इस तथ्य पर बार-बार आग्रह रहा है कि प्रस्तुति के दौरान अभिनेता पात्र के रूप में रसानुभूति अथवा नाट्यानुभूति से गुज़रे, न कि एक अभिनेता के रूप में। एक हज़ार ईसवी तो बहुत आगे का समय है, चाणक्य जैसा विद्वान चौथी शताब्दी ई.पू. अपने अर्थशास्त्र में स्पष्ट रूप से घोषणा कर देता है कि कलाकारों को नगर सीमा से बाहर आवास उपलब्ध कराए जाएँ क्योंकि यदि नगर सीमा के भीतर उनका रहन-सहन होगा तो उनका उन्मुक्त आचरण नागरिकों को पथभ्रष्ट कर देगा।

एक बात और--समाज में से उत्पन्न होने के बावजूद नाट्यविधा अपनी प्रकृति में सामाजिकों का ही उपहास करने की सुविधा प्रदान करती है। हमने एक बार नहीं, बार-बार देखा है कि कैसे बौद्ध मन्दिरों में जन्म लेने वाली नोह नाट्य परम्परा को इसीलिए मन्दिरों से बाहर आना पड़ा। मध्यकाल में यूरोप के गिरजाघरों में खेले जाने वाले धार्मिक, नैतिक नाटक किस तरह से वहाँ से बाहर खदेड़े गए। इसमें कोई सन्देह नहीं कि नाटक और रंगमंच को मिली यह छूट ही अन्ततः उसके पतन का कारण बनती है। स्वयं भरत ने नाट्यावतरण नामक अध्याय में नाटक की इसी दिशा की ओर स्पष्ट संकेत कर दिया है जिसकी चर्चा हम एक अलग आलेख में पहले ही कर चुके हैं।

बेशक शास्त्रीय नाट्य परम्परा का एक हज़ार ईसवी के आसपास अवसान हो गया लेकिन पिछले दो सौ वर्षों में *नाट्यशास्त्र* ने पश्चिम और पूर्व के आधुनिक रंगमंच में जिस तरह से हस्तक्षेप किया है, उसका कोई सानी नहीं। एक तरफ़ लोक रंगमंच के माध्यम से *नाट्यशास्त्र* के साथ व्यवहार के स्तर पर एक सम्बन्ध बना ही हुआ था लेकिन जब से हमारे रंगमंच में अपनी प्राचीन नाट्य परम्परा से जुड़ने

और उसके भीतर से अपनी एक निजी रंगमंचीय शैली योजना तैयार करने की पहल हुई, *नाट्यशास्त्र* की छाप दिखाई देती है। उत्तर भारत में हबीब तनवीर ने लोक कलाकारों को लेकर *मृच्छकटिक, उत्तररामचरित, मुद्राराक्षस* और *वेणीसंहार* जैसे संस्कृत नाटकों की छत्तीसगढ़ी बोली भाषा में जो कल्पनाशील प्रस्तुतियाँ की, उसकी प्रेरणा उन्हें *नाट्यशास्त्र* से ही मिली। इसी कड़ी में, ब.व. कारन्त ने *मालविकाग्निमित्र, विक्रमोर्वशी, अभिज्ञानशाकुन्तल, मुद्राराक्षस* और *भगवदज्जुकम्* और *मत्तविलास* को मिलाकर कई संस्कृत नाटकों का मंचन किया और हर बार उनके लिए एक नई प्रस्तुति शैली की खोज की। संस्कृत नाटकों की मंचन की दृष्टि से केरल प्रदेश में सक्रिय रंग निर्देशक कावलम नारायण पणिक्कर का काम शायद आज के भारतीय रंगमंच में सबसे ज़्यादा महत्त्वपूर्ण है। उन्होंने भास के लगभग सभी नाटकों का मंचन किया है और अपनी प्रस्तुति शैली में दक्षिण भारत में पहले से प्रचलित कूडियाट्टम नाट्य शैली से प्रेरणा ली। इस दिशा में *मध्यम व्यायोग, स्वप्नवासवदत्ता* और *कर्णभारम* जैसी प्रस्तुतियाँ बेहद चर्चित रही हैं।

नाट्यशास्त्र का एक और सम्बन्ध आधुनिक भारतीय रंगमंच में अभिनेता के प्रशिक्षण के सन्दर्भ में भी जाँचा परखा जा सकता है जैसा कि हम अभिनय से जुड़े आलेखों में आंगिक अभिनय की महत्ता पर विस्तारपूर्वक चर्चा कर चुके हैं, उसके अनुसार आज अभिनेता के प्रातःकालीन सत्रों में योग, नृत्य, मूवमेंट और छऊ या कल्लरीपायतू जैसी विशेष शैलियों के माध्यम से उसकी एक नई देह भाषा रचने की दिशा में काम किया जा रहा है। यह प्रशिक्षण केवल संस्कृत नाटकों के मंचन में ही काम नहीं आता। लोकनाटक, पारसी नाटक और यहाँ तक कि यथार्थवादी नाटक की प्रस्तुति में भी यह शारीरिक प्रशिक्षण बहुत सहायक सिद्ध होता है। इसके साथ-साथ पूर्वी और पश्चिमी रंगमंच के आपसी मेल से जिस, नई रंगभाषा का जन्म सम्भव हो सका है उसमें *नाट्यशास्त्र* के बहुआयामी योगदान को कदापि नकारा नहीं जा सकता।

अभी तक हम लोग *नाट्यशास्त्र* के मात्र सैद्धान्तिक पक्ष की व्याख्या में ही उलझे रहे हैं। समय आ गया है कि हम उसमें से व्यावहारिक तत्त्वों को चुन कर रंगकर्मी के संपूर्ण प्रशिक्षण के लिए एक प्रैक्टिकल गाइड बुक तैयार करें।

❑❑❑

अनुक्रमणिका

आ

इ

ई

उ

ऋ

ध

न

प

फ

ब

भ

श

ष

स

ह